좋은 담장
좋은 이웃

● **일러두기** 영어 및 한자 병기는 본문보다 작은 글씨로 처리했습니다. 인명 및 지명은 국립국어원의 외래어 표기법에 따라 표기했으며, 규정에 없는 경우는 현지음에 가깝게 표기했습니다.

좋은 담장 좋은 이웃

안보와 통일 12개의 질문

송민순 지음

생각의창

| 책머리에 |

대한민국이 가야 할 길

    지난 반세기에 걸쳐 외교부, 미국과 독일 등의 해외공관, 대통령실, 국회, 그리고 대학에서 한반도의 분단을 극복하는 과제와 국가의 안보를 지키는 문제를 연구해왔다. 나름의 성취와 좌절이 교차하는 동안 대한민국은 어느덧 선진국의 대열에 합류할 만큼 성장했다. 정치적으로는 혼란과 희생을 거치면서도 민주주의의 기둥을 지켜 왔고, 경제적으로는 세계 10위권을 오르내리고 있다. 첨단기술과 K-컬처는 세계를 무대로 매력을 펼치고 있다.

    한국이 이런 성공의 역사를 쓰고 있는 여정에 미미하지만 응분의 역할을 했다는 생각에 스스로 보람을 느낀다. 특히 국가의 안위와 발전의 초석이 되어 온 한·미 동맹을 발전시키고, 남·북 관계의 안정적 관리에 필요한 국제적 환경을 만드는 데 쏟았던 열정에 의미를 부여해보기도 한다.

    그중에서도 지금의 한·미 동맹을 이루는 주요 기둥들을 관리하고 발전시킨 일들에 긍지를 가졌다. 한·미 관계에서 불평등의 상징으로 간주되었던 주둔군 지위 협정SOFA의 개정, 방위비 분담의 제도적 틀을 마련한 특별 조치 협정SMA의 체결, 군사력의 핵심 요소인 미사일의 사거리 확장을 위한 '한·미 미사일 양해각서' 체결 같은 작업들이 그랬다.

아울러 1990년대 말 한·미·일이 공동으로 대북 정책을 수립하기 시작한 '페리 프로세스', 한반도 평화를 위한 남·북·미·중의 '제네바 4자 회담', 그리고 북한 핵 문제 해결을 위한 '베이징 6자 회담의 9·19 공동성명' 채택을 포함하여 일련의 다자적 평화 구축 과정에서 수행했던 역할에 대해 자부심을 가져왔다. 최소한 2016년 회고록 《빙하는 움직인다》를 내놓았던 때까지는 그랬다.

모든 외교적 역량을 동원하여 한편으로는 한·미 동맹을 서로가 원하는 형태로 조화시키면서, 다른 한편으로는 남·북 대화와 미·일·중·러가 참여하는 다자 대화를 통해 북한이 핵을 실제로 보유하는 것을 막고자 했다. 북한이 '핵보유국'으로 등장하는 것을 막아서고 있으면 한반도의 평화와 통일을 위한 문을 열어 둘 수 있을 것으로 보았다. 내가 50년 전 외교관의 길을 걷기 시작하면서 꿈꾸어 온 그 문이다.

그러나 2017년 말 북한이 핵 국가로 등장했다. 핵을 실제 무기로 사용하는 데 필요한 핵탄두의 소형화와 경량화, 그리고 핵심 운반 수단인 미사일에 장착하는 데 필요한 과정을 거친 것이다. 사용 가능한 핵무기를 보유하게 된 북한은 그 이전의 북한과는 전혀 다른 존재가 되었다. 마치 인류가 선악과善惡果를 먹고 타락하기 '전prelapsarian'과 '후postlapsarian'의 차이만큼이나 한반도라는 세상을 다르게 만든 것이다.

앞으로 상당 기간에 걸쳐 협상을 통한 '한반도 비핵화'는 도달할 가능성이 없는 허상이 될 것이다. 핵을 버리지 못하는 북한이 핵을 버릴 것이라는 전제로 관계 개선을 추구하는 것은 당연히 비현실적인 시도가 되고, 그만큼 허사로 돌아갈 가능성이 높다.

때를 같이하여 2017년 등장한 트럼프 행정부(1기)도 미국의 역사를 트럼프 '이전'과 '이후'로 구분하는 분수령이 되었다. 세계와 함께 평화와 번영을 이끌겠다고 공언해온 미국이, '나부터 살겠다'는 미국 우선주의America First를 내건 것이다.

'대한민국호號'는 지난 80년에 걸쳐 항해해온 항법으로는 헤쳐 나가기 어려운 바다를 만났다. 그럼에도 한국은 항법을 바꾸기를 거부하거나 주저하고 있다. 아직도 한반도 비핵화를 실현 가능성이 있는 전제로 삼고, 그 위에서 평화와 통일을 이룰 수 있다고 믿는가 하면, 한·미 동맹의 기존 구조를 불변의 안전장치로 간주하려는 경향이 있다.

2018년 이후 나는 강연과 토론 석상에서 비판성 질문을 종종 받았다. 한반도 비핵화와 평화체제를 국제적으로 합의한 '2005년 6자 회담의 9·19 공동성명'을 설계한 주역의 한 사람으로서 어떻게 '한반도 비핵화'를 허상이라고 주장할 수 있느냐는 것이다. 그때마다 나는 "사실관계가 바뀌면 내 마음도 바뀐다"고 한 경제학자 케인스John M. Keynes와 "견해는 바꾸더라도 원칙은 지켜라"고 한 문호 위고Victor Hugo를 인용하면서 내 생각을 대변했다. 상황에 맞게 정책을 바꾸면서도 원래 추구하려던 목표는 그대로 유지한다는 의미다.

그럼에도 불구하고 돌이켜 보면서 자성하게 된다. 내가 국가 안보의 중요한 대소사를 현장에서 다루면서 얼마나 문제의 실체를 알고 있었는지, 그리고 당시 나라 안과 밖에서 수면하에 실제 일어나고 있었던 현상들을 어느 정도 인지하고 있었는지 회의가 들기도 한다. 지금 이 시점에서도 내가 얼마나 분명하게 현재와 미래에 대한 의견을 제시할 수 있을지 자신이 서지 않는다.

그러나 한 가지 확실한 점은 핵을 보유한 북한을 상대하는 한국의 생각은 바뀌어야 한다는 것이다. 한반도 비핵화는 한반도의 평화·번영·통일이라는 거대한 원칙을 구현하기 위한 수단의 하나다. 그 수단이 동원 불가능한 것으로 판명되었다면 새로운 수단을 찾아야 한다. 그 수단을 마련하는 집단적 지혜를 모으는 데 벽돌 하나라도 놓는다는 심정으로 한국이 "어디로 어떻게 갔으면 좋겠다"는 생각을 담아 졸고를 내놓는다.

어느 시점부터 우리 사회에서는 무슨 제안이 나오면, 그 실체보다는 보수냐 진보냐, 누구 편이냐, 무슨 동기냐를 묻는 경향이 있다. 이 글을 통해 던지는 제안이 보수적인지 진보적인지 나 자신도 모른다. 지금은 물론 상당히 먼 미래에까지 우리에게 주어질 여건을 생각할 때 최선의 길이라고 믿을 뿐이다.

역사상 많은 나라들이 극우 아니면 극좌에게 조종간을 쥐어줌으로써 비극과 침몰의 항로에 들어섰다. 좌우 대립의 와중에 상식과 균형 감각을 가진 사회 구성원들이 힘을 발휘하지 못했기 때문이다. 히틀러의 독일, 무솔리니의 이탈리아, 그리고 스탈린의 소련이 그랬다. 지금도 도처에서 이런 현상이 벌어지면서 세계는 대립과 혼돈의 질서로 흘러가고 있다. 대한민국은 이런 소용돌이를 넘어서야 할 시대적 과제 앞에 서 있다.

이제 토론을 거쳐 여론을 만들고, 그 바탕에서 미래로 향하는 국론을 만들 때가 되었다. 이 글이 '평화·번영·통일'이라는 국가적 염원을 향해 가는 토론의 작은 화두가 될 수 있기를 기원한다.

| 차례 |

책머리에_ 대한민국이 가야 할 길 • 4
프롤로그_ 혼돈의 세계질서와 대한민국의 새로운 지평 • 12

혼돈의 시대와 한국 • 12 | 달라진 미국의 등장 • 14

야심 찬 중화민족주의의 대두 • 16 | 일본의 역할 확대 • 18

러·북 동맹의 부상 • 20 | 핵 국가 북한의 등장과 적대적 두 국가 선언 • 21

운신의 폭이 좁아지는 한국 • 22 | 한국은 어디로 어떻게 가야 하는가? • 24

1부
안보의 구명조끼

1 국가 안보와 통일 정책, 이대로 가도 되는가? • 31

새로운 바다, 새로운 항로 • 31 | 3중의 속박 • 36

세 개의 길 • 39 | 차가운 평화/소극적 평화 • 42

2 미국은 어디까지 한국을 보호해줄 것인가? • 49

America First와 핵우산 • 49 | 한·미 동맹과 확장 억제 • 59

계획과 실행의 간격 • 61 | 한·미 동맹의 양날 • 66

우크라이나 전쟁과 한반도 전쟁 시나리오 • 68

대만해협 충돌과 한반도 • 77 | 주한 미군의 전략적 유연성 • 80

3 한국의 안보에 최후의 안전장치는 있는가? • 83

핵우산과 최후의 안전장치 • 83 | 핵우산의 회색 영역 • 86 | 핵의 사용 방식 • 88

핵과 3축 체계 • 90 | 핵 협의 그룹, 핵 기획 그룹 • 92

전술핵 배치와 핵 공유 • 96 | 사드의 교훈 • 101

2부 자립형 동맹

4 자립형 동맹으로 갈 수 있는가? • 111

4개의 중첩 경로 • 111 | 작전 통제 체계 • 114 | 타국의 사례와 역사의 교훈 • 118
이기적 유전자 • 122 | 무기와 사기 • 126

5 한반도 비핵화는 실제 가능한가? • 129

북한 핵에 대한 미국과 중국의 대립 • 129 | 비핵화의 정의와 핵 포기의 조건 • 137
북한이 추구하는 핵의 효용 • 146 | 제재의 신화 • 149

6 한국의 핵 능력은 어디까지 갈 수 있는가? • 158

핵보유국 분류와 한국의 위치 • 158 | 무기화되지 않은 핵무기 체계 • 161
미국의 반대 명분과 이중 기준 • 163 | 한국과 일본의 차별 • 174 | 핵무기의 효용과 교훈 • 176
잠재적 핵 능력 확보 • 190 | 우라늄 농축과 사용 후 연료 재처리 • 194
한·미 원자력 협력 협정의 운용과 개정 • 198 | 덜 위험하고 덜 무거운 선택 • 207

3부 멀어진 한반도 평화와 통일

7 통일은 가까운 장래에 가능한가? • 213

수단 없는 목표 • 213 | 통일에 필요한 4대 역량 • 219 | 국내 통합과 남·북 화해 • 220
주변국 설득 • 222 | 한국전쟁 휴전과 힘의 균형 • 225 | 한반도와 중국 • 229
동아시아—미·중 대립 • 232 | 미·중의 한반도 통일 협력은 환상 • 238
기존 정책이 국가이익에 미치는 영향 • 239 | 살계경후殺鷄儆猴의 대상 • 243
북한의 '적대적 두 국가' 주장 • 246

8 북한은 붕괴할 것인가? • 253

신념의 비약 • 253 | 북한의 붕괴를 거부하는 중국 • 264
정권 교체와 체제 전환 • 267

9 평화와 통일의 정책은 왜 성공하지 못했는가? • 272

　따뜻한 평화/적극적 평화 구축의 기회 • 272
　1차 기회의 상실—남·북·미·중 교차 수교의 불발 • 274
　2차 기회의 상실—제네바 북·미 회담과 6자 회담 • 280
　북한의 핵실험—비핵화 협상의 침몰 • 284 | 핵보유국 등장—핵·경제 병진 정책 • 289
　판문점, 싱가포르, 하노이 드라마 • 291

4부 좋은 담장, 좋은 이웃

10 '좋은 담장과 좋은 이웃'으로 살면 어떤가? • 303

　좋은 담장, 좋은 이웃 • 303 | '차가운 평화/소극적 평화'—봉쇄와 관여의 역사 • 304
　정상적 이웃 관계—국력 증강의 길 • 307 | 한국이 주도하는 게임 • 317
　비판과 반론 • 319

11 남·북 공존의 장애는 극복할 수 있는가? • 335

　상호 위협 인식과 북한 핵 • 335 | 한·미 동맹과 북·중 동맹의 대칭 • 338
　비非공세적 국방 정책 • 342 | 기존 장치와 제도의 운용 • 345
　경계선/휴전선의 관리 • 351 | 가치 체계의 차이 • 353
　경제 수준의 격차 • 354 | 대북 제재와 해제 • 356

12 '정상적 이웃', 주변국 관계는 어떻게 되는가? • 359

　미국의 시각과 한·미 관계 • 359 | 중국의 시각과 한·중 관계 • 375
　일본의 시각과 한·일 관계 • 394 | 러시아의 시각과 한·러 관계 • 402

에필로그_ 설탕 발린 화약통 • 406

감사의 말 • 411

주석 • 412

찾아보기 • 438

Tip 1	아시아 태평양과 인도 태평양	38
Tip 2	방위비 분담의 역사와 교훈	45
Tip 3	안보 의존—서독의 고뇌	56
Tip 4	우크라이나 – 대만 – 한반도	74
Tip 5	역사 속의 작전 통제권—고대 그리스와 조선	119
Tip 6	달콤한 과일과 훌륭한 군인	124
Tip 7	경제제재의 역사	150
Tip 8	부시 행정부의 외교 안보 인계서	156
Tip 9	핵연료 주기—일본과 독일	163
Tip 10	미국의 핵 거부—한국과 파키스탄의 경우	169
Tip 11	핵 균형—인도·파키스탄, 남·북	178
Tip 12	핵 개발 제재의 가변성	182
Tip 13	한반도의 전면전—가상적 시나리오	184
Tip 14	우호적 핵 확산	192
Tip 15	한국의 잠재적 핵 능력과 미국의 이익	201
Tip 16	핵 역량 증강—비판과 반론	205
Tip 17	분단의 씨앗	218
Tip 18	한반도 통일 예측론	267
Tip 19	핵·경제 병진 정책의 사례	289
Tip 20	민족주의의 허구와 폐해	309
Tip 21	한국-중국-북한의 삼각 교류	311
Tip 22	헌법의 유지와 남·북 기본 합의서 이행	322
Tip 23	탈북의 동기와 추세	332
Tip 24	미국의 한반도 군사행동 자제	362
Tip 25	워싱턴의 카드, 서울의 카드	365
Tip 26	미국의 무게—'카키 협상'	370
Tip 27	강대국 정치의 속성	374
Tip 28	중국에 대한 희망적 사고—친미와 친중	379
Tip 29	코끼리와 용, 그리고 한국	391

| 프롤로그 |

혼돈의 세계질서와
대한민국의 새로운 지평

혼돈의 시대와 한국

한국은 1950년 한국전쟁 이후 냉전 시기에는 미국이 쳐주는 울타리 안에서 생존했다. 1991년 소련의 붕괴 이후에는 미국이 주도하는 질서와 함께 냉전의 울타리 너머로 확장된 세계시장을 통해 성장과 번영을 구가했다.

한국은 전 세계에서 전쟁 위험이 가장 높은 지역의 하나에 위치하면서도 '위태롭지만 무너지지 않은' 안정을 유지했다. 20세기 후반 이후의 세계에선 보기 드물게 정치·경제·문화 모든 분야에서 역동적 변화와 발전을 이루어 냈다. 지난 75년에 걸쳐 이룬 이러한 국가 발전은 뭐니 뭐니 해도 한·미 동맹이라는 기반이 받쳐주었기에 가능했던 '기적'이다.

그동안 한국은 정권마다의 장단점을 넘어 국가의 안위를 지키는 집단적 지혜와 인내를 발휘해왔다. 다른 어떤 국가와도 비교하기 어려울 만큼 독특한 지정학적 환경과 국토 분단이라는 족쇄를 이겨 내면서 국가의 지평을 넓혀 왔다. 한·미 동맹이 흔들릴 위험에 직면할 때마다 회복탄력성을 만들어 냈고, 터질 듯한 팽창을 반복한 남·북의 충돌 압력을 마주할 때도 슬기롭게 바람을 빼면서 위기를 넘겨 왔다. 그리고 때로는 한반도를 무겁게 덮고 있는 빙하가 마치 녹아내릴 수 있을 것 같은 광경을 만들기도 했다.

그런데 2025년 미국의 트럼프 대통령이 재집권하면서 세계는 예측이 어려운 양상으로 흘러가고 있다. 한국도 근래에 경험해보지 못한 형태의 파도를 마주하게 되었다. 후세의 역사가들이 이 시대에 어떤 이름을 붙일지는 모르지만, 제2차 세계대전 후 세계가 지금처럼 '질서의 혼란' 속에 헤맨 적은 없었다. 세계는 그 형태를 미리 알기 어려운 또 다른 질서로 향해 가고 있다.

지금 국제 질서는 공위 기간空位期間, interregnum이다. 구질서는 갔는데 신질서는 아직 오지 않은 것이다. 다가올 질서는 아마도 힘의 지배, 세력 분할 정치, 힘의 균형이라는 힘의 세 가지 작용에 따라 움직일 것이다. 규칙이라는 옷을 입었던 '힘'이 이제 맨몸을 드러내고 위력을 과시하는 세계로 가고 있는 것이다.

미국뿐 아니라 한국을 둘러싼 중국, 일본, 러시아, 그리고 북한의 노선과 행동에도 무거운 변화가 일고 있다. 남·북 관계의 미래도 새로운 차원으로 옮겨 가고 있는 중이다. 트럼프 행정부(2기)의 등장이 그 변화를 가속시키고 있다.

한국은 지난 75년에 걸쳐 국가 목표로 지향해온 '평화·번영·통일'이라는 물잔의 빈을 채우는 데 성공했다. 이제 물잔의 나머지 반을 채우기 위해서는 익숙하지 않은 바다를 헤쳐 나가는 데 성공해야 한다. 한국호號는 낯선 항로를 새로운 항법으로 운항해야 한다. 과거의 역사를 반추하고, 세계를 살펴보면서, 미래를 보는 집단적 지혜가 필요하다. 여기에는 매의 시각으로 조망하고, 두더지의 촉각으로 탐색하는 능력이 따라야 한다.

달라진 미국의 등장

2017년 트럼프가 처음 당선되었을 때만 해도 세계는 그의 등장을 미국 역사에서 하나의 일탈로 보았다. 그런데 그가 4년을 건너뛰어 2025년 다시 집권했다. 미국은 그간 세계의 평화와 번영을 유지하면서 '미국의 이익'을 지키는 미국 중심의 국제 질서를 이끌어 왔다. 그런데 미국이 트럼프를 다시 선출함으로써 더 이상 기존의 질서를 유지하지 못하겠다고 선언한 것이다. 그가 재선한 데는 개인적 정치 수완도 작용했겠지만, 근본적으로 미국 사회의 저변에 쌓여 온 변혁의 조류가 수면 위로 떠올랐기 때문이다.

이런 배경으로 세계의 질서는 '규칙의 기반'에서 '힘의 기반'으로 빠르게 넘어가고 있다. 앞으로 미국 행정부의 교체와 관계없이 저류에 흐르는 '미국 우선주의'는 지속될 것이다.

제2차 세계대전이 끝난 1945년 미국은 세계경제의 약 50%를 차지했다. 그러나 2025년에는 약 25%에 그치고 있다. 다른 국가들의 경제력이 상대적으로 커진 것이다. 게다가 제조업보다 거대 기술 산업과 금융 서비스 분야가 미국의 산업을 주도하면서 일자리는 축소되고 소득 격차는 확대되었다. 상위 1%가 차지하는 전체 부의 비중이 이념 대립이 한창이던 1980년 약 22%에서 2024년에는 약 31%로 늘어난 것이다.

소위 '트럼프 현상'이 등장하는 두 가지 주요 배경이다. 상대적으로 줄어든 경제력에다 빈부 격차로 약화된 사회 응집력으로는 지금까지 국제사회에서 행사하던 권한과 책임을 지속할 수 없다는 것을 미국 사회 전체가 체감하게 되었다. 미국이 자유무역을 통해 주도한 세계화가 역설적으로 미국의 거부에 봉착한 것이다.

트럼프 현상의 핵심을 이루는 미국 우선주의는 '고립주의'와 동전의 양면을 이루고 있다. 고립주의는 트럼프 특유의 이념이 아니다. 1823년 미국의 제5대 대통령은 유럽과 아메리카 대륙의 상호 불간섭을 강조하면서 미국의 외교적 고립을 택했다. 소위 '먼로주의Monroe Doctrine'의 등장이었다.

이후 미국에는 제2차 세계대전 참전 이전인 1940년 전국 차원의 '미국 우선 위원회America First Committee'가 결성될 만큼 줄기찬 고립주의의 역사가 있다. 지난 80년에 걸쳐 이런 이념이 억제될 수 있었던 것은, 미국민들이 미국 주도의 세계질서, 즉 '팍스 아메리카나Pax Americana'가 자신들의 이익에 부합하기도 하지만 이런 질서를 유지할 능력 또한 있다고 보았기 때문이다.

미국은 그간 "미국에게 좋은 것은 다른 나라들에게도 좋다"는 명분과 구호로 자유세계를 이끌어 왔다. 개발도상국들은 물론 중국을 위시한 권위주의 국가들까지도 미국의 역할을 어느 정도 수용했다. 그런데 세계를 이끄는 미국의 '의지'와 '역량' 사이에 간격(소위 리프만 갭Lippmann Gap)이 커졌다. 2008년 뉴욕발 금융위기 이후에는 미국에게 '절약하는 초강대국Frugal Superpower'이라는 모순적 이름이 붙었다.

미국은 바이든 행정부에서부터 이미 국가 주도의 '산업 정책'을 부활시키면서 중상주의로 회귀하는 중이었다. 트럼프 행정부(2기)는 이를 가속시키고 있을 뿐이다. 모든 문제를 해결하기 위한 무기로 관세를 동원함으로써 기존의 세계 무역 질서를 완전히 뒤집었다.

게다가 세계 안보 구도의 핵심 축으로 작용해온 북대서양조약기구 NATO의 회원국들에게 획기적인 국방비 증액을 강압하고, 아시아에서는 한국과 일본의 군사력 증강을 압박하여 중국 견제의 전면에 내세우려 한다. 미·소 냉전 시절 본격적으로 등장하여 국제 안보 질서의 기본이 되어 온 '군비 통제'라는 개념은 실종되고 있다.

나아가 트럼프는 캐나다, 그린란드, 그리고 파나마의 합병까지 거론함으로써 제국주의적 영토 확장을 부활시키려 한다. 반면에 자유 진영과 사실상 전쟁 상태에 있는 러시아와는 수시로 편의적 유착을 시도한다. 미국의 대외 정책이 피아彼我를 구분하기 어려운 형국이 된 것이다. 트럼프의 이런 행보와 함께, 세계는 19세기의 '세력권 정치Sphere of Influence'로 나아갈 조짐을 보이고 있다. 미국은 미주 대륙과 태평양을, 중국은 동아시아를, 그리고 유럽연합EU은 서유럽을, 러시아는 동유럽과 중앙아시아를 각각의 세력권에 두는 그림이다.

'트럼프의 미국'이 성공할지, 또 다음 행정부에도 그대로 이어질지는 예단하기 어렵다. 다수의 전망은, 트럼프 이후 미국의 정책이 바이든과 트럼프의 중간쯤 되는 어느 지점으로 향할 것으로 본다. 어떤 경우에도 건국 이후 대외 정책의 저류에 흐르고 있던 '미국 우선주의'가 간판으로 등장한 것은 엄연하다. 앞으로 누가 백악관의 주인이 되더라도 미국 우선주의라는 '몸'에다 그때그때의 상황에 맞게 '옷'을 차려입는 정도를 넘어서기 어려울 것이다.

야심 찬 중화민족주의의 대두

한편, 중국은 1949년 건국 이래 아편전쟁에서 시작된 소위 '백 년의 굴욕'을 극복하는 노선을 줄기차게 걸어왔다. 그러나 2013년 등장한 시진핑習近平 체제는 '굴욕' 이전의 동아시아 질서를 넘어 세계를 중국과 미국의 세력권으로 양분하려는 '중국몽'을 내걸었다. 시진핑은 장기 집권 체제를 구축하면서 자신의 지도 이념을 미래로 이어 갈 '민족주의 세대'를 육성하고 있다. 2028년이나 2033년 이후 중국의 집권 세력이 바뀐다 해도 가까운 미래에 중국이 중화민족주의에서 벗어난 노선을 걷기는 어려울 것이다.

지금 시진핑은 마오쩌둥毛澤東이 100여 년 전 국공 내전에서 동원했던 소위 '지구전持久戰' 전략을 중·미 대결에서도 원용하고 있다. "상대가 강하면 물러서고 상대가 약해질 때를 기다려 공격한다"는 것이다. 중국은 미국이 체제 자체의 결함으로 침체기에 들어가면 자신들의 야망이 이루어질 것이라고 강조하고 있다. 때마침 트럼프 행정부(2기)가 보이는 행보는 이런 중국의 기대를 보강시켜 주고 있다.

중국으로서는 미국과의 대립이 어떤 양상으로 전개되더라도 최소한 서태평양 지역의 중국 연안은 자신이 '지배'하거나 '세력권'에 두어야 한다는 역사적 인식과 전략을 갖고 있다. 소위 '제1 도련선第一 島鏈線'의 안쪽에 해당하는 북해(황해와 한반도), 동해(동중국해와 대만), 남해(남중국해의 소위 '구단선' 지역)를 말한다.

이런 인식과 전략에 입각한 중국의 서태평양 세력권과 트럼프가 추구하는 서반구Western Hemisphere 세력권이 가장 민감하게 충돌하는 곳이 바로 대만해협과 한반도다. 특히 근래에 들어 중국의 세력권 의지는 자국의 '앞마당'에 미국이 구축한 방어망 중 약한 부분으로 간주되는 이 두 개의 고리로 향하고 있다. '설득과 위압'의 양면 전술을 전개하면서 고리를 끊을 때를 기다리는 것이다. 긴 시간에 걸쳐 속도를 조절하는 중국의 지구전과 '아시아 회귀Pivot to Asia' 정책처럼 '왔다 갔다' 하는 미국의 전략이 동북아에서 부딪힐 개연성은 전례 없이 커지고 있다.

이런 중국을 상대로 하는 미국의 대중 정책은 처음에는 경쟁competition에서 출발하여 봉쇄containment 단계를 넘어 지금은 대결confrontation 상태로 고착 중이다.

트럼프 행정부는 2025년 3월 발표한 '임시 국방 전략 지침'을 통해, 인도 태평양 지역에서 중국의 영향력을 견제하는 데 미국의 힘을 집중하겠다고 강조했다. 국내 치안과 국경 관리의 지원에 국방력을 동원하겠다고도 밝혔다. 대만 침공을 제외한 다른 지엽적 도발에 대해서는 한국과 일본이 주도적으로 대응하고 미국은 지원 역할을 하겠다는 조건을 달았다.

이는 해외에서 미국의 지상군 개입은 축소하고 대신 동맹국의 역할을 강화시키는 '역외 균형Offshore Balancing' 전략의 연장선상에 있다. 바이든 행정부에서부터 지향해온 것이다. 이 전략에 의하면, 북한이 한국을 도발하거나 서해의 '한·중 임시조치구역Provisional Measures Zone, PMZ'을 둘러싸고 중국이 물리적 충돌을 야기하더라도 미국은 가급적 직접 개입을 자제하겠다는 것으로 해석된다.

일본의 역할 확대

서태평양을 위시한 인도 태평양 지역에서 공약을 축소하려는 미국의 전략은 자연히 일본의 역할 증대로 이어진다. 일본은 이미 미국이 인도 태평양 지역에서 구축하는 5개의 안보 협력체(미·일·한, 미·일·호주·필리핀, 미·일·영, 미·일·호주·인도QUAD, 미·영·호AUKUS+일본) 전부에 핵심 구성원으로 자리를 잡았다. 이에 맞추어 방위 예산도 제2차 세계대전 이후 지켜 온 '국민총생산의 1%'라는 상한선을 훨씬 넘어서기에 이르렀다. 2025년에는 1.8%에 달했고 2027년에는 2%로 확대될 전망이다.

나아가 일본은 2025년 3월 일·미 국방장관 회담에서 한반도-동중국해-남중국해를 묶어 '하나의 전구戰區'로 삼아 협력을 강화하자고 제의했다. 서태평양에서 일·미 주축의 방위망을 구축하는 동시에, 미국의 역할이 축소되어 안보 공백이 발생할 경우를 대비한 태세를 보여주는 것이다.

일본의 군사력 증강과 역할 증대에 대해 중국은 매우 위험한 발전이라며 "단호히 반대한다"는 반응을 보인다. 동아시아의 오랜 역사적 대립 세력 간 격돌 가능성이 그만큼 커지고 있는 것이다.

일본의 역할 증대는 기존의 한·미·일 안보 협력 구도에서 한국의 위상에 미묘한 영향을 미친다. 미국과 일본은 수평적 구조인 '공동 방위 체계'에 따라 작동하는 반면, 한국과 미국은 다분히 수직적 구조인 '연합 방위 체계' 하에서 움직이기 때문이다. 수평구조와 수직구조가 결합하는 모양새가 된다.

중국의 공세적 전략과 북한의 도발 가능성에 대비하여 한·미·일 협력을 강화하는 것은 시대적 요구다. 그러나 미·일 중심의 서태평양 방어 전략에 자칫 한국이 하부구조로 자리 잡는 것은 다른 차원의 문제다. 게다가 일본에 대한 뿌리 깊은 역사적 앙금까지 개입될 수 있다. 한국이 처하고 있는 여러 딜레마 중 하나다.

러·북 동맹의 부상

냉전 종식 후 러시아는 비교적 균형 잡힌 자세로 한반도의 안정과 한·러 협력을 도모해왔다. 그러나 2014년 크림반도 강제 병합 이후 북한과의 관계를 긴밀하게 만들었다. 2022년 우크라이나 침공 이후에는 '전략적 협력' 관계를 설정했고, 2024년에는 유사시의 '자동 개입'까지 포함하는 '군사동맹' 관계로 발전시켰다.

북한은 러시아에 군대와 무기를 보내고, 러시아는 북한에게 로켓 등 첨단 군사기술과 식량 및 에너지를 제공하는 동시에, 인력의 수입을 통해 북한의 외화 조달을 지원하고 있다. 한국전쟁 당시 소련의 공군력 지원 이래 최고 수준의 관계를 구축하고 있는 것이다. 이와 함께 이미 부실한 상태에 있던 유엔의 대북 제재는 사실상 유명무실하게 되었다.

러·북 동맹은 기존의 북·중 동맹과 함께 앞으로 상당 기간 북한의 안보와 경제의 중첩된 방호벽이 될 전망이다. 이와 더불어 구축되는 북·중·러 연대망은 한·미·일 안보 협력과 대칭을 이룸으로써 동북아의 대립 구도는 긴 시간 동안 고착될 가능성이 높아졌다.

희망적 시각에서는 1970년대의 중·소 분쟁 시기에 미국이 중국을 소련으로부터 격리시킨 것처럼, 역으로 이제는 러시아를 중국으로부터 격리시키는 소위 '역逆키신저 전략'을 기대하기도 한다.

그러나 1970년 소련의 경제 규모가 중국의 1.5배에 불과했던 데 비해, 2024년 중국의 경제 규모는 러시아보다 8배 이상 크다. 그만큼 당시 중국의 소련 의존도보다 지금 러시아의 중국 의존도가 높다. 게다가 언제 어떻게 바뀔지 모르는 '트럼프의 미국'까지 감안하면, 러시아가 중국을 멀리하고 미국의 손을 잡을 가능성은 희박하다.

핵 국가 북한의 등장과 적대적 두 국가 선언

북한은 2017년 핵무장 국가로 등장했다. 6차례에 걸친 핵실험을 거쳐 핵탄두를 미사일에 탑재할 수 있을 만큼 작고 가볍게 만드는 소위 '소형화/경량화'를 달성했다. 역사상 스스로 핵무기를 개발한 국가 중에서 핵을 포기한 사례는 1990년 남아프리카공화국뿐이다. 당시 백인 소수 정부가 흑인 정부에게 권력을 이양해야 하는 특수한 상황에서 미리 핵을 폐기해버린 일종의 '예방적'인 조치 성격이 강했다. 북한에게는 결코 기대할 수는 없는 경우다.

더욱이 핵 시대의 도래 이후 비핵국가가 핵을 완성하지 못했기에 핵국가의 군사 공격을 받은 '모순적 사례'가 누적되어 왔다. 리비아의 카다피나 이라크의 후세인 정권은 물론, 구소련으로부터 물려받은 핵을 폐기한 상태에서 러시아의 침공을 당한 우크라이나, 그리고 2025년 6월 미국의 이란 핵 시설 선제 폭격 등이 그것이다.

이를 목도하고 있는 북한이 핵을 포기할 가능성이 있다고 보는 것은 나무에 올라가서 물고기를 잡으려는 연목구어緣木求魚와 같은 것이다. 한반도를 둘러싼 정세와 남·북 관계의 중요한 '변수'로 간주되어 온 북한 핵이 '상수'가 된 것이다.

북한의 김정은은 핵 능력을 배경으로 하여 2023년 12월 남·북 관계를 '전쟁 중인 교전국 관계'로 규정하고 '동족 관계가 아닌, 적대적 두 국가 관계'로 선언했다. 독재국가에서 정책 전환은 독재자의 의사에 따라 전격적으로 이루어질 수 있다. 북한 내부의 정치적 필요와 국제 정세 기류에 따라 언제 뒤집을지도 모른다고 기대할 수 있다.

그러나 김정은의 이 선언은 사실상 오래전부터 북한이 내부적으로 유지해온 자세를 공식화한 것에 불과하다. 김정은은 그간 핵을 보유한 채 경제를 살리겠다는 소위 '핵·경제' 병진을 대표 정책으로 내걸었었다. 그러나 이 정책은 트럼프(1기)와의 협상에서 미국의 대북 제재 해제를 받아 내는 데 실패함으로써 좌절에 직면했다.

이런 와중에 유럽에서는 푸틴의 러시아가 미국과의 관계를 전쟁 상태로 선언하고, 아시아에서는 미국과 중국이 전면 대립 상태에 들어가자 북한은 이미 내부에 지녀온 노선을 공개하기에 이르렀다. 급기야 북한의 김정은은 2025년 8월 중국의 전승 80주년 열병식에서 시진핑·푸틴과 손잡고 천안문 망루에 나란히 올랐다. 핵보유국으로서 권위주의 진영의 핵심 멤버로 등장한 것이다. 한국은 이런 위상을 배경으로 노골적인 적대 자세를 취하는 북한을 마주하며 한반도라는 좁은 공간에서 살아가게 된 것이다.

운신의 폭이 좁아지는 한국

이처럼 한국에게 익숙하고 편리했던 '구세계'는 가고, 그 자리에 각자도생의 험난한 '신세계'가 덮쳐 오고 있다. 법과 권위보다는 거센 힘이 지배하는 홉스적 세계질서Hobbesian world order에 가까워지는 중이다. 특히 거칠고 변덕스러운 '트럼프의 미국'을 마주하면서 세계의 많은 국가들이 단기적 타협책과 장기적 자구책을 모색하고 있다. 그중에서 한국은 안보와 경제의 대미 의존도가 특히 높은 나라다. 국가의 미래가 남달리 불확실할 수밖에 없는 이유다.

당장 표면적으로는 수출 주도형 경제구조로 인해 큰 시장을 가진 미국의 입김에 취약하지만, 더 깊은 바닥에는 국가 안보를 절대적으로 미국에 의존한다는 생존 구조상의 약점이 자리 잡고 있다. 자신의 기본적 안위를 스스로 짊어질 능력이 없는 나라는 대외 경제 정책의 운용에도 자율성이 그만큼 제약된다.

미국과의 많은 협상에는 늘 '안보 우산'이 그림자로 드리워져 있고, 걸핏하면 협상 테이블에서 실체를 드러내기도 한다. 한국이 아무리 합리적인 결정을 원하더라도 결정적인 순간에는 미국과 거리가 있는 결정을 내리기 어려운 것이다.

한국이 국가의 진로와 정책의 수단을 선택하는 데 있어 크게 세 가지 현상이 제약 요인으로 작용한다. 이 요인들은 미국만이 아니라 중국이나 일본 같은 나라들이 주변국으로서 행사할 수 있는 정상적 수준 이상의 영향력을 미치게 만드는 배경이기도 하다.

첫째, 한국이 국가 안보를 사실상 전적으로 미국에 의존하고 있기 때문이다. 한국은 북한보다 우수한 재래 전력은 갖고 있지만, 군사 작전권을 행사할 권능이 없다. 게다가 총체적 군사력 균형의 절대적 요소인 핵 능력이 없다. 한국은 한편으로는 북한으로부터의 '핵 위협'이라는 불안을 안고 있고, 다른 한편으로는 미국이 씌워주는 '핵우산'의 신뢰도에 대한 의구심을 떨치지 못하고 있다. 북한의 핵 위협은 가까운 미래에 제거하기 어렵다. 미국의 핵우산은 상당 기간 유지될 가능성이 있다. 그러나 그 우산은 한국의 손에 있는 것이 아니다. 게다가 우산의 대가로 지불할 비용은 갈수록 커질 것이다.

둘째, 한국이 통일을 내걸고 있기 때문이다. 2025년 등장한 새 정부도 '흡수통일'을 추구하지 않겠다고 한 것뿐, 타협을 통한 한반도 비핵화와 평화적 통일을 추구하는 정책을 선언하고 있다. 핵을 포기할 가능성이 없는 북한과는 '평화와 통일'은커녕 '안정과 공존'마저 이루기 어렵다.

그럼에도 불구하고 국민의 정서적 욕구와 국내 정치적 필요 때문에 통일을 간판으로 걸고 있다. 이로 인해 국내의 갈등은 물론이고, 워싱턴이나 평양이 서울의 어깨 너머로 협상하는 소위 '한국 패싱passing' 또는 '통미봉남通美封南' 움직임에 대해 극도로 민감한 반응을 보이게 된다. 기존의 정책은 통일에 다가가지는 못하면서 북한은 물론 미국과 다른 주변국들까지 한국에 대한 지렛대로 활용하도록 하고 있다.

셋째, 국내 정치의 불안정과 대외 정책의 불연속성 때문이다. 한국은 제도적으로 최소한 5년에 한 번씩은 정권이 바뀌게 되어 있다. 그때마다 예외 없이 대외 정책이 요동치면서 한국의 안보와 경제에 막대한 영향을 미치는 주변국들에 대해 입지가 약해진다. 한국은 지정학적으로 자신보다 큰 나라들을 상대해야 한다. 그런 나라일수록 정책의 논리성과 일관성을 유지해야 자신의 이익을 관철시킬 공간이 생길 수 있다. 그런데 정책의 잦은 변동으로 국내적 합의 기반이 상실되면서 주변 세력이 한국의 취약점을 이용할 빌미와 여지를 제공하는 것이다.

한국은 어디로 어떻게 가야 하는가?

우선 안보와 대북 정책을 보자.

지난 기간 여러 정부에 걸쳐 '교류와 협력-비핵화-평화체제-통일'을 뼈대로 하는 안보와 통일 정책을 추진했다. '따뜻한 평화' 또는 '적극적 평화'를 추구하는 정책이라 할 수 있다. 그러나 이 정책은 남·북 사이에 뿌리내린 상호 안보 우려를 해소할 기능을 발휘하지 못했다.

무엇보다 고비마다 등장하는 '북한 핵'이라는 장벽 앞에서 좌절되곤 했다. 2017년 북한이 배치 가능한 핵을 완성하면서 핵 국가로 등장했다. 협상을 통한 핵 문제의 해결 가능성은 증발되고, '따뜻한 평화'의 문도 닫혔다.

비밀리에 추진되고 있던 북한 핵이 1989년 프랑스 상업용 위성(SPOT)이 촬영한 영변 핵 시설 사진이 언론에 공개되면서 지상으로 올라왔다. 이후 한국과 미국은 북한 핵 문제를 한반도 분단 대립의 지반과 분리해서 해결할 수 있다는 기대를 갖기도 했다. 그러나 분단의 근저를 이루는 거대한 힘들, 즉 애초부터 자리 잡은 민족 내부의 권력 쟁패, 극도로 멀어진 남·북의 체제, 그리고 갈수록 격화되는 미·중의 세력 대결은 북한 핵 문제와 불가분의 관계 속에서 고스란히 작동했다. 우리는 이런 엄연한 진실을 간과했거나 애써 외면했던 것뿐이다.

이제는 '분단 현상의 인정-힘의 균형-안정과 공존'이라는 실현 가능한 단계에 먼저 도달하는 정책으로 전환해야 한다. '차가운 평화' 또는 '소극적 평화' 정책이다. 이 정책은 무엇보다 남·북 사이의 안정적인 군사적 균형을 필요로 한다.

지금처럼 한국이 미국과 북한의 핵 사이에 이루어지는 균형을 믿고 생존하는 것은, 가지에 매달린 열매처럼 취약한 안보 구조다. 한국은 지금 결정적 순간에 자신의 안위를 스스로 감당할 수단을 갖추고 있지 못하기 때문에 항상 불안해해야 하는 처지다. 그렇다고 해서 당장 핵을 보유하고자 하면 지금으로서는 국가의 총체적 이익 차원에서 얻는 것보다는 잃는 것이 더 클 것이다.

남는 선택은, 미국의 핵우산에 한국의 잠재적 핵 능력*을 보합시킴으로써 새로운 한반도 핵 균형을 구축하는 것이다. 일어나지 말아야 할 가

---

* '잠재적 핵 능력'이란, 핵 비확산(NPT) 체제 내에서 핵무기 제조에 필요한 기본 요소들을 이미 갖추고 있기 때문에 결정만 하면 단기간 내에 핵무기를 보유할 수 있는 상태를 말한다. 이 능력을 가진 국가를 '잠재적 핵 국가'로 분류한다.

정이지만 미국의 핵우산에 결함이 생길 징후가 보이면, 한국 스스로가 짧은 시간 내에 대체 우산을 마련할 수 있어야 한다.

잠재적 핵 능력은 한·미 동맹의 구조 내에서 의존적 자세는 줄이고 자립적 태세를 늘리는 길인 동시에, 남과 북이 서로의 실체를 인정하고 공존하는 길로 가는 관문이기도 하다. 이런 경로를 통한 한반도의 '공존양식Modus Vivendi' 수립은 미·중이 한반도에서 충돌할 가능성을 억제함으로써, 한반도의 안정과 동아시아의 평화가 선순환하는 효과를 기대할 수 있을 것이다.

다음 통일 문제를 보자.

통일을 내세우는 정책이 통일을 더 먼 곳으로 보내고 있다. 제2차 세계대전 후 80년에 걸쳐 우리는 한반도 분단의 내적·외적 요인들을 해소할 수단을 마련하지 못했고, 앞으로도 마련하기 힘든 구조에 갇혀 있다. 이런 정책은 세계 10위권의 경제력을 가진 국가이지만 더 이상 진전할 동력을 만들지 못하게 만드는 배경의 하나가 되고 있다. 한국은 이미 '정점Peak Korea'에 도달했고 점차 하락 추세에 들어간다는 우려마저 커지고 있다.

기존의 통일 정책은, 인구문제의 해결과 인공지능 같은 새로운 산업의 육성을 위한 국가 에너지의 투입에 직간접으로 부정적 영향을 끼친다. 앞으로 상당 기간에 걸쳐 한반도에 '두 개'의 전혀 다른 국가가 존재할 것이라는 전망을 엄연히 받아들이고, 우선은 부강하고 자존감 있는 대한민국을 건설해야 한다. 그래야 통일로 가는 문도 열어 둘 수 있다.

마지막으로 국내 정치의 환경을 보자.

외치는 내치의 연장선상에서 움직인다. 한 나라의 대외 정책이 일견 아무리 합리적이고 매력적으로 보이더라도 지속성이 떨어지면 성공할 수 없다. 한국의 대외 정책은 정권마다 크게 변동해왔다. 심지어 기존 정책의 장점을 이어받는 것마저도 무능으로 간주되는 경우가 많다. 정권마다 방향 자체가 바뀌면서 단기적이고 가변적이라는 이미지를 각인시킨다. 주변국들은 물론 북한에게도 정책의 무게가 떨어진다.

흔히 주문하는 '초당'이나 '협치'에 기초한 대외 정책은 당위적 구호에 불과하다. 남·북 관계를 포함한 외교 안보 문제는 국가정책의 어떤 분야 못지않게 당파성이 작용한다. 대립적인 정당 간에 협치를 강제할 수 있는 정치체제를 갖출 때 비로소 지속성을 키울 수 있다.

예를 들어 내각책임제나 분권형 대통령제를 보자. 이런 제도하에서는 연립정권이 구성될 가능성이 크다. 정권이 바뀌더라도 대개 연립의 한 기둥은 직전 정부에 뿌리를 두게 된다. 이 때문에 새 정부가 기존의 정책에서 크게 벗어나기 어렵다. 1990년 독일이 천재일우千載一遇의 통일 기회를 포착할 수 있었던 데는 오랜 기간 연립내각을 통해 정책의 지속성을 가능케 한 정치제도의 힘이 크게 작용했다.

이 글에서는 한국의 안보와 통일에 대한 12가지의 '질문과 대답'을 통해 지금 전개되고 있는 혼돈의 세계를 오히려 대한민국의 새로운 지평을 여는 발판으로 만드는 길을 모색하고자 한다. 현장의 경험에 입각한 인식을 비판적 이성으로 충분히 검증했는지는 확신할 수 없다. 그래서 저자의 '대답'은 여러 '해답' 중의 하나에 불과할 것이다. 그러나 제기된 '질문'에 대해서는 반드시 국론을 담은 해답을 찾아야 할 것이다.

1부

안보의 구명조끼

1
국가 안보와 통일 정책, 이대로 가도 되는가?

*자신의 위치에 대해
연민 없이 냉혹하게 판단하라.
-헨리 키신저-*

새로운 바다, 새로운 항로

1988년 서울 올림픽에서부터 2018년 남·북 정상의 도보다리 대화까지 30여 년에 걸쳐 한국은 '따뜻한 평화/적극적 평화'*를 향해 뛰었다. '남·북 교류 협력-한반도 비핵화-평화체제 수립-통일'로 가고자 한 꿈이 손에 잡힐 만큼 눈앞에 다가온 듯했다. 그러나 돌이켜 보면 그 꿈은 현실이 아니라 신기루 같은 것이었다.

차가운 머리보다 뜨거운 가슴이 더 뛰면, 냉정한 현실보다는 꿈과 희망에 당연히 더 눈길을 주게 된다. 아직도 '한반도 비핵화'는 불가능한 목표가 아니라고 보고, 민족 공동체 정신으로 평화통일을 꿈꾸는 사람들이 있다. 차가운 현실에 눈을 감는 것이다. 이들은 마치 시대착오적 인물의 대명사인 립 밴 윙클Rip van Winkle*을 연상시킨다. 지금 우리가 필요로 하는

---

*노르웨이의 평화학자 갈퉁Johan Galtung은 단지 전쟁이 없는 상태를 '소극적 평화Negative Peace'라고 하고, 대외적으로는 평화를 유지하는 가운데 안으로는 국가 구성원의 행복, 복지, 번영이 보장되는 상태를 '적극적 평화Positive Peace'라고 정의했다. 여기서는 갈퉁의 이론을 한반도 상황에 맞게 원용하고자 한다.

것은 감성이 지배하는 '민족의 지도'가 아니라, 눈앞에 펼쳐져 있는 '동북아와 세계의 정치 조감도'다. 케인스의 경구처럼 "사실관계가 바뀌면 내 마음도 바뀐다"는 현실 인식이 요구된다.

키신저Henry Kissinger 전 미국 국무장관은 미국과 중국이 충돌 경로에 들어가는 것을 보고, 두 세력이 공존하기 위해서는 서로가 "자신의 위치에 대해 연민 없이 냉혹하게 판단하라!"[1]고 충고했다. 충돌하면 둘 다 크게 다치고, 승자는 없을 것이라는 경고도 담았다.

키신저의 말은 미·중 관계에서만 해당하는 것이 아니다. 어떤 국가든 자기 진로를 결정하는 데 가장 중요한 출발점으로 삼아야 할 충고다. 특히 민족이나 통일 문제 앞에서는 쉽게 감성과 희망이 결합된 자기 연민과 도취에 빠져들었다가 다시 실망으로 돌아서곤 하는 한국의 대북 정책에 꼭 들어맞는 말이다. 진보와 보수 모두에게 해당한다.

정치 안보 지형의 근본적 변화

민주국가의 장점은 정부가 틀린 결정을 피하는 능력이 아니라, 실수를 인정하고 학습을 통해 교정하는 능력을 발휘하는 데 있다.[2] 우리는 한반도 비핵화라는 목표가 이루어질 것이라는 전제하에 추진해온 정책의 결함을 인정하고, 지금이라도 현실에 맞는 길을 찾는 능력을 발휘해야 한다.

비핵화와 통일 문제는 북한을 넘어, 미국·중국·일본·러시아 등을 포괄적으로 상대하면서 한국의 의지를 구현하는 거대한 외교 영역이다. 그런데 외교란 원래 불확실한 결과를 향한 체계적 실험과 같은 것이다.

---

* 립 밴 윙클은 20년간의 잠에서 깨어나 미국이 독립된 줄도 모르고 영국 국왕의 초상화 앞에서 충성 경례를 하는 인물이다. 1819년 출판된 워싱턴 어빙Washington Irving의 단편소설집《The Sketch Book of Geoffrey Crayon, Gent.》에 실린 작품 제목이다.

단계마다 실험의 결과가 본래의 지향점으로부터 멀어진다고 판단되면 경로를 수정해야 한다.

북한 핵 문제 해결에 이상주의자들은 "아무리 늦어도 결코 늦은 것이 아니다Never Too Late"라는 구호를 내건다. 반대로 현실주의자들은 "이미 너무 늦었다Already Too Late"라고 주장한다.

미국의 현실주의 정치학자 길핀Robert Gilpin은 "정치적 현실주의자는 사랑받지 못한다"라고 탄식했다.[3] 한국에서 통일 문제에 관한 한 길핀의 탄식은 정확히 들어맞는다. 민족과 통일을 외치고 있으면 최소한 뭇매는 맞지 않는다. 그러나 정치적으로 사랑받기 위해 현실과 거리가 먼 이상적 구호에 집착하면 차선의 목표로부터도 거리가 멀어진다.

변영태의 예언적 항변

한국전쟁 휴전협정의 합의(제4조 60항)에 따라 한반도 문제를 논의하기 위한 정치 회담이 1954년 스위스 제네바에서 열릴 예정이었다. 참전국을 위시한 19개국의 외교장관이 대표였다. 회담을 앞두고 1954년 2월 20일 변영태 외무부장관은 "무력으로도 해결되지 않은 것을 정치 회담으로 해결하겠다는 것은 언어도단이다"라며 회담 자체를 반대했다.[4]

당시 이승만 대통령이, 회담 자체가 북한에게 다시 전쟁을 일으킬 준비를 위한 시간을 줄 뿐만 아니라, 설사 회담이 진전되더라도 그 결과가 미군의 철수를 위한 명분을 줄 것으로 판단했기 때문이다. 한편, 미국은 한국에 대해, 회담 자체를 거부하면 평화적 해결에 반대한다는 인상을 국제적으로 줄 우려가 있다면서 일단 참가할 것을 설득했다.

제1차 세계대전의 종전을 위해 파리 평화 협상을 주재한 클레망소Georges Clemenceau 프랑스 총리는 "전쟁을 만드는 것이 평화를 만드는 것보다 훨씬 쉽다"고 토로했다.⁵ 많은 나라들의 상충하는 이해관계를 조정하여 합의에 도달하는 것이 실제 전쟁을 벌이는 것보다 더 어렵다는 점을 역설적으로 지적한 것이다. 제1차 세계대전의 평화 협상은 전후 처리에 관한 참전국들의 이해관계 충돌로 난항했고, 그 여파로 아시아에서 중국 공산당이 탄생하는 계기가 되기도 했다.

제1차 세계대전은 승자와 패자가 결판난 전쟁이었다. 반면에 한국전쟁은 승패 자체가 결판나지 않았다. 그만큼 평화 협상이 어려울 수밖에 없다. 그래서 결판난 전쟁을 정리하는 협상장에서 나온 클레망소의 탄식이 한국전쟁의 평화 협상에 대한 변영태의 예견적 항변을 설득력 있게 만드는 것이다.

70년 전 제네바 한반도 평화 회담의 공식 의제는 ① 한국전쟁의 공식 종료, ② 한반도 평화협정, ③ 한반도의 재통일이었다. 제네바 회담은 그해 1954년 4월 26일~6월 15일 개최되었으나 한국의 예상대로 성과 없이 종료되었다. 그러나 변영태가 경고했던 '언어도단적' 시도는 그 후 70년을 이어 오고 있다.

그동안 용어와 표현 방식만 달리했을 뿐 같은 문제를 두고 한국과 북한, 북한과 미국, 남·북·미·중 4자, 남·북·미·중·일·러 6자 사이에 형태를 바꾸어 가며 수많은 회담을 거듭했다. 중단되지 않은 이 시도들을 위한 변명은 "협상 자체가 평화의 과정이다"라는 것이다. 문제는 '평화의 과정'이 실패를 거듭하는 동안 한반도의 분단과 대립 상황은 개선되기보다 더 악화된 상태로 굳어지고 있다는 것이다.

한국전쟁의 핵심 배경이었던 미·소 냉전의 자리에는 미·중 신냉전이 들어왔다. 미국은 미·중 대립의 성격을 미국 주도의 세계질서 Pax Americana에 대한 중국몽 China Dream의 도전으로 규정하면서, 신냉전이 시진핑의 독재 체제와 함께 현상 변경을 추구하는 수정주의 정책에 주로 기인한다고 보기도 한다. 하지만 시진핑이 추진하는 '위대한 중화민족의 부흥'은 지도자 개인의 이념이나 철학의 문제라기보다 중국 자체가 총체적으로 원하는 것임을 간과하지 말아야 한다.[6]

신냉전의 와중에 한반도에는 핵무기로 무장한 북한까지 등장했다. 70년 전 변영태가 던진 경고는 문제의 핵심을 정확하게 짚었고, 그의 판단은 앞으로 상당히 먼 장래까지 유효할 것이다. 통일은커녕 평화로 가는 길 자체가 더 험난해졌다. 지금까지의 방식으로 평화를 협상하고 통일을 추구하는 것은 북한을 넘어 미국, 중국, 일본, 러시아까지 상대하면서 목표에 도달할 수 있는 '경쟁력 있는 전략competitive strategy'이 될 수 없다. 이제 국가의 미래를 위해 현실적이면서 더 경쟁력 있는 대안을 찾을 때가 되었다.

2024년 통일연구원의 통일 의식 조사에 의하면, 밀레니얼 세대 중에서 북한이 핵·미사일을 실제 군사적 목적보다는 외교적 수단으로 활용하기 위한 것이라고 답한 비율은 46.5%였다. 2017년 같은 조사에서는 54.9%였다. 그만큼 북한이 핵을 군사적으로 사용할 가능성이 있다고 보는 비율이 증가한 것이다. 또 같은 조사에서 대상자의 52.9%가 통일이 필요하다고 응답했는데, 그 이유는 전쟁 위협을 해소할 수 있기 때문이라고 답했다. 2017년 조사에서는 57.8%였다.[7]

그런데 예측 가능한 장래에 통일을 이룰 가능성은 보이지 않는다. 결국 통일이 되지 않은 상태에서 전쟁 위협을 해소할 수 있는 길을 찾는 것이 중론에 부합한다는 의미다. 통일을 간판으로 내건 정책보다, 통일 없이 '차가운 평화/소극적 평화' 상태에서나마 안정을 도모해야 하는 이유다.

3중의 속박

1994년 이래 미국 정부가 주기적으로 발표하는 〈핵 태세 보고서 Nuclear Posture Review〉는 2018년부터 '북한으로부터의 핵 위협'을 기정사실로 제시했다. 이를 두고 미국 내에서는, '완전한 한반도 비핵화'라는 구호에도 불구하고 실제로는 북한을 핵보유국으로 '조용히' 받아들이는 것이라고 지적했다.[8]

미국의 대북 정책이 '비핵화'보다는 '핵 위기관리'에 치중하고 있다는 것이다. 다만 북한의 핵무장을 저지하지 못함으로써 한국과 일본은 물론 세계 여러 곳에서 핵보유국이 등장할 위험 때문에 미국은, '완전한 한반도 비핵화'를 간판으로 걸어 두고 있을 뿐이라는 것이다.

미국이 한국과 함께 북한의 핵을 억제하고 방어하기 위한 미사일 방어체계를 만들고, 선제공격과 대량 보복 능력을 구축하는 것은 사실상 '핵보유국 북한'의 존재를 직시하는 조치들이다. 이는 '한반도 비핵화'라는 '선언적 언어'와는 다른 '실천적 행동'을 보여주는 것이다. 급기야 트럼프 대통령은 2025년 1월 20일 다시 취임하자마자 북한을 '핵보유국 Nuclear Power'이라고 표명했다.

사정이 이렇게 전개되자 미국 내 일각에서는 북한과의 '비핵화' 협상은 일단 선반 위에 올려 두고, 미·러 전략무기감축협상처럼 미·북 사이에도 장거리 탄도미사일 통제 협상을 벌여야 한다는 주장이 대두된다.[9] 북한이 중·단거리 핵미사일로 한국을 위협하는 것은 당장 어쩔 수 없는 현실이니만큼 우선 미국의 안전부터 챙겨야 한다는 논리다. 결국 한국은 '북한의 핵 위협' 아래서 '미국의 핵우산' 보호를 받으며, 한국 안보의 취약점을 활용하는 주변국들과 더불어 살아야 하는 처지가 되는 것이다.

한반도 비핵화 협상이 근래에 들어와 침몰한 과정은 2008년 말 북핵 6자 회담의 좌초에서부터 2019년 하노이 북·미 정상회담의 실패에서 그대로 드러났다. 이와 함께 '따뜻한 평화/적극적 평화' 구축의 기회는 증발했다. 때를 같이해서 발생한 2008년 뉴욕발 금융위기와 함께 미국에 대한 중국의 도전도 거세지면서 동아시아에서 해양 세력과 대륙 세력의 구획도 더욱 분명해졌다.

이런 정세의 전개는 관련국들의 중단기적 전략에도 다양한 함의를 던진다. 미국과 일본은 북한의 핵 위협이 커진 것을 계기로 최대의 당면 과제인 중국 견제망을 구축하는 데 있어 추가적 명분과 동력을 얻었다. 대표적으로 한국을 미·일의 대중 전선에 단단하게 편입시킬 수 있게 되었다. 북한은 한·미·일의 연합 전선에 대응해야 하는 중국의 후원을 다지고, 우크라이나 전쟁을 배경으로 러시아와의 군사동맹과 전략적 협력도 확보했다. 아울러 핵보유국으로서의 위치를 굳히고 내부의 결속도 다지면서, 세습 독재 기반을 공고히 할 여건을 갖추게 된 것이다.

반면에 중국은 미국과의 갈등 심화로 한국을 위시한 동아시아 국가들과의 관계가 불편해지면서, 태평양과 인도양으로 세력을 확대하는 길의 장벽이 높아졌다. 미·중 대립과 우크라이나 전쟁으로 인해 세계가 자유주의와 권위주의 체제의 대결 양상으로 전개되고 있다. 이는 지속적인 경제성장에 필요한 대외 환경을 악화시키고, '위대한 중화민족의 부흥'이라는 국가 목표의 추진을 어렵게 하는 것이다. 비록 트럼프 행정부(2기)가 스스로 미국의 위상을 추락시킴으로써 국제 무대에서 중국의 활동 공간이 확대될 가능성이 있지만, 트럼프 이후의 세계에서 자유주의 진영이 근본적으로 와해되지 않는 한, 중국이 안고 있는 기본적인 난관이 해소되기는 어렵다.

한국은 가장 어려운 처지에 놓이게 되었다. 첫째, 북한 핵의 지속적인 '위협과 괴롭힘'을 안은 채, 안보 위기의 고지대에서 가쁜 숨을 고르면서 살아야 한다. 둘째, 중국을 위시한 대륙으로 경제 영역을 확장하지 못함으로써 해양과 대륙을 연결하는 반도국의 지정학적 장점을 살릴 기회를 잃고 있다. 셋째, 중국 견제에 초점을 두는 미국과 일본이 결속하여 내리는 결정이 대외 행보에 있어 한국의 입지, 즉 전략적 자율성을 더욱 제약한다.

미·일 주도의 소위 '인도 태평양 전략'에서 한국은 본진本陣이 아니라 전초前哨가 되고 있다. 한국이 국제 질서의 '수립'이 아니라 '추종'의 역할에 머무르게 된다. 한국은 이런 3중의 속박에 처할 위험을 안고 있다.

Tip 1 ▶

아시아 태평양과 인도 태평양

'인도 태평양'이라는 개념은 2007년 당시 일본의 아베安倍晋三 총리가 인도 방문 시 인도양과 태평양을 연결한다는 취지에서 처음으로 제안한 것이다. 그 후 별다른 후속 진전을 보지 못했으나, 2017년 미국의 트럼프 대통령이 이를 적극적으로 수용함으로써 아시아의 대륙과 해양의 결합을 중시하는 지역 협력의 개념이 '아시아 태평양'에서 '인도 태평양'으로 전환되었다. 중국의 팽창에 어느 나라보다도 민감한 위협을 느낀 일본으로서는 태평양에서 중국을 견제하려는 전략에 일단 성공한 것이다.

2023년 8월 18일 한·미·일 3국 정상이 발표한 '캠프 데이비드 공동성명'은 미국과 일본이 공동 추진하는 '인도 태평양 전략'에 남아 있던 빈칸을 채웠다. 뿌리 깊은 역사적 갈등으로 인해 벌어진 한국과 일본 사이의 간격을 메우는 것은 '인도 태평양' 전략을 추진하는 미국과 일본 지도부에게는 큰 미결 과제였다.[10] 캠프 데이비드 공동성명으로 이 문제가 해소된 것이다.

미국은 아시아에서 중국의 부상에 대응하는 동시에 북한 핵 개발 저지의 실패로 인한 여파를 최소화하는 전략을 펴고 있다. 캠프 데이비드 공동성명은 일본과 한국을 묶어서 대중 전선의 전면에 내세우는 한편, 북한 핵에 대한 억제력을 강화하는 장치가 되는 것이다.

1993년 미국 클린턴 대통령이 주도하여 '아시아 태평양 경제 협력체APEC'를 정상급 회담으로 격상시킨 이래 친숙하게 사용되어 온 '아시아 태평양'이 어느 날 '인도 태평양'으로 바뀐 것이다. 국제 질서에서 자신의 국가이익에 맞도록 지역의 개념을 바꾸는 데 있어 일본과 미국의 입장이 맞아떨어진 결과다. 소위 '개념전쟁'의 한 장면이다.[11]

미국 행정부에 따라 유동성은 있지만, 기본적으로 미국은 '인도–태평양'과 '유럽–대서양'을 묶는 세계 전략을 갖고 있고, 중국은 '아시아–태평양'과 '일대일로'를 엮는 전략을 전개 중이다. 이런 세계에서 한국은 한·미 동맹이라는 힘에 기초하면서도, 다른 한편으로는 아시아 대륙과 태평양의 접점 위치에서 나오는 힘, 즉 '지정학적 강점positional strength'을 살릴 수 있어야 대외 지평이 넓어진다. '인도 태평양'과 '아시아 태평양' 개념을 병행 활용하는 자세가 긴요하다.

세 개의 길

한반도의 통일이건 평화적 공존이건 한국의 미래를 가로막는 최대의 안보 장애는 북한 핵 문제다. 그런데 '한반도 비핵화'이거나 '북한의 핵 포기'이거나, 또는 다른 어떤 이름으로 정의를 내리고 어떤 협상 수단을 동원한다고 해도 실현 가능성은 극히 희박하다(5장 한반도 비핵화는 실제 가능한가?). 또 압박이든 햇볕이든 그 명칭과 상관없이 어떤 정책을 취하더라도 북한의 체제를 전환시키거나 정권을 붕괴시킬 가능성도 보이지 않는다(8장 북한은 붕괴할 것인가?). 한국은 핵과 통일 문제를 위시한 기존의 한반도 정책을 다른 각도에서 심각하게 고민해야 한다.

이런 상황에서 한국 앞에 놓인 길은 세 가지로 나누어 볼 수 있다.

첫 번째는, 핵으로 무장한 북한의 위협에 대응하기 위해 미국의 핵우산을 축으로 하는 한·미 동맹을 지속적으로 강화하는 것이다. 즉, 군사적 억제력에 치중하면서 언젠가는 북한이 변하거나 붕괴하기를 기다리는 길이다.

두 번째는, 한·미 동맹 강화에만 치우치지 말고 북한을 다독거리면서 남·북 관계 개선, 북·미 관계의 개선, 한반도 비핵화라는 세 트랙을 계속 시도하는 것이다. 즉, 외교적 노력에 치중하면서 북한의 변화를 유도하여 평화를 유지하는 길이다.

세 번째는, 남·북 대치 상태를 위시한 한반도의 현 상황이 예측 가능한 미래에 변경되기 어렵다는 현실을 반영하여, 일단은 남·북이 대립과 갈등 속의 '정상적 이웃'*으로 공존하면서 먼 미래를 도모하는 것이다. 북한의 핵 능력을 상쇄하는 군사적 억제력을 유지하면서도 상대에 대한 위협 요인을 줄임으로써 우선은 안정에 치중하는 길이다.

첫 번째와 두 번째의 길은 기본적으로 한국의 보수와 진보 정부가 바꿔 가며 시도해온 정책이다. 두 노선 모두 비슷한 미래의 전망을 바닥에

---

* '정상적 이웃'이란, 헌법상 외국은 아니지만 두 개의 유엔 회원국으로서 국가 간의 통상적 관계가 적용되는 이웃을 말한다. 따라서 이 관계는 우호, 중립, 대립 등 다양한 상태에 놓일 수 있다.

깔고 있다. 세계사의 흐름에 비추어 결국 민주주의와 시장경제 체제가 먼 장래까지 세계를 이끌어 갈 것이므로, 지금의 현상을 지속적으로 유지하면 한반도의 주인은 결국 한국이 될 것이라는 판단에 기초하는 것이다. 물론 양 진영의 일각에서는 동의하지 않는 시각도 있기는 하다.

그러나 시간이 갈수록 현상 유지에 소요되는 비용은 점점 더 커지고, 국가 발전의 기회를 상실시키는 효과도 커진다. 앞서 열거한 지속적 안보 위기, 해양·대륙의 단절, 전략적 자율의 제약이라는 3중의 속박에 더하여 여러 측면에서 국가 발전의 장애를 가져온다. 첫째, 핵무장한 북한과의 대치 상태가 지속됨으로써 한국 내부에서 남·북 관계로 야기되는 정치·사회적 갈등과 분란은 심해질 것이다. 둘째, 위험한 대결 상태에 있는 분단국가라는 이미지로 인해 대외 경제 영역을 확대할 기회가 지속적으로 제약될 것이다. 셋째, 국가의 경제와 문화 역량이 커지는 것과는 반대로, 생존을 위한 안보의 결정적 수단을 사실상 타국에 의존하고 있다는 점이 더 크게 부정적으로 부각될 것이다.

결국 지금보다 낮은 비용 구조로 높은 안정의 수준을 유지하면서 국가 발전을 도모하고, 동시에 통일의 씨앗도 보전할 길은 세 번째의 선택이다. 남·북이 교류하고 협력할 수 있는 '따뜻한 평화/적극적 평화'를 구축하는 길이 열릴 때까지는 상호 간섭의 범위를 최소화하면서 각자의 길을 가도록 하는 것이다. 한국은 잠재적 핵 능력을 구축하고, 남과 북은 '유엔 회원국'의 지위에 맞게 공존하는 길이다. 당분간은 '분단 인정-힘의 균형-안정과 공존'의 길로 가는 '차가운 평화/소극적 평화'를 추구하는 것이다.

한편, 북한의 김정은은 2023년 12월 '교전 상태에 있는 적대적 두 국가 관계'를 선언했다. 체제 경쟁에서의 패배가 북한으로 하여금 '통일'

을 국가의 목표로 내세울 수 없게 만든 것이다. 김정은이 내세운 '핵·경제 병진'을 실현하려면 국제사회의 대북 제재 해제가 선결 요소였다. 그러나 스스로 '핵보유국'임을 선언함으로써 오히려 병진의 실현이 요원해졌다. 김정은은 체제 자체의 결함과 외부의 압박이 빚어내는 곤경에서 벗어날 길을 찾지 못했다. 체제와 정권의 유지를 위해서는 한국을, 통일을 목표로 함께 살아야 할 대상이 아니라 교전 상태에 있는 적대국으로 선언하는 것이 필요하다고 판단한 것이다.

이 선언은 '조선민주주의인민공화국'이 걸어온 실패의 역사, 즉 치부를 덮는 '무화과 잎사귀'를 찾으려는 것이다. 이 노선은 평화·번영·통일이라는 민족의 이상으로 향하는 것이 아니다. 한반도의 긴장을 높은 상태에서 유지함으로써 유리한 통치 환경을 만들어 세습 독재 정권을 유지하겠다는 것이다. 한국이 결코 받아들일 수 없는 길이다.

차가운 평화/소극적 평화

한국전쟁을 기점으로 한반도에서 '전쟁과 평화'가 전개된 과정과 앞으로의 지향점을 단계별로 구분해보면, ① 열전·냉전, ② 휴전, ③ 차가운 평화/소극적 평화, ④ 따뜻한 평화/적극적 평화, ⑤ 통일로 나눌 수 있다. 엄격한 시각에서 볼 때, 현재는 열전과 휴전의 중간 상태에 있다.

1953년 7월에 맺은 휴전협정은 군데군데 사문화되고 휴전은 결코 온전한 상태가 아니다. 1989년 지중해의 몰타에서 미국과 소련이 냉전의 종식을 선언한 이후에도 한반도에서는 강릉 잠수함 침투와 교전, 연평도 포격, 천안함 피격으로 이어지는 무력 충돌이 지속되었다. 휴전은 이행과 와해의 위기를 반복하고 있을 뿐이다.

'냉전'이란 적대적인 패권 세력 사이의 직접적인 전투행위가 아니라 대리전쟁을 통한 경쟁 상태로 규정되기도 한다. 미국과 소련의 대립 구도에서 한국과 북한, 그리고 미국이 주도한 유엔군과 소련을 배후로 둔 중국이 교전 당사자가 된 한국전쟁은 대표적 냉전의 산물로 분류된다. 그러나 이는 국제정치의 논리에서 본 것일 뿐이다. 남과 북의 입장에서는 1950~1953년 기간은 열전이었고, 그 이후는 불완전한 휴전 상태다. 흔히 한반도에서 '냉전 구도의 해체'라는 구호를 내세우기도 한다. 정확히 말하면 한반도를 둘러싼 패권 추구 세력, 즉 미국과 중국이 대립을 풀어야 한다는 것이다.

일각에서는 트럼프 행정부가 1기에서 시도했던 한반도 냉전 구도의 해체가 2기의 정책으로 이어질 가능성을 제기한다. 그러나 설사 어떤 합의가 이루어진다고 해도 실제로 행동으로 옮겨질 가능성은 낮다. 세계정세에 비추어 볼 때, 먼 미래에까지 미국과 중국이 한반도에 직간접적으로 개입하는 자세에서 발을 빼거나 통일한국을 위한 타협을 이룰 가능성은 희박하다. 그래서 한반도를 둘러싼 냉전은 해체되지 않는 것이다(7장 통일은 가까운 장래에 가능한가?).

한국은 미·소의 냉전 종식 선언 이후, '휴전의 정착'과 '냉전의 종식'이라는 2단계, 그리고 '차가운 평화/소극적 평화' 구축이라는 3단계를 단번에 넘어서는 희망을 품어 왔다. '따뜻한 평화/적극적 평화'라는 4단계로 바로 가는 정책을 추구한 것이다.

그러나 그런 야심 찬 시도는 한반도를 오히려 좌절과 적대의 늪으로 빠져들게 했다. 결과적으로 지금 한반도는 소극적이건 적극적이건 평화는커녕 '전면적 열전'과 '온전한 휴전'의 중간 상태에 머물러 있을 뿐이다. 지나온 경로를 재조명하고 미래를 전망해보면, 예측 가능한 미래에 도달할 수 있는 목표를 '온전한 휴전'과 '냉전의 이완'을 거쳐 '차가운 평화/소극적 평화' 상태를 구축하는 데 두어야 한다.

'따뜻한 평화/적극적 평화'에 도달하기 이전의 단계로서, 일단은 상대의 존재를 인정하면서 경쟁적으로 공존하는 안정상태를 중간목표로 설정하자는 것이다. 서로를 '파괴하려는 적$_{enemy}$'이 아니라 '다투는 경쟁 대상$_{adversary}$'으로 보는 것이다. 상호 불신과 적대 인식은 해소되지 않았지만, 무력 충돌이나 적대적 침투 행위를 포함하여 상대의 붕괴를 목표로 하는 행동은 억제하는 상태를 말한다. 냉전, 즉 '차가운 전쟁$_{Cold\ War}$'의 대칭 개념인 '차가운 평화$_{Cold\ Peace}$'에 해당한다고 볼 수 있다.[12]

'차가운 평화/소극적 평화'의 대표적인 사례로는 이집트와 이스라엘(1979), 이스라엘과 요르단(1994)의 경우를 들 수 있다. 이들은 각각 평화조약을 체결한 이후에 '차가운 평화'를 유지하고 있다. 적대적 행위자 간에 공식적으로는 전투행위를 종료했지만 역사, 종교, 국경분쟁 등의 잔재가 남아 있어 '따뜻한 평화$_{Warm\ Peace}$' 상태까지는 가지 못하더라도, 무력 충돌의 방지에 주력하면서 안정을 유지하는 경우다. 특히 이집트-이스라엘의 '차가운 평화'는 지난 46년간 중동 평화의 중요한 기둥 역할을 해왔고, 2023년 하마스의 이스라엘 공격으로 전개된 무력 충돌이 중동 지역 전체로 확전되는 것을 억제하는 기능도 하고 있다.

이처럼 차가운 평화를 위해서는 평화협정이 필요하다. 그러나 당분간 한반도에서 평화협정의 체결 가능성은 희박하다. 북한 핵 문제 때문이다. 대신 불완전하게나마 작동해온 휴전협정이 있다. 휴전협정에 기초하여 군사적 침투나 도발, 또는 사이버 공격 등 비재래적 방식에 의한 적대 행위를 자제하게 함으로써 '차갑지만 평화로운 상태'를 만드는 것이 필요하다. 그런데 사실상 한쪽이 다른 쪽을 흡수하는 것을 바탕으로 삼는 통일 정책을 내세우는 한, '차가운 평화'는 구축하기 어렵다.

노벨 경제학상 수상자 셸링Thomas Schelling은 이해관계가 갈등하는 구조에서 승리란 무엇인지를 설명했다. 그에 의하면 적과 비교해서 더 많이 차지하는 '상대적 승리'가 아니라, 자신의 가치 기준에 비추어 '상대적 이득'을 취득하는 것이 승리라는 것이다. 상호 조정과 교섭, 그리고 상대에 대한 가해행위를 회피함으로써 이러한 승리를 획득할 수 있다. 따라서 상처만 남길 전쟁을 피할 가능성, 전쟁의 피해를 최소화할 가능성, 그리고 유사시 상대의 행동을 제압할 가능성을 통해 전쟁을 방지하는 것이 적대적 상대방을 둔 국가의 전략이 되어야 한다는 것이다.[13]

한반도에서 차가운 평화도 이런 전략에 기초하여 구축할 수 있을 것이다. 북한과의 무력 충돌을 방지하기 위해 가능한 모든 조치를 취하되, 충돌이 불가피한 상황에 직면할 경우에는 상대를 제압할 역량을 갖추고 있음을 사전에 알게 해주는 것이다.

Tip 2 ▶

방위비 분담의 역사와 교훈

1989년 미국은 한·미 주둔군 지위 협정SOFA 체결(1966년) 이후 처음으로 미군 주둔 비용의 일부를 한국이 공식적으로 부담하는 협상을 요구했다. SOFA 조항에 따르면, 한국은 미군 주둔을 위해 군사기지용 토지와 이미 존재하는 시설을 제공해주는 것 이외 일체 다른 비용은 부담하지 않게 되어 있었다. 그러나 88 서울 올림픽과 더불어 제고된 위상과 경제력을 감안하여 미국은 주둔 비용의 일부를 요구했고 한국도 원칙적으로 동의했다. 이에 따라

법적으로는 기존 SOFA 규정의 예외를 인정하는 '특별 조치 협정Special Measure Agreement, SMA'을 체결하기로 했다.

그런데 미국은 당장 첫해에 3억 달러의 지불을 요구했다. 한국은 그 전 몇 년에 걸쳐 미국 공군기의 정비 비용을 위주로 연간 약 3천만 달러 규모의 현물과 용역을 비공식적으로 지원했는데 갑자기 무려 열 배로 증액시키자는 것이었다. 미국 측은 의회의 요구임을 내세우면서 분담액이 요구수준에 미치지 못하면 미군의 규모를 축소할 수밖에 없다는 것을 암시했다.

1990년 미국 호놀룰루의 심야 담판에서 한국 측은, 막사 시설 등 열악한 한국군의 근무 환경과 주한 미군이 받는 처우의 엄청난 차이를 비교하면서, 한국이 부담할 수 있는 규모를 넘어 부족한 부분만큼 미군을 줄여도 할 수 없다는 입장을 내세웠다. 새벽까지 이어지는 줄다리기를 했지만 끝내 협상은 결렬되었다. 그 후 서울과 워싱턴을 오가며 수차례의 밀고 당기는 협상 끝에 결국 1991년 연간 1.5억 달러를 분담하기로 낙착되었다.

미국은 필요할 때마다 협상 테이블이나 막후에서 주한 미군을 카드로 사용한다. 이는 공화, 민주 진영을 초월한다. 1차 방위비 분담 협상은 미국 공화당의 부시 행정부와 진행했다. 얼마 후 워싱턴에는 민주당 정부가 들어섰고, 1996년 한국은 불평등 조약의 상징으로 대두된 SOFA 협정의 형사재판 관할권 조항의 개정을 민주당의 클린턴 행정부와 협상했다. 당시 주한 미군에 대한 형사재판 관할권을 사실상 미국 당국이 행사하던 중이었다.

한국이 미·일 SOFA의 경우와 같이 한국 측에 관할권을 넘겨 달라는 입장을 강하게 요구하자, 미국 측은 "그렇다면 미군이 계속 주둔할 수 있을지 생각해봐야 할 문제"라며 압박을 가했다. 이에 대해 한국 측은 미국의 자세가 마치 "말벌을 잡으려고 곡사포를 쏘는 것howitzer to wasp" 같다고 지적했다. 그리고 이 협상은 미군이 한국과 미국 모두에게 소파처럼 편안하게 주둔하는 환경을 만들기 위한 것인데, 만약 미군 주둔 자체를 거론한다면 다른 테이블에서 논의해야 할 것이라고 대응했다. 일단은 협상이 결렬될 수밖에 없었다. 협상은 그 후 4년 동안 지속되다 2000년 말에 한국의 요구에 근접한 수준으로 타결되었다.

1990년대에는 북한이 아직 핵을 보유하지 않았고, 재래 군비에 있어서는 한국이 사실상 우세한 상태였다. 미국 주도의 세계질서 속에 미·중 관계도 비교적 안정상태에 있었다. 미국이 방위비 분담 협상이나 미군 형사재판 관할권 협상에서 미군 감축 카드를 실제로 사용했다 하더라도 한국이 다소 차분한 반응을 보일 여지가 있었다.

35년 전의 상황을 지금에 대입해보자. 북한의 핵 위협에 그대로 노출된 상태에서 미군 철수나 감축이 구체화되면, 일각의 호기 있는 언사에도 불구하고 한국 정부와 국민은 심리적 공황 상태에 다가갈 것이다.

미국의 대통령이 누구든 간에 미국은 대폭적인 방위비 분담의 증액을 지속적으로 요구할 것이다. 한국으로서는 주한 미군 유지를 위해 한국 내에서 발생하는 주둔 비용은 일정 기간에 걸쳐 점진적으로 100%까지 부담한다는 자세로 협상하는 것이 바람직하다. 그런데 만약 미군의 인건비나 작전 전개 비용까지 요구한다면, 더 이상 동맹군이 아니라 용병傭兵이 되는 것이다. 이 경우 한국은 동맹의 기본자세를 바꾼다는 입장으로 대응해야 할 것이다. 어느 나라를 상대하든 '자기 카드'가 없는 협상은 '협상'이 아니라 '굴복'일 뿐이다.

프랑스의 드골Charles de Gaulle은 "나라의 안위를 스스로 떠맡지 않고 외국 군 내의 보조 역할이나 한다는 것은 여러 세대의 역훈과 삶을 독물로 오염시키는 일"이라고 강조했다.[14]

드골의 철학이 적시한 것처럼, 한국이 북한으로부터 위협당하고 미국으로부터 굴복을 강요당해야 하는 이중의 압박 속에서 생존하는 것은 '국가의 영혼'이 오염되는 것과 다름없다. 만약 그런 경우가 된다면, 한국은 자체의 핵 능력 확보를 통해 한반도 핵 균형을 만드는 것이 불가피하다는 입장으로 전환해야 할 것이다.

미국의 일각에서는 한국을 위시한 동맹국들이 미국의 안보 우산에 '무임승차free-riding'한다면서 승차 요금을 요구한다. 그런데 미국이 한국의 핵 옵션을 거부하지 않는다면 미국의 안보 우산은 크게 줄여도 된다. 소위 '무임승차'의 배경에는 다분히 미국의 의사도 작용하는 것이다.

2
미국은 어디까지 한국을 보호해줄 것인가?

> 나라의 안위를 스스로 떠맡지 않고
> 외국 군대의 보조 역할이나 한다는 것은
> 여러 세대의 영혼과 삶을 독물로 오염시키는 길이다.
> -샤를 드골-

America First와 핵우산

'미국이 아니었다면 지금의 대한민국은 없었을 것'이라는 가정에 의문을 제기하는 사람은 거의 없을 것이다. 한·미 동맹은 한국의 생존뿐만 아니라 민주주의와 시장경제, 그리고 사회문화적 다양성 등 한국이 구가하는 국가 발전의 울타리가 되어 왔다. 그래서 우리는 미국의 보호와 지원을 마치 산소와 햇볕처럼 자연스러운 현상으로 간주해왔다.

미국의 세계 전략 관점에서 보면, 세계 10위권의 중견 강국으로 성장한 한국의 위상은 75년 전 공산 침략으로부터 보호했던 시기와는 전혀 다른 차원으로 높아졌다. 역설적이지만 그에 비례해서 미국의 보호에 대한 한국의 타성은 더 굳어지는 경향이 있다. 미국이 "이런 한국을 떠나겠느냐?"는 것이다. 그러나 미국의 보호와 지원은 당연하지도 무조건적이지도 않다. 특히 미국의 고립주의 대두와 한국의 국력 상승은 한국에 대한 미국의 역할을 점점 제한적이고 조건부적으로 만든다.

미국의 고립주의

미국 대외 정책의 근간은 당연히 '미국 우선주의'다. 이 개념은 트럼프가 만든 것이 아니다. 미국이 세계의 주도적 강대국으로 부상하기 전인 1940년 이미 'America First Committee(AFC)'가 결성되어 제2차 세계대전 개입을 반대하는 초당적인 캠페인을 전개했다. 때마침 1941년 독일 잠수함의 미국 선박 공격과 일본의 진주만 공격으로 인해 이 캠페인은 수그러들고 미국의 참전이 결정되었다. 그러나 미주 대륙이 아닌 다른 지역의 전쟁으로부터 자유롭기를 바라는 미국 국민들의 고립주의적 의식은 예나 지금이나 항상 저류에 흐르고 있다. 2017년 트럼프의 등장은, 미국이 국제주의 정책을 얼마나 유지할 수 있을지에 대해 미국 안팎에서 제기되어 온 기존의 의구심을 확산시켰을 뿐이다.[1]

더 길게 보면, 미국은 1789년 헌법 발효 이래 1941년 제2차 세계대전에 참전할 때까지 150년 이상 'America First'에 기초한 고립주의를 유지했다. 1898년 카리브해와 필리핀을 둘러싸고 스페인과 벌인 전쟁, 1917년 제1차 세계대전 참전의 경우만 예외였다.[2] 2025년 트럼프 행정부(2기)가 다시 등장하면서 미국이 서반구에 치중하는 세력권 국제질서를 지향하는 성향을 보이는 것은 예상된 행보라 할 수 있다.

미국의 정치에서 트럼프라는 특정 인물을 넘어, 소위 '트럼피즘Trumpism'으로 불리는 이념을 지지 기반으로 하는 세력이 하나의 축을 이루고 있다. 이들은 다른 지역의 문제에 개입하는 것을 반대하고, 관대한 이민정책을 거부하며, 소수자 보호 등 과도한 평등주의를 배척한다. 트럼프 행정부(2기)가 추진하는 과제들이 성공할 가능성에 대해서는 회의적인 시각이 많다. 그럼에도 불구하고 빈부의 격차를 계속 확대시키는 미국의 경제구조, 세계 속에서 미국 경제의 상대적 축소, 그리고 국력의 하향 국면에서 나타나는 국론 분열에 빠져드는 정치 환경 등에 비추어 볼 때, 트럼프 행정부(2기)가 실패로 끝나더라도 트럼피즘을 배경으로 하는 세력이 언제든지 집권할 가능성은 유지될 것이다.

더 중시해야 할 점은, 공화당과 민주당을 초월하여 부시, 오바마, 바이든 행정부 같은 기존의 주류 세력도 사용하는 언어나 표현만 다를 뿐이지 정책의 실체는 트럼프와 크게 차이가 없다는 것이다. 미국은 '절약해야 하는 강대국'이다. 동맹국의 지원을 받지 않으면 '곡간보다 쓸 곳이 많은 모순entitlement overstretch'을 극복하기 어렵기 때문에 나타나는 현상이다.[3]

미국은 행정부의 교체와 관계없이 '다다익선' 원칙에 입각한 방위비 분담을 요구하고 있다. 또한, 인플레이션 감축법이나 반도체 지원법에서 나타나듯이 미국 내 일자리 창출을 위해 동맹국들에게 자국의 일자리를 미국에 양보하라고 압박하고 있다. 트럼프 행정부(2기)가 압박의 도구로 동원하는 관세정책과 미군 철수 카드는 고립을 가속시킬 것이다.

미국의 고립주의 성향이 강해질 가능성은 단순한 수치를 통해서도 나타난다. 예를 들어 미·소 냉전이 싹튼 1948년 미국은 세계 인구의 6.3%와 부의 약 50%를 점하고 있었지만, 2023년에는 각각 4%와 25%로 축소되었다. 반면에 같은 기간 중 미국 내 빈부의 격차는 두 배로 악화되었다. 1948년에는 인구의 0.1%가 국부의 10%를 차지했으나 2023년에는 20%로 늘어났다.[4] 세계경제에서 차지하는 비중의 상대적 축소와 내부의 빈부 격차 확대로 인한 사회불안 요인이 가중되고 있다. 미국의 어떤 행정부도 내부 사정에 집중하라는 유권자의 요구를 외면할 수 없는 것이다.

같은 시각에서《고립주의》의 저자 쿱찬Charles Kupchan도 미국은 이미 상당 기간 '대외 공약'과 이를 지탱하는 '정치 경제적 자원' 간의 위험한 불균형하에 있어 왔다고 지적한다. 그래서 1990년대 들어와 미국 주도의 세계질서 유지를 위한 '개입주의'라는 이념의 추는 이제 '고립주의'로 회귀하고 있다는 것이다.

더 주시해야 할 현상은 고립주의가 동맹과의 타협 과정을 거치지 않고 일방적으로 진행된다는 것이다.[5] 미국의 세계무역기구WTO 이탈, NATO의 동맹국을 도외시한 아프간 철군, 프랑스의 등 뒤에서 이루어진 미·영·호 잠수함 거래 등 사례가 줄줄이 이어지고 있다. 2025년 트럼프 행정부(2기)가 들어와 보여주고 있는 행동들은 이러한 진단들을 뒷받침하고 있다.

역외 균형자 역할론

전 세계 인구의 4%에 불과한 미국이 지난 수십 년에 걸쳐 자국에 유리한 정치·경제·안보 질서를 세계 도처에 만들어 유지해오고 있다. 이런 상태는 극히 자연스럽지 않고 지속되기도 어렵다는 주장이 미국 내에서 계속 제기되어 왔다.[6] 그래서 미국의 '역외 균형자 역할론'이 강조된다. 충돌의 현장이 아니라 외부에서 균형을 잡아주며 안정을 관리한다는 전략이다.

미국이 설사 불가피하게 지상군을 투입하여 역내 균형 역할을 하더라도 동맹국의 부담을 최대화하고 미군은 최단기간 내에 철수시킨다는 전략을 의미한다.[7] 이 전략을 주창하는 그룹은 미군이 설사 개입하더라도 소위 '영원한 전쟁Forever War'에 빠져들지 않도록 분명하고 제한적인 정치적 목적만 달성한 후 신속하게 철수해야 한다고 강조한다.[8] 트럼프 대통령이 2기 취임사에서 "우리가 개입하지 않은 전쟁을 통해 우리의 성공을 측정할 것"이라고 선언한 것은 이런 전략을 선명하게 보여준다.

미·중 대립과 대만해협의 긴장, 우크라이나 전쟁, 북한의 핵전력 증강 때문에 표면상 아시아와 유럽에서는 미국이 역외 균형자로 역할을 전환하는 과정이 일시적으로 느리게 진행되는 것으로 보이기도 한다. 그러나 실제로는 중동 지역에서부터 이미 실행되고 있다. 역외 균형자 역할을 선호하는 소위 '신고립주의' 노선은 트럼프는 물론 그 후 누가 대통령이 되더라도 되돌리기 어려울 것이다.

미국 내에서는 2024년 대통령 선거 기간 중 "민주당도 '광범위한 개입'과 '과도한 고립'의 중간 형태를 취하는 자기 버전의 'America First'를 내놓아야 한다"라는 주장이 등장했다.[9] 미국이 2025년 6월 이란의 핵 시설을 폭격한 것을 두고, 역외 균형자 역할보다는 직접 개입 정책을 택하는 것으로 보일 수도 있다. 그러나 폭격 직후 미국의 헤그세스Pete Hegseth 국방장관은 "이란의 정권 교체를 추구하는 것이 아니다"라고 선을 그었다. 2001년과 2003년의 아프가니스탄과 이라크 점령 시처럼 지상에 발을 들여놓지는 않겠다는 의미다.

트럼프 행정부(2기)에 들어와 미국은 국방 전략의 최우선을 중국의 대만 공격 방지와 미국 본토 공격에 대한 방어에 두고, 그 외 북한·러시아·이란으로부터의 위협은 해당 지역의 미국 동맹국들이 자체 군사력 증강을 통해 대응하게 한다는 지침을 설정했다. 미국 국방부가 제시한 '임시 국방 전략 지침'의 요지다.[10] 미국은 동맹국들에 대한 핵우산은 제공하되, 재래 군사력은 동맹국들이 국방 예산을 증액하고 미국 무기를 구매하는 방법 등으로 메우라는 것이다.

트럼프와 바이든의 대외 정책에서 유사점 중 하나로, 두 사람 모두 "미국이 스스로 수립한 국제경제 질서의 막대한 피해자이며, 개방 자유무역의 환경에서는 경쟁하기 어렵다는 비관적 인식을 갖고 있다"는 것이다. 또 세계무역기구 사무총장 이웨왈라Ngozi Okonjo-Iweala는 바이든 행정부 시절 이미 미국이 '규칙에 기반rules-based'한 국제 질서를 말하면서도 실제로는 '힘에 기반power-based'한 질서로 향하고 있었다고 강조했다. 따라서 결국 '규칙 기반'의 국제 질서에 대한 가장 큰 도전은 미국 자체로부터 오고 있다는 것이다.[11] 2025년 1월 트럼프 대통령이 다시 돌아오자마자 세계보건기구WHO와 파리기후협약을 탈퇴한 데 이어, 급기야 세계무역기구를 대체할 '트럼프 라운드'를 거론하면서 관세전쟁을 벌이고 있는 것은 이런 현상을 적나라하게 노정하는 것이다.

미국은 '대외 공약과 이행 수단' 사이의 모순을 극복하기 위해, 특히 아시아 태평양 또는 인도 태평양 지역에서는 중국의 패권을 저지하기 위해 '위험, 공약, 비용'이라는 세 요소를 최소화하고자 한다.[12] 이런 전략에 따라 인도 태평양에 NATO와 같은 수준에는 미치지 못하더라도 유사한 구조의 동맹망을 구축하고자 한다.

미국의 이런 전략 방향과 맞아떨어진 것이 '중국 견제'와 '자체 위상 강화'라는 두 마리의 토끼를 잡기 위해 일본이 구상한 '인도 태평양' 개념과 '4국 안보 대화QUAD'다. 트럼프 행정부(2기)가 출범 다음 날인 2025년 1월 21일 워싱턴에서 예정되어 있던 QUAD 외교장관 회의를 그대로 개최한 것은 이 전략을 뒷받침하는 것으로 평가된다. 물론 트럼프의 관세전쟁이 이 전략의 생동력을 어느 정도 유지해줄지는 주목의 대상이다.

한국전쟁 발발 당시 트루먼 대통령은 무기를 포함해서 무슨 지원이든지 즉각 도와 달라는 이승만 대통령의 간청에 대해 이틀 반 동안 결정을 내리지 않았다. 유엔의 결의를 통해 참전의 명분을 국내외적으로 확보하기 위한 시간이 필요하기도 했지만, 국내 여론과 소련 및 중국과의 대결 전망 등 복잡한 요소들을 계산하는 데도 시간이 걸렸다. 다행히 당시 소련이 중국의 유엔 안전보장이사회 상임이사국 지위 문제로 안전보장이사회에 불참했다.[13] 지난 역사에는 가정이 성립되기 어렵지만, 만약 소련이 안전보장이사회에 참석했다면 거부권을 행사했을 것이다. 그에 따라 미국이 유엔군 깃발로 참전하는 것이 불가능했더라면, 트루먼이 어떤 결정을 내렸을지는 단정하기 어렵다.

물론 당시와 지금의 한·미 관계는 군사동맹, 경제 유대, 한국의 국제적 위상 등에 비추어 차원이 다르다. 더욱이 미국은 미국과 맞설 정도로 강력해진 중국과 전면적 대립 상태에 있다. 상황이 재연된다면, 미국은 28,500명의 미군이 주둔하는 동맹국에 대한 공격을 격퇴하는 결정을 내릴 것이다. 그러나 그 결정이 중국과 러시아와의 핵전쟁에 돌입할 문을 여는 것이라고 판단되면 대응 방식은 달라질 수 있다.

같은 맥락에서 "1945년 8월 만약 미국이 일본으로부터 핵 반격을 당할 가능성이 있었더라도 히로시마와 나가사키에 핵폭탄을 투하할 결정을 내렸을까?"라고 반문해보면, 한반도 상황의 예측에 도움이 된다. 'America First'는 누가 미국의 대통령인가, 또 누가 미국의 적인가를 떠나서 변하기 어려운 저류로 살아 있다. 미국 외교를 관통해온 정신이고 힘이기 때문이다.[14]

세계 권력 구도의 변화에 더하여, 2022년 러시아의 우크라이나 침공 이후 적나라하게 드러난 유엔의 기능 상실에서 보듯이, 세계질서의 유지를 위한 강대국 간의 조율이 사실상 불가능한 상태에 들어갔다. 더욱이 미국 자체가 내부적으로 극심한 분열 현상을 보임으로써[15] 국제사회에서 미국의 지도력에 대한 신뢰도는 시간과 함께 지속적으로 하락하고 있다.

심지어 '美合衆國United States of America'이 아니라 '美分裂國Disunited States of America'이라는 인식까지 대두되고 있다.¹⁶ 트럼프 행정부(2기)는 이런 추세를 가속시키고 있고, 세계 어느 나라 못지않게 높은 안보 위험 요인을 안고 사는 한국은 아직도 자신의 안보를 타국에 절대적으로 의존하고 있다. 이런 타성적 자세의 '지혜'에 대해 심각한 의문을 던지지 않으면 이상한 것이다.

이와 유사한 의문에 대해서, 제2차 세계대전 후 서독의 재건과 독일 통일의 초석을 닦은 아데나워Konrad Adenauer 총리가 학자 신분이었던 키신저와 가진 솔직한 대화(키신저의 저서 《리더십Leadership》 중)는 주요한 시사점을 던진다. 그는 핵우산으로 서독을 소련으로부터 보호하겠다는 미국의 의지를 믿지는 않지만, 미국 핵우산의 존재가 소련의 판단을 불확실하게 만드는 것 자체로 서독의 안보를 증진시킨 것은 맞다고 했다.¹⁷

한국이 지금까지 이런 지혜를 존중해온 것은 현실적 선택이었다. 그러나 한편으로는 동맹을 보호하려는 미국의 의지가 미국 자체 내에서 갈수록 도전받는 중이고, 다른 한편으로는 기존 러시아의 핵 능력에 추가하여 중국의 전략무기 능력이 일약 확장 중이다. 거기에다 행동의 예측 가능성이 낮은 북한이 핵무장 국가로 등장했다. 세계정세는 물론 한반도 안팎의 안보 구조가 크게 바뀌었음을 직시해야 한다.

Tip 3 ▶

안보 의존
서독의 고뇌

제2차 세계대전 후 소련은 물론 영국과 프랑스가 핵무기를 보유하게 되었지만, 서독은 패전국이라는 '굴레'와 미국의 핵우산 보호라는 '명분'에 따라 비핵국가로 남았다. 서독은 미국과의 동맹이라는 지붕 밑에서 경제 재건에 집중했다. 그런 와중에도 초대 총리 아데나워를 위시한 서독 지도부의 고뇌와 행동은 근래 발간된 키신저의 저서 《리더십Leadership》에 잘 나타나 있다.

요약하면 다음과 같다.

1957년 10월 키신저는 《핵무기와 외교》라는 저서를 출간한 직후 백악관 자문위원 자격으로 서독을 방문했다. 아데나워는 그에게 미국 핵우산의 신뢰성에 대해 세 가지 의문점을 제기했다.

"첫째, 만약 미국 대통령의 임기가 한 달 남은 시점에 위기가 발생한다면, 미국이 핵 사용 위험을 무릅쓸 수 있을까요? 둘째, 미국의 대선 후 차기 대통령 취임 직전까지 3개월 동안이라면 어떨까요? 셋째, 수소폭탄이 미국 주요 도시에 떨어진 뒤라면 또 어떨까요?"

그로부터 10년 후 1967년 1월 아데나워가 총리직에서 퇴임한 지 4년이 지났을 때, 다시 그를 찾아온 키신저(넬슨 록펠러 뉴욕 주지사의 보좌관 시절)에게 그는 이렇게 말했다.

"내가 아직도 당신들이 우리를 무조건 보호해준다고 믿을 것 같습니까. 나는 미국 대통령이 어떤 상황에서도 베를린을 위해 핵전쟁의 위험을 무릅쓸 것이라고 보지는 않습니다. 그래도 동맹은 여전히 중요합니다. 소련 지도자들이 이 미심쩍은 부분에 대해 장담하지 못한다는 사실이 우리를 지켜주니까요."

오락가락하는 미국의 외교정책

미국의 외교정책이 수시로 발생하는 사태에 직면하여 진지한 논쟁과 토론보다는 '공포와 분개panic and outrage'에 의해 결정되면서, 오락가락하는 경우가 자주 일어난다. 이런 현상은 트럼프처럼 일견 예외적으로 보이는 대통령은 물론 특정 정당의 속성과 정파를 초월하여 나타난다.

예를 들어 2022년 이후 바이든 대통령은 우크라이나를 군사적으로 적극 지원하는 동시에, 대만 문제에 대해서도 "무력에 의한 현상 변경을 반대한다"는 입장으로 단호하게 대응했다. 그러나 8년 전인 2014년 같은 민주당의 오바마 대통령은 러시아의 크림반도 병합에 대해 "우크라이나는 미국보다 러시아에 더 중요한 나라이고, 같은 맥락에서 대만은 미국보다는 중국에 더 중요한 곳이다"라고 했다.[18]

이런 인식은 2017년 4월 플로리다 마라라고에서 시진핑 주석이 "조선 반도(한반도)가 역사적으로 중국의 일부였다"라고 했을 때, 트럼프 대통령이 반박 없이 그냥 듣고서는 무심하게 외부에 전한 것과 별 차이가 없다. 2024년 8월 대선전에 나선 트럼프는 대만 방어 의지에 대해, "대만은 미국으로부터 9,500마일이나 떨어진 곳에 있다. 미국의 방어 지원을 받으려면 돈을 내야 한다"고 했다.[19]

한반도를 둘러싸고 노골적인 강대국 정치가 전개되는 어느 시점에 가서 워싱턴에 "한국은 미국보다는 중국에 더 중요한 나라다. 미국이 방어해야 할지 안 할지는 사정을 좀 보아야겠다"라고 말하는 대통령이 등장할 가능성은 없을 것인가? 지금도 미국의 조야에서는 대만 문제를 두고 미국과 중국이 무력 충돌할 경우, 미국이 앞장서기보다는 미·일 동맹, QUAD(미국, 일본, 호주, 인도), AUKUS(호주, 영국, 미국)라는 3개의 축에 의존할 것으로 전망한다.[20]

이 축에 등장하는 국가 중 인도를 제외하고는 모두 아시아 대륙에서 벗어난 해양 국가들로 구성되어 있다. 이 자리에 한·미 동맹의 존재가 보이지 않는 것은, 한국 정부가 QUAD 가담에 소극적이라는 배경도 있겠지만 더 근본적으로는 오바마나 트럼프류類의 미국 대통령들이 갖고 있는 지정학적 관점이 미국의 동북아시아 전략에 작용한다고 볼 수 있다.

2023년 캠프 데이비드 공동성명을 통해 한·미·일 3국 안보 협력에 합의했지만, 중국의 지정학적 영향권 바로 안에 있는 한국의 안보에 대한 미국의 기본 인식 자체는 크게 바뀌기 어렵다. '세력권 정치'를 지향하는 미국 행정부에서는 이런 우려가 더욱 깊어질 것이다.

한·미 동맹과 확장 억제

2025년 등장한 트럼프 행정부(2기)는 북한을 '핵보유국'으로 지칭하면서 마치 미국의 핵 정책에 변화를 보이는 듯한 인상을 주고 있다. 또한, 핵을 포기했던 우크라이나를 공개적으로 홀대함으로써 마치 비핵국가들의 핵 유혹을 부추기는 듯한 모습을 보였다.

우크라이나는 1994년 부다페스트 양해각서Budapest Memorandum를 통해 미국·러시아·영국으로부터 안전을 보장받는 대가로 구舊소련 시절부터 보유 중이던 핵을 포기했다. 그러나 이런 행보에도 불구하고 트럼프는 물론 이후의 미국 행정부는 여전히 '핵 없는 세계'를 지향한다는 핵 정책은 유지할 것이다.

2023년 개봉된 영화 〈오펜하이머〉를 계기로 사람들은 핵무기의 위험을 재삼 인식하기도 했다. 현재 지구상에 존재하는 핵무기의 2%만 사용해도 서울을 포함한 세계 100대 도시를 한순간에 초토화시킬 수 있을 정도다. 인류에 대한 이런 절대적 위험을 통제하려는 노력은 세 갈래로 전개된다.

첫째는, 모든 핵보유국이 보유한 핵무기를 모두 폐기하는 상태다. 소위 '핵무기 없는 세계'인데 '빈곤 없는 세계'만큼이나 이상에 불과한 외침이다. 둘째는, 차선책으로 미국과 러시아 중심의 핵 군축 협상을 통해 핵무기를 감축하고, 다른 핵보유국들의 핵 능력 증강이나 비핵국가들의 핵 개발을 억제하는 것이다. 소위 '핵무기의 비확산에 관한 조약Treaty on the Non-Proliferation of Nuclear Weapons, NPT' 체제의 근간이다. 무엇보다 중국을 위시한 후발 핵보유국들은 이에 소극적이다. 셋째는, 기왕에 존재하는 핵보유국과 비핵국가 사이의 불균형 상태는 그대로 유지하면서, 핵을 갖고자 하는 국가(주로 미국의 동맹국)에 대해서는 핵보유국이 핵우산으로 보호해준다는 것이다. 한국은 미국이 말하는 이런 핵우산, 즉 '확장 억제Extended Deterrence' 장치가 유사시 외부로부터의 위협, 특히 북한의 핵 위협으로부터 자신을 보호해줄 것이라는 가정하에 살고 있다.

확장 억제 전략이란, '미국이나 미국의 동맹국이 적의 재래 무기 또는 핵무기에 의한 공격을 받았을 때, 미국이 핵무기와 재래 무기를 포함한 압도적 군사력으로 적을 격퇴하는 태세를 유지하고, 이를 통해 적의 침략 의지를 사전에 억제한다'는 개념이다. 이 전략의 핵심 목표와 기능은 일차적으로 잠재적 적대국의 핵 공격에 대한 미국의 방어 의지를 분명히 함으로써 상대의 도발 의욕을 사전에 억제하는 것이다. 이차적으로는 미국의 보호 의지에 대한 동맹국들의 신뢰를 확보하여 비핵국가들의 핵 보유 의지를 억제하는 것이다.

만약 확장 억제에 의한 방어 보장이 없다면 미국의 많은 동맹국들이 자체 핵무기를 보유하고자 할 것이다. 미국은 러시아, 중국, 영국, 프랑스를 위시한 핵보유국들과 함께 유엔 안전보장이사회의 상임이사국 지위에서 제2차 세계대전 이후의 세계질서를 주도해왔다. 이 구상의 핵심은 기존 5대 핵보유국 이외에는 핵무기를 허용하지 않도록 하는 것이고, 그 국제법적 장치로 NPT에 의한 비확산 체제를 도입했다.

그런데 만약 확장 억제 정책의 효력이 떨어지면, NPT 체제를 중심으로 한 세계 안보의 기존 구조가 와해되는 것을 의미한다. 그래서 미국은 동맹국들에 대한 확장 억제의 실행 의지를 지속적으로 강조한다. 그러나 확장 억제 전략은 어디까지나 계획이다. 자동적으로 실행되는 것이 아니라, 실제 상황에서 '계획'이 '실행'으로 가기 위해서는 좁은 다리를 건너야 한다.

계획과 실행의 간격

확장 억제 장치를 가동해야 할 상황이 발생했을 시, 실제로 미국이 동맹국을 보호하기 위해 핵무기와 재래 무기를 동시에 동원할지 안 할지는 두 가지의 복합적인 요소에 의해 좌우될 것이다. 하나는 세계 3대 핵보유국인 미국·러시아·중국 사이의 역학 관계와 이를 둘러싼 세계정세다. 다른 하나는 미국의 여론과 선거 국면을 포함한 국내 정치 상황이다.

미국은 전통적으로 다른 지역의 전쟁에 전면적으로 휘말리는 것을 기피한다. 제1·2차 세계대전의 초기에 보여준 미국의 기본적인 고립주의 성향이 이를 말해준다. 제2차 세계대전 후 미국 주도로 세계질서를 수립한 이후에는 국제주의로 변화했다.

그러나 기본적으로 미국은 동맹국의 안보 취약 상태가 미국 자체의 안보 취약으로 연결되지 않게 하려는 전략을 유지해왔다. 특히 핵을 포함한 선면전에 말려 들어가는 경우라면 더욱 그렇다.[21] 미국의 유권자들은 정부가 안보 전략으로 내세우는 '확장 억제' 같은 정책이 자신들의 삶에 미치는 영향을 이해하지 않으려는 경향이 있다. 미국의 백악관과 국무부, 국방부 같은 안보 담당 기관이 안고 있는 대외 정책 수행의 최대 난점은 바로 이런 국내 정치적 제약에 있다.

그래서 1905년 필리핀을 챙기고 한국을 일본에 넘긴 루스벨트Theodore Roosevelt 대통령처럼 실익을 확보해서 국민에게 구체적인 성과를 보여주는 지도자를 높이 평가한다. 한국이 볼 때는 일본에게 식민 지배의 문을 열어준 인물이지만, 미국에서는 거창한 구호보다 실용적 외교를 이루어 낸 인물로 기억되는 것이다.[22] 트럼프 행정부(2기)는 이런 루스벨트나 그의 직전 대통령인 맥킨리William McKinley처럼, 대외 개입과 위험부담을 통제하면서도 해외 영토를 확장한 19~20세기 초의 제국주의 정책을 재현시키려는 경향이 있다. 물론 미국 내에서는 시대에 맞지 않는 정책이라는 비판도 나온다.[23]

상호확증파괴

냉전 시절에는 미국과 소련 사이의 소위 '상호확증파괴Mutually Assured Destruction, MAD' 구도가 비교적 안정적으로 작동했다. 상호 취약성에 기반한 전략적 안정이 유지된 것이다. 그러나 세계의 안보 구도는 크게 변했다. 무엇보다 중국이 핵탄두를 현재의 500기에서 2030년까지 1,000기 이상으로 증강(2024년 미국 국방부 발표)하여 미국과 러시아에 필적할 수준이 될 전망이고, 전 세계 핵무기 보유국도 9개국으로 늘어났다. 미국이 특정 동맹국을 보호하기 위해 실제로 핵우산을 펼치기에 앞서 계산에 넣어야 할 국제정치의 요소들이 그만큼 복잡해진 것이다.

미국은 2022년 러시아의 우크라이나 침공 이후 2024년까지 660억

달러 이상의 군사원조를 제공할 정도로 전쟁에 깊이 개입했다. 사실상의 대리전을 치르고 있는 것이다. 그러나 미국이 전쟁에 직접 참전할 가능성은 처음부터 희박했다. 러시아는 미국의 참전으로 패퇴할 위기에 처하면 핵무기의 사용도 고려할 것이라는 시나리오가 테이블 위에 펼쳐져 있기 때문이다. 미국 국내 정치 환경에 비추어 볼 때, 핵전쟁으로까지 확전될 가능성이 있는 러시아와의 직접 교전을 미국이 선택한다는 것은 사실상 불가능하다. 우크라이나는 미국의 '조약 동맹국'이 아니기 때문에 미국이 '확장 억제'를 제공할 대상이 아니라는 것은 부차적인 논리다.

해외의 전장에서 핵전쟁 연루 위험성의 증가는 미국 국내 정치에 바로 연결된다. 예를 들어 가상의 '제2 한국전쟁' 참전에 대한 미국 국민의 지지 여론도 북한의 핵무기 보유 이후 하락 추세를 보이고 있다. 2023년 11월 4일 발표한 시카고 국제 문제 협의회 조사 결과에 의하면, 북한이 한국을 침공할 경우 미군 파병에 찬성하는 의견은 2021년 63%, 2022년 55%, 2023년 50%로 하락하고 있다. 주로 북한 자체의 핵 능력에 대한 인식이 구체화되면서 나타나는 추세다. 조사의 설문지에 북한의 배후에 있는 중국과 러시아와의 핵전쟁으로 확전될 가능성까지 제시되면 파병에 대한 여론의 지지율은 훨씬 더 낮게 나올 것이다.*

실제 2022년 미국 국방부에서 발표한 〈핵 태세 보고서〉도 "한반도에서의 위기나 충돌은 몇 개 핵보유국의 개입으로 인해 광범위한 충돌 위험으로 전개될 수 있다"고 보면서, 미국이 북한의 핵 위협에 대한 '억제력의 딜레마'에 직면하고 있다고 진단했다. 미국이 북한을 넘어 중국과

---

* 흔히 한·미 연합작전계획(작계 5027)에 따라 한반도 유사시 미국이 병력 60만 명, 함정 160척, 항공기 2,500대를 보내게 되어 있다고 강조하는 경우가 있다. 이는 전적으로 워싱턴이 '정치적' 결정을 내렸을 경우에 취할 수 있는 최대한의 '군사적' 시나리오를 말하는 것이지, 양국 사이에 구속력을 갖는 계획은 아니다.

러시아의 핵 능력에까지 대응해야 하는 시나리오를 우려하는 것이다.

1950년 10월 중국의 참전으로 압록강에서 패퇴에 직면했던 미국은 내부적으로 만주를 핵 폭격하는 문제를 두고 논쟁을 벌였으나 결국 실행하지 못했다. 미국이 중국에 핵을 사용하면 배후의 소련도 핵으로 대응하여 3차 세계대전이 발발할 것이라는 우려가 지배했기 때문이다. 당시 미국은 369개의 핵탄두를 보유한 데 비해 소련은 불과 5개 미만의 핵탄두를 보유한 것으로 판단되었다.

전쟁 사학자들은, 이처럼 당시 미·소 간 핵무기 보유 규모의 큰 차이가 있었음에도 불구하고 미국이 핵무기 사용을 자제한 사례를 계기로 소위 '상호확증파괴' 개념이 도입되었다고 적시한다. 아울러 이를 계기로 지역분쟁이 세계대전으로 확전되기는 어렵게 되었다는 진단도 내린다.[24] 지금은 러시아에다 중국까지 가세한 상대측의 핵 역량이 당시와는 비교할 수 없을 정도로 증강되었다. 근래 미·중의 전면적 대립 상황에 더하여 러시아와 북한이 파병까지 하는 군사동맹을 맺고 있다. 미국은 한반도에서 핵우산의 사용을 회피하려는 자세로 더욱 기울어질 것이다.

다음은 미국 국내 정치의 문제다. 어느 나라든 국내 정치는 변화무쌍變化無雙하기 마련이다. 특히 자신의 안보를 일방적으로 강대국에 의존하는 국가의 운명은, 미국과 같은 강대국의 국내 정치가 요동하면 절대적인 영향을 받는다. 하나의 사례를 들어보자.

미국의 아이젠하워 대통령은 한반도에서 북한과 중국의 공세를 막아 내고 한국전쟁을 휴전으로 끝낸 인물로 기억되고 있다. 그러나 그는 육군 참모총장 시절인 1948년 트루먼 대통령에게 한국에서의 미군 철수를 건의했고, 트루먼은 국무장관 애치슨Dean Acheson의 반대에도 불구하고 아이젠하워의 손을 들어주었다. 결국 미군은 철수했고 공산 세력에게 남침의 길을 열어주었다. 그랬던 아이젠하워는 정치에 입문하자 1952년 대통령 선거전에서, "트루먼이 1948~1949년 미군을 한국에서 철수시킨 것은 시기상조였고, 그로 인해 북한의 남침을 유발시켰다"고 비난했다.[25] 미국 국내 정치에서 언제든지 재연될 가능성이 있는 역사의 기록이다.

최근 국제정치와 미국 국내 정치가 결합하면서 요동친 강대국 정치의 대표적인 희생자는 우크라이나일 것이다. 예를 들어 아버지 부시 대통령은 1991년 우크라이나를 방문하여 수도 키이우에서 독립을 추구하는 우크라이나인들을 만류하며, 독립운동은 '자살적 민족주의Suicidal Nationalism'라고 경고했다. 당시 러시아의 안정이 미국의 세계 전략에 부합한다고 보았기 때문이다. 뒤를 이은 클린턴 행정부도 러시아와 '평화를 위한 동반자' 관계를 구축하고자 했다. 그러나 아들 부시 대통령은 2008년 4월 루마니아의 수도 부쿠레슈티에서 열린 NATO 정상회의에서 "우크라이나와 조지아가 NATO의 회원국이 될 것"이라고 했다. 우크라이나를 둘러싼 미국의 입장은 이렇게 요동쳐 왔다.[26]

우크라이나 전쟁의 배경에는 '러시아의 영광'을 내세우는 푸틴의 등장과 우크라이나 자체의 친러·친서방으로 갈라진 내부 분열이 크게 작용했다. 그러나 미국 국내 정치의 바람도 영향을 미쳤다. 오바마 대통령은 2014년 9월 에스토니아 탈린에서 NATO 회원국 확대의 문호를 열어 두어야 한다는 점을 강조했다. 러시아가 반발할 것을 알면서도 그해 11월 미국 중간선거에서 미국 중서부 지역의 주요 유권자 그룹을 이루고 있는 우크라이나와 폴란드 출신 이민자들의 표심을 의식했다는 비판이 일었다. 강대국 정치와 미국의 정책 요동이 결합하는 장면이다.

한편, 우크라이나 전쟁에 앞서 오바마 행정부는 시리아 정부가 반군에 대해 화학무기를 사용하면 미국이 그어 놓은 금지선redline을 넘는 행위라고 경고하면서 반드시 징벌하겠다고 공언했다. 그러나 러시아의 지원을 받은 시리아 정부군이 2013년 8월 실제 화학무기를 사용했음에도 미국은 경고를 행동으로 옮기지 못했다. 이런 약세를 간파한 러시아는 얼마 후인 2014년 2월 우크라이나의 크림반도를 병합했다. 러시아는 또한 2021년 8월 미국이 굴욕적으로 아프간에서 철수하는 모습을 목도하고는 다음 해인 2022년 2월 우크라이나를 전면 침공했다. 지역 분쟁에서 미국이 보여준 혼선과 모순된 행동이 세계적 여파를 가져오는 사례들이다.[27]

트럼프 행정부(2기)는 피아 구분이 없는 관세전쟁을 벌이면서 제2차 세계대전 후 80년에 걸쳐 유지되어 온 미국의 대외 정책 기조를 사실상 전면적으로 수정했다. 냉전 종식 이후 미국이 주도해온 세계질서도 스스로 붕괴시키고 있다. 자유민주주의와 시장경제 체제를 공유하는 동맹 체제의 근간도 해체 직전에 있다.

물론 미국민들이 2026년 11월 중간선거와 2028년 11월 대선에서 트럼프의 정책을 지지할지는 예단하기 어렵다. 그러나 어떤 경우에도 트럼프 이전의 상태로 온전히 회귀하기는 어려울 것이다. 민주당이 집권하더라도 트럼프 행정부가 확보한 동맹국들에 대한 카드의 이점들을 유지하고자 할 것이기 때문이다.

한·미 동맹의 양날

2023년 4월 26일 윤석열 대통령은 워싱턴에서 바이든 대통령과 확장 억제를 강화하기 위한 '핵 협의 그룹Nuclear Consultative Group, NCG' 설치에 합의했다. NATO에서 운용 중인 '핵 공유' 수준은 아니지만, 미국의 핵우산에 대한 한국의 신뢰도를 올리기 위한 조치였다. NCG 설치 합의와 동시에 미국의 새로운 대외 안보와 통상 정책을 구성하는 소위 '신워싱턴 합의New Washington Consensus'에도 한국이 적극 동참하기로 약속했다.

설리번Jake Sullivan 미국 국가 안보 보좌관이 4월 27일 발표한 '중산층을 위한 미국 외교'라는 이름의 이 정책은 새로운 형태의 중상주의 성격을 띠는 것으로, 해외로부터 미국으로 일자리를 끌어오고 중국을 견제하는 데 주안점을 두고 있다. 1989년 등장한 기존의 '워싱턴 합의'가 우호국들과 호혜적 관계를 지향하는 정책이라면, 새로운 '워싱턴 합의'는 동맹국마저도 손익 관계zero-sum 시각에서 접근하는 정책이라고 비판받았다. 인플레이션 감축법과 반도체 지원법 같은 보호주의 제도가 전략의 주축을 이루기 때문이다.[28]

그 결과 2023년의 경우, 한국은 대미 직접투자를 통해 약 2만 개의 미국 내 일자리를 창출하면서, 세계에서 미국으로 일자리를 가장 많이 이전한 국가가 되었다.[29] 트럼프 행정부(2기)의 등장 이전에 이미 나타난 현상이었다.

한국이 '신新워싱턴 합의'의 핵심적인 지지 국가로 등장했지만, 한국 기업의 미국 진출에는 많은 어려움이 따랐다. 보조금 지원에 있어 미국 기업과의 차별 대우를 감내해야 하고, 중국으로의 진출은 미국에 의해 제약받는 일종의 '쌍둥이 장애'에 봉착할 소지를 안고 있기 때문이다. 만약 윤석열 대통령이 바이든과의 정상회담에서나 의회 연설에서, 미국이 그간 기치를 올려 온 '규칙 기반rules-based' 국제 질서를 강조할 수 있었다면 좋았을 것이다. 이는 미국이 주장하는 '신워싱턴 합의'가 통상 규칙을 포함한 기존의 국제 질서와는 차이가 있음을 간접적으로 지적해두는 효과가 있고, 차후 한국의 입지를 넓히는 데 필요하기 때문이다.

한국은 상대가 어느 국가든 상관없이 무역과 투자에 대한 '반反규칙적' 조치에 동조하지 않고, 자유무역을 옹호한다는 입장을 분명히 할 필요가 있다. 이는 미국과 중국에 대한 한국의 입장에 일관성을 부여할 뿐 아니라, 비슷한 처지에 있는 아시아·유럽 국가들과 보조를 맞추는 것을 포함한 대외 관계에 운신의 폭을 넓히는 길이다.

특히 중국에 대해서도 미국에게 보인 것과 같은 입장을 취할 필요가 있다. 한국은 어디까지나 원칙에 충실할 뿐이지, '반反중국'을 지향하는 것이 아니라는 명분을 확립하는 데 도움이 되기 때문이다. 그러나 한국의 지도자가 프랑스나 독일처럼 미국에 대해 "당신이 지금 하는 말은 지난번에 한 말과 차이가 있으니 설명이 필요하다"거나, "당신 말이 맞기도 하지만, 내 생각과는 차이가 날 수도 있다"고 주장하기는 쉽지 않다. 미국의 안보 우산에 절대적으로 의존하고 있는 한국의 처지다.

트럼프 행정부(2기)의 등장 이래 한·미 관계에 대한 이론적 논쟁은 사치스러운 푸념이 되었다. 트럼프는 무역을 포함한 기존의 모든 질서를 일단 뒤엎고 보려 한다. 숲의 나무를 먼저 자르고 태워서 땅을 만드는 일종의 '화전민 방식slash and burn'을 취하고 있다. 그럼에도 불구하고 한국은 기본적으로 자유 개방 무역을 옹호하는 기치를 유지해야 한다. 그래야 트럼프 이후의 세계에서 설 자리를 넓힐 수 있다.

우크라이나 전쟁과 한반도 전쟁 시나리오

미국은 2024년 현재 이미 세계 56개국(미국 국무부 자료)과 양자 또는 다자 조약에 의해 공식적인 방위 공약을 맺고 있다. 소위 '조약 동맹treaty ally'에 해당하는 국가들이다. 냉전 종식 이후 광범위한 공약의 부담과 가용한 이행 자원 사이에 발생하는 차이, 즉 '리프만 갭'이 크게 벌어졌다.

적대 세력의 증가에 비례하여 국제 안보 지원에 대한 미국민의 피로감도 가파르게 증가해왔다. 이라크와 아프가니스탄 전쟁으로 누적된 피로에 더하여, 러시아가 2014년 크림반도 병합에 이어 2022년 우크라이나를 침공하여 벌어진 우크라이나 전쟁과 2023년 발발한 하마스의 이스라엘 공격으로 증폭된 중동 위기가 이런 피로감을 가중시켰다.

게다가 서태평양 지역에서 중국과의 무력 충돌 위험은 미국의 방위력 증가를 압박하는 주요인이 되고 있다. 2025년 트럼프 행정부(2기)는 세계를 주요 세력권으로 나누려 한다. 우크라이나 문제를 포함하여 러시아를 견제하는 부담은 유럽 국가들에게 맡기고, 미국은 주로 미주 대륙과 태평양을 포함한 서반구에서의 영향력 행사에 치중하겠다는 것은 이런 배경에서 나온 것이다.

어느 나라에서나 국가 지도층과 일반 유권자 사이의 대외 정책에 대한 견해차는 일상적인 현상이다. 그런데 미국에서는 근래에 와서 '낮은 비용에, 덜 야심적이며, 부담이 적은' 외교정책을 원하는 유권자들의 요구가 두드러지고 있다.[30] 결국 대외 정책도 국내 여론의 동향에 따라 무게중심이 이동한다. 개략적으로 1990~2010년대에는 핵과 테러리즘에 집중했고, 2010년대 이후에는 미주 대륙의 질서와 중국 견제, 그리고 국내 경제 회복을 위한 대내외 환경 조성에 집중하고 있다. 미국의 대한반도 정책은 이런 무게중심의 이동과 연계해서 움직인다.

미·중 대립이 격화되는 가운데 북한은 핵 능력을 증강시키고 있고, 미국은 러시아와의 핵 충돌 위험 때문에 우크라이나 전쟁에 직접 개입을 주저하고 있다. 이런 동향을 보면서 미국의 핵우산에 대한 한국 국민의 신뢰도가 흔들리기 시작했다. 이에 대응하여 미국은 기존의 확장 억제 장치에 추가적인 수단을 동원할 것이라고 다짐했다.*

그러나 신뢰도에 대한 의문은 미국이 적의 핵 공격에 대응하는 데 필요한 수단을 갖고 있느냐에 관한 것이 아니다. 미국 내외의 부정적 '변수'가 대두되더라도 핵우산을 제공할 정치적 의지가 '상수'로 보장되느냐 하는 것이 문제의 본질이다.

한반도의 전쟁 시나리오를 상정해보자. 북한은 내부의 모순을 견디지 못하거나, 한국과 미국을 위시한 자유세계의 경제제재와 정치 군사적 압박을 버티지 못함으로써 정권과 체제가 붕괴할 위험에 직면할 수 있다. 이 경우 북한 정권은 최후의 생존 기회를 붙잡기 위해 군사도발을 감행할 수도 있다. 또는 남과 북 사이의 대치가 격화되어 군사훈련이 잦아지고, 상호 위협적인 '말과 몸짓'의 강도가 높아져 우발적인 충돌이 발생하면서 전면전으로 비화될 수도 있다.

어느 경우든 재래 군비에서 절대적으로 불리한 북한은 마지막 수단으로 화학무기와 핵무기 등 대량 살상 무기를 사용할 가능성이 크다. 이런 국면에 들어가면 미국은 주한 미군과 한국을 보호하기 위해 재래 무기와 핵무기를 결합한 소위 '확장 억제' 장치로 북한을 격퇴하는 옵션을 고려할 것이다.

당연히 미국과 중국으로서는 한반도에서 이런 사태가 발생하지 않도록 필요한 역할을 할 것이다. 그러나 최악의 시나리오 자체가 사라지는 것은 아니다. 중국은 미국과의 직접적인 무력 충돌은 피하고자 하지만, 북한이 미국의 군사력에 의해 붕괴되는 것도 방치할 수는 없기 때문이다.

---

* 2022년 9월 16일 제3차 한·미 확장억제전략협의체, 2023년 11월 한·미 정상회담의 워싱턴 선언 등을 통해 공약.

1950년 10월 북한군이 압록강까지 밀려 괴멸 직전에 이르자 중국이 참전했다. 70여 년이 지난 지금 중국의 국력과 위상은 당시와 비교할 수 없을 정도로 커졌다. 동북아의 지정학적 충돌 구도도 더 굳어졌다. 사정에 따라 한반도에서 미국과 중국이 핵무기까지 동원하는 충돌이 일어날 수도 있다. 가능성의 영역에서 보자면 핵보유국 간의 전쟁은 결국 서로의 본토에 대한 공격으로 확전되는 것도 상정하지 않을 수 없다.

한국전쟁 당시 중국의 참전으로 전황이 불리해지자 맥아더Douglas MacArthur 극동 사령관은 워싱턴을 향해 "전쟁에서 승리를 대체할 것은 없다"면서 만주의 핵 폭격을 주장했다. 당시 워싱턴에는 소련의 침략으로부터 유럽을 방어하기 위해 군사력을 아껴 두어야 한다는 의견이 강했다. 이를 염두에 두고, 맥아더는 공산 세력의 침략은 그 현장에서 패퇴시키고 다음을 대비해야 하므로 일단 필요한 모든 수단을 한국전쟁에 동원해야 한다고 강조했다.[31]

맥아더는 이런 판단으로 한국전쟁에서 작전의 목표를 한반도 전역으로 확대하고, 한반도를 군사적 수단으로 통일할 것을 주장했다. 그러나 바로 그 이유로 인해 그는 트루먼 대통령에 의해 해임되었다. 워싱턴에서 미국의 군사전략을 관장했던 브래들리Omar Bradley 합참의장이 맥아더의 확전 주장을 반대하면서 그의 해임을 주도했다.

브래들리는 1951년 5월 15일 미국 상원에 출석하여 "중국에 대한 폭격과 항구의 봉쇄는 미국을 잘못된 장소에, 잘못된 시기에, 잘못된 적과의 잘못된 전쟁으로 끌고 간다"면서 맥아더가 해임된 배경을 설명했다.[32]

한국의 입장에서 보면, 당시 워싱턴의 결정이 통일을 향한 절호의 기회를 놓치게 했다. 그러나 현실적으로는 브래들리가 주장했던 논리가 당시에는 물론 미래에도 미국의 국내 정치와 세계 전략에 합치할 것이라고 보는 것이 합리적이다. 특히 강대국을 상대로 하는 전쟁에서는 더욱 그렇다.

무엇보다 '잘못된 장소', '잘못된 시기', '잘못된 적'에 대한 시각은 주로 지정학적 관점에 기초한 것으로서 한국이 두고두고 주목할 필요가 있다. 70년 전과 지금의 세계가 같지는 않지만, 《지정학의 포로》를 저술한 마샬Tim Marshall의 지적처럼 국제 관계에서 지정학의 기본구도는 변하지 않는다.[33]

한국전쟁에서 맥아더의 제안을 트루먼이 받아들이지 못한 것은 북한과 중국의 배후에 있던 소련과의 전쟁, 즉 핵이 동원되는 3차 세계대전 가능성을 우려했기 때문이다.

2022년 2월 러시아의 우크라이나 침공에 대해 미국은 표면적으로 무기와 정보, 그리고 군사적 자문 이상의 개입을 자제하고 있다. 우크라이나가 미국의 '조약 동맹'이 아니라는 이유도 있지만, 미국이 직접 참전할 경우 러시아와의 정면충돌과 핵전쟁으로의 확전 가능성을 배제할 수 없기 때문이다.

이런 자세는 워싱턴의 특정 행정부를 넘어서는 미국의 기본 안보 전략이다. 미국의 어떤 대통령도 핵전쟁 연루를 거부하는 여론의 절대적 요구를 피할 수 없기 때문이다. 미국 대통령들이 간헐적으로 우크라이나의 NATO 가입을 거론하기도 했다. 그러나 실제 가입이 추진될 경우, 러시아는 이를 저지하기 위해 핵무기 사용 가능성을 공개적으로 띄울 것이다. 우크라이나의 절절한 가입 요청에도 미국이 응하지 못하는 배경이다.

중국은 이미 미국과 러시아의 전략 핵무기 수준을 따라잡기 위한 대륙간탄도탄ICBM 능력을 강화하는 중이다. 2030년경에는 1,000기 이상의 핵무기를 보유하고, 2049년까지는 미국과 러시아 수준의 장거리 핵미사일을 보유할 것으로 전망된다. 그 일환으로 중국은 고비사막과 신장지역에 330개의 지하 미사일 발사기지를 건설 중이다.[34] 이 같은 중국의 전략무기 증강으로 세계가 미·러·중 사이의 '삼각 핵 균형' 체계에 들어가면 미국이 핵우산을 펼칠 방정식은 훨씬 복잡해진다. '상호확증파괴' 논리에서 보면, 병 속에 들어 있는 두 마리의 전갈은 서로의 목숨을 걸고 상대를 공격할 가능성은 희박하다. 그러나 세 마리가 마주 보게 되면 가능성은 커질 수밖에 없다.[35]

흔히 미국이 크게 우려하는 것은 북한의 단거리 핵미사일보다는 대륙간탄도탄 능력이라고 강조하는 경우가 있다. 그러나 북한이 그런 능력에 도달하기에는 아직 넘어야 할 고난도 단계들이 남아 있다. 더욱이 1차 핵 공격 후에 닥쳐올 미국의 반격을 막아 낸 후, 다시 2차로 타격할 능력까지 갖추는 것은 불가능에 가깝다. 그럼에도 불구하고 북한은 미국과 협상할 문을 열고, 또 협상장에서의 고지를 점하기 위해 시험 발사 방식으로 대륙간탄도탄 능력을 지속적으로 과시하고자 할 것이다.

반면에 미국으로서는 한반도에서 북한과의 핵전쟁에 연루되면서 중국의 핵 능력까지 상대해야 한다면, 사정은 달라진다. 미국 내에서는 한국을 보호하기 위해 중국과의 핵전쟁을 벌일 수 없다는 여론이 당연히 우세해질 것이다. 더욱이 이 전쟁은 러시아까지 포함하여 핵이 동원되는 3차 세계대전으로 전개될 수도 있다.

당장은 중국과 러시아가 북한에 대한 핵우산 제공을 공약하고 있지 않다. 미국이 확장 억제 전략을 동원하는 것을 반대한다는 그들 입장의 일관성을 유지하기 위해서다. 그러나 실제 미국이 한반도에서 핵을 사용할 경우, 그 입장은 바뀔 가능성이 크다.

이런 시나리오를 배경에 두면, 미국이 한반도에 핵우산을 펼치는 데는 여러 부정적 요인들이 등장할 수 있다. 1950년 맥아더가 만주에 대한 핵 폭격을 주장했을 때보다 훨씬 더 강한 반대 의견과 여론이 정부의 안과 밖에서 비등할 것이다.

Tip 4 ▶

우크라이나-대만-한반도

2008년 4월 루마니아의 수도 부쿠레슈티에서 NATO 정상회의가 열렸는데, 여기에서 조지 부시 미국 대통령은 "우크라이나와 조지아가 NATO의 회원국이 될 것"이라고 천명했다. 이에 대해 NATO의 동진에 극렬 반대해온 러시아의 푸틴 대통령은 "우크라이나의 NATO 가입은 러시아의 '생사가 걸린 위협existential threat'이므로 이를 저지할 것"이라고 경고했다.

2014년 2월 우크라이나는 유로마이단 혁명으로 친러시아 성향의 야누코비치 대통령을 축출했다. 이어서 우크라이나와 EU 사이에 연합 협정Association Agreement이 체결되었다. 러시아는 EU와 NATO의 존재가 러시아 문턱까지 들어온 것으로 판단했다. 즉각 크림반도를 점령하고, 러시아인이 다수 거주하는 우크라이나의 동부 돈바스 지역에 내전을 조장하면서 군사적으로 개입했다. 이런 가운데 우크라이나와 미국은 2021년 11월 '전략적 파트너십 헌장'을 체결했다. 이를 기화로 러시아는 2022년 2월 우크라이나의 수도 키이우를 향한 군사 침공을 개시했다.

우크라이나 전쟁은 기본적으로 러시아가 무력으로 타국의 영토 주권을 침해한 행위로서 결코 정당화될 수 없다. 또 자유민주 체제에 대한 권위주의 체제의 도전으로서 인류의 보편적 가치 측면에서 받아들이기 어렵다.

반면에 러시아는, 미국이 1990년 독일의 통일 과정에서 NATO가 통일독일의 국경을 넘어 동쪽으로 확대하지 않겠다고 한 약속을 어긴 것이 화근이라고 주장한다. 이런 논란과 상관없이 이 전쟁은 우크라이나의 무고한 시민들을 포함해서 양측의 심각한 인명 피해를 야기하고 있다. 나아가 양국의 경제를 피폐화하는 것은 물론 세계경제에도 어두운 파급효과를 가져왔다. 이 비극의 배경에는 강대국 간 세력 투쟁의 어두운 그림자가 도사리고 있다.

우크라이나 전쟁이 한국이나 대만에 던지는 함의는 복합적이다. 가장 명확한 것은 강대국은 자국의 앞마당까지 다른 강대국의 영향력이 밀려오는 것을 막기 위해서는 모든 수단을 동원한다는 것이다. 한국전쟁 당시 미국이 주도하는 유엔군이 압록강까지 진격하자 중국이 참전으로 보여준 행동이나, 1962년 쿠바 미사일 위기에서 미국이 핵전쟁 불사를 거론하면서 보인 행동이 강대국 정치의 대표적인 실체라 하겠다. 지금 우크라이나에서 그 장면이 재연되고 있다.

한편 대만의 경우, 사실상의 자치적 지위를 넘어 법적인 독립을 향한 움직임을 구체화한다면, 중국은 군사력을 동원해서라도 이를 저지하고자 할 것이다. 그 결과는 우크라이나 전쟁의 참화를 초월하는 비극이 될 것이다. 한반도의 경우도 마찬가지다. 핵을 보유한 북한 정권의 예측 불가능한 행동이나 오인으로 인해 무력 충돌이 발생할 경우, 한국전쟁 시와는 비교할 수 없는 거대한 비극이 될 것이다. 충돌의 양상이 북한의 붕괴와 한국 주도의 통일로 전개될 경우, 중국은 70년 전과 마찬가지로 한반도 전체가 미국의 영향하에 들어가는 것을 거부하기 위해 가용한 모든 수단을 동원할 것이다.

이처럼 강대국의 힘이 직접 마주하고 있는 상태에 놓여 있는 소위 '전방 국가Frontline State'는 자신이 처한 환경을 맑은 눈으로 통찰하면서 진로를 선택해야 한다. 이념, 가치, 그리고 정서에 좌우되어 전쟁의 길에 들어서면, 설사 이기더라도 상처와 파멸만 남는 '피루스의 승리Phyrric Victory'로 귀착될 것이다. 가치와 도덕은 개인적 차원에서는 덕목이 되지만, 국가 차원의 집단적 덕목은 평화와 번영, 그리고 국가 위상이라는 구체적 결과가 그 기준이다.

우크라이나 전쟁을 계기로 미국은 이완의 조짐을 보이던 NATO를 결속시키고, 스웨덴과 핀란드의 가입을 통해 동맹 확장의 효과를 보았다. 더욱이 NATO의 국방 예산 증액을 둘러싼 논쟁의 초점이 되어 온 독일이 군사비를 두 배로 증액시키게 되었다. 미국으로서는 유럽에 대한 군사비 부담을 축소하는 것이 러시아의 위협을 억제하는 것만큼 중요한 과제다. 트럼프 행정부(2기)는 이런 점진적인 'NATO의 유럽화'의 진행에 만족하지 않고 유럽과의 결별도 불사한다는 자세로 유럽의 급격한 방위비 증액을 압박하고 있다. 이런 요구는 트럼프의 관세전쟁과 더불어 어디로 흘러갈지 예단하기 어렵다. 트럼프 이후의 미국은 NATO의 기능은 유지하겠지만 미국의 역할을 점진적으로 축소하는 경로로 갈 것이다.

아시아에서도 같은 현상이 나타나고 있다. 대표적으로 중국의 팽창을 견제하기 위해 일본이 군사력을 증강시키고 있다. 2022년 말에 접어들어 일본은 2027년까지 방위비를 GDP의 2%까지 증가시키는 국가안전보장 전략을 수립했다. 이에 따라 일본 내각은 2024년에 방위비를 2022년 대비 약 50% 증액하는 한편, 대표적 공격 무기인 지상 타격용 토마호크 미사일을 획득하고, 일본의 대외 무기 판매를 통해 군수산업을 확장한다는 계획까지 밝혔다.[36]

마크 트웨인은 "역사는 그대로 반복하지는 않지만 자주 비슷한 운율에 따라 움직인다"고 충고한다. 이런 역사의식과 함께 근간이 변하지 않는 지정학의 원리를 바탕에 두고 보면, 일본을 겨냥한 중국에게, 또 중국을 겨냥한 일

> 본에게, 한국이 다시 위태로운 '전방 국가'로 부각되는 것을 우려하지 않을 수 없다. 특히 아시아에서 일본의 군사 역할 확대와 군비 증강은 중국의 군비 증강 추세와 더불어 댜오위다오/센카쿠 열도 등을 둘러싼 일·중의 충돌 가능성이 가중되는 것을 의미한다. 일·중 충돌은 미·중 충돌보다는 휘발성이 더 높을 수 있다.

대만해협 충돌과 한반도

미국은 중국의 핵 능력 확장을 민감한 시각으로 보고 있다. 미국 국방부는 2024년 기준으로 중국이 약 500기의 핵탄두를 보유하고 있고, 2030년에는 1,000기 이상까지 증가할 것으로 전망하고 있다.

국제법상의 독립을 향한 대만의 움직임이 가시화되고 이에 대한 미국의 지원이 일정 선을 넘을 경우, 또는 대만이 핵무기를 개발할 경우, 중국은 무력에 의한 대만 통일을 시도할 가능성이 있다. 대만의 독립을 저지하지 못할 경우, 중국은 공산당의 존립에까지 영향을 줄 만큼 국내 정치적 타격을 받을 것이기 때문이다. 일단 전쟁이 발발한 가운데 재래식 군사력만으로 대만 점령이 어려워지면, 중국은 핵무기까지 동원할 가능성이 있다.

반면에 미국으로서는 대만을 침공하는 중국의 함정과 항공기를 해·공군력을 중심으로 저지하고자 할 것이다. 그러나 지대함 미사일 중심으로 구축된 중국의 '반접근/지역 거부Anti-Access/Area Denial, A2/AD' 능력에 막혀 미국이 우세한 작전을 펼 수 없게 될 가능성이 있다. 이 경우, 미국은 중국 연안의 미사일 기지를 포함한 본토의 군사시설을 공격할 것이다. 이에 대해 중국은 미군의 배후 기지인 일본, 한국, 필리핀, 괌을 타격하여 응수할 것이고, 결국은 서로의 본토에 대한 공격으로 확전될 것이다. 미국과 중국의 핵전쟁 시나리오의 한 표본이다.[37]

대만해협을 둘러싼 미국과 중국의 충돌을 두 가지 시나리오로 상정할 수 있다. 미국이 핵전쟁 연루 가능성을 우려하여 중국과 타협하거나, 아니면 양측 공히 핵 사용을 자제하는 방식으로 전쟁을 수행하는 것이다. 트럼프는 1기 행정부 시절 비공개 석상에서 "우리는 대만으로부터 8,000마일이나 떨어져 있다. 중국이 침략하면 도대체 미국이 할 수 있는 일이 없다"라고까지 했다.[38] 이런 트럼프가 재집권한 상태에서 미국의 전략이 어디로 갈지를 예단하기는 어렵다.

어느 경우든 북한에게는 한반도 무력 통일의 유혹을 제공할 것이다. 핵 사용을 회피하는 미국의 약점을 간파하는 동시에, 대만해협에 몰입된 미국이 한국을 방어할 능력이 약화되었다고 판단할 것이기 때문이다. 이런 상황에서 한국이 지금처럼 미국의 군사작전 통제와 핵우산 보호에 의존하고 있으면, 핵 무력을 배경으로 한 북한의 군사적 유혹은 상승할 것이다. 반면에 한국 국민의 국토방위를 위한 사기는 하강하게 된다. 두 개의 곡선이 교차하면서 국가의 안위가 위태해지는 그림이다.

북한이 한국에 대해 실제 군사적 목적으로 핵을 사용할 경우, 미국이 바로 핵으로 보복할 것이기 때문에 그런 모험을 자제할 것이라고 볼 수도 있다. 그러나 북한이 핵을 동원할 가능성만 보이다가 재래전으로 한국을 공격하거나, 또는 대만 전선에서의 중국 지원을 위한 '제2 전선'을 형성할 목적으로 군사 도발을 일으킬 수 있다. 이 경우 대만해협에서 이미 중국과 무력 충돌 상태에 있는 미국이 어떤 행동을 선택할지 예측하기 어렵다. 최소한 미국의 여론이 전선의 확대에 대해 거부감을 보일 가능성은 커지고, 그만큼 백악관의 판단에 결정적 영향을 줄 것이라는 점은 예측할 수 있다.

반면에 경각심을 낮춘 시각에서 보자면, 가까운 장래에 중국이 무력으로 대만의 흡수를 시도할 가능성은 높지 않다. 무력으로 통일하려면 미국과 일본의 군사 개입을 전제로 해야 하고, 이는 결국 3차 세계대전까지 각오해야 한다.

게다가 지금 중국의 지도부나 군부는 1979년 베트남과의 전쟁 이후에는 대규모 군사작전을 전개한 실전 경험이 없다. 반대로 미국은 냉전 종식 후에도 지속적으로 태평양과 인도양을 무대로 군사훈련과 작전을 펼치고 중동에서 실전을 전개해왔다.[39] 중국이 물리적으로 대만 점령을 시도할 경우, 성공보다는 감당하기 어려운 대가만 치를 것이라는 전망이 나오는 배경이다. 중국이 남중국해나 인도와의 국경분쟁에서 실탄사격을 동원하는 충돌로 비화되지 않도록 최대한 상황을 관리하는 것도 이런 배경을 갖고 있다고 본다.[40]

강대국이 작은 나라를 상대로 한 전쟁에서 '장기전'에 빠져들어 '패전'을 피하는 데 급급하는 경우가 많다. 베트남전쟁은 물론 소련과 미국의 아프간전쟁, 그리고 근래 러시아의 우크라이나 전쟁에서 나타나는 현상이다.[41] 중국이 대만을 무력 통일하려면 건너야 할 위험이다.

아울러 독재와 권위주의로 굳어가는 중국과 자유민주주의 세계로 깊이 들어간 대만이 합의에 의한 통일로 가는 것도 가능한 모습이 아니다. 따라서 중국으로서는 '북해, 동해, 남해'라는 세 방면의 해양을 미국과의 완충지대로 유지하면서, 계속 대만 통일을 최고의 목표로 걸어 놓는 것을 합리적인 선택으로 간주할 것이다.

이 선택은 "상대의 힘은 약해지고 내 힘은 강해질 때까지 버틴다"는 마오쩌둥의 '지구전' 이론과도 부합한다. 덩샤오핑鄧小平이 댜오위다오/센카쿠 열도 분쟁을 두고 "역사가 해결하게 미루자"고 제안한 것도 같은 배경이다. 물론 이 모든 전망과 가능성에도 불구하고 대만이 사실상의 독립을 넘어 국제법상의 독립국가가 되고자 할 경우, 중국은 이를 저지하기 위해서 모든 수단을 동원한다는 자세는 명시적으로 유지할 것이다.

주한 미군의 전략적 유연성

1953년 체결된 한·미 상호방위조약은, 한반도를 포함한 태평양 지역에서 양측의 관할하에 있는 영역에 대해 제3세력의 공격이 있을 경우 공동으로 대처하는 것을 규정했다.

조약에 합의된 광범위한 관할 지역에도 불구하고 그간 주한 미군은 주로 한반도의 전쟁 재발을 방지하고, 만약에 침략 당할 경우 격퇴하는 것을 주둔의 주목적으로 간주해왔다. 그러나 미국은 냉전 종식 후 해외 주둔 미군을 전 세계적으로 유연하게 이동·배치하는 소위 '전략적 유연성' 정책을 취하기 시작했다. 이에 따라 미국은 주한 미군도 한반도에 붙박이로 두는 것이 아니라 필요에 따라 유연하게 전개할 수 있도록 한국과 정치적 합의를 이루고자 했다.

한국은 미국의 이러한 제안에 대해 2006년 원칙적으로는 합의하면서도, 구체적 방식에 대해서는 서로 편리하게 해석할 수 있도록 여지를 남겼다. 즉, 미국은 필요시 주한 미군을 세계 전략 차원에서 활용할 수 있는 반면, 한국은 미국이 마음대로 주한 미군을 한반도 이외 지역에 투입함으로써 다른 나라의 전쟁에 한국이 연루되는 것을 반대할 수 있는 근거를 남겨 두는 방식으로 타협했다.

이런 주한 미군의 전략적 유연성에 대해 미국의 전문가들은, 미국이 대만해협에서 중국과의 무력 충돌 시 주한 미군을 투입할 수 있도록 하고, 또 한반도 자체 전쟁 발발 시에도 미군이 위험에 노출되는 것을 최소화할 여지를 만들고자 한 것으로 보았다.[42] 실제에 있어 주한 미군(육군 2사단과 제7공군)의 상당 부분이 전략적 유연성에 부합하도록 이미 신속 기동, 순환 배치, 정보 감시 및 군수 지원 태세를 유지하고 있다.

대만을 둘러싼 무력 충돌은 결국 중국, 일본, 그리고 미국 본토로까지 확전될 가능성이 높다. 이 점을 염두에 두고 미국 내에서는 ① 미국은 대만의 현상 변경을 추구하지 않음을 확인하되, ② 중국이 대만을 통일하고자 군사행동에 나설 경우에 대비하여 일본을 위시한 동맹과의 규합 태세를 갖추고 있으면서, ③ 대만 문제가 '미·일·중'의 전쟁으로 확대되는 것을 원치 않는다는 의지를 보여주어야 한다는 제안이 나온다.[43] 이런 제안은 역설적으로 대만 사태가 악화되면, 전면전으로 확전되면서 일본뿐만 아니라 한국도 '동맹 규합'의 대상이 될 것이라는 점을 말해주고 있다.

주한 미군의 전략적 유연성을 대만해협의 무력 충돌 상황에 대입해보자. 우선 미국은 주한 미군의 전투력을 직접 투입하거나 미군 기지를 본토에서 증파된 군사력의 발진기지로 삼을 수 있다. 이는 바로 한국이 대만 사태에 개입하는 결과가 된다. 설사 한국이 꺼린다고 해서 미국의 행동을 막기는 어려울 것이다. 한국으로서는 한국군이 전투에 직접 개입하는 것은 아니라는 명분을 내세우면서 대만 사태에 직접 연루되는 것을 최소화하려 할 것이다. 그러나 미·중 충돌에서 미국의 진영에 가담하는 것은 피할 수 없다.

무엇보다도 중요한 것은, 미국의 대만 사태 개입으로 한국 자체의 방어 태세는 위태로워질 것이라는 점이다. 한국군의 작전을 통제하는 주한 미군이 대만 사태에 직간접으로 묶이지 않을 수 없게 되고, 군사작전의 지휘 통제 능력을 갖추지 못한 한국은 운전 능력 없이 운전대에 앉은 상태가 된다. 게다가 미국의 핵우산은 불안정해질 가능성이 커진다. 한국은 작전 지휘 통제와 자체 핵 억제력이라는 두 개의 핵심 안보 능력이 제약된 상태에서 북한의 위협에 노출될 것이다.

3
한국의 안보에 최후의 안전장치는 있는가?

>미국의 핵우산을 신뢰하라.
>그러나 만약의 경우에도 대비하라.
>-본문 중에서-

핵우산과 최후의 안전장치

1980년대 미국의 레이건Ronald Reagan 대통령은 소련과의 군비 감축 협상에서 "신뢰하라. 그러나 검증하라!"는 러시아의 격언을 원용하면서 검증의 중요성을 누누이 강조했다. 합의 사항이 제대로 이행되는지를 검증할 수 없다면 합의 자체를 하지 않는 것이 낫다는 입장을 취했다. 소련에 대해 "당신 나라의 격언이니 서운하게 생각 말라"는 신호도 담겼다. 군축 협상에서의 신뢰 문제는 '합의할 의지'에 대한 것이 아니라 합의한 것을 '준수할 의지'가 있느냐에 관한 것이다. 대치 상태에서 협상하는 당사자는 언제든지 서로 속일 수 있다는 기본적 전제하에서 거래를 시작한다. 의심은 협상의 기초다.

그런데 한·미 동맹에서 상호 신뢰는 이와는 전혀 다른 성격의 문제다. 한국은 핵우산 공약에 대한 미국의 의지를 신뢰해야 한다. 물론 트럼프 행정부(2기)가 들어와 미국의 의지에 대한 인식이 오락가락할 여지가 확대되고 있다.

그럼에도 불구하고 기본적으로 신뢰하지 않으면 동맹의 근간 자체가 흔들리게 된다. 그런데 레이건이 동원한 격언을 한·미 동맹에 응용하면, "미국의 핵우산을 신뢰하라! 그러나 만약의 경우도 대비해라!"로 대체된다. 미국이 공약을 준수할 의지는 믿지만, 실제 상황에서 의지의 실행이 불가한 '유사시'는 항상 발생할 수 있기 때문이다.

예를 들어 주한 미국대사관은 '유사시' 한국에서 민간인을 포함한 '비전투 요원 후송 작전 계획Noncombatant Evacuation Operations, NEO'에 따라 수시로 철수 훈련을 실시한다. 북한의 공격을 사전에 억제하는 데 실패하여 미국의 민간인들이 위험에 처할 경우를 상정한 것이다. 그런데 '유사시'라는 상황의 범위를 확장하여, 미국의 핵우산이 작동하지 못하는 '유사시'가 눈앞에 닥쳤을 때 한국의 계획은 무엇인가. 국가 안위 자체가 걸린 방어선에 최후의 백업 장치가 없다면 어떤 상황이 벌어질까.

역사가들은 세계가 대립되는 질서와 진영으로 갈라졌을 때, 전쟁의 위험이 더 커진다고 분석한다. 그들은, 지금은 비록 미국을 중심으로 한 서방 세계가 '중국, 러시아, 이란, 북한'이라는 독재 권위주의 세력의 축보다는 월등한 힘을 갖고 있지만, 전쟁의 위험이 냉전 후기보다 크다고 본다. 게다가 브라질, 인도, 인도네시아, 사우디아라비아, 남아프리카공화국, 튀르키예를 말하는 소위 6대 '세계적 경합국Global Swing States'의 자세가 힘의 균형에 변화를 초래할 가능성도 열려 있다고 분석한다.

이런 관점에서 볼 때, 미국으로서는 충돌 가능성이 상존하는 서태평양, 중동, 한반도, 그리고 동유럽의 어느 한 전쟁에 몰입해야 할 경우에 대비해야 한다. 따라서 미국 내에서는 미국이 비울 공간을 다른 동맹국들이 채울 수 있어야 하며, 이를 위해 독자적 전쟁 역량을 갖추도록 동맹국들을 독려해야 한다는 주장이 설득력을 얻고 있다.[1] 실제로 트럼프 행정부(2기)는 어느 한 전쟁에도 발이 묶일 가능성을 회피하면서, 동맹국들로 하여금 전면에 나서게 하는 전략을 실행에 옮기고 있다.

국가 안보는 우리가 사는 집에 비유할 수 있다. 집은 추위나 더위는 물론, 태풍이나 지진 같은 비상사태에도 견딜 수 있어야 한다. 그런데 흔히 사람들은 지붕 모양, 외벽 페인트, 조명 같은 시각적 요소를 보고 집의 상태를 판단하는 경향이 있다. 한국은 역사상 수많은 외침을 당했고, 외세의 지배를 받기도 했다. 지금도 전 세계에서 안보 우려가 가장 높은 국가 중 하나다. 이런 환경의 집에 거주하고 있다면 단순히 외관만 보아서는 안 된다. 어렵고 복잡하더라도 골조, 전기, 배수, 내진 설비 같은 건물의 기본 구조를 면밀히 점검하고 다양한 경우에 대비해야 한다.

그러나 개인이든 집단이든 선택의 여지만 있으면 어려운 쪽보다 쉬운 쪽을 택하려 한다. 한국의 안보 전략도 그런 경로를 밟고 있다. 미국의 핵우산에 의존하는 것이 편하다. 그것이 핵무기를 당장 보유하는 '현재적 핵 능력'은 말할 것도 없고 '잠재적 핵 능력'을 구축하는 것보다 훨씬 쉽다. 국론을 통합하고, 미국을 설득하면서, 자체 역량을 갖추는 과정은 수직으로 솟아 있는 절벽을 오르는 것만큼 난관으로 보일 수 있다. 하지만 불가능한 길은 아니다.

국가란 모름지기 비상 상황에서 동원할 최소한의 안전장치는 스스로 구축해야 한다. 그 길은 토론을 통해 정책을 단련하면서 국론을 모으고, 실행에 필요한 외교, 국방, 재정, 과학기술의 경로를 닦는 데에서 시작한다

핵우산의 회색 영역

미국의 〈핵 태세 보고서〉(2022)는 "북한의 핵 사용은 정권의 종말"이라고 단언했다. 이에 기초해서 한·미 당국은 "북한이 미국이나 동맹국 또는 우방에 핵을 사용할 경우, 그 위력에 상관없이 결코 용납할 수 없으며 이는 북한 정권의 종말을 초래할 것"이라고 선언했다(2023년 제8차 한·미 확장 억제 수단의 운용 연습 후). 북한이 핵무기를 사용할 유혹을 차단하는 동시에, 자체 핵무기를 원하는 한국의 여론을 달래는 양방향의 효과를 의도한 것이다. 미국은 물론 한국으로서도 다분히 필요한 조치다.

그러나 미국은 북한의 핵 사용으로 인한 한반도의 핵 무력 분쟁이 북한을 넘어 중국과 러시아가 연루되는 상황에 대해서는 입장을 밝히지 않는다. 핵 사용의 전략적 모호성을 유지해야 하기 때문에 그런 시나리오를 상정한 정책 의지를 밝히기 어렵다. 설사 한·미 간 핵 협의가 지금보다 훨씬 진전된다 하더라도, 미국으로서는 대외 공개는커녕 한국에게조차 내부적으로 입장을 밝히기 어려울 것이다.

미국은 회색의 영역으로 남겨 두어야 하지만, 한국은 미리 들어가 봐야 하는 가상의 영역이다. 일각에서는 미국이 재래 전력만으로도 북한의 핵을 제압할 수 있다는 주장을 제기한다. 설사 가능한 시나리오라 하더라도 미국의 공격으로 북한이 붕괴하는 상황이 되면 중국이 개입하게 된다. 결국 핵 확전을 염두에 두어야 하는 것이다.

트럼프 대통령은 2025년 1월 재집권 직후 북한을 핵보유국으로 불렀다. 경우에 따라서는 북한이 미국을 타격할 수 있는 장거리 핵미사일을 보유하지 않는다는 조건으로 북한의 다른 핵 능력은 인정하고, 대신 북한에 대한 제재를 해제할 가능성이 열려 있다. 이런 가능성을 염두에 두고 일각에서는, 핵의 역사적 경로와 세계정세의 추이를 감안할 때 인도 태평양 지역에는 결국 미국, 중국, 러시아, 인도, 북한, 한국, 일본, 호주가 등장하는 '8개국 핵 균형 체제'가 형성될 것으로 전망한다.[2]

이 8개국 중에서 현재 기준으로 '비핵 상태'인 3개국의 사정을 보면, 일본은 핵 보유에 가장 근접한 국가로 분류된다. 미국은, 중국에게 북한의 핵무기 개발을 억제하지 못하면 일본이 '하룻밤 사이에' 핵무장을 할 수 있다고 경고하기도 한다.[3] 호주는 무기급 고농축우라늄을 연료로 장착하는 핵잠수함 확보에 들어갔다. "우리도 언제든지 핵무기를 만들 수 있다"는 국내 일부의 희망과 안일에도 불구하고 세계의 핵 지도에서 한국의 주소는 중하위권에 있다(6장 한국의 핵 능력은 어디까지 갈 수 있는가?).

미국의 세계 전략은 확장주의자maximalist와 축소주의자retrencher의 주장 사이를 오가는 경향을 보여 왔다.[4] 제2차 세계대전 이후로 보면 트루먼, 케네디, 레이건, 그리고 아버지와 아들 부시가 전자에 속하고, 아이젠하워, 닉슨, 카터, 오바마, 트럼프가 후자에 속한다고 볼 수 있다. 공화와 민주 진영을 구분하기 어렵다. 확장주의자는 위협에 대해 광범위하고 야심적인 대책을 강구하는 반면, 축소주의자는 책임을 동맹과 우방에게 넘길 기회를 보면서 적대 세력과 타협을 모색한다.

트럼프 행정부(2기)는 캐나다와 그린란드 편입 같은 요란한 구호를 내세운다. 이들이 지정학적으로 어디까지나 미주 대륙의 연장선상에 있다는 점에서 나오는 주장이다. 우크라이나 문제를 다루는 자세나 동아시아 정책(미국 국방부 '임시 국방 전략' 2025년 3월)을 보면 전형적인 축소주의 범주에 속한다. 한국은 이런 미국의 사이클을 주시하면서 안보 태세를 갖추는 것이 맞다. 미국이 손을 놓으면 구명조끼 없이 절벽 아래 거친 바다로 떨어져야 하는 처지는 결코 선택지가 될 수 없다.

3 한국의 안보에 최후의 안전장치는 있는가? • 87

핵의 사용 방식

일각에는 북한이 한국을 상대로 핵을 사용하지 않을 것으로 보는 경향이 있다. 그러나 핵을 '사용use'하기 위해 굳이 핵을 '발사detonate'할 필요는 없다는 것이 핵 시대를 관통하고 있는 명제다. 무엇보다 핵을 보유하면 정책 선택의 여지가 확대된다. 따라서 핵을 가지는 것 자체로 이미 핵의 사용은 개시되는 것이다.[5]

가능성의 영역에서 볼 때, '핵보유국 중에 누가 먼저 핵을 사용할 것인가'는 결국 어느 쪽이 더 절박한 상태에 빠질 것인가에 달려 있다. 핵 사용의 위기가 일단 지나가는 양상을 보이지만, 우크라이나 전쟁에서 패퇴할 위기에 처할 경우의 **러시아**, 대만 침공에 실패할 경우의 **중국**, 남·북 무력 충돌이나 내부 혼란으로 정권이 붕괴될 위기에 처할 경우의 **북한**, 제2 한국전쟁의 발발과 중국의 개입으로 재래전에서 패퇴 위기에 처할 경우의 **미국**을 그런 상태에 대입시켜 볼 수 있다. 물론 유럽에서는 러시아가, 동아시아에서는 북한이나 중국이, 미국보다 먼저 핵을 사용해야 할 절박한 상태에 도달할 가능성이 크다. 한국이 누구보다 절실하게 인지하고 있어야 할 시나리오들이다.

핵무기는 이를 보유하고 있다는 사실 자체가 상대방에게 보내는 메시지의 효과를 강화시킨다. 강력한 발신 수단이 되는 것이다. 1956년 이집트가 수에즈 운하를 국유화하자, '영국·프랑스·이스라엘' 3국이 연합하여 시나이반도를 점령하고 운하를 장악했다. 제2차 세계대전 종전 직후 또 다른 전쟁이 발발하는 것을 방지하려는 미국과, 중동 진출의 발판인 이집트를 지원하려는 소련의 이해관계가 맞아떨어졌다. 미·소가 공동으로 3국에게 철수를 요구했지만 이들은 버텼다. 그러나 미국이

3국에 대한 경제제재를 위협한 데 이어, 소련이 불가피하면 핵무기도 동원할 수 있다고 통첩하자 점령군들은 철수했다.

이에 앞서 1948년 소련이 서베를린과 서독을 연결하는 육로를 봉쇄했다. 미국은 공수작전으로 돌파하면서, 만약 소련이 미국 수송기를 공격하면 핵무기로 대응할 수도 있다는 신호를 보냈다. 소련은 결국 공중봉쇄까지 감행하는 것을 자제할 수밖에 없었다.[6] 핵무기를 보유하는 자체가 '정치적 화폐political currency'로 통용된 사례다. 이 화폐는 미래에도 계속 통용될 것이다. 한반도에서는 북한이 서해 5도를 기습 점령한 후, 만약의 경우 핵을 사용해서라도 방어하겠다고 위협하는 것을 포함하여 여러 시나리오가 가능할 것이다.

근래에 들어 유럽에서는 미국의 핵우산에 대한 신뢰도에 문제가 있다고 보거나, 안보를 미국에 의존하는 데 따른 유형·무형의 비용 증가에 대한 우려가 증대되고 있다. 특히 트럼프 행정부(2기)에 들어와 유럽 국가들 사이에는 'NATO의 유럽화' 논의가 활발해지고 있다. "미국이 더 이상 안보의 최종 보장자가 아니며, 미국의 안보 우산에 계속 의존하는 것은 위험한 도박"이라는 상황 진단도 나오고 있다.[7] 이와 함께 미국 없이 프랑스·영국 중심으로 유럽 자체의 핵우산을 강화하거나 독일의 핵무장이 필요하다는 주장이 일고 있다. 물론 독일의 총리 메르츠Friedrich Merz는 유럽의 독자적 안보 태세와 미국의 불가결성도 함께 강조하고 있다.[8]

재래 군비와 핵 군비 사이에는 전략적 차원의 안정과 전술적 차원의 불안정이 공존하는 일종의 '안정–불안정의 역설stability-instability paradox'이 등장한다. 그럼에도 두 군비 상태는 안정의 함수관계에 있다. 일반적으로 대립 상태에 있는 국가 사이의 재래 군비 균형은 전쟁의 발발을 억제하는 효과를 가져온다. 아울러 재래 군비의 불균형이 있더라도 일정한 핵 균형이 이루어지면 재래 무기에 의한 군사 충돌을 방지하거나 최소한 확전을 억제하는 역할을 한다. 일종의 충격 흡수장치와 같은 것이다. 인도와 파키스탄이 수차의 군사 충돌에도 불구하고, 전면전으로 확대되거나 핵전쟁으로 비화하지 않는 것이 대표적 사례다.

그러나 한반도의 군사력 균형은 그런 흡수장치가 약하다. 한국에 대한 북한의 재래 군비 열세는 분명하다. 따라서 무력 충돌이 발생하면 북한으로서는 핵과 화학·생물 무기를 포함한 비재래 군사력을 동원할 동기와 욕구가 더 커지게 된다. 북한 같은 '2등급 핵보유국Secondary Nuclear Power'의 행동이 배후에 있는 중국이나 미국을 포함한 '1등급 핵보유국Primary Nuclear Power' 간의 전쟁으로 확산되는 시나리오가 성립하는 배경이다.[9]

핵과 3축 체계

한국과 북한은 엄연히 핵 불균형 상태에 있다. 이를 보완하는 차원에서 한국은 북한의 핵 위협에 대응하는 소위 '3축 체계'를 구축 중이다. 3축은, 핵을 위시한 북한의 화학·생물 무기 공격을 사전에 탐지하여 선제공격하는 '킬 체인Kill Chain', 선제공격의 실패 시 공중에서 방어하는 '한국형 미사일 방어체계Korea Air and Missile Defense, KAMD', 북한의 공격 후에 즉각 행동하는 '대량 응징 보복Korean Massive Punishment and Retaliation, KMPR'으로 구성된다. 이런 계획은 북한의 도발 의지를 억제하고 실제 도발했을 시 대응 수단을 강구하려는 것이다.

3축의 핵심을 이루는 킬 체인은 소위 '발사의 왼쪽left-of-launch', 즉 적의 핵미사일 발사가 임박한 시점에 선제공격으로 제압한다는 작전이다. 그런데 실제 선제공격이 가능한지는 차치하더라도, 이 작전은 두 가지의 중요한 위험을 안고 있다. 하나는 기술적 측면에서 볼 때, 실수로 인해 한국이 선제공격함으로써 의도치 않은 전쟁을 유발할 가능성이 있다는 점이다. 다른 하나는 정치적 측면의 문제로, 먼저 상대를 공격함으로써 침략 행위를 자행했다는 국제적 비난을 받을 가능성이 있다는 점이다.[10] 비록 2025년 6월 미국이 이란 핵 시설을 선제공격함으로써 이런 비난을 받을 가능성은 줄었다고 볼 수 있지만, 배후에 중국이 버티고 있는 북한에 대한 선제공격은 사정이 다르다.

한국의 '3축 체계'와 같지는 않지만, 시사점을 던지는 사례가 있다. 인도가 파키스탄을 염두에 두고 채택한 '콜드스타트Cold Start' 작전 계획이다. 재래식 전력을 이용한 선제공격과 전면전이 아닌 국지전을 통해 상대의 위협을 사전에 제거하거나 사후에 응징한다는 것이다. 2001년 인도의 의회가 테러 집단의 공격을 받았는데 배후에 파키스탄이 관련된 것으로 추정되었다. 그럼에도 인도는 즉각적인 대응을 하지 못했다. 이에 대한 성찰로, 콜드스타트라는 작전을 구상하여 2004년 계획을 수립했다.

콜드스타트는, 파키스탄과의 충돌이 핵전쟁으로 비화되기 이전에 압도적 재래 군사력으로 상대의 행동을 '사전에 억제하고, 불가 시 사후에 제압한다'는 전략이다. 핵무기가 동원될 가능성이 있는 '열전Hot War'으로 확대되기 전에 전격작전을 통해 짧은 시간과 제한된 공간에서 끝낸다는 의미에서 'Cold Start'라고 명명했다. 미리 수립된 교범에 따라 순차적으로 억제·제압 작전을 가동하는 계획으로, 인·파 국경에서 발생하는 무력 충돌에 즉각 대응하는 한편, 테러 조직의 인도 침투 억제와 사후 응징을 위해 재래 군사력으로 상대의 핵심 공격 시설을 제거한다는 것이었다. 이 계획은 조용히 유지되어 오던 중 2017년 인도군 당국이 공개했다.[11]

실제에 있어서는 2008년 인도 뭄바이에서 유사한 테러가 발생했지만 이 작전 계획은 가동되지 못했다. 동원 가능한 군사 자원이 충분치 못한 데다, 무엇보다 핵 확전을 포함한 파키스탄의 예상 대응에 대한 판단이 확실치 않았기 때문으로 평가되었다. 이 계획에 대해 미국 측은, 실행 효과보다는 존재 자체에서 위안을 찾는 데 의미가 있다면서 '신화와 현실의 결합mixture of myth and reality'이라는 내부 평가를 내렸다. 현실의 요구는 있지만 목표 달성이 어려운 구상이라고 본 것이다.[12]

그럼에도 불구하고 콜드스타트 계획의 존재 자체가 어느 정도 파키스탄의 행동을 억제하는 것으로 추정되고 있다. 한국의 '3축 체계'도 유사한 효과를 기대해볼 수는 있을 것이다. 그러나 무엇보다도 인도와는 달리 한국 자체가 대북 핵 균형을 이루지 못하고 있다. 미국의 핵우산이라는 백업 장치가 있기는 하지만, 군사적 환경과 심리적 영향 면에서 인도-파키스탄 경우와는 중요한 차이가 있다. 3축 체계는 소요되는 투입 비용의 규모, 예상되는 효과, 실행할 기술적 능력 측면에서 그 타당성을 지속적으로 검토해야 할 것이다.

핵 협의 그룹, 핵 기획 그룹

워싱턴 선언의 명과 암

2023년 4월 윤석열 대통령과 미국의 바이든 대통령은 '워싱턴 선언'을 채택했다. '핵 협의 그룹' 설치, 핵무기 적재가 가능한 핵잠수함 등 전략무기의 정례적인 전개, 그리고 한·미 원자력 협력 협정의 준수를 골자로 하는 양국의 합의다. 핵심 메시지는 미국이 한국에 대해 핵우산을 확실하게 제공하고, 한국은 설사 잠재적 수준일지라도 독자적 핵 능력 확보를 시도하지 않겠다는 것이다.

이 선언은 '핵 협의 그룹' 설치를 핵우산 강화의 간판으로 내세웠다. 미국이 수립하는 핵무기 사용 계획, 즉 확장 억제 전략에 대한 한국의 정보 접근과 의견 제시의 범위를 확대함으로써 의사 결정의 참여를 활성화하겠다는 것이다. 기본적으로 핵우산 사용에 대해 최종적인 의사는 미국이 독자적으로 결정한다는 점에는 변함이 없지만, 그 이전 단계의 협의를 강화한다는 의미가 있다. '핵 협의 그룹'의 운영 경과에 따라서는 핵우산에 대한 가시 효과와 신뢰 증진에 어느 정도 기여할 것으로 기대된다.

이 그룹은 2024년 6월 3차 회의에서 한국의 재래 전력과 미국의 핵전력을 통합 운영하기 위한 '공동 지침'에도 합의했다.[13] 이런 통합 운영의 기초는 기존의 한·미 연합 작전 계획 operational plan 5027, 5015에 포함되어 있는 요소들이다. 다만 양국이 새로운 협의체를 통해 내용을 발전시키고 그 요지를 공개함으로써, 대내외적으로 미국 핵우산의 신뢰도를 강화하려는 것이다. 무엇보다도 한국 내 독자 핵 개발을 요구하는 여론의 확산을 억제하는 효과에 중점을 두고 있다. 워싱턴 선언은 북한의 핵 능력이 지속적으로 증강되고, 미·중 대립으로 중국이 북한에 대해 건설적으로 관여할 의지가 축소되는 한반도 안보 환경에 일단 부응하는 것으로 볼 수 있다.

한편, 일각에서는 핵 작전 공동 지침이 문서로 채택된 것을 주목하면서, 이 지침이 미국의 행정부 교체와 관계없이 효력을 발휘하도록 '법제화'하기를 희망하기도 한다. 그러나 이는 현실적으로 불가능한 기대다. 미국의 어떤 대통령도 미국의 핵무기를 미래의 불특정한 상황에서 사용하겠다는 구속력 있는 약속, 즉 '법제화'된 합의를 할 권능이 없기 때문이다. 더욱이 미국 내에서는 동맹국을 보호하기 위해 미국이 핵전쟁에 연루될 가능성을 경계하는 '핵 사용 분리 nuclear decoupling' 주장이 증가하고 있는 상황이다.[14]

또한, 한·미 핵 협의 그룹은, 핵무기를 부분적으로 공유하면서 사용의 방식과 절차를 공동 기획하는 NATO의 '핵 기획 그룹 Nuclear Planning Group, NPG'의 기능보다는 낮은 수준이다. 무엇보다도 미국은 NATO의 경우처럼 한국과 핵을 공유하지 않는다는 입장이다. 한마디로 핵 협의 그룹은 한국에 대한 미국 핵우산의 신뢰도를 유럽 수준으로 강화하는 것이 아니다. 그런데 그런 유럽도 트럼프 행정부(2기)와의 갈등으로 독자 핵 강화를 시도하고 있다.

워싱턴 선언을 통해 한국은 핵연료 주기 Nuclear Fuel Cycle를 확보하여 실제로 잠재적 핵 역량을 강화하는 경로보다는, 대미 안보 의존도를 심화시키는 길을 선택했다는 비판을 받는다. 한국이 핵 주기 능력을 확보하는 문제를 양국의 협의 테이블에 올리는 것을 불편하게 만들었다. 바이든 행정부로서는 한국의 자체 핵 욕구에 뚜껑을 덮음으로써 까다로운 한·미 현안 하나를 해결한 것이다.

반면에 한국은 미래의 선택 여지를 축소시키는 대가를 치른 것이다. 바이든에 이어 트럼프 행정부(2기)는 물론 그 이후에도 미국은 이 선언을 한국의 핵 능력 확대를 통제하는 데 활용하고자 할 것이다.

아시아판 NATO

한국전쟁 이후 미·소 냉전이 고조되자 미국의 핵우산 제공 의지와 전략에 대한 서유럽 국가들의 회의적 시각도 짙어졌다. 이에 대응하여 1961년 미국은 NATO에 '다국적 핵 혼합군Multilateral Nuclear Forces, MNF'을 창설하여 미국 핵우산에 대한 유럽의 불신을 해소하려고 했다. 그러나 영국이 핵무기를 개별 회원국의 판단에 맞게 선별적으로 사용하는 것을 통제하려 해서는 안 된다는 주장을 제기했다. 아울러 프랑스와 독일도 핵 혼합군의 효용성에 의문을 제기하자 무산되었다. 이에 대한 차선책으로 1966년 미국의 주도로 핵우산에 필요한 정보 교류와 사용 계획에 초점을 맞춘 '핵 기획 그룹'을 설치했다. 핵무기의 배치, 운용, 대응 계획을 NATO 회원국들 사이에 공유하는 것이다.

우크라이나 전쟁이 발발하자 아시아에서 미국의 핵우산에 대한 신뢰도를 높이기 위해 한·미·일·호가 주축이 되는 '아시아판 핵 기획 그룹' 설치가 거론되기도 한다.[15] 이 방안은 사실상 '아시아판 NATO' 창설을 의미하는 것으로서 북한의 핵 위협을 억제하고, 중국과 러시아를 견제하는 데 도움이 될 것이다.

그런데 정작 미국은 소극적이다. 미국은 지금 1949년 NATO 창설 당시만큼 세계경제력과 군사력의 점유 비율이 크지 않다. 게다가 미국으로서는 미·중의 전면적 대립에도 불구하고 냉전 시절의 미·소 관계 수준으로 중국과의 관계를 단절하기는 어렵다.

세계 전략의 구도에서 볼 때도, '아시아판 NATO'는 미국에 대항하는 중·러 연합 세력의 구조를 공고히 해주는 길이다. 그런데 유라시아 대륙에서 통합 지배 세력이 등장하는 것을 방지하는 것은 정권을 넘어 미국이 최우선에 두는 전략이다. 경제 안보 차원에서도, 관세전쟁이라는 일시적 극한 대립에도 불구하고 미·중 간에 시장과 공급망을 단절하는 것은 모두에게 치명적이다. 따라서 '아시아판 NATO' 창설과 같은 구상은 미국이 취할 수 있는 선택이 아니다. 트럼프 행정부(2기) 등장 이후 이런 구상이 등장할 가능성이 더 약해졌지만, 한국이 자칫 실현 가능성도 없는 논의에 전위 역할을 자처할 경우 득보다 실이 많은 것임을 유의해야 한다.

전술핵 배치와 핵 공유

북한의 핵 위협이 증대되고 한국 내 자체 핵무기 개발의 여론이 확산되자, 1990년대 초 한국으로부터 철수한 미국의 전술핵무기를 다시 배치하는 방안이 제기되기도 한다. 나아가 NATO 방식을 원용하여 전술핵 배치, 핵 공유, 핵 기획 그룹 설치를 통해 핵우산의 제공을 확실히 해야 한다는 제안이 나온다.

그런데 미국은 한국과의 개별적 장치이건, 아시아판 NATO 설치이건, 핵 공유에 소극적이다. 확장 억제에 미치는 실제 효과보다는 국내의 저항감과 중·러 연합의 반발 등 부작용이 더 크다고 보기 때문이다. 다른 하나의 고려 요소는 핵 공유가 설사 실현된다 하더라도 NATO의 운용 실태를 보면 한국의 역할은 제한적일 수밖에 없다. 미국의 정보는 선별적으로 제공되고 미국의 계획에 한국은 보조적으로 참여하며, 실행에 있어서는 한국은 전폭기 같은 투발 수단은 제공하되 실제로 '핵 단추'를 누르는 데는 미국의 손만 작동한다.

이처럼 한국이 많은 대가를 치르고 미국을 설득하여 핵을 공유한다 치더라도 결정적 순간에 핵 사용에 대한 권한이 확보되는 것은 아니다. 미국

의 핵 계획과 의사 결정을 한국이 보조하는 근본 구조에는 변함이 없다.[16]

NATO에서 핵 공유의 중심 국가인 독일에서도 핵 단추는 결국 미국의 의사에 따라 가동된다는 근본적 구조에 대한 허점이 지속적으로 지적되고 있다. 트럼프 행정부(2기) 등장 이전에 이미 대두되어 온 문제였다. 그래서 독일 내에서는 러시아와 미국을 위시한 기존 핵보유국들이 핵무기 없는 세계를 향한 구체적 행동을 하지 않으면 독일도 스스로의 결정권을 가져야 한다는 목소리가 작지 않다. 독일의 비핵 정책에는 "핵보유국들 간의 군축 협상이 진전되지 않고, 국제 안보의 지위에 있어 핵보유국과 비핵국가 사이의 차별이 해소되지 않을 경우, 독일은 필요하다면 기존 핵보유국들과 의견이 다르더라도 자체의 결정을 내릴 수 있다"라는 전제가 바탕을 이루고 있다.[17]

전술핵 배치―독일과 한국

미국은 유럽의 NATO 국가에 미국의 핵무기를 배치하고, 독일 등은 전폭기 같은 운반 수단을 주로 제공하는 방식으로 핵을 공유하고 있다. 그런데 미국은 한국과의 핵 공유에는 부정적이다. 우선 미국은 NATO에서는 집단 안보 장치 내에서 다른 핵보유국인 영국 및 프랑스(프랑스의 핵은 핵 기획 그룹 밖에서 제한적으로 운용)와 함께 핵을 운용한다는 특성이 고려된다.

미국이 한국에 전술핵을 배치·공유하는 상황을 가정해보자. 한반도 무력 충돌로 인해 북한의 핵무기 동원이 임박하면, 미국은 전술핵무기를 포함한 압도적 군사력으로 대응할 개연성이 높다. 이 경우 북한은 국가 자체가 괴멸 위기에 직면하게 될 것이다. 이런 상황에 봉착하면 중국은 모든 수단을 동원하여 북한의 붕괴를 막으려 할 것이다.

결국 미국과 중국이 한반도에서 핵을 사용하는 충돌의 위험이 가중된다. 미국이 핵 확전의 문턱이 낮은 한반도에 전술핵무기를 배치하기 어려운 중요한 이유의 하나다. 비록 우크라이나 전쟁과 트럼프 행정부(2기) 등장 이후 유럽의 사정이 변했다고는 하지만, 전술핵 배치에 있어 유럽과 한국의 안보 환경에 대한 미국의 판단은 크게 변하지 않을 것이다.

또 한국이 고려해야 할 다른 측면도 있다. 미국이 한국에 전술핵무기를 배치하고 남·북 '핵 불균형'이 유지되는 구도에서는 한국이 '북·미 핵 균형'의 하부구조에 자리매김하는 것을 굳히게 된다. 이는 독일이 미국과 러시아의 핵 균형하에 자리매김하는 것과도 크게 다르다. 무엇보다도 러시아는 독일을 자국 영토로 편입하려는 세력이 아니다. 그런 독일도 유사시 언제든지 핵무기를 제조할 태세는 갖추고 있다.[18] 독일은 원자탄을 탄생시킨 핵물리학의 요람이라고 해도 과언이 아니다. 게다가 1970년대에 이미 브라질에 우라늄 농축과 재처리 기술을 판매했을 정도의 핵 능력을 보유하고 있다.[19] 지금도 독일은 영국 및 네덜란드와 합작 설립한 우라늄 농축 회사(유렌코 URENCO)의 농축 공장을 자국 내에서 가동하고 있다.

러시아의 우크라이나 침공 사흘 후인 2022년 2월 27일 독일의 숄츠 Olaf Scholz 총리는 의회 연설에서 '역사적 전환점'에 들어섰다고 선언했다. 국방 예산을 국민총생산의 2% 이상으로 올리고 1천억 유로의 추가 군사비 투입을 발표했다. 그렇다고 해서 독일이 당장 핵무장으로 가겠다는 것은 아니다. 하지만 더 위험해진 핵 시대에 적응하기 위해 다자적이든 독자적이든 핵 억제 장치를 위해 '정치적, 군사적, 기술적 투자'를 확대하면서 점진적인 핵 정책의 전환을 추진해야 한다는 기류가 상승하고 있다. 독일에서 확장 억제에 대한 자체 '백업 장치'는 트럼프 (2기) 등장 이전에 이미 논의되었다.[20] 이 논의는 앞으로 더 진전될 전망이다.[21]

독일은 급진적이 아니라 점진적인 방식으로 핵 정책의 발전을 추구하고 있다.[22] 제2차 세계대전이라는 '과오의 역사' 외에 다른 사정도 있다. '미국의 핵우산'과 '독일의 핵 비무장'이라는 두 요소를 결합한 상태에서 통일을 달성했다. 이런 '성공의 역사'가 핵 정책을 보수적으로 운용하게 만드는 것이다.

1970년대 독자 핵 개발 시도의 좌절 이후 한국은 반세기 이상에 걸쳐 막연히 독일과 비슷한 경로로 갈 수 있을 것으로 기대했다. '비핵과 통일'을 정책의 근간으로 삼았다. 북한의 비핵화를 기대하기 어렵게 된 현재의 상황에서 돌이켜 보면, 결과적으로 '통일 없는 통일 정책'을 들고 허상을 좇아온 것이다. 한국은 독일처럼 스스로를 옭아매야 하는 '과오의 역사'를 갖고 있지 않다. 기존의 정책을 그대로 지속시켜 통일을 이룰 '성공의 역사'가 보이는 것도 아니다. 그래서 독일이 아니라 한국이야말로 '핵의 전환점'에 서 있는 것이다.

북한과 중국의 예상 반응

북한은 2023년 12월 남·북 관계를 '적대적 두 국가 관계', '교전국 관계'로 선언했다. 북한이 현재의 상황을 어떤 언어로 규정하든 간에 미국 전술핵무기의 재배치는 남·북 관계에 있어 북한이 누리는 핵 독점 위상에 이느 정도 영향을 주기 때문에 비난하고 나올 것이다. 그러나 한편으로는, 전술핵 배치가 한국의 자체 핵 능력 배양을 억제하고, 한국을 '북·미 구도'의 하부 위치에 묶어 두는 데 긍정적으로 작용한다고 볼 수도 있다. 이를 배경으로 한국에 대한 우월적 핵 위상을 유지하면서 분단과 대립을 정권에 유리하게 관리하고자 할 수 있다.

중국은, 미국이 자국을 탐지하는 데도 사용하는 것으로 간주하는 사드를 배치한 데 이어, 핵무기 탑재가 가능한 미국의 항공기와 함정 등 전략 자산을 빈번하게 한반도 지역에 파견하는 데 대해 긴장하고 있다. 이에 추가하여 전술핵무기까지 배치할 경우, 북한 핵을 기화로 미국이 자국에 대한 군사봉쇄를 강화한다면서 반발할 것이다.

한반도와 중국 대륙 사이의 평균 거리는 400km 내외다. 중국의 연안 지역이 한국에 배치할 전술핵 미사일의 사정거리 안에 들어오게 된다. 따라서 중국은 우선 한반도를 포함한 서태평양 지역에서 미국의 군사작전을 견제하기 위한 기존의 '반접근/지역 거부' 태세를 강화할 것이다. 그리고 한국 배치 핵미사일 기지를 주요 타격 대상으로 사전에 설정할 것이다. 또 정치적으로는 전술핵 배치로 인해 유사시 한국 전체가 타격 대상이 되는 것이 불가피함을 부각시켜 한국 내 반미 여론을 조장하고자 할 것이다.

전술핵 재배치나 핵 공유는 한·중 양자 관계를 더 악화시키는 것을 넘어 한반도를 주전장主戰場으로 한 강대국의 핵 경쟁을 가중시킬 우려가 크다. 이런 관점에서 볼 때, 전술핵 문제는 실제 배치보다는 그 가능성만을 열어 두는 것이 바람직하다. 중국으로 하여금 북한이 핵으로 지역 정세를 불안하게 만드는 것을 억제토록 하는 효과를 가져올 수 있기 때문이다. "중국은 조선(북한)의 안보 우려와 발전의 관심사를 위해 힘이 닿는 데까지 도울 것"이라는 시진핑의 2019년 평양 발언에는, 중국이 뒤를 봐줄 테니 정세를 불안하게 만드는 문제를 일으키지 말라는 대북 신호도 함께 담겨 있음을 주목할 필요가 있다.

미국 전술핵의 재배치를 두고 고려해야 할 또 다른 관점은 남·북 중심의 핵 균형이냐, 강대국이 개입되는 핵 균형이냐의 문제다. 전술핵의 재배치는 강대국이 연루되는 '확대된 핵 균형' 모델로 가는 것이기 때문에 균형의 유지와 통제가 복잡한 양상을 띨 수밖에 없다. 반면에 '한반도 핵 균형'은 두 행위자가 한반도라는 좁은 전장에서 균형을 유지함으로써 관리와 통제가 비교적 단순할 수 있다. 미·소 냉전 시절에 자주 인용되던 '유리병 속 두 마리의 전갈'처럼 서로 물면 같이 죽는다는 이론, 즉 '상호확증파괴'의 원리를 한반도라는 제한구역으로 축소하여 안정을 유지하는 것이다.

물론 강대국의 시각에서는 신흥 핵 보유 주체들의 오판 가능성이 그들보다 더 크다고 우려할 수 있다. 그런데 반론의 여지가 없지는 않지만 인도와 파키스탄의 경우를 보면, 최소한 강대국의 개입을 막으면서 자체 균형과 안전장치로 작동하여 확전을 억제하는 것으로 나타난다.

사드의 교훈

2016년 많은 논란을 거쳐 한국 정부는 미국이 '종말단계 고고도 지역방어 시스템', 즉 사드Terminal High Altitude Area Defense, THAAD를 주한 미군용으로 배치하는 데 동의했다. 미국과 한국은 북한의 미사일 공격으로부터 방어를 위해, 특히 주한 미군의 보호를 위해 불가피하다는 입장이었다.

그러나 중국은, 사드가 미국이 중국과 러시아 등 전략무기를 가진 적대국을 주 타깃으로 삼는 '미사일 방어체계Missile Defense, MD'의 한 부분이라고 주장했다. 특히 북한의 핵 위협을 기화로 삼아 중국을 포위하기

위한 전략의 일환이라고 극렬하게 반대했다.[23]

사드 배치를 둘러싼 논쟁에서 중국과 미국은 직접 대화하기보다는 한국을 가운데 두고 자신들의 입장을 관철시키고자 했다. 이로 인해 한국은 전형적인 샌드위치 상황에 봉착했다.

사드 배치 논쟁 당시, 한국 정부는 사드가 북한의 미사일에 대한 방어용으로서 결코 중국의 미사일을 탐지하고 요격하기 위한 전방 감시용이 아니라고 강조했다. 북한의 미사일을 낙하지점에서 요격하기 위한 종말단계 요격용일 뿐, 미국이 전 세계적으로 구축하는 '미사일 방어체계'의 일부가 아니라고 지적했다. 반면에 중국은 한국 배치 사드가 중국으로부터 발사될 미사일을 근접거리에서 조기에 탐지함으로써, 미·중 미사일 방어 능력의 균형에 있어 중국이 일방적으로 불리해지는 것이라고 지적했다.

그런데 2002년 설립된 미국 국방부 '미사일 방어국Missile Defense Agency'의 임무를 보면, ① 장거리 미사일 방어를 위한 육상과 해상의 요격 미사일 체계, ② 지상 배치 사드와 해상 배치 SM-3를 포함한 중거리 요격체계, ③ 단거리 요격체계인 PAC-3를 운용한다고 되어 있다.[24] 한국은 미국이 공식적으로 밝히고 있는 사드의 이중 용도와 성격을 무리하게 부인하는 모습이었다.

한 국가가 자신의 행동에 대한 정당성을 세우고 타국을 설득하려면, 무엇보다 객관적 사실에 기초해야 한다. 자기보다 더 강한 나라를 상대할 때는 특히 그렇다. 한국 정부가 중국에 대해 "사드도 미사일 방어체계에 속하지만, 현존하고 임박한 북한의 위협에 대응하기 위해서는 불가피하다"고 정면으로 대응하는 것이 차선책이었을 것이다. 어떤 국가와의 관계에서도 쟁점의 사실관계를 간과하면서 자신의 주장을 밀고 나가면 미래의 관계에 두고두고 장애를 가져온다. 일각에서는 중국도 한국을 겨냥한 미사일을 배치하고 있기 때문에 사드의 배치가 정당하다고 주장한다. 맞는 말이다. 그렇다면 바로 그 논점으로 중국에 대응하는 것이 더 합리적이고 효과적이었을 것이다.

중국은 미국이 미사일 방어체계를 자국의 인접 지역, 특히 한반도에 배치하는 데 대해 극도로 민감한 반응을 보여 왔다. 1998년 북한의 대포동 미사일 발사로 인해 미국에 대한 외부의 미사일 위협이 부각되고, 미국 내에서는 시들해지고 있던 미사일 방어체계 구축 사업이 부활하기 시작했다. 한국 정부는 한반도를 둘러싸고 미사일 경쟁이 고조되는 것을 우려했다. 중국에 대표단을 파견하여 북한의 핵과 미사일 개발을 억제하기 위해 중국이 나서 줄 것을 요청했다. 그런데 당시 중국 외교부장 탕자쉬안唐家璇은 북한의 행동에 대한 우려는 제쳐 두고, "미국이 이 사태를 중국을 포위하기 위한 미사일 방어체계 확대의 기회로 삼으려 한다"면서 논란의 초점과 비난의 화살을 미국으로 돌렸다.[25]

그로부터 18년 후인 2016년 사드 배치가 결정되었다. 당시 국내에서 사드를 배치하더라도 중국에 대해 충분한 명분을 축적한 후에 결정해야 한다는 여론도 만만치 않았다. 사드 배치가 기본적으로 북한의 핵 능력과 위협 때문인 만큼, 북한의 핵 개발이 실질적으로 억제되지 않으면 한국으로서는 조만간 사드 배치가 불가피하다는 논리로 중국을 좀 더 설득하자는 것이었다. 일종의 예고기간을 사전에 설정하자는 방안이었다. 그러나 이런 완충 구간이 없이 경북 성주에 사드 배치가 결정되었다.

미국과 중국이 한국을 가운데 두고 벌인 게임을 현시점에서 대차 대조해보자. 미래를 대비하기 위해 필요하다. 관점의 차이가 있겠지만 전반적으로 미국과 북한에게는 실보다 득이 컸고, 한국과 중국에게는 득보다 실이 컸다고 볼 수 있다.

국가별 대차 대조

미국은 일석사조의 효과를 거두었다. 첫째, "북한의 핵 위협으로부터 주한 미군과 한국을 보호하기 위한 필요 수단을 동원했다"는 정치적 메시지를 줄 수 있었다. 둘째, 한국이 중국에 경도하는 기류에 쐐기를 박는 효과를 가져왔다. 2016년은 박근혜 대통령이 시진핑 주석과 함께 천안문 망루에서 중국의 전승 기념행사를 참관할 만큼 관계가 좋아지던 시기였다. 셋째, 대중 군사적 감시와 견제에 필수적인 전방 탐지 레이더를 중국에 가장 근접한 위치에 설치할 수 있게 되었다.* 반면에 사드로는 북한이 보유하고 있는 단거리 미사일을 효율적으로 억제하기 어렵다는 점에서 고가 장비인 사드를 가성비가 낮은 사업에 투입한다는 비판을 받기도 했다.[26]

한편, 2010년 미국의 오바마 대통령은 폴란드와 체코에 미사일 방어 체계를 구축하려던 계획을 철회했다. 만약 철회하지 않으면 미·러 군축 협상에 불참하겠다는 러시아의 반발이 있었고, 미국 내에서도 군비경쟁의 재연에 반대하는 여론이 일었기 때문이었다. 이런 기류로 인해 미국의 미사일 방어체계 생산 라인도 위축되고 있던 중이었다. 만약 한국에 배치할 사드의 수요가 없었다면, 사드 생산 라인(레이시언, 록히드 마틴 외에 6개 주요 군수 기업 참여)이 중단될 위기에 처한 것으로 알려져 있었다.

북한은 실보다는 득이 많았다고 볼 수 있다. 첫째, 가까워지고 있던 한·중 관계가 사드 배치로 경색됨으로써 반사 효과를 얻었다. 둘째, 그

---

* 사드의 레이더는 종말단계 요격용에서 전방 감시용으로 전환이 가능하기 때문에 성주에 배치한 사드가 전적으로 종말용이라는 주장은 설득력이 떨어질 수 있다.

간 소원해진 북·중 관계를 회복할 계기도 마련하게 되었다. 당시는 북한이 김정은의 취임 이후 연속적으로 핵·미사일을 실험함으로써 북·중 관계가 악화되고 있던 중이었다. 셋째, 사드 배치로 한국 내 반미 정서가 고조되었다. 북한이 환영할 일이었다. 반면에 북한 핵·미사일의 대남 공격 능력이 갖는 정치적·군사적 효용이 사드 배치로 인해 반감될 것이라는 근거는 충분치 않았다.

한국은 많은 것을 잃었다. 첫째, 최대의 무역 상대국이던 중국과의 관계가 파국을 맞이했다. 둘째, 한반도를 둘러싼 미국과 중국의 군사적 대립 양상이 확연해지고, 미·중 관계의 악화가 북한의 행동에 대한 중국의 억제력도 약화시켰다. 셋째, 한·미 동맹의 강화 측면도 있지만, 미국의 안보 우산에 더욱 깊이 의존하게 되면서 자체 목소리는 더 축소되었다. 넷째, 북한 핵 문제에 대한 한·중 대화의 가능성이 사실상 증발되었다. 한국이 중국에게 북한을 설득할 것을 요청하면 중국은 먼저 사드부터 철수하라고 요구하기 때문이다. 결국 방어종심이 짧은 한반도 전장戰場의 특성에 비추어 군사적 효율성을 입증하기 어려운 사드를 배치하면서 한국은 얻은 것보다 잃은 것이 많았다. 한편, 한·미 동맹을 상징적으로 강화시킨 효과는 있었다.

중국은 한국 못지않게 잃은 것이 많았다. 첫째, 중국이 극도로 반대해온 미사일 방어체계가 미국의 대중 견제에 있어 최전선에 위치한 한국에 설치된 것이다. 특히 사드 배치는 사전 탐지와 감시를 포함한 군사정보망 연계를 통해 한·미·일 군사 협력을 구축하는 밑그림이 된다. 중국이 어떻게 해서라도 막고 싶었던 결과였다. 대만이 자체적으로 사드와 유사한 고고도 미사일 탐지 레이더를 보유하고 있지만, 미군이 직접 운용하는 한국의 경우와는 다르다. 둘째, 미사일 방어체계를 위시한 한·

미 동맹이 더욱 강화됨으로써 한·중 관계 개선을 통해 미국의 견제망을 뚫고 태평양으로 진출하려는 전략에 차질을 가져왔다. 셋째, 사드 배치를 기화로 한국에 대해 가한 유무형의 경제제재는 양날의 칼이 되어 한국 내 반중 정서가 커졌다. 물론 중국 경제에도 부정적 영향을 미쳤다.

미·중의 시각 – 한국의 과제

미국의 시각에서 볼 때, 사드 배치는 당연히 취해야 할 방어적 조치이고 북한의 핵 개발을 적극적으로 억제하지 못한 중국이 응분의 책임을 져야 했다. 반면에 중국의 입장에서는 사드 배치 같은 안보상의 불이익을 감수하는 한이 있더라도 체제 자체를 불안하게 만들 정도로 북한의 핵 포기를 압박할 수는 없었다. 결국 한국과 중국은 각자 국익의 중대한 손실을 막을 외교력을 발휘하지 못했다. 그 여파는 미·중 관계의 구조적 갈등과 함께 오래 지속될 것으로 보인다.

중국으로서는 한국에 미국의 미사일 방어체계를 구축하는 것을 중대한 국가 안보의 위협으로 받아들인다. 첫째, 미국 미사일 방어체계가 베이징에 가장 가까운 한반도에까지 옥죄어 옴으로써 자신의 미사일 능력이 지근거리에서 탐지·요격될 위험에 노출된다. 국가 안보 태세의 실패로 간주되는 것이다.

둘째, 중국은 이미 미국, 일본, 인도, 그리고 러시아까지 포함한 주변 세력으로부터 견제를 받고 있다. 이를 해소하는 것이 전통적 안보 과제인데, 한국에 사드를 배치하는 것은 기존의 견제망을 더욱 강화하는 것이다.

셋째, 미국의 군사적 봉쇄 전략을 중국이 어쩔 수 없이 수용한다는 신호를 주변 국가들에게 줄 수 있다. 특히 14개국과 국경을 맞대고 있고,

7개국과 영토 분쟁 상태에 있는 중국으로서는 미국의 견제에 대응하는 자신의 위상에 위험한 선례가 되는 것이다.

한편, 중국은 사드 배치의 저지에 실패한 후 한국에 대해 정치·경제적 압박을 가했다. 그 결과로 한국 내에서 반중 정서와 반미 정서가 동시에 일어났다. 중국으로서는 특히 반미 정서가 갖는 정치적 효과를 겨냥한 것으로도 볼 수 있다. 유사한 사례로, 1979년 소련이 서유럽을 겨냥한 중거리 미사일(SS-20)을 배치하자 미국은 이에 대항하는 미사일(퍼싱-2)을 서독에 배치하고자 했다. 이 과정에서 서독 내 반핵 운동이 격렬하게 전개되어 미국의 위상을 크게 동요시켰다.

당시의 소련에 비해 훨씬 부강한 중국은 밀접한 경제 관계를 바탕으로 아시아의 미국 동맹국들에게 지렛대를 갖고 있다. 중국이 한국에 대해 경제제재와 정치적 압박을 가한 것은, 이런 지렛대를 이용하여 과거 서독에서와 같이 한국 내 반전·반핵 운동을 부추기고, 한·미 동맹을 약화시키는 효과를 기대했다고 볼 수 있다. 근래 중국이 한국과 일본을 주요 상대로 전개하는 여론 공작의 일환이다. 일종의 '인지전cognitive warfare'으로서 앞으로도 지속될 것이다. 트럼프 행정부(2기)에 들어와 미국이 동맹국을 적대국 못지않게 거칠게 다루고 있다. 중국이 전개하는 인지전認知戰을 미국이 도와주는 역설적 현상이다.

한국은 무엇보다 북한 핵의 직격 위협하에 있다. 더욱이 21세기에 들어와 중국은 동아시아 전역에 걸쳐 공세적 안보 정책을 취하고 있다. 특히 한반도에서 대만을 거쳐 남중국해에 이르는 서태평양 지역(중국의 지도에는 북·동·남해에 해당)에서 중국이 보이는 군사행동의 양상은 한국으로 하여금 응당의 경계 태세를 갖추게 하기에 충분하다. 한국이 사드 배치에 반발하는 중국을 배려하여 국가 안보에 관한 중요한 결정을 바꿀 수는 없다.

  그러나 상대가 사활적으로 간주하는 조건과 정면충돌하는 결정을 내려야 할 때는 치러야 할 비용도 감안해야 한다. 중국은 미국의 미사일 방어체계의 배치를 막기 위해 많은 공을 들였다. 2014년 7월 시진핑이 250명의 경제 사절단과 함께 방한했다. 당시의 사드 배치 기류와도 상관이 있었다. 사드 사태는 상당한 명분을 축적하지 않은 상태에서 내린 결정이 긴 시간에 걸쳐 국가이익을 옭아매는 결과를 가져오는 사례다. 한국은 중국과의 관계에 있어 못 머리가 솟아오른 의자에 앉아 있어야 하는 형국이 되었다. 물론 중국도 불편하기는 마찬가지다.

  한국과 중국은 서로의 명분과 실리를 살리면서, 미국에게도 미사일 방어체계의 태세 변화를 위한 길을 열어주어야 하는 난제를 안게 되었다. 최소한 한반도의 '차가운 평화' 구축과 '미·중 대립'의 완화라는 조건이 성숙되기 전에는 해법을 찾기 어려울 것이다.

2부

자립형 동맹

4
자립형 동맹으로 갈 수 있는가?

> 한국은 이순신 장군 이래 지난 400여 년에 걸쳐 스스로 나라의 주인이 되어
> 외침을 물리치고 국토를 보전한 승전의 기록을 갖고 있지 않다.
> 얼룩진 내전의 역사만이 기억에 오르내릴 뿐이다.
> -본문 중에서-

4개의 중첩 경로

'자립형 동맹'은 어디까지나 미국과의 '동맹'을 유지하는 안보 정책의 운용 행태를 말하는 것이지, 동맹 자체를 이완시킨다는 것이 아니다. 미국과의 동맹 유지는 한국에만 해당되는 시대적 요구가 아니다. 다른 서방국가들도 현실적으로 미국 중심의 동맹을 대체할 대안은 없다.

이런 실상을 인지한 트럼프는 1기 행정부 재임 중 이미 동맹국들을 거의 무차별적으로 냉대했다. 한국을 특별히 집어내기도 했다. 2020년 미국 주지사들과 회동한 자리에서 그는 한국에 대한 방위 부담과 무역 적자를 들면서, "한국인들은 끔찍한 사람들terrible people"이라고 폄하했다.[1] 안보는 미국에 의존하면서 돈은 미국에서 벌어 가는 대표적 국가의 하나로 지목한 것이다.

그런 트럼프가 행정부 2기에 들어와서 동맹국과 적성국을 개의치 않고 위압 중이다. 미국에 대한 안보 의존이 유독 심한 한국이야말로 사고

의 틀을 시대에 맞추어야 한다.

트럼프 행정부(2기) 등장 이전에 이미 미국의 주요 동맹국들은 동맹 관계에 내재하는 불안정성이 커지고, 자존감이 상실되고 있음을 인식하면서 점진적으로 대미 의존도를 축소하기 시작했다. 이런 현상의 배경에는 우크라이나 전쟁을 둘러싼 혼란, 미·중 대립 격화로 인한 미국 동맹국들의 어정쩡한 처지, 그리고 동맹 유지의 비용에 대한 미국의 피로감이 함께 작용하고 있다.

나라별로 국방 예산을 대폭 증액하거나(독일, 프랑스, 일본), 핵탄두를 증강하는 방식(영국)으로 시대 상황에 맞는 동맹의 진화를 모색하는 중이다. 독일의 메르츠 총리는 "유럽연합에서 최강의 재래 군사력 구축을 통해 유럽 방위의 책임을 다하겠다"고 천명했다.[2] 이들은 모두 '자립형 동맹'에 가까이 가야 스스로의 운신을 넓힐 수 있다는 것을 피부로 느끼고 있다. 한국이야말로 어느 나라 못지않게 자립형으로의 발전이 요청되고 있다.

남·북이 '차가운 평화' 또는 '소극적 평화'를 거쳐 '따뜻한 평화' 또는 '적극적 평화'로 가기 위해서는 한국이 한·미 동맹 체제 내에서 자립적 태세와 위상을 갖추어야 한다. 기존 안보 정책의 근간은 유지하면서도 발전적 변화를 가하는 것이 필요하다. 최대의 과제는 '북한의 핵무기와 미국의 핵우산'으로 맞추어진 핵 균형을 점진적으로 '남·북 균형'으로 전환시키는 것이다. 이를 위해서는 4개의 중첩되는 경로로 동시에 나아가야 한다.

(1) 한국의 방위 구조를 현재의 '미국 주도+한국 보조'에서 '한국 주도+미국 지원'으로 바꾸는 것이다. 지금의 '의존형 동맹 reliant ally'에서 의존도는 낮추고 자립도는 높이는 '자립형 동맹 self-reliant ally'으로 발전

시키는 것을 의미한다. 이를 위해서는 미국이 행사하는 한국군에 대한 작전 통제를 전·평시 모두 한국이 행사하고, 병행하여 장비와 체계를 보완해야 한다.

(2) 북한의 핵 위협에 대응하기 위해 한·미 동맹의 불가분 요소인 미국의 핵우산, 즉 '확장 억제 전략'을 유지시켜야 한다. 2023년 한·미 정상이 합의한 '핵 협의 그룹'을 지속적으로 발전시키는 것이 필요하다(2장 미국은 어디까지 한국을 보호해줄 것인가?).

(3) 한국이 'NPT 체제의 범위 내에서' 우라늄 농축과 재처리를 포함한 평화적 핵 이용 범위를 최대한 확대하는 것이다. 원자력의 평화적 이용과 군사적 이용 사이의 방화벽이 얇다는 속성을 감안하는 것이다(6장 한국의 핵 능력은 어디까지 갈 수 있는가?).

(4) 핵연료 주기, 특히 우라늄 농축 능력에 기초하여 유사시 핵무기를 신속하게 제조하고 배치할 수 있는 군사적·기술적·정치적 측면의 기본 역량을 갖추는 것이다. '핵 돌파 시간'을 단축해둠으로써 '무기화 되지 않은 핵무기 체계'를 구축하는 것을 의미한다(6장 한국의 핵 능력은 어디까지 갈 수 있는가?).

이 네 가지는 마치 사륜구동 자동차처럼 조율된 상태에서 진행되어야 할 것이다. 일견 한국의 잠재적 핵 역량 구축이 미국 핵우산 유지와 상충하는 것으로 보일 수 있다. 미국이 '한·미 동맹'과 '자체 핵 능력' 중 하나를 선택하라고 요구할 수 있기 때문이다. 미국의 핵심 동맹국인 일본이나 독일이 취하고 있는 핵 정책을 원용하면서, 정치적 의지를 배경으로 차분하게 미국과 협의해야 할 것이다. 독일과 일본은 모두 핵무기를 보유하지 않고 있지만 우라늄 농축과 재처리 능력을 갖고 있다. 국가 안보를 위해 다른 선택의 여지가 없는 상황에 직면하면 바로 핵무기 개발에 착수할 태세가 되어 있다. 한국은 이 두 나라보다 더 분명하고 임박한 핵 위협하에 있다는 점에서 미국과의 합의점을 찾는 것은 가능성의 영역에 있다.

작전 통제 체계*

나머지는 한국이 스스로 군의 작전을 통제하는 권한과 능력을 갖추어서 자립형 동맹을 구축하는 문제다. (나머지 세 가지 요소, 즉 핵우산, 핵연료주기, 무기화되지 않은 핵무기 체계는 5장과 6장에서 기술한다.) '자립형'이란 미국으로부터 분리되는 것이 아니라, 불가피하게 미국이 손을 놓아야 하는 상황이 오더라도 한국이 어느 정도 혼자 설 수 있는 자체 역량을 갖춘 형태를 말한다. 미국도 한편으로는 원하고 있는 동맹의 형태로서 트럼프(2기) 등장 이후 더 적극적으로 추진 중이다.

어떤 국가도 독자적으로 완전한 안보를 갖추고 있다고 판단하기 어렵다. 초강대국마저도 여러 나라들과 다양한 형태의 동맹을 구축하거나 실질적인 군사 협력 관계를 만드는 이유다. 당연히 한국도 마찬가지다.

비록 트럼프 행정부(2기)가 동맹의 효용 자체를 무시하는 정책을 취하고 있지만, 트럼프는 물론 그 이후의 미국은 동맹에 대한 '방위 공약'과 이를 뒷받침할 '국력' 사이의 간극을 말하는 소위 '리프만 갭'을 감

---

* 군의 작전을 지휘·통제 command and control 하는 행위를 굳이 분리한다면, 지휘는 군사작전의 목표를 설정하고 달성하기 위한 지시와 명령을 내리는 것이고, 통제는 명령을 효과적으로 수행할 수 있도록 감독·조정하는 것이다. 그러나 실제 전시 상황에서는 명확한 구분이 어렵다. 한·미 동맹의 경우, 양국 대통령의 통수하에 있는 한·미의 합참의장이 개최하는 연례 군사위원회 회의 Military Committee Meeting, MCM 가 지휘 사항을 내리고, 이에 입각하여 한·미 연합사령관이 작전 통제권 Operational Control, OpCon 을 행사하는 것으로 되어 있다. 이런 복잡한 구조 때문에 '작전 지휘', '작전 통제' 또는 '작전 지휘 통제' 등 용어가 혼용되기도 한다. 이 글에서는 주로 '작전 통제'를 중심으로 기술한다.

안하면서, 방위 공약의 수위를 낮추고 비용을 축소시키는 방식으로 동맹망을 유지하고자 할 것이다.

군사동맹은 기본적으로 동맹의 주된 작동 지역에 있는 국가가 주도적으로 운용하는 것이 맞다. 한·미 동맹에서 바람직한 형태는 '한국 주도+미국 보조'다. 그러나 한국전쟁 이후 지속되어 온 한반도 군사 대치와 미국의 압도적인 군사력에 의존하는 것이 필요하다는 특수 상황 때문에 '미국 주도+한국 보조'라는 운용 구조를 유지해왔다. 특히 지금은 한반도에서의 핵 균형이 '남과 북'이 아니라 '북한과 미국' 사이에 이루어지고 있다는 요인과 이를 주 이유로 하여 미군이 한국군에 대한 작전 통제권을 계속 행사함으로써 과거의 동맹 운용 형태를 그대로 갖고 있다.

냉전 종식 후 1992년 미국은 동아시아에서 미군의 주둔 규모를 10만 명 선으로 축소하고 지역방위를 위한 일본과 한국의 역할을 증대시키고자 했다. 소위 '동아시아 전략 구상East Asia Strategic Initiative, EASI'이었다. 이 구상에 따라 미군이 행사하던 한국군에 대한 작전 통제권을 한국 측에 이양하고자 했다.

일본의 경우 자위대의 작전을 스스로 통제하면서 미국과 협력 관계를 유지하기 때문에 별도의 변화를 요하지 않았다. 한국군은 미국이 전 세계에서 유일하게 다른 나라 군대의 작전을 사실상 통째로 통제하는 경우였다. 미국으로서는 군사적 부담이기도 했고, 또 작전 통제권 행사로 인해 광주 민주화운동 유혈 사태의 경우처럼 한국의 국내 정치에 의도치 않게 연루되는 것도 우려했다.

1980년 당시 공식적으로는 한국군에 대한 작전 통제권을 평시와 전시 구분 없이 미군이 행사하고 있었다. 이 때문에 국내에서는 미국이 사실상 군의 광주 투입을 묵인 내지 방치한 것이 아니냐는 비판이 대두되었고, 반미 감정으로 연결되었다.

고심 끝에 미국은 1994년 한국군에 대한 작전 통제를 '평시'와 '전시'로 나누고, 우선 평시의 작전 통제는 한국이 행사하기로 합의했다. 이어서 한반도의 안보 상황을 보아 가며 전시 작전 통제까지 가급적 조기에 한국에 이관하기로 합의했다. 그러나 군사작전의 성격상 평시와 전시로 구분하는 것이 어렵다. 이 때문에 한국군에 넘긴 작전 통제의 권한 중 위기관리, 정보관리, 작전 계획 수립 등 6개 핵심 분야를 '연합 권한 위임Combined Delegated Authority, CODA'이라는 이름으로 다시 미국 측에 이양했다. 결국 지금도 미군이 사실상 평시와 전시에 걸쳐 한국군의 작전을 통제하고 있다.

미국의 '동아시아 전략 구상'에 의한 작전 통제권 전환은 90년대 초 1차 북핵 위기를 둘러싸고 한반도 안보 우려가 고조되자 보류되었다. 그 후 2006년 한국과 미국은 전환 시기를 2012년으로 합의했으나 실행되지 못했다. 2010년에는 다시 2015년에 전환키로 일정을 합의했지만 무산되었다. 번번이 북한의 핵 위협에 효과적으로 대처하기 위해서는 미군이 한국군에 대한 작전을 통제하는 것이 필요하다는 반대 의견으로 지연되었다.

또한, 작전 통제권의 전환은 주한 미군의 철수로 연결된다는 국내 일부의 우려도 작용했다. 미국이 한국에 군대를 주둔시키는 것은 무엇보다 세계 전략과 지역 정세가 핵심 배경이고, 다음으로 한국의 비용 부담과 미군 환영 여부를 포함한 전반적 주둔 환경이 주요 결정 요인이 된다. 작전 통제 요소는 고려 사항의 일부는 될 수 있어도 결정적 요인은 아니다. 작전 통제권 문제가 객관적 근거보다는 국내 정치 논쟁의 장으로 비화되면서 결과적으로 사실상 무기 연기에 들어간 것이다.

현재 한·미가 합의하고 있는 작전권 전환의 핵심 조건은 ① 한·미 연합 방위를 주도할 수 있는 한국군의 핵심 군사 능력 확보, ② 북한의 핵미사일 위협에 대한 한국군의 초기 대응 능력 구비, ③ 작전권 전환에 부합되는 한반도 및 지역 안보 환경 조성이다.

이 중 ②항이 가장 구체적 조건인데, 한국이 핵 능력을 갖추기 전이라도 재래 군비와 미국의 핵우산을 결합하는 소위 '재래·핵 군비 통합Conventional-Nuclear Integration, CNI'으로 일단 충족될 수 있다. 그러나 ①항과 ③항은 포괄적이면서도 추상적인 조건을 설정한 것으로 충족 여부를 판단하기 어렵다. 전환을 사실상 무기한 연기한다는 의미와 같다.

2006년 당시 부시 대통령의 국가 안보 보좌관 해들리Stephen Hadley가 노무현 대통령의 국가안보실장이던 필자에게 "백악관과 청와대가 한·미 동맹에 대한 신뢰를 바탕으로 정치적 의지를 발휘하여 작전권의 전환 시기를 구체적으로 못 박아야 한다. 그러지 못하면 전환은 무기한 연기될 것"이라고 경고한 적이 있다.³

해들리는, 작전권 전환으로 미군과 한국군이 운전석과 조수석에 바꿔 앉을 뿐이지, 미군이 한·미 동맹이라는 버스에서 하차하는 것이 아니라는 조건이 문제의 핵심이라고 강조했다. 아울러 한국군에 대한 작전권 문제가 미국 내에서도 군 안팎의 여러 부문별로 이해관계가 상충하고 있어 백악관의 결단이 필요함을 시사했다.

한국이 잠재적 핵 능력을 갖추면 작전 통제권 전환을 위한 환경도 개선된다. 잠재적 핵 역량의 확충과 작전 통제권의 전환을 단계적으로 병행 진전시키면서 예견되는 결함과 보완 방책을 강구하는 것이 필요하다. 작전 통제권의 전환은 감성의 영향을 받는 정치적 논쟁을 넘어 국론과 국력을 결집해서 추진해야 실현이 가능한 과제다.

타국의 사례와 역사의 교훈

한국은 1950년 국가의 존망이 위태한 상태에서 한국군에 대한 작전 통제권을 유엔군 사령관에게 이관했다. 이후 75년에 걸쳐 미군 장성이 유엔군 사령관 또는 한·미 연합사령관의 모자를 쓰고, 작전 통제권을 행사하고 있다. 세계 10위권의 경제력을 가진 한국이 지금도 미국이 운전대를 놓으면 움직일 수 없는 자동차에 타고 있는 것이다. 전 세계에서 유일한 사례일 만큼 국가의 명운을 지키는 구조가 의존적이고 취약하다.

그럼에도 불구하고 한국의 지도층과 국민 다수는 이런 현상을 불가피한 선택으로 보거나, 아예 별다른 의식이 없다. 심지어는 한국군이 미군의 작전 통제를 받는 데 긴 시간에 걸쳐 너무 익숙한 나머지 당연한 현상으로 여기기도 한다. 일각에서는 유럽의 NATO 회원국들도 자국군의 작전 통제권을 미군 사령관에게 맡긴다면서 한국의 경우가 비정상적인 것이 아니라고 간주한다.

이는 부분을 전체로 확대해석한 것이다. 유럽 국가들은 평시에 소규모의 특정 군부대만 NATO군에 배속해두고, 주력부대의 작전은 각국이 개별적으로 통제한다. 전시에는 개별 회원국의 재량으로 제공하는 부대에 한해서 NATO 최고사령관이 작전 통제권을 행사한다. 기본적으로 각국이 자국 군대를 지휘하고 통제한다는 기본 원칙에서 벗어나지 않는다.

Tip 5 ▶

역사 속의 작전 통제권
고대 그리스와 조선

고대에서부터 한 국가가 스스로 군의 작전을 통제하는 것은 국가의 명운과 직결되는 것으로 기록되고 있다. 기원전 480년 그리스는 세계 최초로 대제국을 건설한 페르시아의 침공을 받았다. 아테네와 스파르타를 포함한 그리스 도시국가 연합의 존망이 풍전등화처럼 위험했다. 그리스는 강력한 해군과 육군을 보유했던 시라큐스(시실리)의 지배자 겔론Gelon에게 참전을 요청했다. 만약 그리스가 패망하면 다음 차례는 시라큐스가 될 것이라는 논리로 지원을 설득했다.

겔론은 그리스의 논리를 수긍하고 참전하기로 했다. 그러나 참전의 조건으로 '그리스-시라큐스' 연합군에 대한 작전 통제권을 요구했다. 그러나 그리스는 작전 통제권을 이양할 경우 전쟁 중에 생기는 문제들은 물론 시라큐스가 전쟁 후에 그리스의 운명을 위험한 방향으로 끌고 갈 수 있다는 것을 우려했다. 그리스는 설사 페르시아와의 전쟁에 패배하는 한이 있다 하더라도 작전 통제권은 넘길 수 없다면서 시라큐스의 요구 조건을 거부했다. 더 이상 기댈 곳이 없어진 그리스 연합군은 절체절명의 각오로 유명한 살라미스Salamis 해전에서 승리하면서 전세를 뒤집어 페르시아군을 패퇴시켰다. '역사의 아버지'로도 불리는 헤로도토스Herodotus는 그의 저서 《역사》에서 2차 페르시아 전쟁 당시 그리스와 시라큐스 사이의 작전 통제권에 관한 협상 장면을 상세하게 기술하고 있다.[4]

반면에 1592년 명明나라는 조선의 원군 요청을 받고 '항왜원조'의 전쟁이라는 명분으로 임진왜란에 참전했다. 왜의 대륙 진출을 막기 위해 조선을 돕는다는 것이었다. 명나라의 장수가 조선군에 대한 작전 통제권을 행사했다. 조공 체계 내에서 움직이던 당시 조선과 명의 관계에서 일어날 수 있는 일이었다. 그러나 조선군의 사기를 포함하여 전쟁 중에 초래된 문제들은 물론 전후의 수습에도 많은 난관을 초래했다.

2차 페르시아 전쟁과 임진왜란은 2천 년 이상의 시간을 뛰어넘는다. 당시 지역 정세나 군사력 구성과 전쟁 방식의 차이를 직접 비교하는 것은 어렵다. 그러나 페르시아의 침공을 그리스에서 막아야 시라큐스도 지킬 수 있다는 것과 일본의 침공을 조선에서 막아야 명나라가 안전할 수 있다는 지정학적 논리는 비슷하다. 무엇보다도 그리스가 내부의 단결과 결기로 페르시아와의 거대한 국력 차이를 극복한 것은 큰 역사적 의미를 갖는다. 자기 군을 지휘하고 통제하겠다는 의지와 권능은 국가 미래에 결정적 영향을 주는 엄중한 문제다.

한·미·일 군사 협력과 작전 통제

중국으로부터의 위협과 우크라이나 전쟁의 여파로 '한·미·일 안보 협력'의 필요성이 강조되고 있다. 단순한 협력 수준을 넘어 준동맹 체제로의 발전까지 거론되기도 한다. 여기에는 긍정적, 부정적 측면이 함께 수반된다. 그중에서도 특히 작전 통제 체제를 짚어 볼 필요가 있다. 일본과 미국은 자국군에 대해 독립적이고 대등한 작전 통제권을 갖고 있는 반면, 한국군은 미국의 작전 통제하에 있다. 한·미·일이 군사작전을 함께 진행하면 미군과 일본 자위대가 작전 통제 체계의 상부구조를 이루고, 한국은— 최소한 형식상으로는— 하부구조에 들어가게 된다.

근래 미국이 인도 태평양 지역에서 구축하는 모든 안보 협력망에 일본은 핵심 구성원으로 참석하고 있다. '한·미·일', '미·일·호·필리핀', '미·일·영', '미·일·호·인도', '미·영·호+일본'으로 이루어지는 5개의 안보 협력체에 모두 주 구성원으로 자리를 잡고 있다. 한국은 '미·일·한' 협력체 하나에만 참여하고 있다.

이 구도에서 보면 미국에게 일본은 시니어 파트너로, 한국은 주니어 파트너로 자리매김하는 양상이다. 그 배경에는, 첫째로 한국과 일본의 국력에 아직 차이가 나는 점, 둘째로 한반도가 중국 대륙에 붙어 있는 지정학적 요인으로 인해 해양 중심으로 전개되는 인도 태평양 전략의 핵심 구성 국가가 되기 어려운 점, 셋째로 한국의 군사력은 대북 억제 유지에 집중해야 한다는 제약을 갖고 있는 점, 넷째로 한국군이 미군의 작전 통제하에 있다는 점이 작용한다고 볼 수 있다.

일각에서는 주일 미군과 일본 자위대가 공동으로 군사작전을 전개하는 데 필요한 환경을 만들기 위해 한국처럼 '연합 방위 체계'를 구축 중이라고 보려는 경향이 있다. 심지어 현재의 한·미 연합 방위 체계는 일본도 갖고 싶어 하는 것이라고 주장하기도 한다. 실상과는 거리가 있는 주장이다.

일본은 제2차 세계대전 후 평화 헌법 정신에 따라 육상·해상·항공 자위대를 일원적으로 지휘할 사령부를 갖고 있지 않았다. 그런데 중국과 북한으로부터의 위협을 포함한 안보 환경 변화를 계기로 2022년 발표된 '국가 안보 전략' 등 소위 '전략 3문서'에서 통합작전 사령부Japan-Joint Operation Command, J-JOC의 설치 방침을 내놓았다. 이에 맞추어 미국도 주일 미군 사령관을 현재의 3성 장군에서 4성 장군으로 격상하여, 미·일 기획 조정을 위한 상설 기구를 설치할 필요성을 제기하고 있다. 그러나 이 기구는 어디까지나 일본 자위대와 주일 미군이 '독립적 지휘 체계 separate chain of command'를 유지하는 것을 전제로 하고 있다.[5]

실제로 일본과 미국은 2024년 7월 도쿄에서 외교·국방장관 회담(2+2)을 열고, 일본 자위대의 통합작전 사령부와 작전 협력을 담당할 주일 미군의 통합 사령부를 설치하기로 합의했다(2024년 7월 28일 〈니혼 게이자이〉). 일본의 통합작전 사령부는 2025년 3월 발족했다. 미·일의 상설 기구는 일본 자위대와 주일 미군이 서로 '병립'하는 작전 통제 체계 하에 있다. 사실상 군 전체가 미국 장성의 통제하에 들어가 있는 한·미 연합 방위 체계와는 기본 구조가 다르다. 일본은 한 나라의 군대를 타국의 작전 통제하에 둔다는 것이 어떤 의미를 갖는지 알고 있다. 앞으로도 일본이 자위대를 주일 미군 사령관의 작전 통제하에 둘 가능성은 희박하다.

이기적 유전자

작전권 행사를 정상화시키는 것은 어려운 과제다. 70년 이상 굳어진 것으로 '비정상이 정상이 된' 현상이다. 그러나 난제라고 해서 기피하면, 한국은 '북한 핵의 인질'인 동시에 '미국의 피보호국'이라는 두 개의 굴레를 목에 걸고 살아가야 한다. 《이기적 유전자》의 저자 도킨스 Richard Dawkins는, 동물의 세계에는 한 집단이 외부로부터의 위험을 극복하고 일단 안정상태에 도달하면, 집단 내에서의 자기 생존을 위해 내부의 적을 제거하는 데 몰두하는 유전자가 발동한다고 설명한다.[6]

이런 현상을 한국의 현실에 원용해보면, 한국민은 미국의 안보 우산 아래서 경제 번영을 이룸으로써 외견상으로 안정상태를 이룬 것으로 느낀다. 외부로부터의 위험에 대한 감각은 둔화되고 눈앞의 현상에 대한 타성에 젖어 드는 것이다. 지금까지 이루어 놓은 번영의 작은 울타리 내에서 더 많은 권력과 부를 차지하기 위한 싸움에 몰입한다. 정치의 영역에 들어가면 그 현상은 더 분명해진다. 마치 정권의 쟁탈전에서 '내'가 지고 나면 한국이라는 나라는 지켜 내야 할 가치가 없는 국가가 되는 것처럼 극한적으로 투쟁한다.

이런 현상이 지속되면 어느 시점에 가서는 지금의 안정을 둘러싸고 있는 외부 환경이 붕괴의 위험에 처하더라도 대처할 능력이 실종된다. 도킨스의 사회생물학적 관점에서 보면 쇠락을 거쳐 멸종으로 가는 길이 될 수 있다. 2025년 트럼프 행정부(2기)의 등장으로 불어닥치는 안보와 경제의 거친 바람은 이런 위험의 존재를 선명하게 보여주고 있다.

미국을 위시한 한반도 주변국은 물론 세계의 대부분 나라들은 북한 핵 문제를 실제로 해결할 길이 있다고 보지 않는다. 대신 그들은 한국이 북한의 핵 앞에 서서 위험과 부담을 감내해주기를 바란다. 한국이 그런 희생을 견디어주면 동북아는 물론 다른 지역의 핵 확산 방지에 기여한다고 본다. 일종의 '공동선共同善'에 공헌한다는 시각을 갖고 있는 것이다. 트럼프 행정부(2기)가 다시 추진할 수도 있는 '북한 장거리 미사일 동결-대북 제재 해제'를 주고받는 것을 골자로 하는 해결책도 그런 판단에서 나오는 것이다. 미국을 직접 위협할 수 있는 핵 타격 능력은 제한하고, 한국을 주 타격 대상으로 하는 단거리 핵미사일은 용인함으로써 '평화'를 조성하자는 것이다.

미국의 입장에서는, 한편은 자신을 안전거리에 두면서 다른 한편으로는 북한의 단거리 핵이 한국과 일본을 위협하는 것을 억제한다는 명분으로 한·미 동맹과 미·일 동맹을 활용하는 효과도 볼 수 있다. 또 북한의 시각에서는, 한국이 미국의 피보호국 처지에 있음으로써 자신이 한반도 문제의 주체라고 주장하는 동시에, 핵을 배경으로 한국에 대한 힘과 위상의 우위를 누릴 수 있다고 판단한다. '적대적 두 국가' 선언에도 불구하고 이런 판단은 변하지 않을 것이다.

Tip 6 ▶

달콤한 과일과 훌륭한 군인

"달콤한 과일과 훌륭한 군인이 함께 나는 땅은 없다. 비옥한 곳에 가서 살면 그 땅의 주인이 아니라 남의 하인으로 살 각오를 해야 할 것이다." 기원전 6세기 세계사 최초의 거대 제국을 건설한 것으로 기록되는 페르시아의 키루스 2세Cyrus the Great가 그의 봉신에게 한 말이다. 자기가 살고 있는 땅이 척박하니, 비록 외부 침략의 위험이 있더라도 비옥한 땅을 하사해주기를 바란 데 대한 경고였다.

우여곡절을 거쳐 그 봉신은 트라키아 지역의 원하는 땅을 받았다. 그러나 그의 자손들은 2차 페르시아 전쟁에서 승리한 아테네군에 의해 몰살되었다.[7]

헤로도토스는 이런 기록을 통해 2차 페르시아 전쟁에서 승리한 아테네에게도 같은 경고를 주고자 했다. 그러나 아테네 역시 승리에 뒤따라온 '달콤한 과일'에 길들면서 스파르타에 의해 멸망당했다.

키루스 2세의 교훈은 2,500년이 지나 '프랑스의 영광'을 기치로 내세운 드골을 다시 불러온다. 그는 나치 점령으로부터 프랑스의 해방을 위해 연합국의 지원을 받았다. 그러나 전후에는 "나라의 안위를 스스로 떠맡지 않고 외국 군대의 보조 역할이나 한다는 것은 여러 세대의 영혼과 삶을 독물로 오염시키는 일이다'라며 프랑스 국민들의 자기방어 의지를 독려했다.[8] 그는 제2차 세계대전의 전우였던 아이젠하워 미국 대통령의 간곡한 반대에도 불구하고, "미국에 의한 핵우산은 내재적으로 불안정하다"면서 1960년 알제리 사막에서 핵실험을 강행했다.

2021년 퇴임한 독일 총리 메르켈Angela Merkel의 회고는 우리에게 무겁게 다가온다. 그는 퇴임 후 언론 회견에서 "독일이 군사력을 충분히 갖추지 못해서 2014년에는 러시아가 크림반도를 병합하는 것을 막는 데 필요한 영향력을 발휘하지 못했고, 또 2022년에는 러시아의 우크라이나 전면 침공을 저지하기 위해 푸틴과 협상하는 데 있어 독일의 입지가 약했다"고 술회했다.[9]

독일은 대서양에서 우랄산맥에 이르는 범유럽의 중앙에 위치하는 지정학적 이점을 누릴 수 없게 된 것이다. 다른 요인도 있지만, 독일이 제2차 세계대전 이래 보기 드문 경제 침체와 안보 불안에 직면하는 배경의 하나가 되었다.

메르켈의 회고는, 만약 독일이 독자적 군사력이나 NATO 내에서의 발언권을 주도할 위상을 갖추었더라면, 러시아의 행동을 억제할 외교력을 발휘할 수 있었을 것이라는 회한이 담긴 말이다. '독자적 군사력'이나 '위상'은 당연히 핵 능력을 전제로 한다.

제2차 세계대전 후 미국의 소련 정책을 기획한 캐넌George F. Kennan은 "당신의 배후에 군대가 조용히 버티고 있을 때, 외교의 현장에서 정중한 덕담들이 힘을 받을 수 있다"고 했다.[10] 미국의 부시와 오바마 행정부에서 국방장관을 지낸 게이츠Robert M. Gates는 2007년 필자와 북한 핵 문제를 논의하는 자리에서 "국방부는 국무부의 외교가 성공하도록 뒷받침하고 있다"며, 외교와 군사력의 시너지 효과를 강조했다.[11]

이 모두가 군사력이 뒷받침하는 '외교의 힘', 그리고 그 뒷받침이 없는 '외교의 한계'를 보여주는 것이다. 한국에게 절절하게 다가오는 이치다.

무기와 사기

한 나라가 외침으로부터 나라를 지키고 번영을 구가하는 힘의 핵심 요소는 국가의 기풍氣風과 군의 사기士氣일 것이다. 국가의 기풍이 살아 있어야 위상을 유지하고 위대한 나라로 발전할 수 있다. 기풍이 가라앉으면 아무리 국토가 넓고 자원이 풍부해도 후진국으로 전락하거나 남의 영향 아래서 움츠리게 된다. 국가의 기풍을 떠받치는 데는 군의 사기가 무엇보다 중요하다. 아무리 최신 무기를 갖고 있는 군대라도 내 손으로 나라를 지키겠다는 사기가 없으면 외침을 막아 내는 전쟁을 감당할 수 없다.

한국의 조야에 "북한이 설마 한국에 대해 핵을 터뜨리겠느냐?"라는 생각이 배회하는 경우들이 있다. 그러나 핵을 가진 북한은 기회가 오면, 좁은 한반도에서 혼자 잘 먹고 잘 사는 한국을 흡수하겠다는 의지를 저변에 깔고 있다. 변하기 어려운 욕구다.

그런데 군사작전을 통제할 권능도 자체 핵 능력도 없는 한국은 최악의 경우, 미국이 보호해주지 않으면 북한으로부터 스스로를 방어하지 못한다는 것을 한국군 스스로가 알고 있다. 국민도 짐작한다. 그럼에도 이런 불편한 진실을 애써 외면하려는 심리가 퍼져 있다. 군을 포함한 정부나 일반 국민 대부분의 머릿속에는 설마 미국이 한국을 포기하고 떠나겠느냐 하는 막연한 기대가 도사리고 있다. 근거가 전혀 없는 기대는 아니다. 한국에서 미군이 떠나면 일본의 군사력 강화가 불가피하고 태평양은 물론 전 세계적으로 미국의 세력이 위축된다. 따라서 가까운 장래에 미국이 그런 선택을 할 가능성은 높지 않다고 보는 것이다. 그러나 이런 전망은 희망적 낙관의 전형이다.

미국은 아시아 태평양과 세계 전략 차원에서 주한 미군 철수나 감축 카드를 늘 책상 서랍 속에 넣어 두고 있다. 한국전쟁 이후에만 해도 1953년 아이젠하워의 '한반도 중립안', 1969년 아시아 주둔 미군을 감축한 '닉슨 독트린', 1977년 카터의 주한 미군 철군 계획, 1990년 '넌·워너 수정안'에 의한 주한 미군 감축 계획, 2019년 트럼프의 주한 미군 철수 주장과 같은 역사의 기록들이 엄연히 새겨져 있다.

2025년 다시 등장한 트럼프 행정부(2기)는 제2차 세계대전 이후 미국이 주도해온 세계질서를 근본적으로 뒤집겠다는 의욕을 보이고 있다. 이런 시도가 어디까지 전개될지는 예측하기 어렵다. 그러나 주한 미군의 철수 가능성은 바닥에 가라앉은 닻이라기보다는 언제든지 떠오를 수 있는 수중의 부표浮標에 가깝다.

냉전 시절 서베를린은 소련 점령 구역으로 둘러싸여 있었다. 미국은 초기에 1만 명 정도의 병력을 주둔시켜 상징적으로 '인계철선tripwire' 역할을 부여하면서, 소련은 물론 서독 국민들에게 미국의 방어 의지를 부각시켰다. 트럼프 행정부(2기)에 들어와 미국 내에서는 '주한 미군 1만 명 유지'설이 나오고 있다.[12] 1만 명이라는 숫자가 우연의 일치일 수는 있지만, 미국의 향후 한반도 전략에 대한 하나의 시사점이 될 수 있다.

한국은 최소한 두 가지 장면을 염두에 두고 살아야 한다. 하나는, 소위 '검은 백조' 현상이다. 흰색이어야 할 백조가 흑조로 태어나는 것이다.

백색이어야 할 미국의 아시아 정책, 특히 한반도 정책이 흑색으로 바뀔 가능성이 없다고 생각하는 것은 근거가 없다. 다른 하나는, 물새의 상태다. 비록 '흰색의 백조'와 함께 산다고 해도 백조가 앞에서 만들어주는 물길을 따라가야 떠 있을 수 있는 물새는 언제든지 포식자의 위협과 공격의 대상이 된다. 이런 상태에 있는 국가의 위상을 정상으로 여기는 것 자체가 극히 비정상적인 현상이다.

이성적 관점에서 국가의 앞길을 조망하고 더 나은 미래를 설계하기 위해서는 먼저 가까운 과거 역사를 냉정하게 볼 수 있어야 한다. 세계 유수의 강국들은 말할 것도 없고 베트남이나 인도네시아는 물론, 유럽의 핀란드 같은 작은 나라들도 근세에 들어와 자신의 힘으로 외침을 막아 낸 역사를 부각시키고 있다. 그들의 수도에는 구국과 독립을 상징하는 인물상과 승전기념물을 자랑스럽게 세워 두고 있다.

그런데 한국은 이순신 장군 이래 지난 400여 년에 걸쳐 스스로가 나라의 주인이 되어 외침을 물리치고 국토를 보전한 승전의 기록을 갖고 있지 않다. 얼룩진 내전의 역사만이 기억에 오르내릴 뿐이다. 스스로 주인이 되어 국가를 지킬 수 있다는 기풍과 사기는 부강한 나라의 기본이다.

5
한반도 비핵화는 실제 가능한가?

*가까운 장래에
북한의 비핵화를 기대하는 것은 환상이다.
-부시 행정부 외교 안보 인계서 중에서-*

북한 핵에 대한 미국과 중국의 대립

북한 핵은 기본적으로 남·북 대립의 파생물로, 북한이 체제와 정권을 유지하기 위해 추구한 불행한 선택이다. 더 크게는 동아시아에서 미국과 중국의 힘이 균형을 이루는 공간에서 생장했다. 핵 문제는 지난 30년 이상 한민족의 행로에 결정적인 영향을 미쳐 왔고, 앞으로도 긴 시간에 걸쳐 그 양상은 변하기 어려울 것이다.

이런 속성과 배경을 주목하여 한국 정부는 지속적으로 북한과의 직접 타협을 통해 해결을 시도했다. 동시에 미국의 손을 잡아 대북 협상을 유도했고, 다른 한편으로는 중국을 통한 대북 설득을 모색해왔다. 특히 1992년 남·북이 채택한 한반도 비핵화 공동선언의 좌초 이후에는 미국과 중국의 적극적 행동을 통한 해결에 힘을 쏟았다.

그러나 미국과 중국은 모두 북한 핵 문제를 해결하기 위해 자신들이 동원할 수 있는 외교 역량을 전적으로 투입해본 적이 없다. 미국은 북한의 핵 개발을 억제하기 위해 중국이 북한을 설득하거나 압박하는 수단을 적극적으로 가동해야 한다고 주장한다. 반면에 중국은 미국이 북한에 대한 제재를 해제하는 것이 문제 해결의 관건이라고 반박한다. 지난 수십 년간 미국과 중국이 주고받아 온 논쟁의 요체다.

한국의 입장에서는 "미국이 제재 해제를 주도하고, 그럼에도 불구하고 북한이 핵을 포기하지 않으면, 북한 정권을 흔들 만큼 강력한 제재에 중국이 동참한다"는 방식의 대타협을 시도해봐야 한다.

그러나 우선 미국부터 그런 카드를 쓰기 어렵다. 북핵을 포함한 한반도 문제의 해결을 위해 중국을 관여시키는 대타협에 수반될 위험부담을 감내하기 쉽지 않기 때문이다. 무엇보다 핵 보유를 무기로 하여 미국의 제재 해제를 강요하는 북한에 대해 미국이 굴복하는 모습을 원치 않는다. 나아가 그런 합의의 이행 과정은 언제 어떻게 비틀어질지 예측하기 어렵다. 2년마다 선거를 통해 대내외 정책의 심판을 받아야 하는 백악관으로서는, 이행에 차질이 생기면 협상에 실패했다는 비난을 받게 되고, 그에 따른 정치적 타격을 우려하지 않을 수 없다.

중국도 마찬가지다. 우선 행정부마다 정책이 바뀌는 미국을 믿고 북한을 설득하는 데 전력을 쏟기 어렵다. 나아가 대타협이 순조롭게 진행되면 북한의 개혁·개방으로 발전되지만 그 여파로 북한의 체제가 불안정해질 가능성을 우려하지 않을 수 없다. 반대로 북한이 중도에 핵 포기를 거부함으로써 중국이 약속대로 실효적인 대북 압박을 가해야 할 상황이 발생할 가능성도 염두에 두어야 한다. 두 가지 경우 모두 '북한 붕괴와 중국의 안보 위해危害'로 가는 경로라 할 수 있다. 그런데 미국은 중국의 이런 민감성을 이해하지 못하거나 애써 외면하려는 경향이 있다.

핵 비확산 전문가들은 세계적으로 핵 확산 방지를 주도하고 있는 미국의 노력이 '느리고, 위험 회피적이며, 점진적'이라는 세 가지 부정적 특징을 갖고 있다고 지적한다.[1] 특히 북한 및 이란과의 핵 협상에 있어 이런 현상이 현저하다는 것이다. 역대 미국 대통령 중 가장 과감하게 북한과 핵 협상을 시도했다는 트럼프 대통령도 결국에는 김정은과의 협상에서 '위험 회피적' 태도를 취했다.

소위 '하노이 딜'로 불린 '대북 제재 완화-영변 핵 시설 폐기'의 교환 방식은 미국의 기대에는 미흡했다. 하지만 영변 이외 지역의 핵 시설 폐기에 대한 2차 추가 협상을 단서로 붙이면서, 합의 이행에 중국을 가담시키는 방식으로 과감하게 접근해볼 수도 있었다. 그러나 트럼프는 이런 방식에 합의했을 경우, '손해 보는 거래'를 했다는 국내의 비판에 직면할 가능성이 크다고 판단했다. 트럼프는 이런 국내 정치적 고려 때문에 제재의 최소 부분이라도 남겨 두려 했으나, 김정은이 완전 해제를 주장함으로써 협상은 결렬되었다.[2] '미국 국내 정치상의 위험'을 '한반도 비핵화 실패의 위험'보다 더 심각하게 본 것이다. 미국 외교정책과 국내 정치의 한 단면이다. 물론 여기에는 고질적으로 경직된 북한의 자세도 한몫을 했다.

한편, 중국은 ① 미국이 국내 정치적 부담을 무릅쓰고서라도 대북 제재를 해제하고, ② 비핵화 합의의 이행 과정이 북한의 붕괴 위험을 초래하지 않도록 배려하면서, ③ 북한 핵 문제를 점진적으로 해결하는 방안을 기대한다. 그런데 중국 스스로도 미국이 결코 그런 방안을 수락하기 어렵다는 것을 안다.

이렇게 미국과 중국은 서로의 수를 읽으면서 해결을 위한 핵심 요소 2%가 빠진 게임을 해왔다. 사정이 이러함에도 한국은 미국과 중국을 설득해서 북한 핵 문제를 해결하고 한반도의 적극적 평화를 이룰 것이라는 꿈을 이어 왔다. 그러나 그 꿈은, 자국의 본질적 이익과 국내 정치적 계산을 간과하면서까지 주변국의 '이상理想'을 챙겨주지 않는다는 강대국 정치의 생리와는 동떨어진 것이다.

이런 '강대국 정치'의 생리에도 불구하고 아들 부시 행정부의 경우처럼, 미국은 북한 문제를 해결하는 데는 중국의 역할이 중요하다는 것을 인식하고 적극적 협력을 기대한 경우도 있었다. 그런데 시간이 가면서 미국의 기대에 부응하는 중국의 협력에는 한계가 있다는 것을 확실히 인지하게 되었다.

부시 행정부는 2001년 취임할 때부터 클린턴 행정부가 만든 1994년의 제네바 합의를 비판하면서 합의의 이행에 소극적으로 임했다. 중국에게는 아무런 부담도 지우지 않고 미국이 전적으로 짊어지는 방식이라는 지적도 주요 이유 중 하나였다. 이런 시각에서 부시 대통령은 장쩌민江澤民 주석과의 2002년 10월 텍사스 크로퍼드Crawford 회담에서 "북한의 핵 개발은 지역 문제인 만큼 지역 차원에서 해결하는 것이 맞다"고 강조하면서, '북핵 포기와 한반도 평화협정'의 교환 방안을 제안하고 중국의 적극적 역할을 요청했다.[3] 이 제안을 배경으로 2003년 베이징 6자 회담이 열렸다.

이후 2년에 걸친 협상 끝에 2005년 9·19 공동성명이 채택되었다. 그러나 공동성명의 이행이 교착상태에 빠지자 부시 대통령은 2006년 4월 후진타오胡錦濤 중국 주석과의 워싱턴 회담에서 '한반도 평화협정-북한의 핵 포기'의 교환을 재차 강조하고, 만약 북한이 이를 거부하면 중국이 대북 압박을 행사하는 방식에 합의했다. 북한은 당시 미국이 마카오에 있는 은행(Banco Delta Asia)을 제재하여 자신의 자산을 동결시킨 것에 반발하여 6자 회담을 거부 중이었다. 그러던 차에 미·중의 워싱턴 합의를 인지하고 '대북 공동 압박'이라며 불만을 표시했다. 결국 그 해 7월과 10월에 미사일과 핵실험을 연이어서 강행하면서 미·중의 합의에 대해 행동으로 저항했다.

북한의 위험한 행동에 직면한 중국은 미국과 합의한 대북 압박에 적극적으로 나서지 못하고 뒷걸음질하기 시작했다. 물론 중국은 9·19 공동성명의 이행이 교착된 자체가 미국의 소극적 자세 때문이라며 책임을 전가했다. 이런 경험을 두고 미국은 북한 비핵화를 위한 중국의 협조 의지와 역할에 대해 과대평가했던 것임을 사후에야 인정했다.[4] 미국은, 중국이 북한 핵으로 야기되는 지역 안보 위협이나 세계적 핵 확산의 위험을 억제하는 것보다는 북한 체제를 보전하고 안정을 유지하는 것을 더 중요하게 여긴다는 것을 비로소 확인한 것이다.

이처럼 북한 핵 문제에 대해 미국과 중국의 협조가 이루어지지 않는 가운데, 중국은 미국이 북한 핵 문제를 기화로 한반도 주변에서 미국의 군사 활동을 강화하면서 중국의 앞마당을 혼란스럽게 한다고 주장한다. 북한 핵 문제를 의도적으로 미·중 경쟁에 유리하도록 활용한다는 것이다. 한국의 일각에서도 이런 시각에 동의한다. 반면에 미국과 한국의 일각에서는 북한이 핵으로 한국을 인질로 삼는 것을 활용하여 중국이 미국에게 안보상의 부담을 지움으로써 대미 정책에 유리하도록 활용한다고 본다.

두 시각 모두 온전한 논리는 아니지만 어느 정도는 근거가 있다. 중요한 것은, 중국의 세계적 부상이 두드러지는 가운데 2008년에 6자 회담의 좌초와 뉴욕발 금융위기가 동시에 발생하면서 미국은 동아시아에서 자국 안보에 가장 큰 도전은 북한이 아님을 피부로 느끼게 되었다는 점이다. 그동안 북한 핵 문제 해결을 위한 협력의 대상으로 기대했던 중국

자체가 미국을 위협하는 장면이 전면에 등장하기 시작한 것이다.[5]

이후 오바마 행정부에서 소위 '전략적 인내'라는 사실상의 북핵 방치 시기를 거쳤다. 이어 등장한 트럼프 행정부(1기)도 부시 행정부처럼, 북한 핵의 해결을 위해서는 중국의 적극적 참여가 필수 불가결한 조건이지만 그 조건은 결코 충족될 수 없다는 것을 간과했다. 국내 정치의 과시효과를 위해 단숨에 북한 핵 문제를 해결하고자 했으나 임기 말에 가서야 현실을 인지하게 되었다. 폼페이오 Michael Pompeo 국무장관은 2020년 1월 샌프란시스코 커먼웰스 연설에서 "북한 핵 문제 해결을 위해서는 중국의 참여가 필수적이었다"고 실토했다. 트럼프-김정은이 벌인 파격적인 거래의 시도가 무리한 것이었음을 시인한 것이다.

이런 실패의 경로를 거친 후, 미국과 중국은 북한 핵 문제 해결을 모색하기보다는 해결 실패의 책임을 상대에게 미루는 데 주력했다. 동시에 현실적 목표를 북핵 해결보다는 한반도의 안정 관리에 두기 시작했다. 2021년 1월 바이든 행정부에 들어와서 '완전한 한반도 비핵화'라는 목표를 걸어 두기만 하고, 실제 외교력을 소모하는 대북 협상은 전개하지 않는 정책으로 전환했다. 중국도 핵 문제 해결보다는 북한의 위태로운 도발은 억제하면서 현상을 유지하는 것을 한반도 정책의 최우선 순위로 두었다. 이렇게 하여 양측은 "북한 핵 문제는 해결이 불가능하다"는 데 묵시적으로 동의하는 단계에 들어갔다.

냉전 종식 후 미국이 세계질서를 이끌던 시기는 북한 핵 문제에 대한 관련국들의 집중도가 고조에 달한 기간과 중첩된다. 그런 환경에서도 '미국 주도-중국 협력'에 대해 원칙적 합의에는 도달했으나, 합의의 실제 이행을 위한 해법은 이끌어 내지 못했다.

급기야 유엔에서 미국이 주도하는 대북 제재 결의안을 중국과 러시아가 정면으로 거부하는 단계에까지 이르렀다. 2022년 5월 북한이 장거리 미사일을 실험하자 미국의 주도로 기존의 북한 제재(유엔 안전보장이사회 결의 1718호)를 강화하는 결의안을 안전보장이사회에 상정했다. 그러나 중국과 러시아의 반대로 부결되었다. 북한의 핵·미사일 실험과 관련하여 유엔 무대에서 처음 일어난 일이었다. 이 사건은 미·중이 소위 '신냉전'으로 가는 분수령의 하나로 평가되기도 한다.[6] 앞으로 먼 장래까지 북한 핵과 한반도 문제에 대해 미국과 중국이 타협할 수 있는 최대치는 '현상 관리' 수준을 넘어서기 어려울 것이다.

북한의 핵 개발은 미국과 중국의 대립 속에서 자라는 독버섯과 같다. 중국·러시아·북한·이란으로 이어지는 소위 '권위주의 연결망'의 강화는 독버섯이 자라는 데 필요한 온도와 습도를 포함한 조건들을 호전시킬 가능성이 크다. 우크라이나 전쟁과 한반도의 정세 악화를 배경으로 2024년 등장한 북한과 러시아의 '포괄적 전략 동반자 관계'의 수립, 그리고 북한의 러시아 파병이라는 새로운 상황 전개는 비관적 전망을 더욱 굳히고 있다.

중국의 대북 전략파와 전통 동맹파

2009년 4월 북한의 대륙간탄도탄 시험 발사와 6자 회담 탈퇴 선언, 5월 2차 핵실험, 6월 안전보장이사회 결의 1874호 채택에 대한 반발 등으로 이어지는 일련의 사건들이 중국을 당혹스럽게 했다.

이와 관련해서 국제분쟁의 예방과 해결을 지원할 목적으로 설립된 민간기구인 국제위기그룹International Crisis Group, ICG이 2009년 〈이념의 그늘: 북한에 대한 중국의 쟁론The Shades of Red: China's Debate on North Korea〉이라는 보고서를 발표했다. 당시 전개된 중국 내부의 논쟁과 상황을 정리한 것이다.

  핵 개발로 중국의 뺨을 때리는 북한에 대해 유화정책을 버리고 핵 포기를 강압해야 한다는 '전략파stratagists'와 북한은 전략적으로 중국의 부담이 아니라 자산이므로 중·북 간 정치·경제 동맹을 우선시해야 한다는 '전통 동맹파traditionalists' 사이의 논쟁이 있었고, 국가 지도부가 전통 동맹파의 손을 들어주었다는 것이 요지다. "북한 핵 문제는 근본적으로 미국에 책임이 있고, 구조적으로 단기간에 해결할 수 없는 문제다. 북한 정권의 불안을 해소할 수 있는 안전을 먼저 보장해주어야 비핵화가 가능하다"는 주장이 힘을 받았다는 것이다.[7]

  이런 논쟁이 전개될 당시 한국과 서방 언론에서는, 중국과 북한은 '순망치한脣亡齒寒'이 아니라 '보통 국가' 관계로 가야 한다는 주장이 중국의 학계와 언론에 대두되었다고 보도했다. 그러면서 중·북 관계에 질적 변화가 생기고 있다는 기대를 부각시키기도 했다. 그러나 이런 기대는 "조선의 불안은 중국의 불안으로 연결된다"는 중국의 변하지 않는 기본 시각을 간과하는 데서 나온 것이다.

  이후 중국은 "미국이 북한의 합리적 안보 우려를 수용할 필요가 있다"거나, "북한의 안전에 대한 우려와 발전의 관심사를 위해 할 수 있는 모든 지원을 제공할 것"이라면서 안보와 경제의 지원 의지를 밝히기 시작했다(2019년 6월 시진핑의 평양 발언). 미국이 먼저 북한의 요구를 들어주어야 한다는 점과, 미국이 북한을 아무리 압박해도 중국은 북한이 무너지도록 내버려 두지 않을 것이라는 분명한 메시지였다.

  1937~1945년간 벌어진 중·일 전쟁에서 미국은 중국을 지원했다. 그러나 이후 1945~1949년간 벌어진 국공國共 내전에서 승리한 중국의 공산당이 수립한 중화인민공화국의 첫 교전 상대는 미국이 되었다. 다

름 아닌 한국전쟁에서다.

  미국의 키신저 전 국무장관은, 대일 전쟁에서 미국의 지원을 받았던 중국이 한국전쟁에서 미국과 충돌하고, 60년 후 북한 핵 문제를 두고 외교 현장에서 다시 맞부딪치는 역사의 굴곡을 하나의 아이러니라고 묘사했다. 그는 중국으로서는 어떤 경우에도 미국과 동맹을 맺고 있는 한국이 한반도 전체를 지배하는 결과를 수용할 수 없다는 본질적 이해관계를 갖고 있다고 보았다. 중국이 미국과 전장에서 충돌하거나 협상장에서 씨름을 벌이는 근본적 배경은, 결국 자국의 문지방에 미군의 존재를 허용하지 않겠다는 중국의 변함없는 안보 전략이 작동하고 있기 때문이라는 것이다.[8]

비핵화의 정의와 핵 포기의 조건

  북한은 핵 개발에 대한 자신의 논리를 일관되게 유지해왔다. 한국은 미국이 핵우산을 제공하고 있지만 북한은 누구로부터도 그런 우산을 제공받지 못하므로 스스로 핵우산을 만들어야 한다는 것이다. 북한은 미국이 한국과의 상호방위조약은 물론 군대까지 주둔시킴으로써 유사시 핵무기를 포함한 가용 수단을 동원해서 한국을 보호할 뿐 아니라, 기회를 봐서 한국전쟁 당시처럼 북한을 무력으로 점령하고자 한다고 주장한다. 미국의 핵우산 범위에는 핵무기의 한국 내 배치는 물론 한반도 주변이나 미국 본토로부터 날아오는 핵무기도 포함된다는 것이다. 북한이 핵을 포기하기 위해서는 한·미 군사동맹 자체를 해체하는 것을 전제로 한다는 의미다.

  이런 배경에서 북한은 김일성 시절부터 일관되게 '조선 반도'의 비핵화 원칙을 견지해왔다. 이 원칙에 따르면 북한으로서는 결코 불리한 협상을 전개하지 않아도 되기 때문이다. 김정은이 취임 후 선전 전술 차원에서 비핵화 협상의 무용론(2013년 4월 북한 외무성과 조평통 성명)을 내세우기도 했지만, "조선 반도 비핵화는 김일성 주석의 유훈이다"라는 주장을 부정하지는 않는 배경이기도 하다. 북한은 협상의 국면에 따라 일시적으로 핵 개발을 '중지'는 하더라도, '한·미 동맹의 해체'라는 결정적 조건이 충족되기 전에는 핵을 완전히 '포기'할 수 없다는 것이다. 한반도를 포함한 동아시아에서 미·중의 세력 구도에 비추어 볼 때, 이러한 비핵화의 범위와 조건은 충족이 사실상 불가능하다.

북한으로서는 결국 서울과 워싱턴이 한·미 동맹을 포기하지는 않을 것이므로 역으로 평양도 핵을 포기하지 않게 된다는 것이다. 이런 논리를 반영이라도 하듯이 북한은 2016년 7차 당대회에서 '세계 비핵화'를 주장했고, 2018년 남·북 및 북·미 정상회담의 비핵화 합의에 대해서도 '핵무기 없는 세계-세계 비핵화' 개념으로 해석하고 주장했다(2018년 4월 21일, 6월 5일 〈조선중앙통신〉). '한반도 비핵화'를 '세계 비핵화'라는 개념으로 전환시킴으로써 사실상 충족 가능성이 없는 조건에 북한의 핵 포기를 걸어 둔 것이다.

1992년 채택된 한반도 비핵화 공동선언의 제1항은 "남과 북은 핵무기의 시험, 제조, 생산, 접수, 보유, 저장, 배비, 사용하지 아니한다"로 되어 있다. 그런데 미국은 세계 어디든 자국의 함정과 항공기의 핵무기 탑재 여부에 대해 '시인도 부인도 하지 않는다$_{NCND}$'는 정책을 견지하고 있다. 이에 따라 한국에 전개하는 함정과 항공기에 핵무기가 탑재되어 있는지 없는지를 공개하지 않는다.

이에 대응하여 북한은 "그렇다면 우리도 핵에 대한 정보를 완전히 공개할 수 없다"고 주장한다. 만약 미국이 북한의 요구대로 핵무기 탑재 여부를 공개해야 한다면, 자국의 함정과 항공기를 한국에 진입시킬 수가 없고, 결과적으로 한국과 군사동맹의 의무를 수행할 수 없게 되는 것이다. 비록 미국이 2023년 전략핵잠수함SSBN이 부산에 기항한 것을 공개했지만(2023년 8월 18일 캠벨Kurt Campbell 미국 백악관 인도 태평양 조정관), 이는 북한이 핵보유국으로 등장한 이후 한국 내 핵무장 여론이 고조되자 급기야 나온 조치였다. 물론 이때에도 핵무기 탑재 여부까지는 밝히지 않았다.

'한반도 비핵화'라는 목표에 내재되어 있는 이런 본질적 장애 요소에도 불구하고 역대 한국과 미국 정부는 북한과 비핵화 협상을 전개했다. 북한에 대가를 제공하고 중국이 관여하게 하여, 북한이 핵무기 보유의 문턱을 넘는 시기를 최대한 뒤로 미룬 사이에 한반도 상황을 안정적으로 관리해보자는 것이었다.

여기에는 북한의 핵 개발이 지연되는 동안 한반도와 동북아의 지정학에 구조적 변화가 올 수도 있다는 기대도 작용했다. 북한 정권이 붕괴하고 체제가 전환되거나 배후에 있는 중국 자체가 미국 주도의 세계질서에 순응하게 됨으로써, 동아시아를 넘어 세계정세가 근본적으로 바뀔 수 있다는 희망적 기대도 있었던 것이다.

안전보장이란?

이와 같이 '비핵화'의 정의 자체가 안고 있는 난관에도 불구하고, 북한은 '조선 반도 비핵화'를 주장해왔다. 무엇보다 비핵화 자체를 거부하면, 한국은 물론 미국과 중국을 위시한 주변 관계의 관리에 어려움이 있었기 때문이다. 그러나 비핵화의 조건으로 '안전보장'을 요구해왔다. 북한은 안전보장의 내용·구성을 구체적으로 제시하지는 않아 왔다. 대신 핵 협상 테이블에서의 요구 조건들과 공개적인 선전 언어들을 종합하면, 안전보장은 정치·군사·경제 분야에서의 보장으로 요약된다.

첫째, 정치적 보장은 미국이 북한과 외교 관계를 수립하고 미국의 주도로 가해온 제재를 해제함으로써 대북 적대 정책을 해소하라는 것이다. 체제 전복을 시도하지 않을 뿐 아니라, 정권의 안전까지 보장하라는 함의가 들어 있다. 둘째, 군사적 보장은 북한을 겨냥하여 배치된 주한 미군을 철수하고, 한국에 대한 핵우산 제공의 근거인 한·미 동맹을 해체하라는 것이다. 정전협정을 평화협정으로 대체하고 유엔사도 해체하라는 요구도 포함된다. 셋째, 경제적 보장은 한국전쟁 이후 지속된 미국의 제재로 파괴된 북한 경제의 재건을 지원하라는 것이다. 일단은 전력 등 인프라 건설과 민생을 위한 시급한 지원 요구를 앞세운다.

북한이 말하는 '안전보장'은 냉전 시절 미·소 협상에서 소련이 자주 동원한 '안전보장$_{bezopasnosti}$' 개념과 유사한 것이다. 당시 소련이 사용한 'bezopasnosti'는 미국이 말하는 '안보$_{security}$'보다 광범위한 개념으로서 어떤 위험도 없는 '총체적 안전$_{total\ safety}$'을 의미하는 것이었다. 미국 측이 협상 테이블에서 가장 곤혹스러워한 대목이었다.[9]

미국은 동과 서로는 대서양과 태평양이라는 거대한 해자$_{孩子}$(성곽 주변의 인공 연못)에 둘러싸여 있으면서 남과 북으로는 우호적인 국가들을 맞대고 있다. 이와는 정반대로 러시아는 외부로부터의 침략을 지리적으로 막아주는 천혜의 국경이 없을 뿐 아니라 강력한 잠재적 적대 세력들로 둘러싸여 있다. 수많은 외부 침략을 당한 역사를 통해 특유의 '안보' 개념이 생성되었고, 거기에 공산 독재 체제가 갖는 폐쇄적 자기 보호 본능이 더해진 것이다.

반면에 미·소 간의 협상들이 난항을 겪는 데는 미국 자체의 일관성 문제, 특히 국내 정치가 대외 정책을 파행시킨 행태에도 기인한다. 이를 두고 당시 러시아 지도부는 미국의 변덕스러운 입장이 자신들을 가장 괴롭혔다고 불평한다.

예를 들어 러시아 측은 협상 테이블에서 "워싱턴에서는 행정부가 바뀔 때마다 모든 것이 다시 '발명'되어야 하는 것이냐?"라고 불만을 토로하기도 한다. 이런 주장은 전혀 근거 없는 것이 아니라, 실제 유럽의 미국 동맹국들도 이런 불만들을 표시하곤 한다.[10] 트럼프 행정부(2기)는 이런 불만의 근거를 극명하게 보여주고 있다.

북한은 정권 수립 당시부터 오랜 시간에 걸쳐 소련의 국가 안보 전략에 영향을 받아 왔다. 외부는 물론 내부의 어떤 위험으로부터도 영토, 정권, 체제를 지킬 수 있는 상태가 되어야 안전이 보장된다고 보는 것이다. 게다가 미·소 냉전 시절 형성된 소련의 대미對美 불신 관행이 북한의 대미 인식에 깊은 영향을 주어 왔다. 비록 북·미 양측의 과실 때문이었지만, 1994년 제네바 합의 내용이 북한의 기대대로 이행되지 않으면서 북한의 불신도 축적되어 갔다.

기본적으로 '안보'라는 개념은 어떤 상태의 '객관적 조건'이기보다는 '주관적 인식'에 좌우된다.[11] 바로 이런 속성 때문에 '안보' 개념은 상이한 주관적 요소들을 내포한다. 판단 주체가 스스로 안전하다고 인식해야 안전이 보장된다고 보는 것이다. 이런 현상은 폐쇄적인 독재국가에서 더욱 두드러지게 나타난다.

북한은 과도한 안보 개념의 수렁에 갇혀 있다. 그러면서도 안보에 대한 자신의 주관적 기준을 협상에 활용하는 데 능하다. 한국이나 미국과의 양자 협상은 물론, 4자 또는 6자 등 다자 협상에서 '안전보장'의 척도를 고무줄처럼 늘렸다 줄였다 하면서 요구 조건을 조절해왔다. 때로는 상대방을 마치 그리스 신화에 나오는 탄탈로스Tantalos처럼 물속에서도 물을 마시지 못하는 처지가 되게 한다. 정치 상황과 여론 동향을 의식해야 하는 한국과 미국을 갈증에 시달리게 하여 협상 고삐를 쥐려는 의도가 작용한다. 그보다 더 큰 문제는 북한 스스로가 타협의 수위를 정하지 못하는 경우들이 자주 있다는 점이다.

　북한의 이런 전술과 내재적 제약에도 불구하고, 만약 안전보장의 조건을 구체적이고 명시적으로 제시했다면 타결의 여지가 있었을 것이다. 특히 정치적 보장과 경제적 보장의 경우, 군사적 보장보다는 타협의 가능성이 상대적으로 크다. 북한이 핵을 포기하는 조건으로 미국이 북한과 수교하고, 한국이나 미국의 주도하에 국제 컨소시엄을 구성하여 경제 건설을 지원하는 방식도 동원할 수 있을 것이다.

　반면에 군사적 안전보장은 정치적 또는 경제적 보장과는 차원이 다른 문제다. 사실상 주한 미군 철수와 한·미 동맹의 해체에 해당하는 것으로서 한반도를 넘어 동아시아는 물론 전 세계의 안보 지형에 중요한 영향을 주는 문제이기 때문이다. 그럼에도 불구하고 만약 북한이 한국과 미국이 수용 가능한 수준에서 군사적 안전보장의 조건을 명시한다면 타결이 가능할 것이다. 예를 들어 한·미 연합 훈련과 북한의 군사훈련을 연계시켜서 조정하거나 중단하되, 주한 미군의 존재 자체는 인정하는 방식을 통해 한·미 동맹의 운용에 대해 타협하는 방식이다.

　그러나 북한은 결코 그 길을 선택할 수 없을 것이다. 만에 하나 북한이 주한 미군의 존재 자체를 수용하려 해도, 북한의 안보를 뒷받침하는 중국이 결코 동의하지 않을 것이기 때문이다. 주한 미군은 중국이 한반도 문제 해결의 간판으로 내세우는 '외세 개입 없는 조선 반도'에서 말하는 외세의 요체다. 따라서 만약 주한 미군의 존재 양식에 대해 남·북·미·중이 합의를 이룰 수 있다면, 북한 핵 문제의 협상도 해결의 길에 들어설 수 있을 것이다. 그러나 서태평양에서 미국과 중국 사이에 힘의 균형이 무너지기 전에는 불가능한 길이다.

종전 선언과 미군 주둔 인정

2020년 문재인 정부에서 '종전 선언'을 한반도 문제의 돌파구로 내세운 적이 있다. 남·북·미·중이 한국전쟁의 종전을 먼저 선언하고, 이를 마중물로 하여 한반도를 비핵화하고 평화체제를 수립하자는 것이었다. 이런 시도는, 설사 "한반도에 전쟁이 끝났다"고 선언하더라도 북한이 굳이 주한 미군 철수까지는 요구하지 않을 것이라는 전제에서 나온 것으로 보였다. 이런 희망적 사고에 기초한 접근에 대해, 필자는 마중물 차원에서 종전 선언이 꼭 필요하다면 선언문에 "종전 선언이 주한 미군과 한·미 동맹의 위상에 대해 영향을 미치지 않는다"는 조항을 포함시키면 될 것이라고 주장했다.[12]

북한은 통일이 되더라도 동북아의 안정을 위해 주한 미군이 필요하다는 말을 수시로 해온 것으로 알려져 있다(2000년 6월 김대중-김정일 차중 대화 등). 그러나 북한의 책임 있는 당국자가 단 한 번도 자신의 목소리로 공개 발언한 적은 없다. 한국이나 미국 인사들을 통해 모호한 방식으로 입장을 던져서 그들의 입으로 외부에 전하도록 했다.

김정일이 2000년 평양을 방문한 김대중 대통령에게 1992년 '김용순-아널드 캔터' 회동에서 미국에 밝힌 입장이라면서 전한, '주한 미군 용인 의사'는 가슴속 생각의 일부를 밝힌 것으로 볼 수 있다. "미군이 계속 남아서 남과 북이 전쟁을 하지 않도록 막아주고, 동북아의 역학 관계에 비추어 조선 반도의 평화 유지를 위한 역할을 하는 것이 좋다. 통일이 되어도 미군이 있어야 한다"는 게 미국에 밝힌 북한 입장의 요지라는 것이다.[13]

이런 발언의 내용과 전달의 방식은 추후 한국 및 미국과의 협상에서 해석의 여지를 두는 한편, 한반도에 대한 외세 개입을 일관되게 반대하는 중국의 입장을 의식한 것이다. "주한 미군을 용인한다"는 것은 설사 북한이 원한다 해도 중국의 안보 이익과는 결코 양립할 수 없다는 것을 북한 스스로가 알기 때문이다. 그럼에도 불구하고 한국의 정부가 남·북관계 진전이라는 실제적 성과와 더불어 평화 구축의 업적을 과시하려는 국내 정치적 욕구에서 '종전 선언' 구상을 띄우는 경우가 재연되어 왔다. 이는 실제 평화를 구축하기보다는 안전장치 없는 혼란과 불안을 조성하는 위험한 사례다.

북한의 김여정 노동당 부부장은 2023년 7월 17일 〈조선중앙통신〉이 보도한 성명을 통해 미국의 한국에 대한 확장 억제, 즉 핵우산을 강화하는 것을 비난하면서 "환상적이기는 하지만 설사 미군 철수와 같은 전략적 속임수를 꺼내 들어도 해외 주둔 미군 무력이 다시 한국에 들어오는 데는 보름 정도밖에 걸리지 않는다는 것을 모르지 않는다. 설사 주한 미군을 철수하더라도 핵 포기는 불가하다"는 입장을 밝혔다.

이 성명에서 나타나는 것처럼 북한이 주한 미군 문제에 대해 탄력적 입장을 취할 수 있을 것이라는 희망적 사고는 근거가 없다. 북한의 전술적 발언들을 단기적 편의에 맞게 해석하는 것은 북한과 핵 문제를 안정적으로 관리하고 장기적으로 해법을 찾는 데 필요한 시각을 흐리게 한다.

김여정은 이 성명에서 종전의 '남조선' 대신에 '한국'이라는 호칭을 사용했고, 북한 당국은 그 후 여러 차례에 걸쳐 이 호칭을 사용했다. 남과 북이 실제 두 개의 대립하는 국가로 존재하는 것이고, 민족 차원에서 비핵화를 운운하는 것은 어불성설이며 어떤 경우에도 핵을 포기할 수 없다는 의지를 밝힌 것이다. 김여정의 발언은 김정은이 2023년 12월 30일 남·북 관계를 '전쟁 중인 교전국 관계'로 규정하고, '동족 관계가 아닌 두 국가 관계'로 선언하기에 앞선 예비 동작이었다.

북한은, 핵 포기를 전제로 미국과 협상한 이라크와 리비아의 정권이 붕괴한 것은 물론, 핵을 포기한 후 러시아로부터 침공을 당한 우크라이나 사태를 목격했다. 북한의 시각에서는 핵무기를 포기할 합리성을 찾기 어려운 사례들이다.

더욱이 북한은 1994년의 제네바 합의와 2005년 9·19 공동성명 합의가 무산되는 과정에서 미국과의 합의가 미국 국내 정치로부터 어떻게 영향을 받는지를 확실히 경험했다. 김정은과 트럼프가 시도한 소위 '하노이 딜'이 무산된 배경에 핵무기는 결코 포기할 수 없다는 이 같은 북한의 기본자세가 버티고 있는 것이다.

우크라이나 전쟁과 미·중 대립은 강대국들 간 세력권의 지도를 굳히는 결과를 가져왔다. 한반도를 가르는 세력 분할의 선도 더욱 짙어졌다. 북한 핵 문제 해결을 위한 중국의 역할을 기대하기에는 자유민주 진영과 권위주의 진영의 대결이 너무 깊고 단단해졌다.

러시아도 2023년 2월 미국과의 신전략무기감축협상New START 참여를 중단하겠다고 선언함으로써 2014년 4월 체결한 군축 합의를 위기에 빠뜨렸다. 북한이 2022년 9월 선언한 소위 '핵 무력 정책법'도 러시아가 2020년 9월 선포한 '핵 억제 정책 기본 원칙'을 모델로 한 것이다. 물론 이 선언은 미국을 포함한 기존 핵보유국들이 이미 채택하고 있던 '핵 사용 원칙Nuclear Doctrine'과 '핵 태세Nuclear Posture'도 원용한 것이다.

이 선언에서 특히 주목할 것은 전술핵 능력을 과시하면서 핵 사용 가능성의 문턱을 낮춘 점이다. 이 모든 것이 '한반도 비핵화'를 더욱더 불가능의 영역으로 몰아갔다.

이처럼 충족이 불가능한 비핵화의 조건과 극복하기 어려운 강대국 정치의 장벽이 버티고 있음에도 불구하고, 한국의 국내 일각에서는 '한반도 비핵화'에 도달할 것이라는 구호를 짐짓 내걸고, 또 실제로 그 가능성을 믿기도 한다. 마치 북극성을 좌표로 하여 노를 젓는 뱃사공이 배가 실제로 북극성에 도달할 것이라고 믿는 것과 비슷한 자세다.

북한 핵 문제는 한반도 문제에서 암적 존재다. 대책은 수술, 약물 치료, 보존 관리의 세 가지 방안이 있다. 수술은 북한의 핵 시설과 물질을 칼로 도려내거나 환자 자체를 제거하는 것인데 현실적으로 불가능하다. 약물 치료는 북한의 요구를 최소한으로 들어주면서 협상을 통해 해결을 모색하는 길이다. 그러나 30여 년에 걸친 시도가 실패하고, 결국 북한이 실제 핵보유국이 되면서 치료가 불가능한 방법인 것으로 판명되었다. 마지막으로 보존 관리는 일단 북한에게 핵을 갖고 살아보라고 하되, 한국에 미치는 영향을 최소화하도록 견고한 자체 방화벽을 설치하는 것이다. 이것이야말로 이제부터 한국이 선택해야 할 길이다.

북한이 추구하는 핵의 효용

핵 무력은 상대의 적대적 행동을 '억제$_{deter}$'하는 동시에 상대의 타협적 행동을 '강요$_{compel}$'하는 두 가지 주요 기능을 갖고 있다.[14] 북한의 핵은 이미 한국과 미국의 행동을 '억제'하는 효과는 보고 있다. 예를 들어 북한은 2010년 연평도를 포격했고, 그 후에도 유엔 안전보장이사회 결의를 위반하여 핵과 미사일 실험을 강행했다. 그러나 한국과 미국은 물리적 응징을 하고 싶어도 하지 못했다. 이처럼 북한은, 한국과 미국이 여간해서는 핵전쟁으로 확대될 가능성이 있는 행동을 북한에게 하지 않을 것으로 판단한다.

반면에 '강요'하는 효과에 있어서는 북한이 원하는 주한 미군 철수나 미국의 대북 제재 해제라는 결과를 가져오지 못하고 있다. 북한 핵의 효력이 그 수준까지는 강력하지 못하다는 의미다. 이처럼 북한 핵의 성공적인 '억제' 효과와 불완전한 '강요' 효과가 결합하여 한반도의 '불안정한 안정'이 유지되고 있다.

한편, 한반도는 대립 중인 두 세력 사이에 어느 한 세력만 핵을 갖고 있다는 특수한 상황에 있다. 이런 조건을 배경으로 북한의 핵은 통상의 경우보다 훨씬 넓은 효용을 발휘한다. 그 결과는 1차적으로 당장 손에 잡히는 좁은 의미의 효과와 2차적으로 발휘하는 넓은 의미의 효과로 나타난다.

좁은 의미로는 다음과 같은 네 가지 효과가 있다.

(1) 재래 군비 열세를 보완한다. 북한은 1980년대 말부터 남·북 재래 군사력 균형이 역전되기 시작하자, 핵을 비롯한 비재래 군비 확충에 돌입했다.

(2) 대내외적 위상 강화에 활용한다. 핵무기 보유국이라는 자부심을 국내 통치 기반으로 활용하고, 대외적으로는 몸값을 올린다. 2017년 9월 북한이 수소폭탄 실험에 성공한 것으로 알려지면서, 북한 주민들이 김정은을 제대로 자리를 잡은 지도자로 인정하기 시작했다는 것이다.[15] 이후 김정은의 대외적 자신감도 종전과는 차원을 달리하기 시작했다. 2018년 초 평창 올림픽에 이어 판문점 남·북 정상회담에서 북한

이 보이기 시작한 행보의 배경이기도 하다.

(3) 제재 해제, 관계 정상화, 경제 보상을 위한 대미 협상의 지렛대로 활용한다. 수차례에 걸친 핵 위기를 조성하면서 미국과 한국으로부터 중유와 식량 제공을 받는 등 경제적 효과를 보았다. 이에 더하여 2018~2019년 사이 미국과 중국의 지도자들이 동시에 북한과 대화를 갖게 하는 외교 역량까지 과시할 수 있었다. 비록 미국과의 협상에서 부분적 성과만 이루기는 했지만, 만약 핵이 없었다면 상상하기 어려울 만큼의 위상을 높였고 미국의 대북 협상 의욕을 불러올 수 있었다. 2025년 재집권한 트럼프가 취임 첫날인 1월 20일 북한을 '핵보유국'으로 지칭하면서 '잘 지내야 할 상대'로 지목한 것도 같은 효과다.

(4) 중동과 아프리카 등지에 무기를 수출하는 데 유리한 선전 효과를 가진다. 미국이 경계해야 할 수준의 핵과 미사일을 개발할 역량을 가진 국가라는 인식을 확산시켰다. 북한은 이를 외화 획득의 중요 경로인 무기 수출에 활용한다. 2022년 우크라이나 전쟁을 계기로 북한의 러시아에 대한 탄약과 미사일 공급 능력이 부각되면서 홍보 효과가 배가되었다.

그리고 넓은 의미로는 다음과 같은 세 가지 효과를 들 수 있다.

(1) 한국에 대해 군사적으로나 심리적으로 위압적 자세를 가능하게 하고, 핵보유국이 비핵국가에게 행사하는 소위 '핵 괴롭힘nuclear harassing'을 지속적으로 가할 수 있다.

(2) 이런 수단을 바탕으로 미국의 대북 관계 개선과 국제사회의 대북 경제 지원을 유도하는 데 한국이 앞장서도록 하는 효과를 가져온다. 특히 한국에 대북 유화적 정권이 집권할 시, 미국을 상대로 북한에 대한 타협과 지원을 설득하는 배경이 된다.

(3) 한국이 자기방어를 지속적으로 미국에 의존하게 유도한다. 한반도 안보의 구도를 '남과 북'이 아니라 '북한과 미국'으로 설정하여, 남·북 사이에서는 북한이 주도권을 쥐게 만든다.

북한은 '핵무기 사용법' 제정 같은 몸짓을 통해, 첫째 핵보유국의 지위를 대내외에 각인시키고, 둘째 미국으로 하여금 자신의 '핵·경제 병진정책'을 수용하게 하는 협상을 요구하면서, 셋째 한국과 미국 내에 북한과 타협하라는 여론을 조성하는 효과를 기대하는 것이다. 이처럼 북한이 체제와 정권을 보위하는 '보검寶劍'으로 핵무기에 집착하는 데는 나름의 수많은 이유들이 있다.

제재의 신화

북한의 행동을 변화시키기 위해 한국전쟁 휴전 이후 지속적으로 동원된 수단이 경제제재다. 경제제재의 다른 이름은 '경제무기Economic Weapon'다. 한반도에는 살상 무기를 동원하는 전쟁은 '휴전' 중이지만 경제무기를 동원한 전쟁은 '열전' 중이다. 북한은 소위 '고난의 행군'을 통해 70년에 걸친 경제 전쟁에서 살아남고 있다.

그럼에도 불구하고 정책 결정자를 포함한 일각에서는 제재가 북한을 협상장으로 이끄는 정도의 효과를 넘어 북한의 핵 포기를 실제 이끌어 낼 수 있을 것으로 믿기도 한다. 이들은 북한이 제재의 무게를 이기지 못해 결국에는 핵을 포기하고 개혁과 개방에 나서거나, 아니면 체제가 붕괴될 것이라고 기대한다. 북한 경제에 대한 추정 수치를 원용하여 북한이 결국 제재에 굴복할 것이라고 주장하는 경우도 있다.

북한을 변화시키기 위한 다른 현실적 대안이 없는 상태에서 제재는 그나마 동원할 수 있는 수단으로서의 의미는 갖고 있다. 실제 북한은 제재를 해제해달라고 매달리고 있기 때문에 북한의 행동에 어느 정도 영향을 주는 것도 사실이다. 그래서 제재를 정책의 도구로 활용하는 것은 필요하다. 그러나 제재를 문제 해결의 핵심 경로로 삼는 것은 현실적 접근이라고 보기 어렵다.

Tip 7 ▶

경제제재의 역사

경제제재가 전쟁과 평화의 수단으로 역사의 기록에 등장한 것은 BC 432년부터다. 그리스의 아테네가 갈등 관계에 있던 도시국가 메가라Megara의 상인들에 대해 입국 금지령을 내린 데서 시작되었다. 그 후 여러 기록에도 나와 있듯, 사람과 상품의 이동을 통제하는 제재는 긴 시간을 통해 국가 관계의 관리에 원용되어 왔다.

경제제재는 제1차 세계대전 종전을 위해 열린 1919년 파리 평화 회담에서 국제 질서 유지를 위한 하나의 제도로서 자리매김했다. 종전 회담의 결과로 체결된 베르사유 조약을 위반한 국가에 대해서 무역과 금융을 봉쇄하는 조치를 취하면서 국가에 대한 제재가 공식적으로 국제정치에 도입된 것이다.

무력을 사용하는 전쟁에서는 교전 당사국의 정부와 군을 주 타격 대상으로 삼는다. 그러나 경제제재의 일차적 피해는 주로 취약한 민간인에게 돌아가는 것으로 나타난다. 임산부와 신생아의 영양실조, 그리고 전반적인 의료 결핍 같은 희생으로 연결되기 때문이다.

전쟁으로 인한 민간인 인명 피해 통계에 의하면, 공습이나 화학무기 같은 군사적 공격보다 경제제재로 인한 숫자가 더 크다. 경제제재는 군사적 수단보다는 동원하기는 용이하지만, 그 효과는 '잘못된 목표'에 대한 '반인도적인 피해'로 나타난다는 것이다.[16]

베르사유 조약 이후 국가를 상대로 부과한 경제제재가 당초 의도된 효과를 부분적으로나마 발휘한 경우는 전체 사례의 약 1/3에 불과하다. 경제제재 동원이 급속히 증가한 2016년 이후의 경우만 조사하면, 부분적으로라도 효과를 본 경우는 전체의 1/5에 불과하다. 그래서 "제재의 역사는 실망의 역사"라고도 불린다.

제재의 효과에 대한 실망은 성과 달성의 실패에 그치는 것이 아니라 제재를 당한 나라의 주민들 사이에 배타적 민족주의를 발효시키고, 제재를 가하는 상대국에 대한 적개심을 부추긴다. 그래서 제재는 그 대상 국가의 개혁·개방을 촉진하여 국제 질서의 안정과 평화를 증진하려는 본래의 의도에 정면으로 역행하는 제도라는 비판도 받는다.[17]

미국은 제2차 세계대전 이후 국제 질서 유지를 위한 적극적 역할을 담당해왔다. 동시에 제재를 부과하고 집행을 강제하는 역할도 주도해왔다. 그런데 2000년대에 들어와 과도한 대외 군사 개입을 뒷받침할 수 있는 경제력의 제약과 유권자들의 피로감으로 인해, 외교와 원조를 통한 국제 질서의 유지 능력이 위축되었다.[18]

이때부터 흔히 '게으른 자의 외교 수단'으로 불리는 제재를 더 자주 더 쉽게 동원하는 경향을 보이기 시작했다 특히 2025년 등장한 트럼프 행정부(2기)는 관세를 제재와 협상의 수단으로 남용함으로써 국제 질서 유지를 위한 미국의 능력과 위상을 하락시키고 있다.

미국은 석유, 식량, 장비 등의 수출 통제를 제재의 주요 도구로 삼았으나 근래에는 달러화 결제를 통제하는 금융제재가 핵심 도구로 등장했다. 러시아의 우크라이나 침공에 대한 대응으로 미국이 러시아에 대해 가한 금융제재가 대표적이다. 달러화의 위세에 대한 파급효과로 러시아는 물론 인도, 파키스탄, 사우디아라비아, 브라질 등 진영을 초월하는 다수 국가들이 중국의 위안화를 부분적 결제 수단으로 채택했거나 추진 중이다. 과도한 제재의 동원이 기존 국제 질서의 유지보다는 혼란과 무질서를 가중시킨다는 비판을 받는 이유의 하나다.

이와 같은 제재의 일반적 현상을 대북 제재의 실제 효과와 전망에 투영해볼 필요가 있다. 북한은 한국전쟁 이후 70년 이상 미국과 서방 세계로부터 여러 형태의 제재를 받아 왔다. 특히 1993년 북한의 핵확산금지조약NPT 탈퇴를 계기로 유엔이 안전보장이사회 결의안 825호를 채택한 이래 지속적으로 대북 제재가 강화되어 왔다. 지난 30년에 걸쳐 제재는 북한 정권에게 일정한 제약을 가하면서, 협상 테이블로 유도하는 효과를 보았다. 그러나 그 수준을 넘어 핵 개발 자체를 포기하도록 하거나 협상에서 요구의 수위를 눈에 띄게 낮추게 하는 정도까지는 효력을 발휘하지 못했다.

북한은 김정일 통치 시절까지는 핵 포기의 대가로 북·미 관계 정상화와 경수로 원자력발전소 제공을 포함한 다양한 조건을 걸었다. 그러나 김정은의 등장 이후 핵 협상 테이블에서 줄기차게 구체적으로 요구한 것은 제재 해제다. 트럼프와의 세 차례에 걸친 담판에서 김정은이 최우선으로 내건 조건이기도 했다. 관계 정상화나 경수로 제공같이 긴 과정을 요하는 조치가 아니라 조기에 얻을 수 있는 것부터 우선 손에 쥐겠다는 것이었다. 제재 해제를 통해 외부로부터의 경제 지원을 받으면 한 손에는 핵을 들고 다른 손으로는 경제를 살리는 소위 '핵·경제 병진'으로 정권의 기반과 체제를 강화할 수 있다는 판단이었다.

그동안 미국을 위시한 국제사회는 제재를 부과하여 압박을 가하고, 또 제재를 해제하여 혜택을 부여하는 방식의 소위 '채찍과 당근'을 시도했다. 그러나 이 방식으로는 북한이 핵을 포기하도록 설득도 압박도 하지 못했다. 북한이 처해 있는 곤경의 정도가 제재 해제를 위해 핵을 포기해야 할 만큼 절박하지는 않다는 것을 간접적으로 보여주는 것이다.

경제무기로서 제재의 기능을 분석한 멀더Nicholas Mulder의 지적처럼, 통계상 경제제재가 부분적으로나마 효과를 보는 경우는 평균적으로 20~30% 선에 불과하다. 북한의 경우 이런 평균적 효과 이상을 넘지 못하는 것이다. 그럼에도 불구하고 일각에서는 북한이 핵을 보유하는 데 따른 비용을 극대화시키도록 제재를 계속하여, 결국에 가서 핵을 포기하지 않을 수 없게 만들어야 한다는 당위론을 반복한다.

북한이 장기간에 걸친 제재를 견뎌 내는 데는 특수한 배경이 있다. 첫째, 제재로 인해 물자가 부족하더라도 당 간부나 군부 같은 정권 엘리트보다 일반 주민들이 먼저 크게 타격을 입는다. 마치 냉전 시절 소련은 심각한 생필품 결핍을 겪어야 했지만, 당시에도 당·정·군 등 소위 '노멘클라투라Nomenklatura'로 분류되는 특권층은 서방에 못지않은 풍족한 생활을 한 것과 유사한 현상이다.

나아가 제재의 효과가 정권의 행동에 영향을 미치려면, 일반 주민의 고통이 정권에 대한 조직적 원성과 민심 이반으로 연결되어야 한다. 그러나 오랜 기간에 걸쳐 북한 정권이 민심을 통제하는 역량을 다져 왔고, 체제가 붕괴될 경우의 미래를 우려하는 주민들의 불안감이 뿌리를 내리고 있기 때문에 제재의 효과가 반감되는 것이다.

과거 동구의 체제가 붕괴할 때, 주민들은 나라 자체는 유지한 채 공산독재와 계획경제가 민주주의와 시장경제로 바뀌는 미래상을 그렸다. 그러나 북한 주민의 경우는 '한국에 의한 흡수통일'이라는 더 큰 차원의 격변을 예상하면서, 그 후에 다가올 불확실과 불안을 기피하려 한다.[19] 남쪽 주민의 정치·경제·문화적 지배력하에 살아야 한다는 공포심은 동구의 경우와는 크게 다르다.

북한 주민의 심리 상태를 동독 주민의 경우와 비교할 수도 있겠으나, 무엇보다 동·서독은 내전을 겪지 않았다. 그래서 분단 상태도 한반도에 비해 대결적이지 않았고 분단 기간도 짧았다. 그리고 동·서독 사이에는 주민은 물론 정권 차원에서도 남·북 사이처럼 적개심이 뿌리내리지 않았다. 이렇게 판이한 경우임에도 불구하고 통일 후 동독 출신 주민이 겪는 '울분 장애'는 지대한 것으로 나타난다.[20] 북한의 붕괴 시 북한 주민들이 느낄 불확실한 미래에 대한 불안감을 시사해준다고 할 수 있다.

둘째, 북한 정권은 한국전쟁 기간 중 미국의 폭격으로 인한 참화와 휴전 후에 이어지는 미국의 압박을 주민의 반미 정서로 연결시켜 왔다. 북한 주민들은, 폭격으로 인한 고통이 김일성의 남침에 따른 인과응보라고 인식하기보다는, 미국의 침략으로 인한 인적·물적 피해와 그 후의 경제제재로 인해 삶이 피폐해졌다고 세뇌되어 왔다. 멀더의 연구 결과처럼, 제재가 북한 주민의 정권에 대한 불만보다는 민족주의와 대미·대남 적개심을 고취하는 효과를 더 가져온 것이다.

셋째, 북한의 대외 경제 관계는 중국과 러시아와의 무역이 대략 80% 이상을 차지해왔다. 이들은 북한에 대한 제재에 적극 참여할 의지도 실익도 없다. 오히려 북한 체제의 생존에 필요한 지원을 지속하고 있다. 시진핑은 2019년 6월 평양을 방문하여 북한에 대한 지원 의지를 공개적으로 재확인했다. 푸틴도 2024년 평양을 방문하여 '북·러 포괄적 전략 동반자 관계에 관한 조약'을 체결했다. 우크라이나 전쟁이라는 특별한 상황에서 서로 협력할 영역을 확대한 것이다. 우크라이나 전쟁이 불완전한 휴전 상태에 들어가더라도 앞으로 상당한 기간에 걸쳐 북·러의 실질적 협력은 지속될 것이다. 러시아는 이미 2024년 4월 거부권 행사를 통해 유엔 안전보장이사회가 설치한 대북 제재 위원회의 활동을 중지시켰다. 유엔에 의한 대북 제재의 운명을 예고하는 것으로 보인다.

중국은 북한의 생존에 필요한 외부 지원의 규모를 산정해두고, 한국과 미국을 위시한 외부의 지원 규모를 보아 가면서 모자라는 부분을 자국의 대북 원조로 보충해왔다.[21]

그래서 1994년 제네바 북·미 회담, 1998년 남·북·미·중 4자 회담, 2003~2008년 베이징 6자 회담 같은 협상이 진행 중인 시기에는 중국이 한국에 대해 대북 지원을 종용했다. "같은 민족으로서 한국이 북한에 식량을 지원하는 것이 좋지 않느냐"는 의견을 수시로 제시했다. 남·북 관계 개선을 통한 한반도 평화 분위기를 조성하는 효과도 염두에 둔 것이지만, 중국 자신의 대북 지원 부담을 줄이기 위해서도 필요한 것이었다.

대북 제재는 그 한계와 단점을 알면서도 다른 효과적 수단이 없기 때문에 반복적으로 동원되었다. 대북 제재에 있어 미국과 일본, 그리고 유럽 국가들이 주도하고 한국은 정권마다 때로는 주도적으로, 또 때로는 수동적으로 참여해왔다.

북한이 유엔 안전보장이사회 결의를 위반하는 도발 행위를 할 때마다 새로운 제재 항목이 추가되었다. 마치 '마른 수건에서 물 짜내기' 같은 것이다. 북한의 행동을 실제로 변화시킬 것이라는 기대보다는 상징적 조치, 또는 뭔가를 하고 있음을 보여주어야 하는 정치적 책임 회피의 성격이 짙다.

한편, 핵과 미사일 개발에 대한 유엔의 제재가 설사 해제된다 하더라도, '인권 탄압, 위조 화폐의 제조와 유통, 해킹 등 사이버 불법 활동'에 부과된 국제사회의 대북 제재는 계속될 것이다.

Tip 8 ▶

부시 행정부의 외교 안보 인계서

부시 행정부의 외교 안보 팀은 2001~2009년 사이 재임 기간 내내 북한 핵 문제와 씨름했다. 이 팀은 후임 오바마 행정부에 넘긴 인계 내용과 그 후에 전개된 외교정책의 경과에 대한 자성적 보고서를 2022년 발간했다. 부시 팀은 북한 핵 문제를 다룬 경험에 입각하여 8가지의 교훈을 제시했다.[22]

(1) 가까운 장래에 북한의 비핵화를 기대하는 것은 환상이다.

(2) 대화를 통해 위험을 축소하는 전략을 추구하라.

(3) 미·일·한 정책 조율을 포함한 동맹의 협력을 강화하라.

(4) 대북 억제력과 방어력을 제고하라.

(5) 다자간 협력을 추진하라.

(6) 중국과 협력하되 중국의 의지를 신뢰하지는 마라.

(7) 북한 인권을 강조하고 인권 개선이 없으면 경제원조가 불가함을 알게 하라.

(8) 북한의 핵 포기에 대한 전략적 결정이 확실하지 않으면 정상회담에 뛰어들지 마라.

한국의 대북 전략이 반드시 미국과 같을 수는 없고, 정책도 마냥 미국 행정부의 행보에 좌우되어서는 안 될 것이다. 따라서 미국의 과거 행정부 팀이 이끌어 낸 교훈을 그대로 받아들일 필요는 없다.

그러나 한반도 안보 구도의 현실과 역사적 경험을 감안하면, '가까운 장래에 북한의 비핵화를 기대하는 것은 환상'이라고 단언하는 부시 행정부의 진단은 무겁게 다가온다.

6
한국의 핵 능력은 어디까지 갈 수 있는가?

> 더는 누군가에 전적으로
> 의지할 시대가 아닌 것 같다.
> -앙겔라 메르켈-

핵보유국 분류와 한국의 위치

핵 능력과 지위를 기준으로 국가를 분류하면, ① NPT 체제 내(內) 핵보유국, ② NPT 체제 외(外) 핵보유국, ③ 핵 보유 직전 국가, ④ 핵 개발 시도 국가 등으로 분류할 수 있을 것이다. 또는 실제 핵을 보유하고 있거나 핵 보유 직전 국가를 'A'군으로, 그 이전 상태의 국가를 'B'군으로 구분하고, 핵 능력의 상태에 따라 'A+'에서 'B-'까지 단계별로 아래와 같이 나눌 수 있을 것이다.

- A+ 국가: 유엔 안전보장이사회 상임이사국으로서 NPT 체제 안의 5대 핵보유국
- A 국가: 인도, 파키스탄, 이스라엘, 북한 등 NPT 체제 밖의 핵보유국
- A- 국가: 일본, 독일, 이란 등 핵무기 보유 직전 상태의 국가
- B+ 국가: 네델란드, 브라질, 아르헨티나 등 핵농축/재처리 시설 보

유 국가
- B 국가: 한국, 핀란드 등 원전은 있으나 핵농축/재처리 시설 미보유 국가
- B- 국가: 원전도 핵농축/재처리 시설도 없는 국가

한국이 'A' 국가로 가려면, 우선은 우라늄 농축 또는 재처리 능력을 갖춘 브라질이나 네덜란드 수준의 'B+' 단계를 넘은 다음, 독일이나 일본 같은 'A-' 단계로 진입해야 한다. 안보와 경제 양면에 걸친 대외 의존도를 감안할 때, 한국이 'A'로 직행하는 것은 '무모한' 선택이 될 것이다. 그렇다고 해서 현재의 'B' 상태에 머무는 것은 미래를 대비하지 않는 '무책임'한 길이다. 현실적인 선택은 일단 'A-'단계에 도달해 있는 것이다.

한국이 처한 현재의 상황은 이런 행보를 취할 필요성과 정당성을 부여하고 있고, 국제적인 이해의 분위기도 조성되고 있다. 한국은 세계 5대의 원자력발전 국가다. 그만큼 핵연료의 수요가 크다. 나아가 전 세계 어느 국가보다 '호전성'은 높고 '예측 가능성'은 낮은 북한과 대치하고 있다. 핵 위협에 전면적으로 노출되어 있는 안보 환경을 누구도 부인하지 못한다. 특히 우크라이나 전쟁에서 러시아의 전술핵무기 사용 가능성이 대두되고 중국의 대만 점령 시나리오가 등장하면서, 한국같이 적대적 상대의 직접적인 핵 위협하에 있는 비핵국가들이 핵 능력을 준비해야 할 정당성과 타당성이 두드러지게 강조되고 있다.

예를 들어 미국 공화당의 2012년 대통령 후보였던 롬니Mitt Romney 상원의원은 상원 외교위원회 동아태 소위원회(2023년 10월 4일)에서 "재래무기는 물론 핵무기에 막대한 투자를 하는 북한을 이웃으로 둔 한국이

자체 핵 능력이 없다는 사실에 대해 우려한다. 만약 내가 그곳에 산다면 전략적 균형이 결여된 것에 대해 불안할 것"이라고 지적했다. 또 미국의 〈워싱턴 포스트〉는 "미국이 원치는 않지만, 지정학의 균열로 인해 위협받는 한·미 동맹의 미래를 위해서는 한국이 독자 핵 개발 방향으로 가야 된다"는 주장을 싣기도 했다.[1] 이런 배경을 두고, 한국이 핵무기를 개발하려 해도 제재 압박이 심하지는 않을 것이라는 전망도 나온다.[2]

한국의 핵 능력 보유를 반대하는 의견 중에는, 미국의 동맹국이며 미국의 핵우산 아래에서 비핵 지위를 선택하고 있는 독일과 일본의 사례를 원용하는 경우가 많다. 독일과 일본이 실제 핵무기를 보유하지 않고 있는 사정은 세 가지 측면에서 한국과 크게 다르다. 첫째, 제2차 세계대전의 전범 국가라는 **역사** 요인이 작용한다. 둘째, 경제력과 기술력을 감안할 때, 그들이 실제 핵무장을 할 경우 전 세계의 군사력 균형에 심각한 변화를 초래한다. 즉, **국력** 요인이다. 셋째, 분단된 한반도처럼 통일하겠다는 핵무장 적대 세력이 존재하지 않는다. **분단** 요인이다. 물론 일본의 경우에는 인류 최초의, 그리고 마지막이 되어야 할, 원자폭탄 피해국으로서 갖는 심리적이고 정서적인 요인도 작용한다.

무엇보다도 독일과 일본의 경우에 가상적 질문을 던져 보면, 한국과의 차이가 더 분명해진다. 만약 분단된 독일에서 동독이 핵을 가졌더라도, 또는 일본이 관서와 관동 지역으로 분단되어 있는데 어느 한쪽이 핵을 갖고 있었더라도, 다른 한쪽은 동맹국의 핵우산에 의존해서 안주하는 길을 택하는 것이 가능했겠는가? 이처럼 한국과는 명백하게 차별되는 조건에도 불구하고 일본과 독일은 'A-'의 핵 상태를 유지하면서, 한 계단만 더 오르면 핵보유국이 될 태세를 갖추고 있다. 소요 기간은 대개 6개월 정도로 보고 있다.[3]

흔히 비핵국가를 '1급 비핵국가'와 '2급 비핵국가'로 나누기도 한다. 1급 비핵국가에 해당하는 독일이나 일본이 핵을 갖겠다고 나서면 저지할 방법이 없다는 것이다. 그러나 한국과 대만 같은 2급 비핵국가는 핵 개발을 시도하기는 했지만 미국의 중단 요구를 수용하지 않을 수 없었다는 것이다.[4] 미국의 롬니 상원의원을 위시한 다수 인사들이 제기한 것처럼 한국은 최소한 '1급 비핵국가' 그룹에 자리매김을 해야 할 충분한 이유가 있다.

트럼프 행정부(2기)는 바이든 행정부가 추진해온 '미국 핵우산-동맹국 재래 군비'를 중심으로 결합하는 소위 '재래 무기·핵무기 통합전략 Conventional-Nuclear Intigration, CNI'을 계속 발전시킬 것으로 보인다. 이를 통해 미국은 작은 군사비 투입으로 동맹국에 대한 영향력을 유지하고자 할 것이다.

그러나 이미 독일을 위시한 유럽 국가들은 이런 전략에 거부감을 보이고 있다. 미국에 대한 신뢰도가 저하되는 상황에서, 미국이 지는 책임과 권한 사이의 불균형을 더욱 수용하기 어렵다는 것이다. 2025년 3월 19일 EU가 '유럽 재무장 계획Rearm Europe Plan'을 발표하고, 독일의 총리 메르츠가 '유럽 안보 체계의 재편과 미국 의존의 종식'을 선언하고 있음을 감안하면, 미국의 시도가 성공하기는 어렵고 유럽의 독자 핵 능력은 증강될 가능성이 크다.[5]

무기화되지 않은 핵무기 체계

일본이나 독일은 핵보유국은 아니지만 '무기화되지 않은 핵무기 체계'를 갖추고 있다. 비상시 신속한 안보 태세 전환이 가능할 뿐 아니라,

이를 바탕으로 평상시에도 A급 핵보유국에 준하는 국가 위상을 유지하고자 한다. 더 넓게는 캐나다, 네덜란드, 호주 등도 이런 범주에 속한다.

적대적 핵보유국이 핵 지위를 이용하여 비핵국가의 안위를 위협할 경우는 물론, 우호적 국가와의 관계에서도 핵 지위로 인해 정치·경제적 이익의 불균형을 강요당하지 않겠다는 자세다. 비핵국가로서는 핵무기 확산으로 가지 않으면서 잠재적 핵 능력을 바탕으로 힘과 이익의 균형을 최대한 유지하기 위한 방편이 된다.[6]

트럼프 미국 대통령이 2017년 취임 직후부터 소위 'NATO 무임승차론'을 내세워 NATO를 홀대하면서 유럽 국가들을 압박했다. 2017년 5월 브뤼셀에서 열린 NATO 정상회담에서 유럽 국가들의 방위비 부담 증액을 거칠게 요구했다. 이에 대해 2017년 앙겔라 메르켈 독일 총리는 "더는 누군가에 전적으로 의지할 시대가 아닌 것 같다. 유럽의 운명은 유럽의 손으로 챙겨야 한다"고 대응했다.[7] 독일의 지도자가 그렇게 대응할 수 있는 것은 '무기화되지 않은 핵무기 체계'를 갖추고 있기 때문이다.

트럼프의 등장 이전부터 독일에서는 국가 지도자가 그런 입장을 취할 수 있도록 하는 여론의 기류가 일고 있었다. 예를 들어 프랑크푸르트 평화연구소Peace Research Institute Frankfurt, PRIF의 밀러Harald Mueller 소장은 2000년 "독일이 서방 핵보유국들의 믿을 만한 하수인a trusty henchman 역할에 그치는 것은 적절하지 못하다"고 지적했다.[8] 미국, 영국, 프랑스가 독일을 비핵국가로 묶어 두면서 차별적 핵 지위를 바탕으로 독일의 국가이익이 홀대받는 상태가 지속되어서는 안 된다는 점을 강조한 것이다.

일본도 독일만큼 직설적이진 않지만, 중요한 계기마다 잠재적 핵 능력을 실제로 무기화할 의지를 내비쳐 왔다. 예를 들어 2006년 10월 북한의 1차 핵실험 직후 당시 일본 외무상 아소 타로麻生太郎는 중의원에서 "핵무기 개발에 대한 논의가 더 이상 금지되지 말아야 한다"고 반응했다.[9] 비핵국가로서의 지위가 일본의 안보와 위상이라는 핵심 국가이익에 족쇄를 계속 채우는 것은 용인하지 않겠다는 의지의 표출이다.

미국의 반대 명분과 이중 기준

한국의 핵 능력이 'A-'까지 가지 못하는 것은 NPT 체제의 제약이 아니라 한·미 원자력 협력 협정과 한반도를 둘러싼 국제정치의 영향 때문이다. 한국은 1972년 미국으로부터 원자력 장비, 물자, 기술을 이전받으면서 미국의 동의 없이는 우라늄 농축이나 재처리를 하지 않겠다는 조건에 합의했다. 미국은 한국에 대해서만이 아니라 다른 원자력 협력 대상국들에게도 같은 조건을 부과한다. 다만 일본과 독일에 대해서는 예외적으로 핵연료 주기를 용인했다.

Tip 9 ▶

핵연료 주기
일본과 독일

일본

일본은 1968년 중의원에서 채택한 '비핵 3원칙'에 따라 핵무기의 제조, 보유, 반입을 포기했다. 이에 따라 일본은 당장 핵무기 개발 프로그램을 갖고 있지는 않다. 그러나 '완전한 핵연료 주기 full nuclear fuel cycle'와 함께 금속, 전기

전자 등 핵무기 개발에 충분한 기술과 산업구조를 갖추고 있다.[10]

미국은 일본과 1968년 원자력 협력 협정을 체결했으며, 1988년 개정을 통해 우라늄 농축과 사용 후 핵연료의 재처리에 대해 포괄적으로 사전 동의했다. 당시 미국은 일본의 비핵화 의지에 대한 신뢰도 있었지만, 미·소 냉전 시기에 일본과의 동맹을 강화해야 하는 전략적 필요가 주로 작용한 것으로 평가되었다.

1994년 공개된 사토佐藤榮作 내각의 비밀 보고서에 의하면, 일본은 미국의 확장 억제 장치로 충분하므로 일본이 독자적 핵무기를 가질 필요가 없다고 결론 내렸다. 그럼에도 불구하고 일본 내부에서는 미국의 핵우산에 대한 일본의 신뢰도는 계속 유지되기 어려울 것으로 판단한다. 일본 정부가 공식 입장과는 별개로 핵연료 주기 장치를 완벽하게 갖추고 있는 배경이다.[11]

한편, 일본은 핵탄두의 제조 능력과는 별도로 핵무기의 핵심 운반 수단인 미사일 능력을 이미 확보하고 있다. 제2차 세계대전 이후 일본이 구축한 10대 군수 사업 중 절반이 미사일 분야라는 사실이 이를 잘 설명해준다.[12]

2006년 10월 북한의 1차 핵실험 직후 당시 일본 외무상 아소 타로는 중의원에서 "핵무기 개발에 대한 논의가 더 이상 금지되지 말아야 한다"고 반응했다.[13] 그해 11월 부시 미국 대통령은 하노이 APEC 정상회담을 계기로 북한 핵실험 후 처음 노무현 대통령을 대면했다. 부시는 앉자마자 "일본이 왜 그렇게 나오는지 모르겠다"는 식으로 일본의 반응에 대해 불편하게 언급했다. 그러면서 그는 북한의 핵무장은 일본의 재무장을 초래하고, 바로 중국이 이에 대응함으로써 엄청난 상황으로 번질 수 있다며 우려를 표명했다.[14]

일본의 대표적 직업 외교관으로서 제2차 세계대전 후 최장수 주미 일본대사를 역임한 가토加藤 良三는 열렬한 일·미 동맹 옹호자다. 그런 그도 북한의 핵무장과 위협이 현실화되고 러시아가 우크라이나를 침공하자 2022년 3월 영국의 공영방송 BBC와의 인터뷰에서 "일본은 더 이상 미국의 핵우산에만 의존할 수 없다"고 발언했다.[15]

《아베의 유산The Abe Legacy》이라는 책을 저술한 템플 대학 교수인 무라카미 村上廣美는 같은 인터뷰에서 "일본과 한국이 스스로의 안보를 책임져야 한다"고 주장한 트럼프 전 대통령의 발언(2016년 선거 유세 중 〈뉴욕 타임스〉와의 회견 등 수차에 걸친 언급)은 기본적으로 미국의 저변에 깔린 생각이라면서, 일본이 전적으로 미국에 의존할 수는 없다고 반응했다. 트럼프 2기의 등장과 함께 이런 여론은 앞으로 더욱 고조될 것으로 보인다.

미국의 대표적인 일본통으로서 부시 행정부 국가안전보장회의에서 아시아 국장을 지낸 그린Michael Green은 "일본이 다른 어떤 비핵국가보다 짧은 시간 내에 핵무기와 운반 수단을 제조할 능력을 갖고 있다"고 지적했다. 그는 일본이 이 같은 핵 잠재 능력을 지렛대로 활용하여 미국의 핵우산을 붙들고 있다고 설명한다.[16]

다시 말해 미국 핵우산의 능력이나 의지에 틈이 보이면, 일본은 즉시 핵무장으로 가겠다는 자세를 취하고 있다는 것이다.

독일

독일은 제2차 세계대전의 책임 때문에 핵무기 보유의 포기를 선언하고 있다. 하지만 1968~1970년 사이 NPT의 조약 문안 협상 과정에서 우라늄 농축과 재처리 권한인 제4조를 집요하게 주장하여 비핵국가의 원자력의 평화적 이용에 대한 권리를 관철시키는 데 주도적 역할을 했다.[17]

독일이 2018년 IAEA에 신고한 바에 따르면 뮌헨 공과대학에 설치된 연구용 원자로(FRM-II)에 농축도 90% 이상의 무기급 고농축우라늄 1,270kg을 보유하고 있다.

그간 미국이 FRM-II의 운용 포기를 설득했지만 독일은 이를 받아들이지 않았다. 독일은 이와는 별도로 국제 핵연료 공급 회사인 '독일 유렌코Urenco Germany'에서 농축도 6%의 저농축우라늄을 생산하고 있다.

독일은 또 2005년까지 사용 후 핵연료를 재처리함으로써 필요한 기술 축적을 이루었다.[18] 결국 독일의 정책은 당장은 비핵국가로 남을 것임을 선언하고 있지만, 핵보유국들의 핵 감축·폐기 협상이 성과를 이루지 못하고, 독일 스스로의 안전이 보장되지 않는다고 판단되는 순간 언제든지 핵보유국으로 갈 태세를 갖추고 있음을 의미한다.

독일은 러시아의 2014년의 크림반도 강제 병합과 2022년의 우크라이나 전면 침공 사태를 경험하면서 시대의 '전환점'에 섰다고 선언했다. 제2차 세계대전 이후 독일 사회의 한 기류를 이룬 비핵운동은 힘을 잃고, NATO의 틀 속에서 운용되는 확장 억제를 뒤에서 받쳐주는 '제2의 장치deterrent backup'가 필요하다는 의견들이 제기되고 있다.

이런 분위기에서 독일의 핵무장 가능성을 예방하기 위한 방편의 하나로, '핵보유국 프랑스'와 '비핵국가 독일'을 주축으로 한 소위 '유럽 억제 장치Euro-deterrent'도 거론되나 실현 가능성이 없는 것으로 인식되고 있다.[19] 공개적으로 토론하지는 않지만, 결국은 독일 자체의 핵 보유로 귀결될 가능성이 점증하고 있다고 보는 이유다.

트럼프 2기의 등장 이후 유럽과 미국이 방위비 증액, 우크라이나, 관세 문제를 두고 충돌하고 있다. 프랑스를 중심으로 한 '유럽형 확장 억제' 방안과 함께 독일을 위시한 '유럽형 핵 확산'이 거론되고 있다.[20]

미국이 타국과의 원자력 협력에 적용하는 이 원칙은 무엇보다 제2차

세계대전 후 미국이 설계한 세계질서의 핵심 기둥인 핵 비확산 체제를 지키기 위한 것이다. 핵무기를 보유할 가능성 있는 나라의 숫자를 최소한으로 억제해야 미국의 패권American Supremacy에 기초한 국제 질서가 유지되기 때문이다. 이런 배경에 더하여 한국의 핵 능력 구축을 반대하는 데는 다음과 같은 좀 더 복합적인 이유가 있다.

첫째, 한국의 핵무기 보유는 바로 일본의 핵무장으로 연결될 것으로 본다. 일본은 지금은 동맹국이지만 미국의 영토를 공격한 전례가 있는 국가다. 기본적으로 해양 세력인 일본이 핵무장할 경우, 또 다른 해양 세력인 미국이 지배하는 태평양이라는 호수에 새로운 범고래가 등장하는 격이 되는 것이다. 불과 30여 년 전만 해도 미국에서는《다가오는 일본과의 전쟁The Coming War with Japan》이나《추악한 일본인The Ugly Japanese》 같은 책들이 독자들의 주목을 크게 받았다. '강력한 일본'에 대한 견제 심리가 발동했던 것이다.

둘째, 한국과 일본이 핵을 보유하면 이들에 대한 미국의 정치적 영향력이 축소되고 경제적 기회도 위축된다.

셋째, 핵무장한 한국과 일본의 대중 견제 역할이 커질 수 있지만, 동시에 이들의 외교적 자율성이 확대됨으로써 중국 봉쇄에 있어 미국의 장악력이 이완될 가능성도 우려하지 않을 수 없다. 트럼프 행정부(2기)가 보이고 있는 세계 전략의 난맥상에도 불구하고 미국의 이런 사정은 변하기 어려울 것이다.

한국이 1970년대 은밀히 핵무기 개발을 추진한 적이 있다. 또 원자력 연구원에서 연구 목적으로 1982년에는 플루토늄을, 2000년에는 농축 우라늄을 각각 소량으로 만든 적이 있다.

2004년 이런 사실이 노출되자 미국은 유엔 안전보장이사회에 회부하겠다고 위압하면서 우라늄과 플루토늄 생산에 관한 연구 활동의 뿌리를 차단하려 했다. 그 여파로 한국은 국제원자력기구IAEA의 철저하고 강력한 사찰 장치를 수용했다. 지난 20년에 걸쳐 한국은 모범적인 원자력의 평화적 이용 국가로 자리 잡고 있다.

그럼에도 불구하고 국내 일각에서는 한국이 과거의 전력으로 인해 미국 등 국제사회의 신뢰를 상실했기 때문에 핵농축과 재처리 권한을 확보하기 어려울 것이라고 주장한다. 반은 맞고 반은 틀린 것이다.

당시의 시도를 정부 당국이 인지하고 있었든, 단순히 일부 과학자들의 순수한 연구 의욕 차원이었든, 우라늄 농축과 재처리에 대한 한국의 욕구는 외면할 수 없는 현실이다. 이는 핵연료 충족을 위한 경제적 필요와 안보적 차원에서 한반도 핵 균형을 갖추려는 자각을 반영하는 것이다.

2017년 11월 김정은의 '핵 무력 완성' 선언으로 북한이 엄연한 핵보유국으로 등장했다(2017년 9월까지 6차의 핵실험, 핵탄두의 소형화/경량화 성공 추정, 2차에 걸친 장거리 미사일 화성-14/15호 실험). 그런데도 과거의 행적 때문에 미국으로부터 우라늄 농축과 재처리 권한을 확보하기 어렵다고 보는 시각은, "미국이 반대하는데 어떻게 되겠느냐"면서 현실에 안주하는 길이다. 한·미 관계에서 경로의존성의 지배를 받는 사례의 하나다.

특히 미국 등 외국 전문가들이 펴는 "왜 한국이 핵 능력을 가지면 안 되는가" 또는 "왜 가질 수 없는가"와 같은 견해는 한국의 국가이익을 반영하기보다는 국제 안보에 대한 그들의 관점에 기초한 것이다. 이런 견해들을 참고는 할 수 있다. 그러나 그들이 한국의 안보를 책임져 주지 않을 뿐 아니라, 더 나은 한국의 미래를 걱정해주는 위치에 있지 않다는 것을 유념해야 한다.

Tip 10 ▶

미국의 핵 거부
한국과 파키스탄의 경우

1971~1978년 과학기술처 장관으로 과학기술 발전의 기초를 닦은 최형섭의 회고는 한국 핵 역사의 한 단면을 잘 말해준다.

"1970년대 초 한국은 ① 핵연료 다변화를 위해 캐나다로부터 중수로를 도입하고, ② 연료 자급화를 위해 프랑스와 기술협력을 하면서, ③ 발전 시설의 부품은 국산화로 개발하는 세 경로를 동시에 추진 중이었다. 1975년 어느 날 스나이더Richard Sneider 주한 미국대사가 나를 찾아와 '사용 후 핵연료'의 재처리 계획을 재고해줄 것을 요청했다. '재처리를 하면 원자폭탄에 사용될 플루토늄을 제조한다는 오해를 산다. 그렇게 되면 소련이 북한에 원자폭탄 능력을 제공할 가능성이 있고, 이는 국제 정세를 크게 불안하게 만든다'고 그 이유를 설명했다. 이에 대해 나는 '언제 원자폭탄 만들겠다고 했나? 원자력발전을 하면서 핵연료도 자기가 간수하지 못하면 무슨 원자력발전을 한다는 말이냐?'라고 반박하고는 돌려보냈다. 그리고 얼마 후 미국 대표단이 방한하여 박정희 대통령을 면담했다. 바로 그 후 대통령이 불러서 갔더니 '최 박사, 이제 고집을 꺾고 재처리를 그만두기로 합시다. 미국서 자기들이 해주겠다고 하니 그만둡시다'라고 했다. 이어서 미국은 프랑스에 압력을 넣어 한국과의 기술협력 협정을 파기시켰고, 결국 재처리 사업은 포기했다. 한국은 대신 제조된 핵연료를 수입하여 이를 부분적으로 가공해서 사용하기로 했다. 그 목적으로 1976년 핵연료개발공단을 설립했다."[21]

당시 미국은 두 명의 국방장관, 즉 슐레진저James Schlesinger와 럼스펠드Donald

Rumsfeld를 연이어 동원하여 한국의 국방장관, 외교장관은 물론 대통령에 이르기까지 전방위적 압박을 가했다. 프랑스와의 원자력 협력이냐, 미국과의 안보·경제협력이냐를 두고 선택을 요구한 것이었다.[22]

한편, 이와 같은 시기에 핵 개발을 추진 중이던 파키스탄은 사업을 계속하여 1998년 5월 28일과 30일 핵실험에 성공했다. 인도가 핵실험에 성공한 지 보름 후였다. 이에 앞서 1976년 당시 프랑스는 한국 및 파키스탄 두 나라와 동시에 핵 기술협력을 추진하고 있었다. 미국이 이를 파악하고 이 세 나라에 각개격파식으로 핵 사업의 중단을 설득했다.

상황을 파악한 프랑스는 미국의 압력을 수용한 한국과의 협력은 중단하지만, 완강하게 거부하는 파키스탄과의 협력은 계속하겠다고 버텼다. 마지막 시도로 1976년 8월 미국의 포드 대통령은 국무장관 키신저를 파키스탄의 부토Zulfikar Ali Bhutto 총리에게 보냈다. 파키스탄이 구입을 원하고 있던 A-7(코세어) 전폭기 100대를 판매할 테니 핵 계획은 포기하라고 설득했다. 부토가 이를 거부하자, 키신저는 바로 파리로 날아가 최종적으로 프랑스를 설득하고자 했으나 실패했다. 파키스탄의 핵 계획은 그렇게 진행되었다.[23]

당시 한국과 파키스탄이 서로 다른 방향으로 대응한 배경에는 두 나라가 처한 안보 환경에 기본적 차이가 있다. 첫째, 파키스탄은 인도와 국경분쟁 차원의 무력 충돌은 있어도 국토 전체를 두고 싸우지는 않았다. 반면에 한국은 남과 북이 '하나의 국가'를 걸고 죽느냐 사느냐의 대결을 벌이는 가운데 군사작전 통제를 미국에 맡겨 둘 만큼 안보를 절대적으로 미국에 의존하고 있었다. 파키스탄은 미국으로부터 상당한 수준의 군사 지원을 받았지만 국가 안보 자체를 의존하지는 않았다. 둘째, 파키스탄은 "풀만 먹고 사는 한이 있더라도 핵은 개발한다"고 할 정도로 지도자(부토 총리)의 강한 의지와 이를 뒷받침하는 국민의 결기가 있었다. 이에 비해 한국은 빈곤 극복과 남·북의 체제

경쟁에서 이기기 위해 경제개발에 총력을 기울여야 하는 시대적 요구가 우선이었다. 당시의 선택이 옳고 그름을 판단하기보다는 오늘의 상황이라면 한국이 어떤 선택을 할 것인지가 중요하다.

한국과 파키스탄이 각각 프랑스와 핵 개발 계획을 추진할 당시 브라질도 서독과 우라늄 농축 및 재처리 사업 계약을 맺었다. 1975년 미국은 서독과 브라질을 상대로 사업의 중단을 설득했으나 양측 모두 이를 받아들이지 않았다. 특히 서독은 미국의 반대가 미국 기업(Westinghouse)이 아닌 서독 기업(Siemens)이 브라질과의 계약을 획득한 데 대한 실망이 작용하고 있는 것으로 판단했다.[24]

이후 브라질은 잠재적 적대국이었던 아르헨티나와의 핵 통제 협정을 체결함으로써 핵무기 개발은 중단했으나 민수용 핵연료 주기를 확보했다. 미국이 안보적 이유로 핵의 비확산을 내세우지만, 경우에 따라 상업적 이익도 내포되어 있다. 서독과 브라질 거래의 경우도 그중 하나로 볼 수 있다.

1989년 북한이 소련으로부터 제공받은 연구용 원자로를 기반으로 영변에서 재처리를 통한 핵무기 개발을 시도 중인 것이 드러났다. 스나이더 주한 미국대사가 최형섭 과학기술처 장관에게 핵연료 재처리를 중단할 것을 요청한 지 14년이 지나서였다. "한국이 핵연료를 자급하게 되면 소련이 북한에게 핵 능력을 제공할 것이기 때문에 반대한다"던 미국의 논리는 역사 속으로 사라졌다.

북한 핵 개발이 노출되자, 한국에서는 북한 핵 시설을 공습으로 제거하던지, 아니면 자체 핵을 개발해야 한다는 주장이 강하게 대두되었다. 사태가 심각해지자 당시 미국의 베이커James Baker 국무장관은 최호중 외무부장관에게 "미국이 모든 수단을 강구하여 북한의 핵무기 개발을 막을 테니 한국은 결코 일방적 행동을 자제해주기 바란다"는 내용의 친서를 보냈다.[25]

당시는 냉전 종식과 함께 미국 중심의 세계질서가 도래하던 시기였다. 미국의 서면 약속을 따라야 했던 한국은 36년이 지난 지금, 한편은 '끊임없이 흔들어 대는' 북한 핵의 위협 아래서, 다른 한편은 '언제 어떻게 흔들릴지 모르는' 미국의 핵우산 아래서 생존해야 하는 곤경에 처해 있다.

핵 보험과 보험 요율

현존하거나 잠재적인 적대국의 핵 위협이 있음에도 불구하고 핵 문턱을 넘지 않고 동맹의 핵우산 아래 있으면서, 언제든지 자체 핵무장을 할 준비가 되어 있는 국가들을 '핵 보험가입자insurance hedger'로 분류한다. 독일을 위시한 NATO 회원국과 일본이 대표적인 보험가입국이다. 한국도 넓게 보면 이 범주에 속한다.[26]

미국의 핵우산이 불안정해지면 이들은 핵무장으로 넘어갈 것이기 때문에 보험제공자인 미국은 최선을 다해 보험가입자를 안심시켜야 한다. 한편, 보험에는 "위험이 높으면 요율도 높다"는 원리가 적용된다. 한국은 고위험 보험가입자다. 보험 요율이 과다하게 높아지면 보험가입자는 계약을 재고한다. 핵우산의 보험료는 시중의 보험과는 달리 유형·무형의 다양한 형태로 부과되기 때문에 보험가입자로서는 지속적으로 가성비를 냉철하게 분석해야 한다.

미국은 1960년대에 이스라엘이 프랑스와 협력하여 비밀리에 핵무기를 개발하는 것을 사실상 묵인했다. 이후 미국은 핵 비확산 정책에 이중기준을 적용한다는 비난을 지속적으로 받아 왔다. 1998년 인도와 파키스탄이 핵보유국으로 등장했을 때도 인도에 대해서는 '중국 견제' 목적에서, 파키스탄에 대해서는 1979년 말 소련의 아프간 침공에 대한 대응과 그 후의 '테러와의 전쟁 협력'이라는 명분으로 사후에 핵 보유를 사실상 용인했다. 이어 2021년에는 중국 견제 차원에서 AUKUS라는 이름으로, 호주에 무기급 우라늄을 연료로 장착하는 핵잠수함 공급에 합의했다. 미국 스스로가 NPT 체제를 이완시켜 온 기록이다.

  미국이 북한의 핵 개발 저지를 위한 노력을 소홀히 할 의도는 결코 없었다. 그렇다고 해서 미국이 이를 저지하는 데 필요한 외교적 수단을 모두 동원할 수 있었던 것도 아니다. 최소한 한국의 시각에서 볼 때, 1986년 북한이 5메가와트 원자로의 가동에 들어간 것을 인지한 이래 미국이 걸어온 행보를 평가하면 그렇다.[27]

  1994년 제네바 합의에서는 북한과, 외교 관계 수립과 경제 지원 등 폭넓은 수단을 동원하는 데까지 합의했다. 그리고 합의의 이행을 위해서는 핵 확산성이 낮은 경수로를 비롯한 장비와 기술을 이전해야 했고, 여기에는 미국 상원의 동의가 필요한 원자력 협력 협정이 따라야 했다. 그러나 백악관은 '상원 동의'라는 국내법상의 벽을 넘지 못했다. 결국 제네바 합의는 핵심 요소인 경수로의 공급이 이루어지지 못하면서 파기되었다. 물론 합의가 파기되기까지는 북한의 책임도 많았다. 급기야 2017년에 이르러 북한이 핵보유국으로 등장했다. 당근이든 채찍이든 핵 보유 자체를 막는 데 필요한 실효적 행동을 취하기에는 이미 늦었다.

  이처럼 미국은 여러 국가에 대해 묵시적이거나 수동적인 자세로 핵확산을 용인하기도 하고, 또는 저지하지 못하기도 했다. 한국은 경제적·안보적 차원에서 핵연료 주기를 위시한 잠재적 핵 능력을 갖출 명분이 누구보다 분명하다. 미국이 이런 한국에 대해 '핵 확산 방지'라는 이유로 잠재적 핵 능력의 구축을 억제하고 있다. NPT 체제에서 원자력의 평화적 이용을 위한 기본적 권리로 규정한 우라늄 농축과 재처리를 미국이 거부하고 있는 것이다.

한국의 핵연료 주기 획득 문제에 대해 미국은 지난 50년에 걸쳐 '회유와 위협'을 동원하면서 모순된 자세를 취해왔다. 때로는 한국에 기술을 지원할 수 있다고 언질하는가 하면, 때로는 '민간 원자력 협력'을 거부할 수 있다거나 '안보 지원'이 어렵다는 등의 위협을 가하기도 했다. 또 냉전 시기에는 한국이 프랑스 등 제3국과의 협력을 통해 재처리와 농축 시설을 획득할 경우, 소련 또는 중국이 북한에도 핵무장을 지원하게 할 가능성이 있다는 이유로 반대하기도 했다.[28]

그런데 북한이 이미 핵보유국으로 등장하여 사정이 완전히 변하자, 이제는 한국이 우라늄 농축과 재처리 능력을 가지면 북한에게 핵을 포기하라고 압박할 명분이 약화된다는 새로운 이유로 반대하고 있다. 바로 이런 배경에서 미국은 '완전한 한반도 비핵화'를 반복적으로 강조한다. 남·북 모두의 핵 능력을 없애야 하기 때문에 우선 한국이라도 비핵화 상태에 있어야 된다는 것이다.

한국과 일본의 차별

미국이 일본에 대해 '완전한 핵연료 주기'를 허용하면서도 한국에 대해서는 이를 거부하는 자세는 수용하기 어렵다. 1980~1990년대 필자가 외교부 안보과장과 북미국장 시절 미국과의 핵 문제 논의 과정에서 비공식적으로 이 문제를 제기하여 논쟁이 벌어진 경우들이 있다.

미국은 논리적 대응이 어려워지면 "일본의 핵연료 주기 구축에 동의한 것은 일종의 실수였다"면서 비켜 가려 했다. 미국이 실수를 실토했다기보다는 일본과 한국을 차별하는 배경을 그대로 실토하기는 어려워서 그런 것이다. "일본에게 했던 그 '실수'를 한국에게도 할 수 있지 않느냐"고 되받으며 뼈 있는 논쟁을 이어 가기도 했지만, 정부의 공식 입장으로 추진되지는 않았다. 1989년 북한 핵 문제가 처음으로 세상에 드러나면서 첨예한 안보 이슈로 등장한 상태에서, 한국이 자체 핵연료 주기를 적극적으로 제기하기에는 정치적 부담이 너무 컸다. 물론 국내 일각에서 한국도 자체 핵 개발을 추진해야 한다는 주장이 대두되기도 했다.[29]

2006년 10월 북한이 1차 핵실험을 감행하자 한국은 핵 위기를 둘러싸고 북한과 미국 사이에 끼여 운신의 여지가 없을 정도로 위상이 크게 위축되었다. 돌파구를 고심하던 노무현 대통령은 국가안보실장이던 필자에게 한국이 자체적으로 핵연료 주기를 구축할 필요가 있음을 공개적으로 제기하라고 지시했다.

그러나 당시는 6자 회담의 틀이 살아 있었고 미·중 타협과 중국의 대북 억제력을 통해 북한의 핵 개발 완성을 중지시킬 가능성도 없지 않았다. 6자 회담을 재개시켜 협상의 진전을 시도해보고 그래도 좌절될 경우, 한국의 자체 핵 옵션을 추진하는 것이 좋겠다고 건의했고, 노 대통령도 일단 받아들였다.[30] 그런데 지금은 다르다. 한반도 비핵화의 가능성은 사라졌다. 한국이야말로 독일에서 말하는 '핵의 시대적 전환점 Atomic Zeitenwende'에 서 있다.

제2차 세계대전 후 프랑스와 독일에서 모두 핵무기 개발 움직임이 일었다. 독일은 미국에 대해 "종국적으로 독일에게 허용하기를 꺼리는 것이라면 프랑스에게도 허용하지 말아야 한다"는 논리를 폈다. 그러나 드골은 프랑스와 독일의 핵 능력 사이에는 '영원한 차이 eternal difference'가 존재해야 한다고 주장하면서, 미국의 반대에도 불구하고 1960년 핵실험을 단행했다.³¹ 제2차 세계대전의 승전국 프랑스와 패전국 독일의 위상 차이가 작용한 것이다.

그런데 핵연료 주기와 관련해서 미국이 일본과 한국에 대해 취하고 있는 차별적 자세는 어떤 시각에서도 설득력이 모자란다. 한국은 일본이나 독일과 같이 미국의 핵우산 보호를 받고 있지만, 북한 핵의 직격 위협이라는 극히 위태로운 안보 환경에 처해 있다. 세계 5위 규모의 원자력 발전소를 운용하고 있어 핵연료 수요가 분명하며, 1978년 최초 원전 가동 이후 평화적 원자력 이용 실적도 축적되었다. 차별받아야 할 설득력 있는 명분을 찾기 어렵다.

핵무기의 효용과 교훈

노벨 경제학상 수상자 셸링은 상대의 행동을 '억제'하기 위해서는 상대의 안전을 '보장'하는 조치를 병행해야 한다고 설명한다. 즉, 상대에게 "한 발짝 더 다가오면 쏜다" 그러나 "그 자리에 정지하면 쏘지 않는다"는 신호를 분명히 보냄으로써 억제와 보장의 균형을 유지하는 것을 말한다.³² 이 이론은 '중국-대만-미국' 사이에도 동원되고 있다. 중국이 양안 관계의 현상을 일방적으로 변경하지 않는 한, 미국은 군사적으로 개입하거나 대만의 독립을 지지하지 않는 반면, 중국도 대만이 독립을 추구하지 않는 한, 군사행동을 하지 않는다는 것이다.

이처럼 상대의 행동에 대한 '억제'와 상대의 안전에 대한 '보장'을 서로 일방적으로 선언하고 이를 이행할 태세를 갖추는 것이 셸링이 제시하는 게임이론의 기본이다. 이 방식은 흔히 말하는 점진적이고 단계적인 과정으로, 추구하는 '신뢰 구축Confidence Building Measures, CBMs'과는 달리 당장 초기에 분명한 억제 효과를 발휘하게 한다는 특징이 있다. 단, 이 방식은 긴 시간을 요하는 신뢰 구축 과정과 보완적으로 병행할 때 종국적으로 성공 가능성이 높아진다.[33]

셸링의 이론은 한반도의 소극적 평화의 유지에도 적용할 수 있다. 북한이 평화와 안정을 파괴할 '한 발짝'을 움직이면, 한국은 이를 힘으로 억제할 '한 발짝'을 내딛겠다고 명시하되, 북한이 그대로 있으면 한국도 북한의 안전을 보장하겠다는 의지를 분명히 하는 것이다. 당장은 이런 의지를 실행할 능력이 한·미 동맹에 기초할 수밖에 없다. 하지만 점진적으로 남과 북의 핵 균형에 의해 '억제와 보장'의 실행력을 확보하는 것이 바람직하다. 아울러 '억제와 보장'을 유지하면 어느 단계에 가서는 남과 북 사이의 군사적 투명성을 포함한 군비 통제를 통해 장기적 신뢰 구축의 길을 열 수 있다.

미국은 히로시마와 나가사키에 핵무기를 투하하여 제2차 세계대전을 종식했다. 그러나 그 후 미국은 다른 어떤 나라도 핵무기를 갖지 못하도록 고심해야 했다.

1946년 트루먼 대통령이 핵무기의 아버지로 불리는 오펜하이머Robert Oppenheimer에게 "소련이 언제 핵무기를 만들 수 있을 것으로 보는가?"라고 질문하자, 그는 "모르겠다"고 답한다. 그러자 트루먼은 "나는 안다"고 말한다. 이번에는 오펜하이머가 "언제로 보느냐?(When)"고 반문하자 트루먼은 "결코 못 할 것이다(Never)"라고 단언한다. 그러나 소련은 1949년 8월 29일 시베리아에서 첫 번째 핵실험에 성공했다. 미국의 '핵 독점에 대한 환상'은 일본에 핵을 투하한 지 4년 1개월 만에 깨진 것이다.[34] 대립하는 세력 사이에 일방적 핵 독점은 불가하다는 것이 핵 시대 국제정치의 진실이다.

Tip 11 ▶

핵 균형
인도·파키스탄, 남·북

특정 지역 핵 균형의 표본적 사례로 인도와 파키스탄을 들 수 있다. 1998년 인도와 파키스탄은 각각 5차례와 6차례의 공개 핵실험을 통해 핵보유국으로 등장했다. 인도는 "핵무기를 선제 사용하지 않겠다"고 선언했지만, 파키스탄은 재래 전력의 열세에 대한 보완책으로 전술핵무기의 사용 가능성을 열어 두고 있다.

'인·파 핵 균형'은 빈번한 무력 충돌에도 불구하고 전면전으로 확대되는 것을 억제해왔다는 평가를 받고 있다. 핵보유국으로 등장한 직후인 1999년 카슈미르에서 국경 침범 사건으로 무력 충돌이 발생했다. 양측은 확전을 자제하고자 1965년과 1971년의 충돌 시보다 더 조심했다. 이어 2001~2002년, 2008년, 2019년에도 유사한 충돌이 있었다. 2019년의 경우 양측이 공중전까지 벌였으나 확전 직전에 서로 물러섰다. 핵전쟁으로 치달을 가능성에 대한 우려가 서로의 행동을 억제한 결과다.

물론 여기에는 인도와 파키스탄 사이의 '핵 불사용' 금기가 깨질 경우, 무엇보다도 세계적 핵 도미노 현상으로 번질 것을 우려한 미국의 역할도 작용했다. 미국은 재래 군비에서 수세인 파키스탄이 먼저 핵 카드를 충동적으로 동원할 수도 있는 점을 특히 우려했다.

2001~2002년 카슈미르 국경 충돌 시 파월 미국 국무장관은 무샤라프 파키스탄 대통령에게 전화하여 군사·경제원조를 약속하면서 자제를 설득했다(2002년 5월 22일 백악관 언론 브리핑). 결과적으로 파키스탄은 핵 사용 가능

성을 지렛대로 하여 미국이 우호적으로 개입하도록 유도한 것이다. 미국으로 하여금 인도에 대해서는 군사적 공세를 자제하도록 설득하고, 자국에 대해서는 원조를 제공하게 하는 양면 효과를 본 것이다. 흔히 말하는 '촉매 효과용 핵 위협catalytic use of nuclear threat'을 동원한 사례다.

2025년 5월 카슈미르 충돌에서도 핵전쟁 가능성까지 우려될 정도로 치열한 공중전이 전개되었으나, 추가 확전되지 않은 가운데 휴전했다. 인·파 분쟁은 어제든지 재연될 소지가 있지만 대규모 육상전으로 확전되지 않는 한, 핵전쟁으로 비화될 위험은 비교적 낮은 것으로 본다.[35] 이번에도 미국의 중재가 일정 부분 작용했지만, 이에 앞서 핵 균형 상태가 양측으로 하여금 대규모 육상전으로의 확전 자체를 자제하게 만드는 효과를 보인 것으로 평가된다.

핵 균형을 이루고 있는 인·파의 사례를 한반도에서 미국과 북한의 핵 대치 상태 또는 가상적으로 핵 균형을 이룬 남·북의 상황에 대입해볼 수 있다. 파키스탄처럼 재래 군비가 열세인 북한이 핵 사용 유혹을 받을 경우, 중국은 북한에 대해 원조 제공을 포함한 여러 수단을 동원하면서 핵 충동을 억제시킬 것이다. 한반도에서 핵 충돌은 어느 주변국보다도 중국에게 더 치명적이기 때문이다.

시진핑 주석이 2019년 6월 평양에서 "중국은 조선의 합리적 안보 우려와 발전의 관심사를 위해 힘이 닿는 데까지 도울 것"이라고 공개 천명한 것도 이런 지정학적 배경에서 나온 것이다. 북한으로서는 핵 위협에 의한 '촉매 효과'를 거두는 것으로 볼 수 있다.

중국이 북한의 핵 개발과 관련한 입장을 밝힐 때, 일관되게 사용해온 북한의 '합리적 안보 우려'라는 표현은 오랜 역사를 갖고 있다. 본래 중국이 자국의 안보 환경을 강조할 때 사용해온 것이다. 중국은, 1950년 한국전쟁 시 맥아더의 만주 폭격 주장, 1964년 중국의 핵무기 개발에 대한 미국의 중국 핵 시설 공격 위협, 1969년 중·소 분쟁 시절 소련의 중국에 대한 핵 사용 가능성 대두 등 수시로 핵 위협에 직면했다. 이때마다 중국은 '합리적 안보 우려'라는 명분하에 핵무장을 해야 하고, 또 증강시켜야 하는 정당성을 내세웠다.

중국은, 북한이 핵을 개발함으로써 미국에게 동북아에서 군사력 증강의 명분을 제공하는 것을 당연히 환영하지 않는다. 그럼에도 불구하고 중국 스스로가 사용해온 '합리적 안보 우려'의 논리를 북한의 사정에도 적용하지 않을 수 없는 것이다.

인도와 파키스탄은 영국의 단일 통치 상태에서 1947년 독립하면서 분리되었다. 카슈미르 지역 국경분쟁은 물론 힌두-이슬람 간의 인종과 종교가 얽힌 갈등으로 국지적 무력 충돌을 반복해왔다. 그러나 양측은 어느 한쪽을 흡수하려는 자세가 아니라 별개의 국가로서 전반적으로 현상을 유지하는 가운데 국경 지대를 유리하게 관리하고자 한다. 분쟁을 계속하면서도 필요한 대화와 교류를 계속하는 일종의 '소극적 평화' 유지에 주력하고 있다.

만약 이들이 상대를 흡수하겠다는 정책을 취하거나, 또는 어느 한쪽만 핵무기를 보유하는 상황이라면 현재와 같은 '대립과 현상 유지'는 불가능할 것이다. 인·파 관계는 인종, 역사, 종교라는 자체 배경은 물론 한·미 동맹과 주한 미군이 존재하는 한반도의 안보 환경과는 다르다. 그러나 무력 충돌의 확대를 억제시킴으로써 일단 '차가운 평화'를 유지하는 데 초점을 두고, 장기적으로 '따뜻한 평화'를 지향한다는 전략은 보편적 효용이 있는 접근 방식이 될 수 있다.

유럽은 1870년부터 1945년까지 75년에 걸쳐 프로이센-프랑스전쟁, 제1차 세계대전, 제2차 세계대전이라는 3개의 커다란 전쟁에 휘말렸다. 그러나 제2차 세계대전 종전 후 2022년 우크라이나 전쟁 발발까지 77년에

걸쳐 주로 내전 성격의 무력 분쟁을 제외하고는 역사상 가장 긴 시간에 걸쳐 전쟁이 없는 시기를 맞았다. 미국, 러시아, 영국, 프랑스라는 핵보유국들이 관여하는 안보 환경이 작용한 것이다. 핵무기의 위력이 역설적으로 전쟁의 발발이나 확전을 억제하는 주요인이 되었음을 의미한다.

우크라이나 전쟁도 만약 핵의 억제력이 없었더라면 유럽 전역으로 확전되었을 가능성이 더 컸을 것이다. 미·소의 핵 균형에 추가하여 영국과 프랑스가 핵 국가로 버티고 있기 때문에 역내 강국들 사이에 핵전쟁으로 발화될 가능성이 있는 충돌 상승을 억제하려는 의지와 힘이 강하게 작용하고 있다.[36]

제2차 세계대전 종전 후 미국은 세계 도처의 전장에서 50만 명 이상의 사상자를 내었다. 그러나 미국의 어떤 대통령도 전쟁의 종결을 위해 실제로 핵무기를 사용할 '실행 계획'을 구체적으로 수립한 적은 없다. 몇몇 미국 대통령이 회고록에서 핵무기 사용을 검토한 사례를 기록했다. 그러나 대부분 실제보다는 더 극적인 방식으로 기술했다.

1948년 소련의 베를린 봉쇄, 1950년 한국전쟁, 1962년 쿠바 미사일 위기에서도 미국이 핵무기의 투하를 '검토'하는 단계를 넘어 '실행'하는 계획을 세웠다는 것을 뒷받침할 수 있는 기록이 없다. 다만 한국전쟁 초기처럼 유엔군이 낙동강 전선까지 후퇴하여 핵무기 이외의 선택이 없을 만큼 다급한 상황에 봉착했을 때, 핵무기 사용 가능성이 공개적으로 거론된 적은 있다. 또 휴전 협상 단계에서 중국의 양보를 끌어내기 위해 핵무기의 투하 가능성을 의도적으로 누출시켜 휴전 협상의 진척에 활용한 경우는 있다.[37]

소련이나 러시아 지도자의 경우도 비슷하다. 핵무기는 국가 간의 행동을 제약한다. 결국 경쟁 대상들이 핵 균형을 이룬 소위 '핵 시대Nuclear

Age'에서 핵은 중요한 국면마다 실제로 투하하기보다는 상대의 행동을 억제함으로써 위험을 방지하는 것이 주된 기능으로 자리 잡았다.[38]

인도가 1974년 1차 핵실험을 단행하자 미국은 인도의 핵 개발을 반대하면서 핵확산금지조약 가입을 지속적으로 설득했다. 이에 대해 1978년 인도의 총리 모라지Desai Moraji는 "미국과 러시아가 핵을 보유함으로써 서로 전쟁을 억제하고 있다는데, 그렇다면 왜 다른 대립국가들의 핵무기는 전쟁을 억제할 수 없다는 것인가?"라고 반문했다.[39] '핵 비확산'의 효용과 가치를 절대적으로 신봉하는 사람들에게는 위험한 항변일 수 있다.

Tip 12 ▶

핵 개발 제재의 가변성

NPT 체제 밖에서 핵무기를 개발한 인도와 파키스탄에 대해 미국이 제재를 '부과-해제'하는 과정은 유의할 사항이다. 미·중 대립이 미·소 냉전을 대체하는 시대에 들어와 미국은 인도에 대해서는 중국을 견제하는 파트너로서의 무게에 우선순위를 부여한다. 핵 개발에 대한 징벌보다 대중 견제를 위한 전략적 협력이 더 중요하다고 판단되자, 2008년 인도와 원자력 협력 협정을 체결하면서 1998년에 부과했던 경제제재도 해제했다.

한편, 미국은 2001년 테러와의 전쟁 시 파키스탄의 협력을 받기 위해 기존의 제재를 부분적으로 해제하기 시작했다. 이어 이라크 전쟁과 아프가니스탄 전쟁 기간의 협력을 거치면서 대부분의 제재를 해제했다. 아울러 미국-인도 원자력 협력 협정 체결을 계기로 인·파에 대한 미국의 균형을 맞춘다는 고

> 려도 작용했다.⁴⁰ 결국 미국의 핵 비확산 정책과 이를 집행하기 위한 제재 부과는 전반적인 외교정책의 우선순위에 따라 좌우되는 가변적 성격을 띠고 있음을 말해주는 것이다.

한국은 마주 보는 절벽의 한쪽에는 북한의 핵 위협이, 다른 한쪽에는 미국의 핵우산이 버티고 있는 계곡을 가로지르는 외나무다리 위에 서 있는 형국이다. 국제정치의 어떤 환경에서도 그 유형을 찾기 어려운 한국의 안보 현실이다. 핵무기가 등장한 이래 80년에 걸쳐 '핵 공격'은 있었어도 '핵전쟁'은 없었다는 역사가 주는 함의도 새길 필요가 있다.

핵무기의 확산과 진화는 시기별로 제1기 the first nuclear age 와 제2기 the second nuclear age 로 구분된다. 미국과 소련만이 핵을 보유했던 1950년 이전이 제1기이고 이후 영국, 프랑스, 중국에 이어 인도, 파키스탄, 이스라엘, 북한까지 합류한 시기를 제2기로 분류한다. 특히 영국에 이어 프랑스와 중국이 각각 미국과 소련의 반대에도 불구하고 1960년과 1964년 핵실험에 성공함으로써 제2기 핵 시대가 열렸다. 핵무기는 기존 핵 질서의 통제를 벗어나기 시작했고, 그 추세는 더 확산되는 경로에 들어섰다.

냉전과 열전, 그리고 지역 핵 균형 사이에는 함수관계가 있다. 주목할 점은 제1기 핵보유국들 사이에 전개된 냉전은 지역 핵 균형을 이룬 유럽에서는 열전으로 비화되지 않았다. 그러나 지역 핵 균형이 없던 한반도와 베트남 등 아시아 지역, 그리고 콩고와 앙골라 등 아프리카 지역에서는 냉전이 열전으로 비화되었다.⁴¹ 만약 이 지역에 핵 균형이 존재했다면 분쟁이 열전으로 전개되었을 가능성이 낮았을 것이라는 분석을 가능하게 한다.

Tip 13 ▶

한반도의 전면전
가상적 시나리오

재래 전력에 있어 한국은 북한에 비해 우세하다. 게다가 한·미 연합 군사력을 반영하면 총체적 전쟁 수행 능력에서 압도적이다. 김정은이 2025년 9월 국방과학원을 방문하여 '핵 무력·상용 무력(재래 전력) 병진 정책'을 강조한 것(2025년 9월 13일 〈조선중앙통신〉)도 이 때문이다. 보통의 상황에서는 북한이 이런 한국을 상대로 전면전을 도발할 개연성은 극히 낮다고 본다. 그럼에도 불구하고 우발적 사건이나 오판으로 국지전이 발생한 후 전면전으로 비화될 가능성은 있다. 몇 가지 가상적 상황이 조합을 이룬다면 그 가능성은 높아질 것이다.

재래 전력에서 열세인 북한으로서는 개전 후 어느 단계에서 유리한 조건의 휴전을 유도하기 위해 핵 사용 가능성을 시사하고, 최악의 경우 마지막 선택으로 핵무기를 군사적으로 사용할 수도 있을 것이다. '핵을 먼저 사용하거나, 아니면 패배하거나use it or lose it'의 딜레마에 봉착하는 경우다. 한반도의 전면전 발발을 가능케 하는 5가지 요인의 상호작용을 가정해볼 수 있다.

(1) 북한 내부의 민심 동요가 정치적 변화로 순조롭게 연결되지 못하고, 여기에 외부의 압박이 결합하여 정권과 체제가 생존 위험에 직면한다.

(2) 한국의 사회적 혼란이 극심해지고 젊은 세대의 전쟁 회피 징후가 만연하여 국가 응집력이 이완된다.

(3) 한국의 반미 정서가 팽배하여 한·미 동맹의 작동이 위기에 봉착한다.

(4) 미국의 해외 군대 파견에 대한 피로감과 군사 개입 기피 등 고립주의가

강하게 부상함으로써 주한 미군이 상당 부분 감축 또는 철수된다.

(5) 미국이 유럽이나 중동에서의 대규모 군사 개입 또는 대만해협에서 중국과 무력 충돌로 인해 한반도 전쟁에 개입할 여력이 심각하게 약해진다.

이 중 (1), (2), (3)이 조합을 이루면 전쟁 발발 가능성이 올라갈 것이고, 여기에 (4), (5) 요인이 작용하면 그 가능성이 심각하게 고조될 것이다.

이런 조건들은 상호 상승작용하는 효과가 있다. 따라서 전면전이 발발할 요인들이 서로 조합을 이루는 것은 태어날 가능성 자체가 극히 희박한 '검은 백조'가 아니다. 특히 2024년 적나라하게 노정된 것처럼, 한국 정치가 갖고 있는 구조적 결함과 잠재적 위기에다 2025년 등장한 트럼프 행정부(2기)가 보여주는 불안정하고 고립주의적인 대외 정책이 결합할 경우, 그 가능성이 높아질 것이다.

그런데 한국이 핵무기를 실제 보유하지는 않더라도 보유 직전의 상태에 도달해 있으면, 설사 이런 조건들이 개별적으로 성숙하더라도 북한의 전면적 도발 유혹을 억제하는 데 유익할 것이다.

오늘날 국제정치에 있어 비핵국가로서는 특히 주목할 가치가 있는 '핵무기의 효용과 교훈'을 사례별로 적시해보면 다음과 같다.

(1) 우크라이나는 소련 연방의 해체 후에 보유하고 있던 핵을 포기한 다음 두 차례에 걸쳐 러시아의 침공을 받았다. 보유 중이던 핵을 포기하면 국가 안보가 위태롭다는 것을 다른 나라들에게 보여준다.

(2) 이라크와 리비아가 핵을 포기한 후 정권이 축출되었다. 다른 유사한 국가 지도자들에게 핵무기의 효용을 인식시킨다.

(3) 북한은 핵무기고를 늘리면서 정권의 안전을 유지하고 있다.

(4) 미국은 러시아와의 핵전쟁을 우려하여 우크라이나에 군대 파견을 포함한 직접 군사 개입을 하지 않기로 결정했다. 어느 나라든 핵으로 무장하고 있으면, 자기 세력권의 군사 분쟁에 미국이 개입하는 것을 억제할 수 있음을 보여준다. 중국의 대만 침공 시에도 미국에 대한 억제력으로 적용될 가능성이 있다.

(5) 미국이 이란과 핵 협상을 벌여 왔지만, 기본적으로 이란의 핵 보유 자체를 금지하는 것이 아니라 일정 기간 보유를 지연시키는 것일 뿐이다. 핵무기의 효용을 알고 있는 이란에게 핵무기는, 개발하느냐 하지 않느냐의 여부가 아니라 언제 하느냐의 문제로 남아 있다.[42] 2025년 6월 미국의 이란 핵 시설 폭격에도 불구하고 이 현실은 변하기 어렵다.[43]

일각에서는 한국이 잠재적 핵 역량을 구축하면 북한으로부터의 선제 공격을 유도하는 결과가 될 것이라고 우려하기도 한다. 이런 우려가 제기되는 것만 봐도 북한 핵무기가 한국에 대해 정치적 효용을 발휘하고 있음을 방증한다. 북한 핵의 위력이 이미 한국의 의사 결정을 좌우하는 것이다.

일종의 '가스라이팅gaslighting'으로 북한은 핵 보유 자체로 한국을 심리적으로 지배하고 있다. 이런 '가스라이팅'은 한국이 자국군에 대한 작전 통제권 행사를 사실상 포기하도록 작용한다. 한국이 수차에 걸쳐 미군으로부터 작전 통제권을 돌려받는 것을 연기한 배경에는 두 가지의 요인이 결합하고 있다. 하나는 미군이 작전을 통제하는 한·미 연합 방위 태세의 유지를 통해 북한의 도발을 억제한다는 군사적 고려다. 다른 하나는 한국이 핵을 보유한 북한을 상대할 수 없다는 것이다.

결과적으로 북한 핵 문제가 해결되지 않는 한, 한국은 자국군의 작전을 통제할 수 없다는 순환논리에 빠져 있다. 북한이 실제 핵을 군사적으로 사용하지 않고 단순히 보유하고 있는 자체만으로도 한국의 심리 상태를 조종하고 의사 결정을 변경시키는 대표적 사례의 하나다.

북한은 핵무기로 한국의 행동을 강제하려는 욕구를 계속 가질 것이다. 또 미국은 핵우산을 제공하는 대가로 한국의 외교와 경제를 포함한 정책 전반에 영향력을 행사하게 될 것이다. 이런 곤경에 대한 한국민의 인지도가 점점 높아지고 있다. 2024년 국내 여론조사에 의하면 약 73%의 국민이 자체 핵무기 개발을 지지하는 것으로 나타났다(2024년 2월 5일 최종현 학술원 조사). 이는 한반도 안보 구조에서 한국의 위상에 대한 불안과 불만을 동시에 표출한 것으로서 앞으로 그 추세는 더 상승할 것이다.

핵무기를 보유하면 안보 효과뿐만 아니라 재래 군비에 소요될 국가 재원을 줄여서 사회경제적 수요에 투입할 여력이 생긴다. 소위 '핵의 경제 효과'다. 미국과 러시아는 물론, 중국을 위시한 후발 핵보유국 모두가 이 효과를 활용해왔다.[44] 한국도 예외는 아니다. 특히 한국이 안보를 절대적으로 미국에 의존함으로써 치르는 정치적, 군사적, 경제적 비용을 감안하면 '핵의 경제 효과' 이론이 적용될 타당성이 가장 높은 나라에 속한다.

물론 위협의 상호 상승효과를 가져오는 '안보 딜레마' 자체가 해소되지 않으면, 핵무기가 있어도 재래 군비는 지속적으로 확충될 수밖에 없다. 핵무기를 동원하는 문턱을 높이기 위해 재래 무기로 사전에 대응하고자 하기 때문이다. 그럼에도 핵 균형 자체가 이루어지지 않은 경우보다는 재래 군비 소요가 상대적으로 낮아진다.

우크라이나 전쟁이 한반도에 던지는 시사점이 많지만, 핵무기 사용 가능성에 대해서는 특히 주목할 만하다. 러시아로서는 우크라이나가 NATO의 일원이 되면 자국의 중심부가 잠재적 적대 세력에 바로 노출된다. 이런 안보 위험을 막기 위해 필요하면 핵무기를 사용할 수도 있다는 것이다. 그러나 미국은 우크라이나의 영토 보전을 위해 핵무기를 사용할 준비가 되어 있다고 보기 어렵다.

마찬가지로 중국은 자국의 핵심부를 비수처럼 겨냥할 수 있는 한반도의 전역이 미국의 세력권에 들어가는 것을 막기 위해 가능한 모든 수단을 동원할 것이다. 최후의 수단으로 핵무기까지 동원할 가능성을 배제할 수 없다. 그러나 미국이 한국의 영토 보전을 위해 중국과의 핵전쟁도 불사할 것으로 보기는 어렵다. 긴 역사를 통해 예측할 수 있는 미국과 중국의 행로다.

결국 한반도에서 남·북 간 재래 군사력에 의한 무력 충돌이 발발하면, 미국과 중국은 충돌 이전 상태의 원상으로 복귀하는 선에서 타협을 유도할 가능성이 크다. 미국은 한국에 대해 적정선에서 휴전하도록 설득하고, 중국은 북한에 대해 위험수위에 도달할 군사행동, 특히 핵의 군사적 사용은 물론 사용 위협 자체를 자제하도록 설득할 것이다. 이런 국면에 도달하면, 경제의 대외 노출도가 북한과는 비교되지 않을 만큼 높은 한국이 최대 피해자가 된다. 한국은 언제든지 전쟁에 휩쓸릴 국가라는 이미지가 세계적으로 굳어질 것이기 때문이다. 이런 가상적 진행 경로를 상정하는 북한으로서는 핵무기를 배경으로 하여 대남 '위협과 강요'를 계속하고자 한다. 그리고 상당한 미래까지 그 수단의 가치를 느낄 것이다.

반면에 만약 한반도에서의 핵 균형이 '미국-북한'이 아니라 '남-북' 사이에 이루어진다면 사정은 달라진다. 한반도의 무력 분쟁에서 미국이 핵을 사용하지 않는 한, 중국으로서는 분쟁에 개입하더라도 핵이 아닌 수단에 의존할 것이다. 핵전쟁을 유발시킬 군사적 타당성도 없고, 대외적 정당성이 모자라기 때문이다. 이렇게 되면 압도적 재래 군비 능력을 동원하는 한·미 동맹군을 상대로 하는 북한의 핵 위협 전술은 효력이 떨어진다. 북한이 핵의 정치적·군사적 효력이 약화되는 것을 알게 됨으로써 남·북 사이에는 소극적이나마 안정상태를 유지할 가능성이 높아질 것이다.

중국은 1964년 핵실험에 성공한 직후, '핵 선제 불사용No First Use, NFU' 원칙을 선언했다. 동시에 미국에게도 같은 선언을 기대했다. 그러나 미국은 중국에 대한 경계심과 불신 때문에 미온적 반응을 보였다. 특히 동맹국들의 우려를 감안해야 하므로 군사전략상 불가피하면 중국의 재래 군사력에 의한 공격에도 핵으로 대응할 여지를 갖고자 한다. 즉, 전략적 모호성에 의한 억제력을 유지하려는 것이다. 이런 배경으로 한반도를 포함한 동북아 지역에서의 무력 분쟁은 핵전쟁으로 확전될 가능성을 갖고 있다. 반면에 남·북 중심의 '한반도 맞춤형' 핵 균형을 이루면 미국과 중국 사이의 핵 대결 가능성을 축소할 수 있다. 동시에 '국지적 안정'을 통해 강대국 간 '전략적 안정'도 도모하는 길이 될 수 있을 것이다.

같은 맥락에서 핵무기의 확산이 지역과 세계의 안정에 필요한 균형 효과를 가져온다는 논리가 제기되고 있다. 1970~1980년대에는 핵무장한 중국이 소련의 대항마 역할을 했다. 이어 1990년대에는 인도의 핵무장이 중국에 대한 대항마가 되었다. 미국에서는 2020년대에 들어와서 비슷한 경로를 염두에 두고, 러시아와 인도에 추가하여 일본까지 핵으로 무장하여 중국을 둘러싸면 유리한 대중 전략 구도가 형성될 것으로 보기도 한다.[45]

지금 미국의 입장에서 볼 때, 중국의 핵전력을 포함한 군비 증강과 북한의 핵보유국 등장으로 인해 아시아에서 군사적 부담이 가중될 추세를 우려하지 않을 수 없다. 미국의 트럼프 대통령이 2016년 3월 선거 유세 기간 중 한국과 일본의 '핵무장 용인론'을 거론한 것은 그냥 나온 발언이었다고 보기 어렵다. 2025년 트럼프 행정부(2기)의 등장 이래 이런 기류가 계속될 것으로 전망된다. 굳이 트럼프가 아니라도 앞으로 미국의 세계 전략상 아시아에서 '지역 핵 균형'의 유용성이 부각될 가능성이 열려 있다.

잠재적 핵 능력 확보

핵무기 개발의 여러 형태를 간단하게 세 가지 유형으로 나누어 보기도 한다.[46]

(1) 외부 관여 없이 독자 개발한 '질주형 sprinting'으로, 유엔 안전보장이사회 5개 상임이사국이 해당한다.

(2) 강대국의 암묵적 지원을 받으며 개발한 '비호형 shelter'으로, 이스라엘과 북한이 여기에 속한다.

(3) 몰래 개발하는 '은닉형 hiding'으로, 개발에 성공했던 남아공과 실패한 리비아 등이 속한다.

이 분류에 따르면, 북한은 냉전 시기에는 소련의 원자력 기술 제공을 받았고, 냉전 후에는 중국이 '붕괴되는 북한'보다는 '핵무장한 북한'을 택함으로써 사실상 비호에 가까운 묵인하에 개발에 성공했다. 이스라엘은 무엇보다 중동에서의 지정학적 위치를 배경으로 미국의 비호를 받았다.

지정학적 관점에서 보면, 러시아와 중국은 국경을 접하고 있는 북한의 영토에 굳이 군대를 주둔시킬 필요가 없다. 유사시 언제든지 군사력을 즉각 전개할 수 있기 때문이다. 군대를 주둔하는 대신 북한의 핵 개발을 사실상 묵인한 것이다.

반면에 미국은 자국 군대의 위험을 감수하면서 중국 및 러시아의 국경과 인접한 한국에 군대를 주둔시키고 있다. 미군을 주둔시키면 사실상 자동적으로 핵우산까지 따라간다. 이런 한국에게 자체의 핵 개발까지 비호할 필요는 없다는 논리가 나온다. 한국도 마지못해 이런 논리를 일단 수용해왔다.

그러나 한국으로서는 미국 핵우산의 내재적 취약성에 대비한 최후의 예비장치backup로서, 그리고 자국의 안보를 타국에 일방적으로 의존해야 하는 치명적 허점을 보완하는 방편으로서 핵 능력에 대한 욕구를 가질 수밖에 없다.

'질주, 비호, 은닉'이라는 세 가지 유형에 비추어 보면, 한국은 이미 1970년대 '은닉형'으로 개발하려다 실패했다. 이후 50년에 걸쳐 한국의 핵 욕구는 지속적으로 노출되어 왔다. 핵 보유의 필요성과 정당성에 대한 인식도 어느 정도 확산되고 있다. 그러나 현재와 같은 상태의 한·미 동맹과 주한 미군을 유지하는 한, 바로 핵무기를 개발하기는 어려울 것이다.

따라서 지금으로서는 일본과 독일 수준의 잠재적 핵 능력을 갖추는 것이 적합하다. 그 방법은 일단 미국의 암묵적 동의로 추진하는 것이 현실적이다.

물론 미국은 한국의 핵 역량 증강이 일본의 핵무장을 자극하고 다른 국가에게도 핵 확산 심리를 불러온다며 일단은 반대할 것이다. 이에 대해 한국은 미국의 핵우산 작동이 보장되는 한, NPT에 규정된 의무를 준수하고 그동안에는 결코 일본 수준 이상의 핵 능력을 갖지 않겠다고 약속할 수 있을 것이다.

일본은, 자체 안보 환경이 변화하거나 미국이 안보의 보험 책임을 방기할 경우, 또는 두 가지 요소가 부분적으로 조합할 경우, '핵 보험가입자'에서 '핵무장 국가'로 전환한다는 조건을 분명히 하고 있다.[47] 한국에도 그대로 적용될 조건이다.

미국을 설득하는 데 있어 또 유의할 점이 있다. 비핵국가가 잠재적 핵 능력을 구축하거나 나아가 실제로 무기화하는 데는 외부로부터의 제약 못지않게 국내적 합의가 중요한 장벽으로 작용한다. 핵 능력에 있어 'A-' 상태에 있는 일본과 독일의 경우, 제2차 세계대전에 대한 역사적 무게로 쉽게 핵보유국으로 가지 못하고 있다. 특히 원자탄의 유일한 피폭국인 일본에서 그런 현상이 더 뚜렷이 나타난다.[48]

한국의 경우에는 다른 차원에서 국내적 장벽을 마주하고 있다. 보수 진영은 미국과의 마찰을, 진보 진영은 북한과의 관계를 우려하여 핵 능력 증강에 반대하거나 소극적인 경향이 있다. 미국의 학계와 언론계 인사들은 한국 내의 이런 정파적 분열을 활용하기도 한다. 이들은 한국의 핵무장은 물론 잠재적 핵 역량 구축이 합리적 선택이 아니며, 정치적 환경을 봐서도 현실적이지 않다고 주장한다.[49]

Tip 14 ▶

우호적 핵 확산

북한의 핵무기 개발을 저지하기 위한 비군사적 노력이 실패한 상태에서 현재 미국에게 남은 선택지는 두 가지다. 하나는 미국의 핵우산, 즉 미사일 방어체계를 포함한 확장 억제 역량을 강화하는 것이고, 다른 하나는 북한의 핵 위협에 직면하고 있는 한국과 일본에게 '우호적 핵 확산'을 허용하는 것이다. 이런 우호적 핵 확산은 중국에 대해서는 물론 전 세계적으로 심각한 '전략적 반향'을 불러일으킬 것이다.[50] 그래서 미국은 우선은 핵 확산 대신에 핵우산에 집중하고 있다. 그러나 중국과 북한의 핵무기고 증대에 비례해서 미국의 핵우산 비용도 증가할 것이고, 그 부담은 한국과 일본으로 넘어갈 것이다.

미국은 2021년 영국과 함께 호주에 핵 추진 잠수함을 제공하기로 합의했다. 이는 '반反중국 연합 전선' 구축을 위해 이미 선별적으로 '우호적 핵 확산'을 시작한 것을 의미한다. 미국과 영국이 호주에 제공하는 핵 추진 잠수함용 연료는 농축도 90% 이상의 무기급 고농축우라늄으로서 핵탄두 제조에 바로 활용될 수 있다. (연료 분리가 불가능한 일체형 원자로를 사용하기 때문에 핵 확산 위험이 없다는 주장도 있다.)

냉전 시절의 초기에 소련은 유럽에서 재래 군비의 우세를 점했다. 미국은 소련에 대한 억제력 강화의 한 수단으로 영국과 프랑스가 핵무장하는 것을 받아들였다.[51] 미국이 유럽 안보를 위해 져야 할 군사적·경제적 부담을 줄이기 위해 합리적 선택을 한 것이다. 지금은 아시아 태평양 지역에서 유사한 현상이 전개되고 있다.

미국은 오바마 행정부 이래 세계의 여러 지역 문제에 '마지못해' 개입해왔다. 고립주의까지는 아니었지만 관여를 최소화하는 수동적 자세를 취했다. 이런 추세는 트럼프 행정부(2기)에 들어와 변형된 고립주의로 나타나고 있다. 미국은 북한 핵 문제가 '귀찮은' 수준을 넘어 자국의 안위 자체를 실제로 '괴롭히는' 요인이 되지 않는 한, 적극적으로 북한 핵 문제를 포함한 한반도 문제에 집중할 사정이 아니다.

'무시와 관여' 사이를 오가는 미국의 시계추가 트럼프 2기 이후 어디로 가더라도 한국은 스스로 생존할 수 있는 수단을 갖고 있어야 한다. 그 수단은 어느 날 갑자기 만들어지는 것이 아니라, 응집된 집단 의지와 이를 지속적으로 실행하는 국가전략이 있어야 가능한 것이다.

한국이 미국으로부터 '우호적 핵 확산'을 얻어 내는 것은, 미국 국내 정치의 요동에 따르는 기회를 우연히 잡는 것이 아니라 생존 차원에서 쟁취해야 할 필연의 경로다. 그런 와중에도 한반도 문제에 대한 미국의 관심이 상대적으로 저하되고 있을 때가 바로 한국이 자신의 안보에 대한 중심적 위상을 확립하는 적기가 될 수 있다. 특히 트럼프 행정부(2기)가 한반도 방위의 주 책임을 한국에 넘기려 하는 시기는 위기가 아니라 기회가 될 수 있다.

우라늄 농축과 사용 후 연료 재처리

한반도에서 잠재적 핵 균형 상태를 만들려면 한국이 핵물질(우라늄과 플루토늄)과 핵폭탄의 주 운반 수단인 미사일을 확보하는 것이 기본이다. 그중에서도 핵연료 주기 능력의 확보가 시작이다. 우선은 원전용 우라늄 농축과 사용한 핵연료의 재처리 역량을 갖추고, 필요시 무기급으로 발전시키는 것이다. 운반 수단은 기존의 미사일과 전폭기 등을 핵무기의 용도에 맞게 전환시키면 된다.

재처리와 농축은 NPT 체제 내에서 원자력의 평화적 이용 권리로 인정되는 것이다. 그러나 미국은 자국의 원자력 기술, 장비, 물질을 사용하는 국가에 대해 '원자력 협력 협정'이라는 양자 합의를 통해 이 권리의 행사를 제약하고 있다. 이 협정에는 미국 원자력법의 핵확산금지조항(123조), 일명 '황금 기준 gold standard'에 따라 상대국의 평화적 원자력 이용을 제한하는 내용을 상세하게 규정한다.

전 세계적으로 5개 안전보장이사회 상임이사국 외에 인도, 파키스탄, 이스라엘, 일본, 독일, 북한을 합쳐 11개국이 우라늄 농축과 재처리 능력(설비 또는 기술)을 모두 갖고 있다. 그 외 네덜란드, 브라질, 이란은 농축 능력을 갖고 있고, 남아공도 시설 자체는 해체했지만 기술 능력을 보유하고 있다. 미국은 이들의 대부분을 포함하여 13개국과 원자력 협력 협정을 맺고 있다. 미국은 심지어 2015년 타결한 이란과의 '포괄적 행동 계획JCPOA'에서 이란이 우라늄을 3.67%까지 농축하는 데 동의했다. 적대 관계에 있는 이란에까지 동의해준 우라늄 농축을 동맹국이면서 세계 5대 원자력 에너지 국가인 한국에게는 거부하고 있는 것이다.

핵연료 주기 구축을 원하는 한국의 지속적인 요구에 따라, 한·미 양국은 2015년 원자력 협력 협정을 개정했다. 종전에는 미국이 '동의'해야 농축과 재처리가 가능하도록 했던 것을 '협의'를 통해 가능하도록 바꾸었다. 중요한 변화는 아니지만 미세한 표현의 수정을 가한 것이다. 1988년 개정된 미·일 원자력 협력 협정처럼 포괄적 승인을 하지 않으면서, '협의'라는 장치를 통해 한국의 핵연료 주기 확보를 통제하겠다는 의지다. 앞으로 '협의'라는 통로를 통해 요구를 관철하는 것은 한국 정부의 의지와 역량에 달려 있다.

미국을 설득하는 한국의 명분과 논리는 여러 측면에서 제시할 수 있다. 첫째, 한국은 세계 5대의 원자력발전 국가로서 에너지 안보 차원에서 핵연료 주기의 보유가 필요하다. 둘째, 미국이 대만이나 남중국해 문제를 둘러싸고 중국과 무력 충돌하면 인·태 지역의 미국 군사력이 분쟁 현장에 집중해야 한다. 이 경우 한국은 핵을 가진 북한의 공격 위험에 노출되므로 최소한 잠재적 수준에서나마 자체 핵 능력 보유가 필요하다. 셋째, 한국의 현재적 또는 잠재적 핵 능력이 아시아에서 미국이 중국과 러시아에 대항하는 부담을 줄이는 데 기여할 수 있다. 넷째, 한국이 직접 핵무장으로 가는 것이 아니라, 어디까지나 국제원자력기구의 감시를 포함한 철저한 안전장치 속에서 원전용의 저농축(농축도 20% 미만)에 국한한다.

물론 미국은 핵의 평화적 이용과 군사적 이용 사이에는 방화벽이 얇기 때문에 군사적 전용 가능성을 우려할 것이다. 그러나 이 점은 핵을 평화적으로 이용하는 모든 국가에게 적용되는 조건이다. 한국이라고 특별히 제약받을 이유는 없다. NPT는 조약 제10조 1항에 '비상사태'에서 3개월 전 사전 통고 후 탈퇴할 수 있도록 규정했다. 한국의 NPT 조약 탈퇴는 한·미 동맹 자체를 희생해야 할 만큼 비상한 상황에서나 발생할 수 있을 것이다.

한국은 1970년대 시도했다가 실패한 경우처럼 핵무기를 '은닉형'으로 개발할 수도 없고 그럴 필요도 없다. 국제법적 관점과 한·미 관계에 미칠 영향은 물론 기술적 가능성의 측면에서 볼 때도 비밀리에 추진할 타당성이 없다. 반면에 국가 생존의 위기를 감지한 상태에서 다른 선택의 여지가 없을 경우, NPT 10조에 규정된 탈퇴 권한을 발동해야 한다. 국가 존립의 안보 위기에서 자체 핵무기를 개발할 수 있는 예비 능력을 갖추는 것은 주권 사항으로서 지극히 당연한 자세다.

먼바다에서 발생하는 태풍의 눈처럼, 국가의 안위 자체를 덮칠 위태로운 조짐이 나타나면 핵보유국으로 등장할 태세를 갖추고 있어야 한다. 한국이 이런 수준의 잠재적 핵 능력을 갖추는 것 자체가 북한의 핵 위협을 억제하는 동시에 미국 핵우산의 약화도 방지하는 양면적 효과를 가질 것이다.

단, 이런 판단을 내리는 과정에서 한·미 상호방위조약, 한·미 원자력 협력 협정, 그리고 핵확산금지조약의 조문과 정신에 따라 미국과 협의한다는 입장을 견지할 필요는 있다. 고농축우라늄과 무기급 플루토늄, 기폭 장치, 운반 수단, 제어장치, 실험 시설 등 핵무기 제조의 핵심 구성 요소 중에서 NPT 규정의 문턱을 넘지 않는 선에서 잠재적 수준의 능력을 유지하겠다는 것이다. 한마디로 한국의 에너지 안보 수요와 정치 군사적 환경을 감안할 때, 원자력의 평화적 이용과 잠재적 핵 능력에 한정한다는 보장책을 마련하면, 핵 예비 태세를 굳이 비밀리에 추진할 필요가 없을 것이다.

2024년 2월 윤석열 대통령은 "(자체 핵무장에 대해) 핵 개발 역량은 우리나라 과학기술에 비추어 마음만 먹으면 시일이 오래 걸리지 않는다"고 했다(2024년 2월 7일 KBS 방송 신년 대담). 실제와는 거리가 있는 판단이다. 한국은 최소한의 기본으로 필요한 우라늄 농축이나 재처리 능력도 갖추고 있지 못하고 있다. 나아가 초보적 핵폭발 장치를 개발하더라도 이를 소형화/경량화시켜 군사적 배치가 가능한 수준으로 무기화하는 데는 일반의 통념보다는 더 많은 시간이 필요하다. 따라서 NPT 체제가 허용하는 범위 내에서 최대한 '무기화' 이전 단계에 접근해 있도록 하는 정책이 필요하다.

독일은 1990년 9월 통일 직전에 소위 '2+4 합의'(정식 명칭은 '독일 문제의 최종 해결에 관한 조약Treaty on the Final Settlement with Respect to Germany')를 통해 핵무기의 제조, 보유, 통제를 포기하기로 선언했다. 한국도 만약 통일이 도래한다면 독일과 같은 선언을 할 수 있을 것이다. 그러나 가까운 장래에 통일의 가능성이 없는 상태에서 핵을 보유한 북한의 직격 위협하에 살고 있다. '한반도 비핵화 공동선언'이라는 이미 무효화된 합의를 붙들고 핵연료 주기까지 포기하면서 독일이 통일 당시에 선택한 길보다 훨씬 엄격한 제약에 얽매여 있는 것은 합리적이지도 현명하지도 않다. 더욱이 독일도 실제로는 유사시 자체 핵무기를 바로 개발할 역량을 갖추고 있다.

2023년 7월 핵미사일(트라이던트Trident)을 탑재한 미국의 전략핵 잠수함 켄터키함이 부산에 기항했다. 미국 백악관의 캠벨 인도 태평양 조정관은 2023년 8월 18일 "미국의 핵전략 잠수함이 수십 년 만에 처음으로 현재 부산에 기항 중이다"라고 공개했다. 한반도 내에 핵무기의 보유와 반입을 금지한 한반도 비핵화 공동선언은 북한의 핵 보유로 이미 사실상 무효화된 상태이지만, 미국은 공식적으로는 이 선언이 유효함을 지속적으로 강조해왔다. 그러나 캠벨의 이 발표를 통해 미국도 공개적으로 한반도 비핵화 공동선언의 종언을 고했다.

한·미 원자력 협력 협정의 운용과 개정

2015년 한·미 원자력 협력 협정의 개정을 통해 한국의 우라늄 농축을 위한 절차적 규정은 마련되었다. 협정 서문에 양측은 "한국이 원자력을 평화적 목적으로 연구하고 생산하는 '불가양의 권리'가 있음을 확인한다"고 선언했다. 아울러 종전의 '농축과 재처리 포기 조항'(소위 '골드 스탠다드', U.S. Atomic Energy Act of 1954의 123조)도 포함시키지 않았다. 한국의 우라늄 농축과 재처리 자체를 반대해온 지금까지 미국의 입장이 이치와 명분에 맞지 않다는 점을 받아들인 것이다. 한국의 원자력 활동을 위해 상징적이면서 의미 있는 진전이었다.

개정된 협정에는 '한·미 고위급 위원회를 통해 일정한 절차와 기준에 따라 한국이 미국산 우라늄 또는 장비를 이용하여 우라늄을 20% 미만으로 농축하고자 할 경우, 양국이 합의하여 추진할 수 있다'고 규정했다. 과거에는 미국이 '동의'해야 농축이 가능했던 것을 '합의'하면 가능하다는 문구로 변경했다.

그러나 미국이 '합의'해주지 않으면 미국 원산의 장비, 물질, 기술을 사용하는 한국으로서는 농축이 불가능하다. 얼핏 언어적 착시 효과는 있을 수 있어도, 결국 '동의를 얻는 것'과 '합의에 도달하는 것' 사이에는 실질적 차이가 없다.

그럼에도 주목할 점은, 협정 전문에 이례적으로 'NPT 당사국으로서의 평화적 원자력 이용 권리'를 확인하는 동시에, 양국 간 원자력 협력을 확대함에 있어 주권의 침해가 없어야 한다는 내용을 명시한 것이다. 또한, 농축과 재처리 등을 포함한 제반 원자력 활동에 있어 '상대방의 원자력 프로그램을 존중하고 부당한 방해나 간섭을 해서는 안 된다'는 규정까지 포함되어 있다.[52] 앞으로 협상에 있어 한국의 입장을 강화하는 데 필요한 근거가 될 수 있다.

이 개정에서 양측은 한국이 소위 '건식 재처리pyroprocessing' 연구를 계속하는 데 합의함으로써 마치 한국이 사용 후 핵연료의 '재처리' 권한을 갖게 되는 것 같은 인상을 주었다. 그러나 연구의 결과로 건식 재처리를 할 경우 무기급 플루토늄이 생산되지 않는다는 조건, 즉 '핵 확산 저항성'을 충족해야 이 방식을 실행할 수 있다. 그런데 아직까지는 이 방식이 무기급 플루토늄을 생산하는 것으로 간주된다.[53] 국내 과학계 일각의 의욕에도 불구하고 이 전제의 충족은 먼 장래에까지 실제가 아닌 '가능성의 영역'에 남아 있을 것으로 보인다.

핵과 미사일 문제를 두고 필자와 오랜 대화를 나누어 온 미국 정부의 한 전직 관리는 비공식 대화에서 "파이로프로세싱도 결국은 무기급 플루토늄이 파생되는 '핵 확산형' 재처리 범주에 속하는 것으로 판명될 것이고, 따라서 상용화는 어려울 것이다. 그런데 한국의 과학계 일부에서 그 반대의 기대를 갖고 추진하는 것으로 보인다"는 견해를 표시한 적이 있다.

한국이 개정된 협정에 근거하여, '농축도 20% 미만의 우라늄 농축'을 추진하기 위해서는 정부가 미국의 '합의'를 이끌어 내도록 정상 외교를 포함한 최고의 역량을 동원해야 할 것이다. 저농축을 통해 군사용이 아닌 순전히 원전용 연료 확보라는 1차 목표의 달성에 중점을 두는 것이다.

물리학적 난이도를 개략적으로 계산할 경우, 천연 우라늄을 20%까지 농축하는 데 소요되는 시간과 에너지의 약 1/10을 추가 투입하면 90% 이상의 무기급 농축에 도달할 수 있다(이란의 우라늄 농축 상황을 관찰하는 사이트 iranwatch.org의 분석을 종합한 평가임). 따라서 국제 관행상 저농축으로 간주되는 20% 미만의 농축에 도달해두면, 비상시 무기급 우라늄의 확보 기간을 그만큼 단축할 수 있을 것이다.

핵폐기물의 관리 차원이라지만 사용한 핵연료를 재처리하면, 무기급 플루토늄이 추출된다. 따라서 재처리는 핵무기 개발 의지를 명시적으로 공개하는 것과 같다. 무기급 플루토늄의 경우, 핵실험을 거쳐야 무기로 완성되는 난점도 있다. 반면에 우라늄 저농축은 원전용 연료 확보라는 경제적 명분이 앞서면서, 앞으로 무기급 고농축으로 갈 수 있는 기반을 확보하는 장점이 있다. 우라늄의 농축은 과정이 어려운 대신 일단 무기급 농축 상태에 도달하면 별도의 핵실험 없이도 핵무기 제조까지 상대적으로 쉽게 갈 수 있다.*

---

* 미국이 히로시마에 투하한 '리틀보이'는 농축우라늄을 이용하여 실험 없이 개발에 성공한 사례다. 그럼에도 불구하고 근래 정교한 핵무기 제조를 위해서는 단순히 폭발뿐 아니라 효과까지 측정하기 위한 적정 수준의 실험이 필요한 것으로 판단된다.

Tip 15 ▶

한국의 잠재적 핵 능력과 미국의 이익

북한의 핵 개발이 국제사회의 골칫거리로 대두된 이래 미국의 대응은 두 갈래에 집중되었다. 하나는 북한의 핵 위협 자체를 막는 것이고, 다른 하나는 한국과 일본의 핵무장으로 연결되는 것을 막는 데 있었다. 그런데 한국이 IAEA의 철저한 감시하에 저농축우라늄을 생산할 경우, 역설적으로 미국으로서는 일거삼득의 효과를 기대할 수 있다는 논리도 가능하다.

첫째는 북한에 대한 경고 효과다. 북한이 핵을 포기하지 않고 핵 능력을 계속 확장하면 한국이 자체 핵무기를 가질 가능성이 커지고, 결국 북한의 대남 핵 우위 효과는 축소될 것이기 때문이다. 둘째는 중국으로 하여금 북한의 핵을 억제하는 데 더 적극적 자세로 임하게 할 수 있다. 셋째는 미국의 핵우산 신뢰도에 대한 한국의 우려를 줄일 수 있다. 기존 미국의 핵우산에 추가하여 여차하면 한국의 '잠재적' 핵무기 역량을 '현재적' 무기로 바꾸는 예비장치 기능을 할 수 있기 때문이다. 넷째로 더 강력한 동맹 파트너를 가짐으로써 대중 견제망을 강화하는 데 도움이 된다.

물론 미국으로서는 잠재적 핵 확산, 중국과 북한에 대한 자극, 한국의 핵 역량 제고에 따른 미국의 영향력 감소 등 부정적 기능이 파생되는 것을 우려할 수 있다. 그럼에도 불구하고 한국의 잠재적 핵 능력 추진이 갖는 순기능과 역기능을 비교할 때, 한·미 동맹 강화를 위시한 미국의 이익에 부합하는 효과가 더 크다는 점을 강조할 수 있다. 이런 논리는 공개적인 경로보다는 양국 정부와 학계 사이에 조용히 인식을 공유하는 방식을 택하는 것이 좋을 것이다.

한편, 중국이 무엇보다 대만의 핵 개발을 자극할 가능성 때문에 거세게 반

> 대할 것이 예상된다. 그러나 북한의 핵 개발을 억제하지 못하고 있는 중국이 내세울 반대의 명분으로는 미약하다.

그간 민수용의 우라늄 농축은 러시아, 프랑스 외에 다국적 합작 농축 회사(유렌코URENCO)에 공동 참여하는 영국, 독일, 네덜란드를 중심으로 이루어졌다. 미국은 경제성을 이유로 이들 5개국으로부터 원전용 저농축우라늄을 수입하면서, 같은 논리로 한국의 자체 농축에 반대해왔다.

그러나 미국은 2010년부터 유렌코 USA에서 저농축우라늄을 생산하기 시작했다. 나아가 최근에는 소형원자로Small Modular Reactor, SMR를 이용하는 차세대 원전을 개발하면서 5~20%의 '고순도 저농축우라늄High-Assay Low-Enriched Uranium, HALEU' 농축 시설에 착수했다.[54] 특히 빅 테크 기업들이 인공지능AI 데이터 시설의 가동에 소요되는 막대한 전력 수요를 충족하기 위해 SMR 가동을 중시하고 있다. 러시아와 중국도 HALEU 제조 시설을 가동 중이다. SMR을 개발 중인 한국이 농축의 명분에 추가할 수 있는 논리다.

트럼프 행정부(2기)는 사우디아라비아와 우라늄 농축 기술에 대한 협상을 벌이고 있다. 미국은 기술 이전의 조건으로 무기 제조 금지, 제3국 기술 이전 금지, 사우디아라비아-이스라엘 외교 관계 수립, 사우디아라비아의 대미 투자(6천억 달러)를 조건으로 제시 중인 것으로 알려졌다.[55] 한국의 대미 협상에서 유의할 현상이다.

협상의 자세

우라늄 농축을 위한 한·미 원자력 협력 협정의 개정과 운용의 방향을 생각하면, 2000년 말 타결된 한·미 미사일 협상 현장의 한 장면이 떠오른다. 1998년 6월 김대중 대통령과 클린턴 대통령은 워싱턴 정상회담에서 한국의 미사일 사거리를 180km 이내로 제약해온 소위 '한·미 미사일 양해각서'를 개정한다는 원칙에 합의했다. 이에 따라 필자를 수석대표로 한 한국 대표단은 미국 측과 수차에 걸친 실무 협상을 거치며 미사일의 '사거리/탄두 중량'을 300km/500kg까지 개발·획득할 수 있도록 미국이 동의해줄 것을 설득했다.

이 과정에서 미국은 한국의 미사일 개발 공정을 과도하게 세세한 부분까지 미국이 감시할 수 있는 장치를 만들 것을 요구했다. 이에 대해 한국 측은 "이 양해각서는 기본적으로 한·미 동맹이 가동되고 있기 때문에 유효한 것이다. 동맹의 상대를 그 정도로 믿지 못하면, 동맹의 유지 자체가 어렵다. 이런 양해 자체도 아무 의미가 없다"면서, 협상의 근간에 대한 생각을 밝혔다. 결과적으로 적절한 수준에서 한국의 미사일 개발에 대한 정보를 미국과 공유하기로 합의를 보았다.*

그런데 2000년 미국 호놀룰루에서 열린 마지막 단계의 협상에서 장애물이 돌출되었다. 미국 측은 한국의 민간기업이라 하더라도 독자적으로 무인비행기Unmanned Aerial Vehicle, UAV, 즉 드론drone을 개발하는 것을 한국 정부가 금지할 것을 요구했다. 드론이 순항 미사일로 분류되는 첨단 군사 기술이기 때문에 한·미 합의에 의해 통제해야 한다는 것이었다. 당시 이미 여러 나라에서 무인 소방 헬기 같은 드론의 상용화가 시작되고 있는데도 안보상의 이유를 동원한 것이었다. 현장에서 구체적으로 확인되지는 않았지만, 미국 드론 제조 회사의 입김이 작용했을 수도 있는 것으로 보였다.

---

* 한국은 1979년 '현무' 미사일을 개발하면서 사정거리 180km를 넘지 않는다는 조건하에 미국으로부터 핵심 기술을 이전받았다.

이에 대해 한국의 협상 팀이 민간의 상업용 드론 개발까지 정부가 통제할 수는 없다며 반박하자, 미국 측은 한국의 실무진이 그렇게 반대한다면 하는 수 없이 '정치적 해결'을 찾을 수밖에 없다고 압박했다. 이에 대해 한국 팀이 '정치적 해결'이라 함은 백악관이 청와대와 직접 해결하겠다는 것이냐고 다그치자 미국 측은 '비슷한 의미'라고 반응했다.

한국 팀은 그 자리에서 "그렇다면 백악관이 청와대와 직접 대화해라! 여기서는 더 이상 협상할 필요가 없다. 우리는 바로 서울로 돌아가겠다. 그런데 미국 측도 한 가지는 아는 게 좋겠다. 백악관이 청와대는 설득할 수 있을지는 모르지만, 청와대가 여기 있는 한국 실무자들을 설득할 수는 없을 것이다"라고 통보하고 협상장을 떠났다. 그날 늦게 미국 팀의 요청으로 협상은 재개되었다. 그 후속으로 몇 차례 더 협상을 한 후, '드론 조항'을 위시한 잔존 쟁점들이 한국의 입장에 가깝게 타결되었다.[56]

지난 일을 소환한 이유는, 한국의 미사일 능력과 핵 능력 문제는 그 비중에 차이가 있지만 협상의 기본구도에는 유사점이 많기 때문이다. 대량 살상 무기를 구성하는 핵과 그 운반 수단이라는 점, 미국의 원천 기술을 활용해서 한국이 개발한다는 점, 미국의 절대적 영향 아래에서 한국이 최소한의 자율 범위를 갖겠다는 점 등이다. 무엇보다도 한국이 국가 안보와 위상에 관해 미국을 상대로 한 협상에서 대통령은 원칙론적 입장을 밝히고 실무진에서부터 배수진을 친다는 각오와 치밀한 계획이 있어야 진전을 볼 수 있다.

당시 한국 실무진은 사전에 청와대와 교감하지는 않았지만, 만약 실제로 미국이 청와대를 압박한다면 미국의 부당성을 공개적으로 거론할 준비를 하고 있었다. 미국 팀도 그런 분위기를 감지한 것으로 보였다. 정당성과 타당성이 결여된 조건을 요구한 데 대해 동맹국이 이를 거부했다는 사실이 알려지는 것은 한국이 감당하고 싶지 않은 일이지만, 미국으로서도 큰 부담이 되는 일이다. 세계적 동맹 네트워크 관리에 오점과 허점을 함께 드러낼 것이라는 점을 미국이 누구보다 더 잘 안다.

앞으로 한국의 핵연료 주기와 관련된 협상에서 진전을 보려면 실무진이 결의에 찬 행동을 보여야 할 때가 있을 것이다. 설사 그런 자세로 인해 대미 관계에 파장을 일으켜 신상에 불이익을 받더라도 국가이익을 지키기 위해 "해야 할 일을 했다"는 명분은 남을 것이다. 그래야 국가 지도자가 최종적으로 미국 같은 나라를 상대로 한국의 의지를 관철할 때 힘과 탄력성을 발휘할 수 있다. 미래를 보는 지도자의 판단, 수렴된 여론의 힘, 실무진의 논리와 결기라는 3박자의 조합이 있어야 할 일이다.

트럼프 행정부(2기)가 들어와서 과거 어느 때보다도 동맹을 경시하는 자세를 취하고 있다. 과거의 협상 사례가 더 이상 의미 없는 시대가 도래한 것으로 볼 수도 있다. 하지만 다음에 들어올 미국 행정부는 물론 당장의 트럼프도 동맹국들과 격리된 상태에서는 "미국을 다시 위대하게 만든다Make America Great Again, MAGA"는 구호를 결코 실천하기 어려울 것이다. 어느 시기이건 스스로 견고한 협상 자세를 갖추고 있는 것이 필요하다.

Tip 16 ▶

핵 역량 증강
비판과 반론

윤석열 대통령이 2023년 1월 북한의 핵 위협이 악화되면 미국에 전술핵 배치를 요청하거나 자체 핵 보유까지도 고려해야 한다고 발언했다. 이에 대해 국내외에서 1970년대 박정희 정부가 비밀리에 핵 개발을 시도하다 실패한 사례를 소환하면서 비판적인 견해들이 쏟아졌다. 한·미 동맹이 그때보다 공고하기 때문에 자체 핵이 필요 없고, 만약 시도한다면 경제와 안보에 대한 외부의 압력이 막대할 것이며, 핵실험을 할 공간도 없을뿐더러 국내 반발을 극복하기도 어려울 것이라는 점을 주된 이유로 제시했다.

이들은 또 한국의 핵 개발은 북한의 대응을 불러와 한반도 핵 군비경쟁을 악화시킬 것이며, 한국의 국제적 위상을 저해할 것이라고 비판했다. 나아가 한국의 대통령이 북한의 김정은과 같은 불법 핵 개발자의 반열에 놓일 것이라고 경고하면서, 위험한 도박을 자제해야 할 것이라고 충고하기도 했다. 당시 윤 대통령이 핵무장까지 포함하는 정제되지 않은 발언으로 비판을 초래한 측면이 있다. 또 한·미 동맹의 견고성과 외부의 반대 압력 가능성에 대한 지적은 나름의 논거를 갖고 있다.

그런데 비판론자들의 논점은 핵 역량 자체의 필요성에 대한 논의와 필요를 충족시킬 실천적 방안보다는, 북한의 맞대응으로 인해 한반도의 핵 군비경쟁을 유발시킬 것이라는 데 중점을 두었다. 이는 전형적 '인질' 심리다. 자국의 안보 태세를 위해 국제법의 테두리 내에서 정당한 시도를 강구해볼 수 있다는 관점이 더 적절할 것이다.

무엇보다도 비판론자들은, 한국이 '잠재적 핵 역량'을 확보하는 것과 '실제 핵무기'를 개발하는 것을 구분하지 않으려 한다. 결국은 NPT에서 탈퇴하여 핵무기를 만들 것이라는 사전 결론부터 먼저 내린 상태에서 반대 논리를 구성하는 경향이 있다. 일본, 독일, 네델란드, 브라질, 아르헨티나처럼 정당하게 잠재적 핵 역량을 구축한 사례를 주목할 필요가 있다.

덜 위험하고 덜 무거운 선택

한 개인이 타인에 대한 의존도가 높으면 스스로의 자유가 제약받는 것처럼, 한 국가도 다른 나라에 대한 의존도가 높으면 국가 전체 차원의 자유가 제약될 수밖에 없다. 한국이 자신의 안보를 미국의 핵우산에 의탁하면 한국은 미국의 의지로부터 자유로울 수 없다. 미국과 한국은 많은 부분에 걸쳐 이익이 겹치지만 상충되는 것도 많다. 특히 미국의 행정부 교체 차원을 넘어 지속적으로 '미국 우선주의'가 고조되고 있다. 반면에 한국의 외교 영역과 경제 규모는 커지고 있다. 그만큼 서로 조율하고 타협해야 할 이익의 상충 범위가 넓어진다.

미국의 대중 견제 전략에 있어 한국이 선봉 역할을 짊어져야 하거나, 원치 않는 제3지역의 분쟁에 직간접으로 연루되는 경우가 빈발할 것이다. 또 한국 기업의 미국 내 투자 확대를 요구받아 결과적으로 한국의 일자리를 미국으로 이전하기도 해야 할 것이다. 국가의 의지가 제약받는 것이다.

국가 경영의 기본 중에 안보 분야는 특히 보수적 판단에 기초한 정책으로 대비해야 한다. 만에 하나라도 북한과 중국의 핵은 물론 러시아의 핵까지 상대해야 할 상황에서 미국 지도부의 의지나 권능에 문제가 생길 수도 있다고 전제하는 것이 안보 태세의 기초다.

여기에 추가할 또 하나의 고려 요인이 있다. 연방정부의 권능이 주州정부로 분산되거나 연방과 주의 충돌이 증가하는 것이 미국 국내 정치의 환경이다. 미국의 전문가들은 연방주의 자체가 흔들리고 있음을 지적하면서, 미합중국United States of America이 미분열국Disunited States of America으로 이행해 간다는 우려를 내놓고 있다. 이로 인해 미국 연방정부가 국제 위기에 신속하고 효과적으로 개입할 수 있는 기능도 저하될 수밖에 없다는 것이다.[57] 트럼프 행정부(2기)는 이런 추세를 가속할 징후를 보이고 있다.

하스Richard Haass 전 미국 외교협회장은, 이라크에서 부시의 과잉 행동, 중동에서 오바마가 취한 개입 축소, 트럼프의 '거래 위주' 대외 정책이 이어지면서 미국의 세계적 역할에 대한 미국 안팎의 혼돈이 갈수록 커지고 있다고 우려했다. 그는 앞으로의 전망도 낙관적이지 않다면서, 미국의 동맹국들이 스스로 자구책self-sufficiency을 강화하거나 인접한 강대국의 말에 더 귀를 기울이는 것 외에는 선택의 여지가 없게 될 수 있다고 경고했다.[58] 이런 경고를 뒷받침이라도 하듯이 트럼프(2기)는 전임 바이든의 정책을 뒤집는 정도를 넘어 제2차 세계대전 이후 미국이 주도적으로 구축해온 세계질서 자체를 뒤흔들고 있다.

우크라이나 전쟁으로 인해 일시적으로 NATO가 지리적으로 확장되고 인·태 지역의 미국 동맹망이 강화되면서, 미국의 역할 축소에 대한 우려가 일견 기우인 것처럼 보이기도 했다. 그러나 21세기에 들어와서 미국이 타고 있는 전반적 추세를 직시할 필요가 있다. 특히 미국 내에서는 동맹국 방어에 따른 핵전쟁 연루 가능성을 피하기 위해 '동맹에 대한 핵 공격'과 '미국에 대한 공격'을 분리decoupling시키는 정책이 지속적으로 논의된다. 미국 연방의 대외 정책 기능이 약화되는 추세에 더하여, 핵 방어 전선에서 동맹과 미국을 분리시키려는 심리까지 겹치는 것은 한국이 특히 주목해야 할 시나리오의 하나다.

미국의 학계에서는, 한국이 설사 NATO 수준의 핵 공유를 한다 하더라도 "핵으로 무장한 북한과 함께 살아가는 선택은 본질적으로 위험하다. 그러나 다른 선택보다는 덜 위험하다"고 본다.[59] 모순적이지만 솔직한 진단이다. "한국은 어차피 위험한 환경에 처해 있다. 그렇다고 해서 마땅히 벗어날 길도 없으니 지금의 굴레를 짊어지고 살 수밖에 없다"고 판단하라는 의미다.

미국의 세계 전략에 순응하면서 생존하는 것이 순리라는 전제에서 나오는 것이고, 미국의 입장에서는 타당한 관점일 수 있다. 그러나 한국으로서는 이런 판단을 그대로 받아들인다면 현실에 위험하게 안주하는 길이다. '덜 위험하고 덜 무거운' 선택을 찾는 것이 한국의 과제다.

"가장 비싼 외교가 가장 싼 전쟁보다 싸다"는 경구가 있다. 비슷한 맥락에서 "아무리 비싼 평화도 전쟁보다 낫다"고 한다. 그러나 지금 한국은 '비싸기만 하고 진정한 평화에는 가깝지 않은 길'을 걷고 있다. 지금보다 비싸지 않으면서 진정한 평화로 가는 길을 택해야 한다.

3부

멀어진 한반도 평화와 통일

7
통일은 가까운 장래에 가능한가?

> 없는 것을 생각하지 말고
> 가진 것으로 무엇을 할지를 생각하라.
> -어니스트 헤밍웨이-

수단 없는 목표

통일은 도전할 수 없는 '민족의 당위'로 간주된다. 그 실현 가능성에 대한 판단을 넘어 통일은 한민족에게 '성배'와 같은 존재다. 세대 간의 의식 차이는 있지만 통일이 민족의 정체성과 염원을 품고 있는 가치임은 분명하다. 이런 민족 내부의 정서적 염원을 넘어 실제 통일을 이룰 수 있다면, 한민족은 위대한 융성의 역사를 쓸 수 있는 조건을 갖추게 된다. 특히 세계사에는 한반도와 유사한 위치에 있는 반도국이 지정학적 장점을 활용하여 그 시대의 주역이 된 사례가 즐비하다.

고대 그리스 문명, 로마 제국, 14~20세기의 오스만 제국, 15~17세기의 스페인 제국이 모두 대륙과 해양 또는 대륙과 대륙을 연결하는 반도국의 지리적 이점을 살려서 당대의 주역이 되었다. 또 근래에 와서는 싱가포르나 두바이가 작은 지역이지만 반도의 지경학을 십분 활용하여 실물 크기 이상의 존재로 부각되고 있다.

한국은 노태우 정부 이후 역대 정권에서 북방 정책에 역점을 두었다. 분단 이후 키워 온 해양 국가로서의 특질에 더하여 대륙 국가로서의 장점을 보완함으로써 국운을 확장한다는 철학이 작용한 것이다. 세계사의 교훈을 반영한 민족의 꿈이 녹아 있는 정책이다.[1]

그러나 어떤 꿈이라도 실현시킬 수단이 없으면 그것은 허상에 불과하다. 독일의 심리학자 외팅겐Gabriele Oettingen은 《적극적 사고를 위한 재고 Rethinking Positive Thinking》에서 꿈을 실현해 가는 과정을 네 가지 단계로 설명한다. 소원Wish(W)하는 바의 구체적 결과물Outcome(O)을 설정하고, 그곳으로 가는 과정에 등장할 장애물Obstacles(O)을 식별한 다음, 이를 극복할 계획Plan(P)을 세운다는 것이다. 이름하여 'WOOP'이다.[2] 한반도 통일의 꿈에 대입해볼 가치가 있다.

한국은 분단 이후 민족의 융성과 영광이라는 소원(W)의 구체적 형상을 민족 통일이라는 결과물(O)로 설정했다. 그리고 남·남 갈등, 남·북 대립, 외세의 개입이라는 통일의 장애물(O)을 극복하고자 국론 통합, 남·북 화해와 평화체제 수립, 한반도를 둘러싼 미·중 대립의 극복이라는 계획(P)을 추진했다. 그러나 지난 80여 년에 걸쳐 장애물(O)을 극복하기 위한 계획(P)의 어느 한 부분도 진전을 보지 못했다. 오히려 후퇴했다고 보는 것이 적절할 것이다.

국내적으로는 통일의 방법과 대북 정책을 두고 좌우가 끝없이 분열과 대립을 거듭했다. 보수는 한국의 우세한 체제로 북한이 흡수될 것이라는 진화론적 시각에서, 진보는 민족의 단결을 통해 외세의 개입을 배제하면 꿈을 이룰 수 있을 것이라는 민족지상주의적 시각에서 통일 문제에 접근해왔다. 이는 한국의 밖에서 보는 객관적 관찰이기도 하다.[3]

남과 북의 관계는 북한이 핵무장 국가로 등장함으로써 후진 장치 없이 선로에 오른 기차와 같은 형국이 되었다. 게다가 북한은 2023년 말 소위 '적대적 두 국가 관계'를 선언했다. 북한 체제의 성격상 통치에 필요하다고 판단되면 정책의 전환은 언제든지 가능할 수도 있다. 그러나 좀 더 깊이 보면, 김정은의 이 선언은 정권과 체제의 생존을 위해서는 불가피한 선택으로서, 이미 상당 기간에 걸쳐 북한 정권의 내부에 굳어진 판단에 따른 것으로 보인다.

대외적으로는 미국과 중국이 신냉전 상태로 돌입함으로써 한반도 분단에 작용하는 원심력은 더 커졌다. 통일을 위한 주변국의 설득이 더욱 어렵게 된 것이다. 예견할 수 있는 장래에 이런 장애물들이 스스로 해소되거나 한국이 주도하여 극복할 가능성은 희박하다. 그런데도 우리는 민족의 염원이라는 명분과 헌법의 조항을 거론하면서, 통일을 국가정책의 전면에 내세우고 있다.

이런 현실을 냉정한 시각에서 진단하는 정치학자 최장집은, 지금까지의 통일 정책이 현실성과 무관한 학자들의 '지적 작업'이며 '가공의 정치 기획'에 가깝다고 보았다. 그는 "한반도 통일은 장기적이면서 현실적인 평화공존의 비전이 실재할 때 그릴 수 있는 꿈이다. 그렇지 않으면 우리는 이솝의 우화 〈여우와 신 포도〉에 나오는 여우와 같은 존재로 전락할 수 있다"고 경계한다. 통일이라는 포도를 따기 위해 뛰어올라 봤으나 도저히 손이 닿을 수 없는 높은 곳에 있다는 것을 알고 나서는 "어차피 익지도 않은 신 포도이니 포기하고 가자"면서 스스로 위안을 찾는다는 것이다.[4]

우리도 이솝의 여우처럼 성공 가능성이 없는 뜀뛰기를 반복하면서 자기 위안에 빠질 가능성이 커지고 있다. 이런 함정의 위험에서 벗어나려면 WOOP 방식으로 느리고 먼 길이라도 가능성을 살려 두는 통일 정책으로 전환해야 한다.

독일통일의 교훈

두 차례에 걸쳐 민족 통일과 재통일의 길을 걸었던 독일의 역사는 대내 정책과 대외 정책에 있어 한국에게 주는 일정한 함의가 있다. 1871년 프로이센 주도로 독일의 1차 통일을 이룬 후 재상 비스마르크 Otto von Bismark는 "신의 도움이 있어야 이룰 수 있었던 일"이라고 회고했다.[5]

프로이센은 경제와 군사라는 힘을 바탕으로 정교한 외교와 일련의 과감한 전쟁을 결합하여 통일을 이루었다. 하지만 당시 천운이 도와주지 않았으면 불가능했다고 본 것이다. 독일의 통일을 저지하려는 프랑스, 영국, 러시아의 국내 정세와 당시 국제 관계가 절묘하게도 모두 독일의 통일에 유리한 방향으로 움직였음을 적시한 것이다.

1990년 독일이 2차 통일을 이룬 경우도 유사한 교훈을 준다. 서독은 제2차 세계대전에 대한 죄의식과 책임을 머리에 이고 살면서 통일을 결코 내세우지 않았다. 초등학교 교과서에 통일이라는 말 대신 독일의 지도가 어떻게 변화했는가만 보여줄 정도로 조용한 자세를 취했다. 그 대신 자체 국력을 키우는 데 치중했다.

그러던 중 소련이 붕괴하고 미·소 냉전이 종식되는 세계 정치 구도의 격변 기회를 잡아 통일을 이루었다. 시대의 바람을 제때 탈 수 있는 자세를 갖추고 있었던 것이다. 무엇보다도 연립내각으로 구성되는 정치 구조의 특성을 살려 통일 문제에 대한 국내적 분열을 축소했다. 대외 정책의 지속성을 유지할 수 있었기에 결정적인 시기에 주변국을 설득할 수 있었다.

한 나라의 운명은 지도자가 현실을 얼마나 직시하고, 자국의 역량을 얼마나 정직하게 평가하느냐, 그리고 그에 기초하여 정책을 얼마나 잘 추진하느냐에 달려 있다. 이를 두고 문화인류학자 다이아몬드Jared Diamond는 독일의 '통일-파멸-재통일'에 등장하는 지도자의 역할을 다음과 같이 간명하게 설명한다.

"1871년 탁월한 현실주의자인 비스마르크가 빌헬름 1세를 보좌하여 독일의 1차 통일을 이루었다. 그러나 얼마 후 현실 인식 능력이 모자라는 빌헬름 2세가 등장하여 제1차 세계대전으로 몰고 갔고, 1918년 결국 패전으로 몰락했다. 그 후 다시 제2차 세계대전에서 히틀러가 초기의 군사적 성공에도 불구하고 1941년 소련 침공과 대미 선전포고를 동시에 결정하는 비현실적인 행동으로 파멸했다. 그러나 제2차 세계대전 후 독일의 지도자들이 패전의 냉정한 현실을 받아들였다. 특히 브란트Billy Brandt 총리가 동독의 존재를 인정하고 과거의 영토가 상실된 것을 용기 있게 수용했다. 고통스럽지만 현실에 정직한 그의 정책이 20년 후 독일을 재통일시키는 결과를 가져왔다."[6]

역사는 필연적 인과관계에 따라 움직이는 것이 아니라 우연한 사건의 연속으로 이루어지는 것이 대부분이다. 한국의 경우, 북한과 사실상 별개의 국가로서 소극적이나마 안정을 유지하면서 자체 국력을 키우고 있어야 한다. 그 과정에서 계획되지 않은 사건들이 '신의 도움'으로 조합을 이루고, 통일의 기회도 올 수 있다. 반면에 '통일'을 내세우고 있으면, 안정적인 공존을 지속시키는 것 자체가 어렵다. 설사 우연한 사건들의 집합으로 통일에 유리한 국제 정세가 전개되더라도 그 기회를 잡기 어려워진다.

Tip 17 ▶

분단의 씨앗

우리는 흔히 한반도 분단의 배경을 두고 외부 세력의 원심력을 거론한다. 제2차 세계대전 말기에 소련이 아시아에서의 영향력 확장을 위한 사전 계획 하에 한반도를 포함한 동북아시아로 진출했고, 이에 대응하여 미국이 편의에 따라 38선으로 나누어 한반도를 관리함으로써 분단의 씨앗이 뿌리를 내렸다는 역사 인식을 갖고 있다. 다분히 맞는 말이다.

한편으로는 분단의 배경으로 강대국의 원심력을 거론하면서도 한반도 내부의 권력투쟁에 더 무게를 두는 경우도 있다. 세계 역사학계의 일각에서는, 일본의 패전 이후 드세게 발호한 민족주의 세력의 대표 주자였던 김일성과 이승만의 권력 쟁취 야심이 미·소 초강대국의 세력 야심보다 더 강력하게 분단을 초래했다고 분석한다.[7] 이런 논지의 객관성 여부는 차치하고라도, 분명한 것은 한반도 내부의 권력 갈등이 결코 80년 이전보다 약화되지 않았고, 앞으로도 약화되기 어려울 것이라는 점이다.

국내 학계에서도 비슷한 시각이 있다. 해방과 분단, 그리고 한국전쟁과 전후 역사에 대해 "현대사의 비극은 결국 사람이 저지른 업보였고, 그 가운데 일부만 우발이론Contingency Theory으로 메꿀 수 있다"고 평가하는 것이다. 사람이 독립변수이고 이념·체제나 강대국의 입김은 그 종속변수라고 보는 경우다.[8]

물론 당시 분단의 배경에는 소련의 전략적 야심과 미국의 편의주의적 대응이 작용했다. 그러나 "레닌v. Lenin이 왔더라도 설득이 될 수 없는 상황"이 벌어질 만큼 신탁통치를 두고 민족 내부가 균열되었다. 반탁과 찬탁 운동의 충돌이 돌이킬 수 없는 분단의 골짜기로 한반도를 몰고 갔다. 그 배경에는 이성

> 적이거나 우국적 동기보다는 걱정에 휘말린 가슴의 소리와 자신의 앞날을 걱정하는 소리小利가 더 크게 작동했다는 것이다.[9]

통일에 필요한 4대 역량

한반도 통일을 위해서는 네 가지의 기본 역량을 갖추어야 할 것이다. 국민 통합, 남·북 화해, 사회경제적 수용, 주변국 설득이라는 조건들이다.

첫째는, 통일 의지에 대한 국민의 응집력과 통일 정책에 대한 국론의 통합 능력이다. 한반도 통일 전망에는 독일의 경우가 자주 등장한다. 독일의 통일은 여러 요인들이 결합된 결과이지만, 무엇보다도 1966년 '기민-사민' 대연정 후 24년에 걸쳐 정권을 초월하여 대체적으로 일관성 있는 정책을 추진하면서 기회를 포착했다. 북한의 지도자가 세 번 바뀌는 동안 한국은 14명의 지도자가 등장하고 그때마다 통일 정책은 크게 요동쳐 왔다. 민주국가의 선거에 의한 정권 교체는 당연하지만, 5년 기한의 정권을 넘어서는 지속적 정책이 없이는 북한은 물론 동맹국과 주변국을 설득하기 어렵다.

둘째는, 남과 북이 화합할 수 있는 역량이다. 대결 완화를 통해서 북한 정권을 넘어 주민의 의식 변화를 유도하고, 사회·경제·문화의 교류를 통해 남·북 간의 화합을 이룰 수 있는 역량을 보여야 한다. 그간 이러한 화합을 향한 한국의 많은 노력이 주로 북한 해이라는 장벽에 부딪혀 허사로 돌아갔다. 한반도의 주인 역할을 해야 하는 한국이 예측 가능한 장래에 이 장벽을 넘어설 가능성은 희박하다. 한국이 북한을 이끌어 오지 못하면, 어느 누구도 핵 포기를 포함한 북한의 자세를 변화시키기 어렵다.

셋째는, 통일의 기회가 왔을 때 사회적·경제적으로 수용할 수 있는 역량이다. 남·북 간의 경제협력을 통해 격차를 축소하고, 통일의 비용과 충격을 흡수할 수 있는 능력이 필요하다. 국가의 재정 건전성이 뒷받침해주어야 통일 후 반드시 필요할 대규모 개발과 사회경제적 통합을 위한 자체 재원 조달, 그리고 국제 컨소시엄 구성도 가능하다. 큰 문제는 사회적 수용 능력이다. 통일로 인한 사회경제적 부담을 원치 않는 인구가 지속적으로 증가하는 상황에서 통일을 기대하기는 어렵다.*

넷째는, 주변국을 설득하고 합의를 이끌어 내는 외교적 역량이다. 한반도 분단의 주요 원심력으로 작용하는 미국과 중국으로 하여금 한국의 통일을 수용토록 설득할 수 있어야 한다. 무엇보다 그들이 공유할 수 있는 통일한국의 미래상을 제시할 수 있어야 한다. '민주주의와 시장경제에 기초하여 비핵화된 상태에서 주변국들에게 위협이 되지 않고 모두에게 우호적인 한반도'가 그런 미래상에 가장 근접한 형태가 될 것이다. 그런데 한국은 먼 장래까지 그런 조건을 갖추기 어렵다. 무엇보다 미국이 수용하는 조건은 중국이 거부하고, 중국이 수용하는 조건은 미국이 거부하기 때문이다.

국내 통합과 남·북 화해

먼저 '국내 통합과 남·북 화해'라는 한반도 내부의 장애를 살펴보자. 정권이 바뀔 때마다 통일 정책과 대북 정책이 바뀌어 왔다. 근래에 와서

---

* 2024년 서울대학교 통일평화연구원 조사에 의하면, 전체 인구의 통일 찬성 비율은 36.9%이지만, 30대는 23.9%, 20대는 22.4%로 갈수록 축소되는 것으로 나타났다.

는 이전 정부의 정책을 수정·보완하는 것이 아니라 기존 정책을 완전히 뒤집는 패턴으로 가고 있다. 대북 정책은 이념 대립과 정쟁의 중심에 자리를 잡고 있다.

남·북 간에도 화해는커녕 정치·경제·문화를 포함한 모든 분야에서 서로의 가치 체계가 접근이 불가능할 정도로 멀어졌다. 비록 짧은 구간에서 해빙의 기류를 잠시 보인 적도 있지만, 전체적으로 볼 때 남·북을 덮고 있는 얼음은 더 두꺼워졌다. 이런 추세와 함께 한국 주민의 의식에도, 특히 젊은 세대의 경우, 통일 자체를 원치 않는 성향이 커지고 있다. 하나의 국민으로 살 수 있기에는 삶의 환경이 너무 이질적으로 변했고, '만약의 통일'로 인한 사회적 혼란과 경제적 부담을 감당하기 어렵다고 판단하기 때문이다.

우리는 자주 독일통일의 경우를 한반도에 대입해보려고 한다. 통일 이전의 독일은 한국과는 달리 민족 내전을 겪지 않았고, 통제된 범위에서나마 사람과 정보의 교류가 이루어지고 있었다. 더욱이 동독은 냉전 시절 공산권에서는 가장 부유한 국가였다.

이런 독일의 경우도 1989년 통일 가능성이 보이자 일각에서 통일의 비용을 거론하며 반대하는 여론이 있었다. 주변 국가들은 '통일독일'의 어두운 시나리오를 던지면서 반대 분위기를 부추겼다. 그러나 독일 국민의 다수는 "사랑하는 두 사람이 함께 아기를 가졌는데 출산과 양육이 두려워 유산시킬 것인가?"라고 반문하면서 통일을 옹호했다.

우리의 경우는 어떤가? 지금까지 통일을 내세우는 정책은 통일보다는 '남·남 갈등과 남·북 대립을 키워 왔다. '만약의 통일'을 받아들일 수 있는 국민 의식을 함양하지 못한 것이다.

주변국 설득

설사 국내 통합과 남·북 화해가 진전되더라도 주변국 설득은 지난하다. 통일의 가장 어려운 요건이다. 한국은 미국과 중국에 대해 통일이 되면 어떤 국가가 될 것인지를 제시하고, 왜 통일이 그들의 이익에 부합하는지를 동시에 설득할 수 있는 미래상을 갖고 있어야 한다. 그런데 지금의 국제 정세 구도에서는 그런 미래상을 그리는 것이 불가능하다. 중국은 미국과 동맹을 맺은 한반도와 국경을 맞대기를 거부한다. 만약의 경우, 한국 주도의 통일이 불가피한 사정이 된다면 중국은 한·미 동맹의 해체를 조건으로 내세울 것이다. 그 조건이 받아들여질 가능성이 없으면 중국은 어떤 수단을 동원해서라도 통일을 저지할 방안을 찾을 것이다.

반면에 미국은 한·미 동맹의 해체는 한반도가 결국 중국의 영향력하에 들어가게 되는 것으로 간주할 것이다. 이는 서태평양에서 미국이 쇠퇴하고, 태평양을 두고 미국과 쟁패하는 중국에 더하여 일본이 또 다른 군사 대국으로 가는 길이다. 비록 트럼프 행정부(2기)가 세계를 세력권으로 나누는 19세기적 질서로 회귀하는 징후를 보이고 있지만, 태평양을 미국의 내해로 간주하는 정책을 포기할 가능성은 희박하다. 미국은 서태평양에서의 세력 구도에 연쇄적 변화를 초래할 한·미 동맹의 해체 같은 변화를 먼 장래까지 거부하고자 할 것이다.

이처럼 동아시아에서 중국과 미국 사이 힘의 균형이 깨지지 않는 한, 그들이 한반도의 통일에 필요한 조건에 합의할 수 없다는 것은 자명하다. 일각에서는 '중국 정점론China Peak'을 거론하면서 미·중 경쟁이 머지않아 끝날 것이라고 예측하는 견해도 있다. 하지만 미국의 대중 전략 자체가 중국의 추락이 아니라 미국을 위협하지 않는 수준에서 '2위의 위치'를 허용하는 데 있다고 보는 시각이 더 유력하다. 물론 중국은 2위가 아니라 최소한 '공동 1위'를 추구한다. 어느 방향으로 역사가 진행될지는 모르지만, 최소한 한반도를 포함한 동아시아에서 미·중 사이 힘의 균형은 오랜 기간 유지될 가능성이 크다.

미·중 대립 양상의 추이와 관련해서, 권위주의 독재국가에서 지도자의 사망이나 교체가 있을 때 어느 정도 체제의 변화도 가능하다는 기대를 하기도 한다. 과거 스탈린과 마오쩌둥 사후에 소련과 중국이 각각 보인 변화를 적시하면서, 시진핑 이후의 중국을 염두에 두는 것이다. 그런데 시진핑의 경우, 최신 첨단과학을 이용하여 과거 어느 독재자 시절보다 강력한 사회 통제 능력을 발휘하고 있다. 나아가 변증법적 역사관을 강조하면서 세계사가 '동승서강東昇西降'의 흐름에 있으며 중국이 그 중심에 있다고 강조한다. 시진핑 이후의 정치 지배 구조는 과거 후진타오 시절과 유사한 집단지도 형태를 띨 가능성이 있지만, 이런 역사관 자체가 바뀔 가능성은 희박하다.

시진핑은, 덩샤오핑-장쩌민-후진타오 시절에 등장한 비교적 자유주의적인 세대를 대체하기 위해 자신의 세계관을 따르는 '민족주의 세대'를 양성하여 집권 엘리트층을 구축했다. 중장기적으로 중국이 어떤 길을 갈지는 예단하기 어렵지만, 이들이 상당 기간 지배력을 행사할 것으로 보인다. 물론 이들이 추구하는 소위 '중국몽'을 구현할 수도 있고, 사회경제적 침체에 따른 위기의 극복에 실패하여 공산당 독재의 종식과 중국의 분열을 가져올 가능성도 열려 있다.[10]

시진핑의 재임 기간 중 당장 한반도에 중대한 영향을 줄 만한 동아시아 정세의 구조적 변화는 예상되지 않는다. 그러나 한국이 통일을 내세우지 않고 '차가운 평화' 정책을 추진하고 있으면, 통일 문제를 둘러싸고 남·북이 대립할 때보다 한국에 대한 중국의 자세가 유연해질 수 있다.

중국이 지속 성장할 경우에는, 안정적인 한·중 관계 발전에 도움이 되기 때문에 통일에 대한 중국의 거부감을 줄일 수 있다. 반대로 중국 공산당 지배의 종식과 국가 분열이 일어날 경우에도, '차가운 평화' 상태에서는 남·북 관계가 안정을 유지할 수 있기 때문에 한국 주도의 통일에 대한 북한의 거부감을 상대적으로 줄일 수 있을 것이다.

독일의 통일 당시에는 동독의 배후 세력이었던 소련 자체가 이미 붕괴의 길에 들어서 있었다. 그런 상태의 소련도 독일이 통일하기 위해서는 먼저 NATO에서 탈퇴해야 한다는 조건을 최우선으로 내세웠다. 1990년 5월~9월 사이에 진행된 2+4 회담(동독·서독+미·영·불·소)의 핵심 의제는 통일된 독일의 군사적 지위에 관한 문제였다. 이를 한반도의 가상적 상황에 대입해보면 전망이 더 분명해진다. 당시 와해의 벼랑에 서 있던 소련과는 달리 중국은 엄연히 미국과 팽팽한 대립각을 세우고 있다. 미국과 동맹을 맺고 있는 한국이 주도하는 통일을 중국이 수용할 가능성은 없다.

한편, 한반도 통일에 대한 미국의 의지는 시대 상황에 따라 정도의 차이가 생긴다. 그럼에도 정책의 기본 바탕에는 큰 변화가 없다. 미국 자체의 안보와 경제에 부담이 되는 방식으로 통일을 지원하거나 관여하는 것은 기대하기 어렵다. 심지어 한국전쟁에서 군사적 승리를 통한 한반도 통일의 가능성이 보였음에도 불구하고 미국은 군사력을 한국 전선에 집중하기보다는 4개 육군 사단을 유럽으로 증파했다. 미국의 안보에 더 중요하다고 판단한 유럽을 소련의 위협으로부터 보호하기 위해서였다. 만약 그 4개 사단이 한국으로 파견되었다면 한국전쟁의 양상과

통일의 향배에 다른 결과를 가져왔을 가능성이 컸다.[11]

이런 경위를 두고 국내 일각에서는 미국이 전통적으로 한국의 통일에는 관심이 없다고 비난하기도 한다. 미국이 한국의 기대를 들어주지 못한다는 것이지만, 이는 국제정치의 현실을 외면하거나 의식하지 못한 데서 나온 불만이다. 타의에 의한 분단국이나 피점령국 또는 패전국에서 흔히 일어나는 피해 의식으로 생기는 현상이다.

다른 한 예로, 독일은 제2차 세계대전 후 국토 분단과 함께 미·영·불·소 4개국에 의해 점령당하면서 주권을 상실하는 고통을 겪었다. 전쟁의 책임과 징벌의 대상으로서 겪어야 할 당연한 인과응보였다. 그럼에도 불구하고 당시 서독 의회에서는 여야를 넘어 독일에 대한 징벌이 부당하게 과도하다는 불평과 논란이 들끓고 국가적 혼란이 야기되었다. 이런 난국에 직면하자 당시 총리 아데나워는 의회 연설에서 "전쟁에 진 게 누구라고 생각하십니까?"라는 단호하고 직설적인 질문으로 논란을 잠재웠다.[12] 전쟁 개시의 책임을 묻는 것이기도 하지만, 그보다는 전쟁에서 패배한 책임이 더 중요하다는 냉철한 판단을 요구함으로써 독일인들의 내면적 자긍심을 자극한 것이다.

어느 국가이든 재앙을 겪을 때는 "내 스스로가 힘이 모자라서, 또는 내가 대비하지 못한 결과로 고통에 처한다"는 자책과 징비懲毖 의식이 있어야 어두운 역사를 반복하지 않을 수 있다.

한국전쟁 휴전과 힘의 균형

1950년 10월 미군이 이끈 유엔군이 압록강 유역에 도달하자 중국은 인민 의용군이라는 이름으로 군대를 보내 한국전쟁에 참전했다. 당시 중국은 내전을 거쳐 중화인민공화국을 수립한 지 채 1년 남짓 되었다. 경제적으로나 군사적으로 취약했다. 제2차 세계대전을 승전으로 이끌어 세계 최강국으로 등장한 미국의 전쟁 상대가 될 수가 없었다. 그러나 중공군의 개입으로 전쟁은 2년 반이나 더 지속되었고, 한국전쟁의 인명 희생과 파괴의 대부분은 이 기간에 발생했다. 수백만의 사상자가 발생하면서 한민족은 단군 이래 최대의 비극을 맞았고, 미국과 중국도 모두 막대한 인명 피해를 가져왔다. 결과적으로 한국전쟁은 미국 역사상 처음으로 '비긴 전쟁'으로 남게 되었다.

1950년 9월 인천상륙작전의 성공으로 전세가 역전되자 군사적 수단으로라도 한반도 통일을 이루어야 한다는 열기가 한국을 지배했다. 미국도 완전한 승전을 통해 소련의 팽창주의와 공산주의의 확산을 분쇄하겠다는 의지가 강했다. 상황을 간파한 중국은 9월 28일 유엔군이 서울을 수복하자 중립국 인도를 통해 기존의 38선 이북으로 진군하지 말 것을 경고했다.

제2차 세계대전 후 미국의 대소 봉쇄정책containment policy 입안자인 캐넌 당시 미국 국무부 정책실장처럼 소련과 중국의 반응을 제대로 예상한 인물들은 워싱턴 내부 회의에서 개전 직전의 원상을 회복하는 선에서 종전할 것을 주장했다.[13] 강대국은 언제나 자국 국경선의 주변에는 최소한 적정 범위의 완충지대를 확보하려는 속성을 갖고 있음을 이해했기 때문이었다. 그는 비록 중국이 당시 소련의 후원을 받고 있었지만, 기본적으로 강대국 정치의 힘과 속성을 가진 세력으로 본 것이다.

역사의 가설이지만, 만약 트루먼 대통령을 둘러싼 워싱턴의 정책 결정자들과 맥아더 극동군 사령관을 위시한 현장의 군사 지도자들이 한반도 역사와 동북아의 지정학을 더 깊이 이해하여 '평양-원산' 선까지만 진격한 후 휴전을 제안했더라면 어땠을까. 한반도의 역사는 지금과 판이하게 달라졌을 가능성이 있다. 이런 가설과 관련해서 키신저 전 미국 국무장관은 미군이 평양과 원산을 잇는 라인에서 북진을 멈췄으면 중국의 군사 개입을 초래하지 않았을 것이고, 결과적으로 한반도 전역을 포함한 통일을 이루었을 가능성이 있었다고 보았다.14

키신저에 의하면, "중국의 마오쩌둥은 당시 저우언라이周恩來에게 '미군이 평양-원산 선에서 진격을 멈춘다면 중국은 당장 공격할 필요가 없다'고 했다"는 것이다. "그러나 미군이 압록강까지 진격하자, 마오쩌둥은 이를 중국에 대한 '봉쇄' 전략으로 인식하고 군사 개입을 결정했다"고 기술한다.

키신저는 마오쩌둥의 이런 결정을 1592년 임진왜란 당시 일본의 도요토미 히데요시豊臣秀吉에 대응한 명나라의 행동과 비교하면서, 350년을 관통하는 중국의 한반도에 대한 전략이라고 설명했다. 그는 "당시 일본군이 평양까지 진군하자 명나라는 조선이 전복되는 것을 막고자 4만 명에서 10만 명에 이르는 군대를 투입해 일본군을 한양까지 후퇴시켰다"며, 임진왜란 때 일본이 경험한 중국의 대응과 한국전쟁 때 미국이 경험했던 중국의 대응이 보인 유사성을 생각해봐야 한다고 강조했다.15

한국전쟁에서 유엔군의 당초 목표도 개전 이전 상태의 원상복구였다. 그러나 인천상륙작전 성공으로 고조된 분위기와 맥아더 극동군 사령관의 영향 때문에 유엔군은 목표를 완전한 승전을 통한 남북통일로 확대했다. 한국의 시각과 역사 인식의 기준에서 보면, 북한의 남침을 응징하고 통일을 달성하고자 한 것은 당연한 결정이었다. 그러나 미국에서는 1950년 트루먼 대통령이 38선 이북으로의 진격을 결정한 것이 미국 전쟁사에 있어 대표적인 '치명적 실수epic blunder'로 치부되기도 한다. 물론

그로부터 15년 후 미국이 베트남전 참전을 결정함으로써 대표적 실수의 자리를 넘겨주긴 했다.[16]

1871년 독일이 1차 통일을 이룰 때 프랑스와의 전쟁에 승리하면서 '알자스 로랭' 지역을 독일 영토로 편입했다. 역사가들은 이 행동이 후일 제1차 세계대전과 제2차 세계대전의 씨앗을 잉태한 것으로 기술한다. 한반도에서 북한의 남침에 의한 무력 통일 시도와 이에 대응한 유엔군의 북진 통일 시도 모두 '과도한 야망'이 초래하고 확대한 비극의 사례로 국제정치사에 함께 등장한다.[17]

미국의 조야에서는 한국전쟁의 휴전 상태를 우크라이나 전쟁의 현실적 귀착점end-game에 가장 가까운 사례로 들기도 한다.[18] 실제 2025년 트럼프가 집권하자마자 한국전쟁 휴전과 유사한 형태의 해결을 시도하고 있다. 한반도의 휴전선은 75년에 걸친 힘의 균형에 의해 '사실상의 국경선'으로 귀착되었다. 우크라이나와 러시아가 현재의 교전 선상에서 휴전할 경우, 종국적으로 어떻게 귀결될지는 예단하기 어렵다. 관건은 양측이 휴전선을 지킬 힘의 균형을 유지할 수 있느냐에 달려 있을 것이다. 어떤 경우에도 미국은 독일, 프랑스, 영국을 주축으로 한 유럽 국가들이 그 역할을 해줄 것으로 기대하고 있다.

한국전쟁을 모범 사례로 보는 이들은, 미국이 초기에 판단의 실수로 전쟁이 장기화되었지만 '휴전'을 이끌어 냄으로써 결과적으로 오늘날 한반도와 같이 지속적 안정을 유지할 수 있었다고 본다. 그리고 이는 미국뿐 아니라 세계 전체를 위한 '성공'이었다고 평가한다. 이 대목에서 중요한 관점은, 미국을 위시한 다른 나라들과 한국 스스로가 한반도 문제를 보는 시각 사이의 극명한 차이다.

미국이나 다른 국가들은 한국민이 겪어야 하는 분단의 고통이 중요한 것이 아니라 지역 안정이 더 필요하다. 이런 현상은 휴전 후 70년 이상이 지난 지금 북한 핵 문제를 두고도 그대로 나타난다. 부조리한 현상이지만 한국이 북한 핵의 위협을 불가피한 현실로 받아들여서 미국의 핵우산에 안주하고 있어 주면, 다른 나라들은 핵 확산 억제와 지역 안정이라는 반사 효과를 누릴 수 있다는 것이다. 자신의 처지에 대한 스스로의 판단과 다른 나라들이 보는 제3자적 관점 사이에 어떻게 균형을 맞출 것인가 하는 과제는 한국민 스스로의 몫이다.

한반도와 중국

중국은 긴 시간에 걸쳐 행동과 말로 자신의 한반도 정책을 표시해왔다. 중화인민공화국 수립 1년도 안 되었던 시기에 막심한 피해를 감수하면서 한반도에서 미국과 '비긴 전쟁'을 벌였다. 그럼에도 불구하고 한국은 중요한 계기마다 '북한 붕괴'를 상정하고, 미국의 지원을 받아 통일을 주도하더라도 중국은 이를 용인할 수밖에 없을 것이라는 희망적 기대를 포기하지 않아 왔다. 1950년 10월 유엔군이 압록강까지 진출할 때도 한국은 중국이 참전하지 않을 것이라는 미국의 판단을 존중했다.

한반도 문제에 대한 중국의 변하지 않는 입장은 '자주적이고 평화적인 통일'이다. 자주는 외세의 개입을 반대한다는 주장의 다른 표현이다. 중국의 입장에서는 만약 한국의 주도로 통일을 하게 될 상황이 되면, 한·미 동맹은 해체해야 하고 미군도 철수해야 한다고 요구할 것이다.

이런 중국의 입장을 인지하는 관찰자 중에는, 38선 이북에는 미군을 주둔하지 않는다는 조건하에 한국이 통일을 주도할 경우, 중국이 이를 수용할 수 있을 것이라는 희망적 가설을 만들기도 한다. 또는 통일 이후에 적절한 시차를 두고 주한 미군을 철수시키는 방안도 가능할 것으로 보는 경우도 있다. 그런데 독일통일 당시 NATO를 '통일독일'의 동쪽으로 확대하지 않는다던 미국의 약속은 결과적으로 무산되었다. 우크라이나 전쟁의 한 배경으로 지적된다. 중국으로서는 간과할 수 없는 중요한 역사의 사례일 것이다.

중국의 대외 정책을 심도 있게 바라보는 서방의 전문가들은 중국이 전쟁을 불사할 수밖에 없는 금지선으로 세 개의 상황을 설정한다. 첫째는 대만이 독립하는 것, 둘째는 북한의 붕괴와 함께 미국과 동맹을 맺은 한국이 한반도를 통일하여 압록강까지 진출하는 것, 셋째는 중국 공산당이 붕괴될 위협에 노출되는 것이다.

이런 판단에 따라서 미국은 대만에 대해서는 균형 있는 정책을 취하고, 북한의 김씨 왕조가 붕괴될 경우에는 중국과 대응책을 협의해야 하며, 중국의 체제 전환을 겨냥하여 국내문제에 개입하지 않는 것을 미·중 관계의 기초로 삼아야 한다고 제안한다.[19] 미군이 한반도의 어떤 지점에 주둔하는가와 상관없이 미국과의 군사동맹하에 있는 한국이 통일을 주도하는 것을 받아들이지 않을 것이라는 점을 적시하는 한 사례다.

중국이 북한의 붕괴를 막을 의지가 없는 상태를 상정할 수는 있다. 바로 '공산 독재로부터 해방된 중국'의 탄생이다. 미국의 일각에서 주장하는 대중국 정책의 지향점, 즉 미국이 바라는 중국의 '최종 상태end state'다.

근래 중국의 부상이 한계에 달했다는 소위 '중국 정점론'이 부각되고 있음을 주목하면서, 중국 인민이 개인의 행복과 국가의 번영을 위해 더 나은 국가 모델을 선택하게 될 것이라는 기대를 표시하는 것이다. 이들은 이런 결과에 도달하는 데는 '긴 시간'이 걸리겠지만, 미국은 지속적

으로 중국의 공산당 지배를 약화시키는 정책을 전개해야 한다고 주장한다.[20]

당연히 긴 시간이 걸리더라도 역사가 올바른 방향으로 흘러서 주민의 행복이 선택하는 방향으로 가야 할 것이다. 그런데 지금 중국 공산당은 결국에 가서 세계 시민들이 중국의 모델을 선택하게 될 것이라는 선전을 펼치고 있다. 가능성이 낮은 기대다. 그러나 미국을 위시한 자유 시장경제 체제에서 나타나고 있는 과도한 빈부 격차, 사회질서의 붕괴, 그리고 팽배하는 민주주의에 대한 위기감은 중국 공산당의 꿈이 식지 않게 할 만큼 심각하게 전개되고 있다.

2025년 다시 등장한 트럼프 행정부는 미국의 세계 지도자 위상을 포기하는 거대한 실험에 들어갔다. 미국이 추구하는 중국의 '최종 상태'가 멀어지는 것으로 보이는 이유의 하나가 되고 있다.

1990년 독일이 통일되자 마치 한국의 통일도 다가올 것이라는 국민적 기대가 부풀었던 적이 있었다. 독일의 통일 환경은 유럽에서 냉전이 종식된 점, 한국전쟁과 같은 내전을 겪지 않은 점, 동독 주민들이 통일을 선택한 점, 그리고 서독이 주변국을 설득할 자체 역량을 키웠다는 점에서 한국과 비교할 수 없는 큰 차이들이 있었다.

그중에서 가장 중요한 것은 동독을 뒷받침해온 소련이 붕괴된 반면, 북한을 지탱하고 있는 중국의 힘이 붕괴될 가능성은 먼 장래까지 보이지 않는다는 점이다.

결론적으로 북한이 안고 있는 근본적인 결함, 즉 '붕괴의 씨앗'이 언젠가는 발아하여 체제 자체가 붕괴할 가능성이 있다. 그러나 그것이 반드시 통일로 연결되는 것을 의미하지는 않는다. 중국의 체제 전환이 함께 이루어지고 북한 주민이 한국을 선택할 때, 비로소 한반도 통일의 문이 열릴 것이다. 그때까지는 안으로는 단합하는 힘을 키우고 밖으로는 나라의 위상을 올리는 일에 집중해야 할 것이다.

동아시아―미·중 대립

미국과 중국이 동아시아를 넘어 전 세계적으로 패권을 다투는 것을 두고 흔히 '신냉전'의 위험으로 치닫는다고 경고하기도 한다. 그러나 중국은 냉전 시절의 소련과는 다르다. 냉전 종식 이후 10여 년에 걸쳐 중국은 왜 소련이 붕괴했는지를 분석하여 소련과는 비교할 수 없을 정도로 유능한 생존 방식을 고안해냈다.[21] 전체주의라기보다는 권위주의 체제를 유지하고, 미국에 버금가는 경제력에다 4배 이상 많은 인구를 갖고 있으면서, 세계경제의 활력과 지구 환경 보존 같은 범지구적 이익을 공유하고 있는 주체가 되었다.

그래서 미·중은 '냉전Cold War'이라기보다 '차가운 평화Cold Peace'로 갈 수밖에 없다는 주장이 더 설득력을 얻고 있다. 체제가 다름을 강조하지만, 상대의 기본적인 정통성은 받아들이면서 경쟁하는 상태를 지향한다는 것이다.[22] 미국과 중국의 이런 경쟁이 어떤 결말로 갈지에 대해서 전망이 분분하다. 상대를 제압하기 위한 힘과 전략도 중요하지만, 그보다는 양측이 모두 안고 있는 체제 내의 모순을 어떻게 교정하며 극복해 나가느냐에 따라 양상이 좌우될 것이다. 세계적 공급망 연결로 인해 지금은 과거 미·소 냉전 시절 차원의 대중국 봉쇄가 사실상 불가능하다. 게다가 '사회주의 시장경제'를 추구하는 중국과 '국가 산업 정책'을 동원하는 미국 사이에 이념적 대립의 경계선도 흐려지고 있다. 트럼프 행정부(2기)가 보이고 있는 대내·대외 행보는 이런 현상을 가속시키고 있다.

미국에서 트럼프 현상의 바탕인 빈부 격차와 인종 대립 같은 사회 분열 요인들이 통제되고 관리될 수 있을지, 관세전쟁을 위시하여 중상주의*에 가까운 산업 정책을 동원해야 할 만큼 약화된 산업 경쟁력을 회복할 수 있을지, 그리고 중국을 견제하기 위해 동원하는 'G7+' 규합을 위시하여 56개 조약 동맹과의 그물망을 어느 정도 견고하게 유지할 수 있을지가 관건일 것이다.

특히 2025년 트럼프 행정부가 NATO의 이완을 포함하여 기존의 동맹망을 붕괴시키고 있는 것은 미국 자체의 취약성을 부각시키고 있다. 미국이 제2차 세계대전 이후 주도해온 세계질서는, 기본적으로 "세계 주요 지역에 군대를 주둔시켜서 그 지역에서의 정치적 영향력을 키우고, 더불어 경제적 기회를 확대한다"는 전략에 바탕을 둔 것이었다. 그런데 트럼프 행정부(2기)는 우선 유럽에서부터 이 정책을 포기하고 있다. 중국을 핵심 도전자로 규정하면서 미주 대륙과 이를 둘러싼 태평양과 대서양을 세력권으로 확보하고 세계의 나머지는 해당 지역 사정에 맡기는 19세기의 '세력권sphere of influence' 질서로 회귀하려는 성향을 보이고 있다.

무엇보다도 미국 경제의 경쟁력이 관건이다. 국내 정치 대립이 극심한 가운데서도 2021년 미국의 상원은 민주·공화가 손잡고 중국과의 기술 경쟁에서 미국기업을 지원하기 위한 '혁신 경쟁법United States Innovation and Competition Act of 2021, USICA'을 압도적으로 통과시켰다. 중국이 2015년 발표한 '중국 제조 2025Made in China 2025' 전략에 대응하는 것이 그만큼 긴박함을 말해준다.[23]

한편, 중국으로서는 '사회주의 시장경제'라는 모순적 두 개념이 결함

---

* 트럼프가 다시 집권하기 전 바이든 행정부도 이미 사실상의 중상주의 정책을 표방하고 나섰다. 2023년 4월 28일 설리번Jake Sullivan 미국 국가 안보 보좌관의 브루킹스 연구소Brookings Institution 연설.

이 언제까지 지속될 수 있을지, 그리고 공산당 일당 독재 체제에다 시진핑 일인 중심의 경직된 권력 구조로 거대한 대내외 문제를 안정적으로 이끌어 갈 수 있을지, 자유와 인권이라는 공동의 가치를 기초로 미국이 유지하는 동맹망에 버금가는 중국 중심의 동맹 체제를 구축할 수 있을지가 주요 관건이다. 특히 '강자를 존중하고 약자를 업신여기는' 중국 지도부의 속성은 지속적인 동맹 체제를 유지할 수 있을지에 대한 의문을 야기한다.[24] 강대국은 으레 그런 속성을 갖고 있지만, 중국의 경우 더 노골적으로 드러난다는 점에서 차이가 있다.*

국제정치의 현실론자들은 미국과 중국이 아시아에서 상호 신뢰 속에서 공존하기는 어려울 것으로 보는 반면, 낙관론자들은 양측이 군사적 충돌을 포함한 대립을 피해야 할 충분한 이유가 있기 때문에 평화 상태를 유지할 것으로 전망한다.[25] 낙관론자들의 전망대로 양측은 최대한 충돌을 회피하는 전략을 추구할 것이다. 그러나 중국이 현재 수준의 국력을 유지하는 데 성공할 경우, 결국에 가서 서태평양에서 전면전에 미치지 않는 수준의 무력 충돌을 포함하여 긴장의 '고조와 완화'를 되풀이하는 양상은 불가피할 것이다.

미국은 나치 독일 및 일본 제국을 상대한 제2차 세계대전을 거치며 세계 최강국으로 등극했다. 당시 독일과 일본은 미국과 경쟁하는 데 충분할 만큼의 인구, 자원, 산업 시설이라는 세 가지 핵심 요소를 갖추지 못했다. 전후 미국과 냉전을 벌인 소련은 세 가지 요소에서는 미국에 필적했으나 자급 경제와 중앙 계획이라는 비효율적이고 파멸적인 정책으로 무너졌다.[26] 그런데 중국은 미국이 만든 자유주의적 국제 질서 속에

---

* 2025년 8월 알래스카 미·러 정상회담에서 '러시아는 대국, 우크라이나는 소국'으로 부른 것처럼, 트럼프가 행동 방식에 있어 미국과 중국의 차이를 급속하게 지우고 있긴 하다. 물론 트럼프 이후에 지금의 노골적인 행동 방식이 그대로 지속될 가능성은 크지 않을 것이다.

서 인적·물적 자원에 더하여 아직까지는 효율적인 '중국 특색의 사회주의 시장경제'라는 노선을 걷고 있다. 중국이 지난 40여 년간의 성장 추세를 그대로 유지하기는 어렵겠지만, 앞으로도 상당 기간에 걸쳐 기존 선진국보다 높은 경제성장률을 보이면서 미국에 필적하는 위상을 유지할 것이라는 전망은 설득력이 있다.

미국은 중국이 동아시아와 서태평양 지역에서 중국판 '먼로 독트린'을 추구한다고 비판한다. 그런데 1823년 미국의 먼로James Monroe 대통령이 아메리카 대륙에 대한 유럽의 간섭을 거부한다는 정책을 선언하기 훨씬 이전부터 중국은 동아시아를 자국의 세력권으로 간주해왔다. 먼로 독트린보다 제도적으로 운용된 '조공 체계'라는 것이 길게는 기원전, 짧게는 7세기부터 19세기의 소위 '서세동점' 시기 이전까지 동아시아의 질서가 되었던 것이다.

중국은 이런 역사적 배경과 지경학적 환경의 변화를 바탕으로 동아시아에서 위상을 회복하고자 한다. 중국이 대만이나 남중국해에서 공격적 자세를 취하고 경제력을 배경으로 주변국들을 위압적으로 대하는 것을 두고, 미국은 중국이 기존의 현상을 변경하려는 수정주의revisionism 노선을 취한다고 경계한다.[27] 일부 서방의 관찰자들은 중국의 행동을 영토회복주의irredentism 또는 아편전쟁과 남경조약 이후의 소위 '100년 국치'에 대한 보복주의revanchism로 규정하기도 한다. 반면에 중국은 자신의 '부상rise'이 다른 나라를 위협하는 것이 아니라 단순히 과거의 자리로 '귀환return'하는 과정에 있다고 본다.[28] 그 어떤 논쟁에도 불구하고, 누가 지도자가 되더라도 중국이 기본적으로 조공 질서에 대한 향수와 과거의 영향권을 회복하려는 욕구를 버릴 가능성은 희박하다.

한편, 덩샤오핑이 '도광양회' 노선을 택하기 훨씬 이전인 18~19세기에 걸쳐 미국은 이미 미국판 '도광양회' 전략을 택했다. 국력이 지속적으로 부강해지면 결국은 유럽 세력들이 미주 대륙에서 미국의 지배력을 인정할 수밖에 없을 것이라고 판단했던 것이다. 이에 따라 1776년 독립 전쟁 이후 제1차 세계대전까지 약 150년에 걸쳐 미국은 대규모 전쟁을 벌이거나 연루되는 것을 회피했다. 1812년 영국과의 서북부 지역 영토 전쟁, 1840년 멕시코와의 전쟁, 그 외 인디언 부족과의 전쟁같이 비교적 작은 규모의 전쟁이 전부였다.

이처럼 미국과 중국은 2백 년을 건너뛰며 비슷한 전략적 지혜를 동원했다. 비록 시진핑이 등장하면서 덩샤오핑이 발휘한 지혜의 노선에서 벗어나는 성향을 보이지만, 앞으로 상당 기간은 저강도의 무력 충돌을 넘어서는 전쟁은 최대한 피하고자 할 것이다. 무엇보다도 중국의 패권 행사에 저항하기 위해 미국과 연합하려는 국가들이 많다. 공산당 1당이 지배하는 중국은 소위 '연성국력' 면에서 절대적으로 불리한 처지에 있다. 2023년 결성된 'BRICS+'는 미국이 주도하는 'G7+'와는 달리 가치 체계의 공유보다는 이익을 위한 '미국 대항' 차원의 정략적 결합 성격이 강하다. 제도화나 체계화의 수준도 낮고 구성국들 간의 이질성도 크다. 게다가 중국은 미국과 달리 대규모 전쟁을 수행했거나 이를 준비하는 훈련 경험이 축적되어 있지 않다.[29] 물론 트럼프 2기 이후 미국이 가치와 이념보다는 단기적 편익에 집착하는 정책을 취함으로써 미국과 중국의 경쟁에 상당한 변수를 제공할 것이다.

한 국가의 체제 내에서 발생하는 병폐를 자체 교정하는 기능 면에 있어 민주주의와 자유선거 제도가 일당 독재 체제보다는 효율적으로 작용한다고 간주된다. 미·중 경쟁이 언제 어떻게 결말이 날지는 몰라도, 상당히 먼 장래까지는 미국이 우위를 유지할 가능성이 높을 것이다. 그러나 2012년 미국의 오바마 행정부가 그간 중동에 쏟아온 국력을 아시아로 돌리겠다는 소위 '아시아 회귀Pivot to Asia' 정책을 선언했을 때 많은 아시아 국가들은, 붙박이 세력인 중국과 달리 미국은 '왔다 갔다' 하는 이주移住 세력임을 보여주는 것이라는 반응을 보였다.

시진핑이 추구하는 소위 '중국몽'의 최대치는 세계적 지도력을 구가하는 데 있지만, 설사 그 수준에 도달하지 않더라도 동아시아에서 지역 패권은 확립하겠다는 최소치의 목표는 놓지 않을 것이다. 중국의 중심부와 가장 가깝게 경계를 맞댄 상태에서 대륙과 해양 국가의 특성을 함께 갖고 있는 한국으로서는 미·중의 대결적 경쟁을 보는 시각이 특별할 수밖에 없다. 미국은 최악의 경우 한반도에서의 영향력을 포기할 수도 있지만, 중국은 중원을 통치하는 하나의 국가로서 존립하고 있는 한, 결코 한반도에 대한 영향력 행사를 포기하지 않을 것이라고 전제하는 것이 합리적이다.

제2차 세계대전 후 미국의 대소 봉쇄정책을 설계한 캐넌은 1947년 7월 외교 전문지 〈포린 어페어스〉 기고에서 미·소 냉전이 10~15년은 지속될 것이라고 전망했다. 그런데 그 '냉전'이 실제로는 40년 이상 지속되었고, 소련이 붕괴하면서 종식되었다.[30] 역사, 인구, 체제를 포함하여 여러 요소에서 소련과는 크게 다른 중국과, 이를 상대하는 미국의 대립이 언제까지 어떤 형태로 지속될지 예측하기는 어렵다. 그러나 세계 권력 구도에서 미국이 절대 우위에서 상대 우위의 지위로 전환 중인 추세를 감안하면, 최소한 미·소 냉전보다는 더 오래갈 것이다. 국가의 많은 기능이 중국과는 비교되지 않을 만큼 고장 난 상태에 있던 소련마저도 70년 이상 존속했다.

미·중의 한반도 통일 협력은 환상

미국과 중국은 한반도 통일에 대한 접근은 차치하고 당장 동아시아의 안정에 있어 핵심 장애 요인의 하나인 북한 핵 문제조차 타협점을 찾지 못하고 있다. 양측은 자국에게 조금이라도 불리한 결과로 연결될 가능성이 있는 해법은 결코 시도할 생각이 없기 때문이다. 중국은 북한의 핵 포기를 강제적으로라도 설득하기 위해 실효성 있는 대북 제재를 가하면, 북한이 그 압박을 견디지 못해 붕괴할 것을 우려한다. 중국은 그런 위험을 감내할 실익이 없다고 보는 것이다. 그럼에도 불구하고 한국 정부는 기회가 있을 때마다 중국이 북한 핵 문제와 한반도 통일에 적극적인 역할을 할 것이라는 희망을 품었다.

1992년 한·중 수교 당시 노태우 대통령은 "통일의 마지막 외적 장애가 제거되었다"고 천명했다. 박근혜 대통령은 2015년 중국의 항일 전승 기념행사에서 시진핑과 천안문 망루에 오른 후, "중국과 함께 북한 핵 문제를 해결하는 데 협력하기로 합의했다"고 밝혔다. 이어 문재인 정부도 2019년 중국이 주창하는 '운명 공동체'에 화답하면서 북한 핵 문제 해결을 위해 중국의 적극적 지원을 얻을 것이라는 기대를 공개적으로 밝혔다.

그러나 역대 한국 정부는 중국의 행동이 기대에 미치지 못하자 희망과 감성으로 현실 자체를 바꿀 수 없다는 것을 인지하고는 기대를 접곤 했다. 문제는 그런 패턴이 긴 시간에 걸쳐 반복된다는 것이다.

한편, 미국은 핵으로 위협하는 북한에 협상의 카드를 먼저 내줄 생각이 없다. 상대가 어떤 수단을 동원하든 "협박하에 협상하지 않는다"는 것이 미국 대외 정책의 기본 원칙이다. "미국이 먼저 제재부터 해제하면, 핵무기 개발을 유보하겠다"는 북한의 입장을 받아들이면 전 세계를 상대하는 외교에 나쁜 선례를 만들기 때문이다. 한국의 진보 정부가 기회 있을 때마다 미국이 대북 정책에서 예외적인 조치를 취할 것을 요구했지만 결코 받아들여지지 않은 이유다. 미국 외교의 특이한 사례로 남을 트럼프(1기)의 경우, 김정은과의 '상호 협박'에서 시작해 '상호 양보'했다는 명분을 만들어 정상회담까지 갔지만 타협은 거기까지였다.

이처럼 미국과 중국은 서로 자국 안보의 근본적 이익과 외교의 기본 원칙 때문에 관계가 좋았을 때에도 "한반도 비핵화를 위해 협력한다"는 원론적 합의 이상의 결과를 이루지 못했다. 통일 문제에 관해서는 더 말할 필요도 없다. 트럼프 행정부(2기)에서도 이런 현상의 기본이 바뀌기는 어려울 것이다.

기존 정책이 국가이익에 미치는 영향

1972년 이루어진 '7·4 남·북 공동성명' 이래 한국이 추진한 통일 정책의 대강은, 남·북 소통을 통해 긴장을 억제하고 평화의 기운을 부양하면서 통일의 문을 열어 가는 것이었다. 실제로 이 정책은 한국이 지금같이 성장하는 데 있어 중요한 역할을 해왔다.

그럼에도 불구하고 분단 이후 80년을 전반적으로 조감해보면, 한반도 통일의 환경은 악화되었다. 한국의 경제성장 덕택으로 수치상 통일의 경제적 충격을 흡수할 능력만 개선되었을 뿐 나머지 국론 통합, 남·북 화해, 주변 환경 등 모든 조건들이 나빠졌다.

그중에서도 최대의 요건인 미·중 관계는 통일을 위한 순기능보다는 역기능을 하고 있고, 먼 장래까지 개선될 가능성도 희박하다. 그럼에도 불구하고 한국은 때로는 상징적으로, 때로는 실질적으로 통일을 국가정책의 전면에 두고 헌법과 법률, 그리고 정부 조직을 정렬시켜 두고 있다.

그런데 기존의 통일 정책이 국가의 성장을 저해하고, 나아가 통일의 씨앗까지도 말릴 가능성이 있다면 생각을 달리해야 한다. 모든 생명체는 환경에 적응하지 못하면 쇠퇴한다. 국가도 마찬가지다. 한반도의 대내외 환경이 질적·양적으로 바뀌었는데도 국가의 정책 목표와 운영 방식이 달라지지 않으면 쇠퇴의 위험에 처하게 된다. 허상을 향한 기존의 통일 정책을 지속함으로써 잃게 되는 국가이익을 살펴보자.

첫째, 국내적 분열을 야기한다. 북한을 통일의 대상으로 삼으면서 북한이 화해의 대상이냐 적대할 세력이냐를 두고 정권마다 논쟁을 벌인다. 어느 민주국가에서나 보수와 진보는 철학에 맞는 정책을 추진하기 위해 경쟁하여 국민의 선택을 받는다. 그런데 한국에서는 친북과 반북이라는 변수가 더해지면서 뒤죽박죽의 이념 혼란을 가져온다. 특히 '진보'를 내세우면서 세습 왕조 정권에 유화적인 태도를 보인다는 것은 극도의 모순이다. 비록 "북한 체제가 좋아서가 아니라 남·북 관계의 진전과 평화를 위한 제스처다"라는 명분을 동원하기도 하지만, 특이한 현상임에는 분명하다.

보수도 '당당한' 대북 자세를 강조하다가 남·북 정상회담이나 다른 과시적 사건을 통해 남·북 관계를 정치적으로 활용할 기회가 생기면 유혹에 넘어간다. 국내 정치의 남·북 관계에 대한 취약성은 보수와 진보에 큰 차이가 없다. 통일 정책에서 파생되는 가치 체계의 모순적 결합은 계층, 지역, 이념, 세대, 성별 간에 존재하는 기존의 다른 갈등들에 겹쳐서 증폭 현상을 보인다. 이로 인한 혼란과 분열은 국가정책의 지속력과 추진력을 약화시킨다.

둘째, 비슷한 맥락에서 남·북 관계를 국내 정치에 이용하고자 함으로써 국가의 에너지를 소모한다. 보수든 진보든 차이가 크지 않다. 5년 단임 정권은 다시 정권을 창출하기 위해 기회만 있으면 남·북 관계를 선거의 소재로 활용한다. 보수는 북한으로부터의 위협과 위험을 부각시켜 안보와 경제에 대한 불안 심리를 조장하고자 한다. 진보는 위협과 위험 자체는 축소하고 평화를 부각시키려 한다. 방바닥의 먼지는 일단 카펫 밑으로 쓸어 넣고 우선 잔치부터 하고 보자는 모습이 재연된다.

합의는 하되 이행은 실패해온 남·북 간의 '역사적' 합의들, 그리고 정치 극장에 설치된 무대의 한 장면으로 끝난 정상회담들은 결과적으로 통일의 기초가 되기보다는 국내 갈등의 소재로서 효력을 발휘했다. 그리고 남·북 사이에는 상처와 앙금만 남았다. 잔치를 먼저 하고 나면 좋은 결과로 이어질 것이라는 기대와는 다르게 흘러간 것이다.

셋째, 남·북 관계를 기형적으로 만든다. 북한은 남과 북 사이에는 한국이 의당 베풀어야 할 의무가 있는 것으로 간주하고자 한다. 서로의 필요에 균형을 맞춘 합리적 거래가 아니라 한국이 북한에 빚지고 있다는 사고를 바탕에 두고 대남 관계를 관리하려 한다.

분단 이후 한국은 시장경제와 민주 체제를 선택함으로써 '공산주의와 세습 독재'라는 두 개의 뒤틀린 제도를 조합한 북한보다 여러 분야에서 앞서갔다. 그런데 북한 정권은 이런 퇴보가 역사의 흐름을 거역한 데 대한 대가가 아니라 한국이 미국과 손잡고 동족인 북한을 압박하여 경제를 피폐하게 만든 탓이라고 대내외적으로 주장한다. 심지어 한국 내부의 일각에서 이런 주장에 심정적으로 동조하는 경우도 있다.

이런 심리는 전혀 다른 체제를 유지하는 남과 북의 관계를 더욱 왜곡시킨다. 필자가 4자 회담이나 6자 회담 같은 국제 무대에서 만난 북한 대표들과 남·북 국방장관 회담이나 6·15 행사 같은 남·북 무대에서 만난 북한 관리들의 태도 사이에는 확연한 차이가 있었다. 북한 관리들은 남·북 무대보다 국제 무대에서 상대적으로 정상적인 언사와 행동을 보인다. 남·북 관계에 대한 북한의 왜곡된 심리 때문일 것이다.

넷째, 한반도의 안보 구도를 북한과 미국이 주도하고 한국은 안보 열차의 이등칸 승객으로 남게 된다. 북한은 한반도의 주인은 '조선민주주의인민공화국'이고 외세인 미국이 남쪽을 점령 중이므로 북·미가 한반도 문제를 해결하는 주체가 되어야 한다고 주장한다. 미국도 이 문제에 관한 한 북한의 주장을 정면으로 거부하지 않는다. 한반도에서 미국의 권능을 적절한 선에서 유지하는 데 활용하는 측면도 있다. 2019년 7월 판문점에서 김정은과 트럼프가 회동하면서 문재인 대통령을 문밖에서 기다리게 만든 모습은 북한과 미국의 이해관계가 기이하게 연결되고 있음을 상징적으로 보여주었다.

이래서 과거 한국은 미국이 대북 관계를 개선하려면 북한에 대해 대남 관계를 먼저 개선할 것을 요구하라고 미국에 요청했다.[31] 예를 들어 1993년 11월 미국의 클린턴 행정부가 북한과 대화하려고 하자 당시 김영삼 정부는 한국이 제의한 남·북의 특사 교환이 먼저 이루어진 후에 미·북 대화를 열 것을 요청했다. 북한의 소위 '통미봉남' 전술에 미국이 응하지 않도록 한국은 끊임없이 미국과 북한 양측 모두에 매달려야 했다. 2023년 12월 북한이 '적대적 두 국가'를 선언함으로써 당분간 이런 현상이 재연될지는 불확실하지만, 한반도 문제를 보는 북한의 기본 시각과 미국의 자세에 근본적 변화가 생기기는 어려울 것이다.

다섯째, 주변국들이 통일을 내세우는 한국의 통일 정책을 그들의 목적에 활용한다. 한국은 중국에 대해 북한의 핵 개발을 포함한 도발적 행동을 억제해주고 한국의 통일 정책을 지지해줄 것을 상시적으로 요청한다.

한편, 미국에 대해서 한국의 보수 정부는 대북 강경 정책으로 북한을 압박하여 한국 정부의 정책을 뒷받침해줄 것을 요청하는 반면, 진보 정부는 미국에게 북한과 대화하고 관계를 개선해달라고 요청한다. 러시아나 일본에 대해서도 정도의 차이는 있으나 유사한 요청을 반복한다. 당연히 이들 모두가 한국의 이런 사정을 자국의 외교적, 경제적 이익을 위한 카드로 활용한다. 반면에 남·북이 '정상적 이웃' 관계로 가면, 한국은 주변국 모두와 지금보다는 상대적으로 더 건강한 관계를 만들 수 있다. 그래야 장기적으로 국제 정세가 변화하는 계기에 통일의 기회를 붙잡을 수 있을 것이다.

여섯째, 남과 북이 이웃으로서 건설적으로 공존하는 관계를 형성하는 데 장애가 된다. 서로를 대체 세력으로 간주하는 한, 적대와 위협 인식은 높을 수밖에 없다. 예를 들어 한국은 중국, 베트남, 라오스 같은 공산권 국가들과 사람, 물자, 정보의 교류를 통해 서로 연결되는 관계를 형성하고 있다. 정상적인 입국과 세관 등 국제적으로 확립된 제도를 안정적으로 운영함으로써 관계 발전의 기본 구조를 만들고 있다.

그러나 남과 북 사이에는 통일을 내세우는 한, 상호 경계, 특히 북한의 체제 불안감 때문에 '건강한 이웃' 관계로 발전하지 못한다.

살계경후殺鷄儆猴의 대상

한국은 미국·일본과 중국·러시아가 벌이는 대립의 선상에 걸터앉은 자세에서 통일이라는 허상을 꿈꾸고 있다. 외부의 힘이 한국을 비틀고

누르게 할 수 있는 자승자박의 꿈이다.

트럼프(2기) 이전의 세계 권력 구도는 미국 주도의 자유주의 세력과 중국을 위시한 권위주의 세력으로 양분되는 한편, 양 진영 모두에게 지렛대를 행사하려는 제3지대가 확대되었다. 인도, 브라질, 인도네시아, 남아공 같은 소위 '헤징 전략Hedging Strategy' 국가들이다.

우크라이나 전쟁을 둘러싸고 트럼프 행정부(2기)가 유럽을 다루는 모습은 19세기의 '세력권sphere of influence' 정치로 회귀하는 징후를 보이고 있다. 유럽 문제는 유럽이 감당하라는 것이다. 결과적으로 유럽도 최소한 트럼프의 집권 기간에는, 미국과 거리를 두면서 헤징 노선으로 갈 가능성이 있다.

국가는 기본적으로 자국의 안보와 경제적 이익을 위해 어느 한쪽에만 몰입하기보다는 탄력적으로 선택할 여지를 확보해두는 소위 '헤징 전략'을 취하고자 한다. 그러나 한국은 안보와 경제를 포함한 여러 측면에서 그런 전략을 취하기 어려운 제약을 안고 있다. 그러나 통일을 내세우지 않고 유연한 자세를 취할 경우, 상대적으로 지금보다는 넓은 대외 정책의 선택지를 가질 수 있을 것이다.

2024년 미국 대통령 선거 결과를 예측하면서, 한·미 관계를 염려하는 목소리가 많았다. 사실 미국 우선주의로 집약되는 소위 '트럼피즘'의 기본 줄기를 보면 '공화-민주' 사이의 간격이 크지 않다. 정책의 집행 방식과 언사에 차이가 있을 뿐이다.

한국이 통일을 전면에 두는 정책을 지속할 경우, 트럼프가 아니라 누구라도 한국의 통일 정책에 수반되는 취약점을 카드로 삼을 수 있다. 특히 트럼프의 경우, '위협을 통한 승리'의 전술에 능하다. '닭을 죽여서 원숭이를 겁준다'는 살계경후의 대상으로 한국 같은 나라를 택할 가능성이 항상 열려 있게 된다. 남·북 관계에 대한 한국 정부의 취약성을 활용하여 북한 핵, 주한 미군, 방위비 분담, 통상 문제들을 자의적으로 엮어서 협상할 유혹이 생기는 것이다. 2025년 관세와 투자 문제를 둘러싸고도 비슷한 현상이 드러나고 있다.

비단 트럼프만이 아니라 미국의 다른 행정부들도 이런 카드를 쥐고 은근한 방법으로 수시로 이용해왔다. 통일을 내세우지 않을 경우, 한국은 미국 정치의 요동이 한반도에 미치는 영향으로부터 상대적으로 자유로운 행동반경을 가질 수 있을 것이다. 미국이 자국의 이해관계에 따라 행동하는 것을 객관적인 자세에서 다분히 여유 있게 대응할 수 있기 때문이다.

미국은 해외 주둔 미군을 축소하라는 국내 정치의 요구가 강해지면, 북한 핵과 주한 미군을 연계시켜 협상하고자 할 것이고, 경우에 따라서는 한국을 제쳐 두고 북한과 '정략적 타협'을 찾을 수도 있다. 이런 상황에서도 한국이 통일을 전면에 두지 않아야 탄력적이고 능동적으로 대응할 여지가 생긴다. 물론 미국은 세계 전략 차원에서 다른 지역에서도 살계경후 전술을 구사한다. 2025년 6월 미국이 이란의 핵 시설을 폭격한 것은, 북한을 포함한 핵 확산 국가뿐 아니라 대만해협에서 군사행동 가능성이 있는 중국이나 우크라이나와 전쟁 중인 러시아에 대한 경고 효과도 염두에 둔 것으로 볼 수 있다.

중국도 비슷하다. 2016년 미국이 한국에 사드를 배치하자, 중국은 한국에 대해 유형·무형의 제재를 가했다. 중국의 주변국에서 제2의 '사드 배치'가 발생하는 것을 경고하는 효과도 노린 것으로, '살계경후'의 행동에 해당한다. 또 중국은 수시로 북한과의 관계를 한국에 대한 지렛대로 활용해왔다. 한국이 남·북을 '정상적 이웃'으로 간주하는 자세를 취하면 그만큼 중국의 지렛대도 짧아질 것이다.

북한의 '적대적 두 국가' 주장

북한 내부의 오랜 입장

북한은 1960년대까지 통일을 위한 '남조선 혁명'을 내세웠지만, 1972년의 7·4 남·북 공동성명을 기점으로 그 사용 빈도가 줄어들었다. 이어 동서 진영이 화해 분위기에 들어선 1980년대에 와서는 '남조선 혁명' 구호를 더 이상 사용하지 않았다. '혁명'이라는 용어가 통일보다는 체제를 지탱하는 구호와 이념으로 자리매김하기 시작한 것이다. 그리고 2000년대에 들어와서는 '국가'와 '평화'가 '통일'을 대체하고, 민족주의가 국가주의로 바뀌어 갔다.[32] 남·북 관계의 변화와 국제 정세의 흐름도 있었지만, '사회주의 체제로' 통일을 추진하기보다는 '자본주의 체제로' 통일 당하는 것을 방어하는 데 주력한 것이다.

그럼에도 불구하고 북한은 그간 '하나의 민족, 하나의 조선'이라는 기치를 내걸었다.* 안으로는 한민족 전체를 대표하는 정권으로서의 정통성을 부각하고, 한국에서 민족주의적이고 대북 친화적인 자세를 유도하는 데 필요하다고 봤다. 동시에 미국이 대북 제재를 해제하는 데 있어 한국의 역할을 이끌어 내는 것에 유리하게 작용할 것으로 기대했다.

북한은 이처럼 대내외적으로 '조선민주주의인민공화국'이 한반도의 유일 정통 국가라고 주장했다. 그런 가운데서도 북한은 내정불간섭 원

---

* 북한이 '하나의 조선'을 강조한 사례의 하나로 1995년 7월 베이징에서 남·북 간에 개최된 '쌀 지원 회담'을 들 수 있다. 북한은 '하나의 조선'에 두 개의 정부가 있을 수 없다는 논리 때문에 정식 국호를 사용한 남·북 정부 대표가 합의에 서명하는 것을 완강히 거부했다. '하나의 조선'이라는 구호에 매달리는 바람에 절실히 필요했던 한국으로부터의 쌀 지원마저 포기했던 것이다.

칙을 강조하면서 '두 개의 조선'이 현실임을 사실상 시인하기 시작했다. 남·북 대화의 현장에서도 북한은 "서로의 내부 문제를 간섭하지 말고 따로 살면 된다"고 주장하는 경우가 많았다.

북핵 위기가 고조되던 2003년 필자가 폴란드 주재 대사로 재직 시 북한의 김평일 대사(김정일의 이복동생)와 논쟁적인 대화를 할 계기가 있었다. 필자가 남과 북의 경제 상황을 거론하며 서로 보완하면서 같이 잘 사는 길을 찾아야 하는데 북한의 핵 개발이 그런 가능성을 가로막고 있다고 안타까움을 표시했다. 그러자 김평일 대사는 대뜸 "남쪽의 경제가 좀 발전한 건 알지만, 군사적으로는 북한의 대적도 되지 않는 처지다. 괜히 간섭할 생각 말고 따로 살면 되는 거다"라고 했다. 그러면서 왜 핵을 개발하는지, 왜 두 개의 나라로 사는 것이 좋은지 나름의 논리를 폈다.

2007년 8월 필자는 필리핀 마닐라에서 당시 북한 외교부장 박의춘과 남·북 외교장관 '회동'*을 가졌다. 당시는 북핵 해결을 위한 6자 회담의 '2·13 합의'가 단계적으로 이행되고 있던 중이었다. 한반도 평화와 남·북 협력을 진척시키기 위해 6자 회담 합의 사항의 원만한 이행이 필요하다고 강조했다. 그리고 남과 북으로 나뉘어 한반도에 두 명의 외교장관이 있다는 게 거북스럽다고 말을 꺼냈다. 그러자 그는 "남측의 사상을 북측에 강요하지 말라. 서로 간섭 없이 살면 된다"면서 사실상 두 개의 국가를 들고나왔다.[33] 북한 정권의 차원에서 볼 때, 한국과의 경쟁에서 패배한 상태에서 '하나의 국가'를 지향해야 할 합리성도 실익도 없다는 것으로 읽혔다.

북한이 '적대적 두 국가'를 선언했다고 해서 한국이 이에 평면적으로 맞대응할 것은 아니다. 중단기적 안정과 장기적 통일을 지향하는 정책

---

* 남과 북은 별개 국가가 아니라는 판단에서 외교장관 '회담'이란 용어는 피했다.

을 통해 한 단계 더 높은 차원에서 남·북의 필요를 담아내는 전략이 요청된다.

북한이 실제 필요한 부분은 '적대적'이라는 수식어보다는 정권과 체제의 생존에 적합한 '두 국가'라는 실체에 있다. 사실 1991년 '남·북 기본 합의서'에 합의된 상대방 체제의 인정과 존중, 내부 문제의 불간섭, 비방·중상과 파괴·전복 행위의 방지 같은 조항들이 '두 국가' 선언에 담긴 북한의 내심을 이미 반영했던 것으로 볼 수 있다.

선언의 배경

북한의 김정은 위원장은 2023년 12월 31일 "불신과 대결의 북·남 관계사를 냉철히 분석한 결과, 대남 관계의 근본적인 방향 전환이 필요하며 흡수통일을 추구하는 '대한민국 것들'과는 통일할 수 없다"고 말했다. 이어서 남·북 관계를 "적대적인 두 개의 국가 관계이며, 전쟁 중에 있는 두 개의 교전 국가 간 관계"라고 못 박았다. 아울러 대남 사업 기구를 정리·개편하고 유사시 핵무기를 포함한 무력을 동원하여 '남조선의 전 영토를 평정'할 준비를 하라고 지시했다.

김정은이 '적대적인 두 국가'를 공개적으로 선언한 동기는 이미 2019년 2월 하노이에서 트럼프와의 협상이 결렬된 이후부터 성숙해온 것으로 보인다. 그 후 2021년 들어선 미국의 바이든 행정부가 북한에 대해 '전략적 무관심' 정책을 취하고, 2022년 취임한 한국의 새 정부도 대북 강경 노선을 펴는 것을 보면서, 북한은 핵을 보유한 상태에서 제재 해제를 얻어내서 경제를 살리려는 노력이 무망한 것으로 판단했을 것이다. 당시 북한은 설사 트럼프 행정부가 다시 돌아오더라도 하노이 회동에서 거부했던 북한의 제안(영변 핵 시설 폐기와 제재 해제 교환)을 받아들일 가능성이 희박하다는 것을 느끼고 있었을 것이다.

실제 2025년 1월 트럼프 행정부(2기)는 취임하자마자 조기 '업적 과시'에 몰입하면서 우크라이나 종전과 중동 문제 해결에 우선순위를 두고 있다. 북한이 미국에 대해 무모한 핵 위협을 시도하여 심각한 위기가 조성되지 않는 한, 중장기 전략보다 단기 성과에 집중하는 트럼프가 성공의 가능성도 우선순위도 낮은 거래에 본격적으로 뛰어들 매력을 느끼기는 어려울 것이다.

'핵·경제 병진'은 김정은의 대표 정책이다. "수령의 결정에는 오류가 없다"는 북한 체제에서 핵·경제 병진이 지지부진한 상태에 아무런 변화를 주지 않은 채 대표 정책을 그대로 유지할 수는 없을 것이다. 미국의 제재는 계속되겠지만, 중국 및 러시아와의 협력을 통해 이 정책을 추진해 나갈 수 있다는 능력과 의지를 과시할 필요가 있었을 것이다. 게다가 북한 주민의 생활 상태가 한국과 갈수록 대비됨에 따라 통치의 수단으로 사용해온 '하나의 조선' 정책이 주민들의 정권에 대한 충성도를 오히려 약화시키는 현상을 가져올 수도 있다. 이런 부작용에 대처할 방안도 찾아야 했을 것이다.

또 세계적으로는 미국과 중국의 전면적인 대립 국면이 심화되고, 우크라이나 전쟁으로 2022년 러시아와 미국이 간접적인 교전 상태에 들어갔다. 북한으로서는 이런 세계정세와 한반도 안팎의 사정을 기화로 하여 오래전부터 가져온 '두 개의 국가' 원칙을 공개할 계기를 잡은 것이다. 먼저 2023년 7월 김여정 노동당 부부장이 두 차례에 걸쳐 한국과 미국을 비난하는 담화에서 '남조선' 대신 '대한민국'이라는 호칭을 사용하기 시작했다. 일종의 '커밍아웃coming out'을 예고한 것이다.

김정은은 2023년 12월 선언에서 한국도 핵 사용의 대상에 포함된다는 위협을 던지면서, '적대적'이라거나 '교전 상태'라는 성격 규정을 통해 '별개 국가'를 선언하는 명분을 만들었다. 그렇다고 해서 김정은이 '조선 반도' 통일이라는 김일성의 유훈을 단번에 저버릴 수는 없을 것이다. 그래서 '유사시 남반부 전 영토를 평정한다'는 메시지를 통해 내부적으로는 통일의 명분을 유지하는 동시에 한국에 대해서는 군사적 우위를 과시하는 효과를 겨냥한 것이다.

북한의 '두 국가' 선언은 종국적으로 통일로 가기 위한 방법상의 선택이 아니라, 체제와 정권의 생존을 위한 영구 분단의 선택이다. 물론 여러 변수의 우연한 조합을 배경으로, 북한이 무력이나 다른 방법으로 한반도 통일을 시도할 계기가 있을지는 모른다. 그러나 88 서울 올림픽과 냉전 종식 후 북한이 '하나의 조선'이 실제 이루어질 것이라는 실천적 희망을 갖고 정책을 추진해왔다고 보기는 어렵다. 따라서 북한이 '두 개의 조선'을 선언한 자체만으로 한반도와 동북아 정세에 특별히 변화를 가져올 만큼의 무게를 갖지는 않을 것이다.

북한의 기대와 파급효과

북한의 최우선 목표는 정권과 체제의 안전보장이다. 안전보장이라는 개념은 어떤 '객관적 상태'가 아니라 '주관적 인식'의 문제다. 한국이나 미국은 물론, 배후에 있는 중국이나 러시아 등 어느 누구도 소위 '안전 담보'에 대한 북한의 요구수준을 충족시키기는 어렵다. 남과 북이 상당한 시간에 걸쳐 소극적으로나마 공존하면서 북한 체제가 위협받지 않는다는 경험이 축적될 때 비로소 안전이 보장된다고 판단할 수 있게 될 것이다.

북한이 주장하는 정치·군사·경제적 안전의 관점에서 보면, 교전 상태이건 평화 상태이건 '별개의 국가' 정책이 체제와 정권의 안전보장에 유리하다는 인식을 가질 것이다.

냉전 시절 소련이 미국과의 협상에서 가장 많이 사용한 용어가 '안전보장'이었다.[34] 소비에트연방의 체제가 '어떤 위험'으로부터도 안전해야 한다는 개념이었다. 근래 우크라이나 전쟁을 둘러싸고 러시아가 요구하는 휴전이나 종전의 조건도 기본적으로 같은 배경을 갖고 있다. 중국도 비슷한 개념의 '안전보장'을 내세운다. 예를 들어 시진핑은 2014년 중국이 "역사상 가장 복잡한 외부와 내부 요인들에 직면하고 있다"면서, '포괄적인 국가 안보' 개념이 필요하다고 강조했다.

실제 중화인민공화국이 처했던 최대의 국가 안보 위기는 한국전쟁 참전과 1950년대 말의 대기근 시기였다. 그럼에도 불구하고 시진핑은 자기 시대의 상황을 과장하여 내부 통치에 활용하고 있다. 과거 소련 공산당이 내부 통치와 대외 협상의 수단으로 위험과 불확실성에 대비하는 '안전보장'을 동원한 것과 유사하다.[35]

북한의 안보 개념은, 이처럼 과거 소련이 사용했고 중국도 활용하고 있는 안전보장과 같은 것이다. 이에 기초해서 북한은 미국과의 회담에서 '안전 담보'를 유달리 강조해왔다. 북한은 소련과 중국의 사정에 더하여 세습 정권이라는 취약성을 하나 더 갖고 있다. 그래서 러시아나 중국의 경우보다 더 포괄적으로 대내 정치적 안전보장까지 요구하는 것이다.

북한은 '두 국가' 선언을 통해, 미국과 일본이 한국과 북한을 완전히 별개로 대하도록 함으로써 그들의 대북 정책을 유연하게 만드는 효과를 기대할 수 있다. 물론 핵과 인권 문제 같은 장애 요인들로 인해 단기에 효과를 보기는 어렵지만, 혹 있을 수도 있는 북·미 협상의 결과에 따라서는 대미, 대일 관계의 진전 가능성도 염두에 두는 것이다.

반면에 중국과 러시아의 경우는 이미 한국과 수교하고 있기 때문에 한반도 정책에 의미 있는 변화를 주지는 않을 것이다. 그래도 전보다는 북한을 덜 의식하면서 한국과의 외교 관계를 유연하게 관리할 수는 있다.

8
북한은 붕괴할 것인가?

> 중국은 조선(북한)의 안전에 관한 우려와
> 발전의 관심사에 대해 힘이 닿는 데까지 도울 것이다.
> ─시진핑─

신념의 비약

한국의 대북 정책 담론에는 언제나 북한 붕괴론이 등장한다. 보수와 진보에 걸쳐 있는 다양한 정책 특성들을 단순화하기는 어렵다. 하지만 흔히 '친북'이라고 분류되는 소수의 경우를 제외하고는 양 진영 공히 북한이 결국은 붕괴할 것이라는 전망에 무게를 두고 있다. 보수는 공개적으로 붕괴를 지향하는 반면, 진보는 교류와 협력을 지속하면 결국은 북한의 체제가 전환되거나 정권이 붕괴될 가능성을 염두에 둔다. 최소한 '건전한' 진보에서는 그렇다.

1994년 김일성 사망과 소위 '고난의 행군' 이후, 북한 붕괴가 한반도 문제 해결의 출발점이 된다는 분석들이 본격적으로 등장하기 시작했다.[1] 한반도 비핵화 공동선언, 제네바 합의, 베이징 6자 회담 공동성명의 이행이 거듭 실패하고 북한 핵 문제 해결이 사실상 불가능한 것으로 드러나기 시작하자, 한동안 묻혀 있던 북한 붕괴론이 다시 등장하기 시작했다. 북한의 붕괴에 대해 종교적 신앙에 가까운 '신념의 비약leap of faith'이 되풀이되는 것이다.

북한 붕괴론이 본격적으로 대두된 지 30년이 지난 지금, 북한 정권은 대륙간탄도탄까지 개발할 정도로 살아 있다. 일각에서는 북한이 주민의 희생을 강요하면서 국력을 무기 개발에만 집중하기 때문에 가능한 일이라고 분석한다. 그래서 북한이 주민 탄압을 못 하게 개방과 자유화를 촉구해야 한다고 주장한다. 그런데 과거 소련이나 중국도 비슷한 상태에서 핵을 개발했다. 북한에 국한된 특유한 상황이 아니다. 당연히 인권 탄압에 대한 비판과 인권 보호를 위한 노력은 지속되어야 한다. 그러나 인권의 논리만으로는 지금의 현상을 설명하기 어렵고 대책이 될 수도 없다.

또는 북한이 경제적 곤궁으로 붕괴의 위기에 처했을 때, 한국과 미국이 식량과 에너지를 지원했기 때문에 지금까지 생존할 수 있었다고 비판하기도 한다. 북한은 1995년 한국으로부터 식량과 미국으로부터 중유를 각각 지원받기 훨씬 이전부터 제재를 받으며 생존해왔다. 게다가 만약 1990년대 '고난의 행군' 시기에 한국과 미국의 지원이 없었다면, 중국이 최소한의 수준에서나마 북한의 생존을 위한 지원을 제공했을 것이다. 중국이 늘 해온던 일이다.

북한의 무기 개발을 가능하게 하는 배경은, 열악하지만 경제적·기술적 기반과 북·중 및 북·러 관계의 관리를 포함한 국가 운용 능력이 받쳐주기 때문에 가능하다고 보는 것이 합리적이다.

정권 붕괴의 시나리오

일반적으로 한 국가가 붕괴하는 데는 여러 가지 배경이 있다. 반란과 내전, 경제·사회적 요인 등에 의한 시민의 봉기, 인종 또는 종교 분쟁, 외침이나 치안 실패, 정권의 정통성 상실 등이 주요 사례로 등장한다.[2] 또 북한을 특정할 경우, 권력층 내부의 이탈에 따른 쿠데타 또는 내전 발생, 주민의 정치·경제적 불만에 따른 봉기와 치안 능력의 와해, 대규모 집단 난민과 국경 붕괴, 체제의 정통성 상실과 국가 통제력 증발 등을 예시하기도 한다.

　이런 사례들을 종합하여 북한 정권이 붕괴하는 몇 가지의 시나리오를 상정할 수 있다. 첫째는, 주민의 봉기people's power로 인한 붕괴다. 경제적 곤궁을 위시한 세습 독재의 실정에 대한 저항이 정권 붕괴로 이어지는 경우다. 둘째는, 권력의 내부 투쟁이나 궁정 쿠데타palace coup d'etat로 인한 붕괴다. 여기에는 군부 쿠데타도 포함된다. 비밀스러운 북한의 내부 사정이 공개되지는 않지만, 권력의 속성상 파벌의 갈등을 포함하여 잠재적으로 치명적인 수준의 다툼이 내재해 있을 수밖에 없다. 한국에서 '친X', '친Y' 운운하듯이 북한에서도 'X동네', 'Y동네' 같은 세력 지칭이 있다. 셋째는, 외부의 압력pressure from outside에 의한 붕괴다. 한국과 서방 세계의 대북 제재에 대해 중국과 러시아가 방치하는 경우, 또는 남·북의 우발적 충돌이 전쟁으로 비화되고 북한이 패배하여 정권이 붕괴하는 경우다.[3]

　이 세 가지 요인을 '3P'로 압축할 수 있다. 어느 하나가 독립적으로 작용하는 것이 아니라 서로 상승효과를 가져오면서 정권 붕괴로 귀결될 가능성이 크다. 주민의 불만이 위험수위를 넘어서면 집권 엘리트 그룹 사이에 깅온과 대립 같은 파얼음이 나게 되고, 여기에 평시에도 가해지던 외부로부터의 제재 등 압력이 가중되면서, '정권 붕괴-국가 붕괴-체제 전환'으로 이어지는 것이다.

그러나 북한의 경우 이런 3P 요인들이 결합하기에는 시민사회의 토양, 정치 구조와 권력의 구성, 그리고 외부 환경 측면에서 그 가능성이 높지 않다. 또 3P와 유사한 유형으로, 개혁·개방을 추진하다가 주민의 기대 상승을 감당하지 못하거나, 남·북 군비경쟁의 무게를 이기지 못하여 붕괴하는 경우도 상정할 수 있을 것이다. 시나리오별로 가능성을 살펴보자.

주민 봉기와 붕괴

북한은 내부 불만이 조직화되기 어려울 정도로 장기간 체계적으로 주민을 통제해왔다. 주민 생활은 국가에 묶여 있고, 당장 눈에 보이는 정치적 대안도 없다.

아울러 북한 주민은 국가 붕괴로 인해 한국으로 흡수될 경우에 예상되는 장래의 삶에 대한 불안감도 작용할 것이다. 한국이 주도하는 통일국가에서 '2등 시민'으로서 살아야 하는 처지에 대한 자존감 상실의 위기와 함께, 익숙한 사회주의 체제를 벗어나 자본주의 체제의 극심한 경쟁에서 살아남아야 한다는 두려움이 작용하는 것이다.

김정은 집권 10년 동안 북한 주민의 의식 변화에 대해 탈북민을 통해 조사한 결과에 의하면, 중국에 대한 친밀감은 2020년 조사에서 65%인 반면, 한국에 대해서는 19%에 불과한 것으로 나타났다. 또 젊은 세대일수록 한국에 대한 친밀감은 감소하고 중국에 대해서는 증가하는 추세를 보였다.[4] 이러한 현상은 경험해보지 않은 이질적 체제에 대한 불안감을 반영하는 것으로 볼 수 있다.

한편, 같은 조사에 의하면 탈북민의 한국 내 생활에 대한 불만족도는 2019년 20%에 달하고, 그 이유는 흔히 생각하는 경제적 어려움뿐 아니라 언어와 문화의 차이, 그리고 사회적인 편견도 크게 작용하는 것으로 나타났다. 아울러 이들은 스스로의 정체성에 대한 회의감도 지속적으로 커지는 것으로 조사되었다.[5] 같은 기간 한국 주민들의 국내 거주 이주민에 대한 친밀감 조사에서도, 탈북민은 미국인, 동남아 등 아시아인, 일본인 다음으로 낮았다.[6] 이런 조사들을 종합하면, 통일 후 '2등 시민'으로 살아야 한다는 북한 주민들의 불안감은 지속되거나 더 커질 것으로 보인다.

이런 현상은 한반도에서만 나타나는 것이 아니다. 성공적으로 통일을 이룬 것으로 볼 수 있는 독일의 경우, 통독 30년이 지나도 동독 출신의 75%는 2등 시민으로 살고 있다고 느낀다. 독일 전역은 물론 동독 지역 6개 주의 정치, 경제, 법률, 군사 분야의 대부분 고위직은 서독 출신이 차지하고 있고, 동독 출신은 1.7%에 불과하다. 동독 출신을 칭하는 '오시Ossi'는 '울분 장애embitterment disorder'를 겪고 있다는 것이다.[7] 서독의 흡수통일 결과, 특히 통독 후 동독 주민이 겪고 있는 실정은 북한의 정권뿐만 아니라 주민들도 유심히 관찰할 것이다. 체제 붕괴와 한국에 의한 흡수통일 이후의 모습에 대한 북한 주민의 두려움은 지속된다고 보아야 할 것이다.

탈북민들을 통한 조사에서 발견되는 공통적 현상은 북한 사회가 '김일성 수령에 대한 숭배의식'으로 획일화된 강한 종교성을 띠고 있다는 것이다. 그들은 북한에서 김일성의 존재를 빼놓는 것은 기독교에서 하나님의 존재를 빼놓는 것과 같다고 비유하기도 한다.[8] 흡수통일로 겪어야 할 '2등 시민'의 지위에 대한 두려움과 종교화된 의식이 결합된 북한 주민에게서 '인민 봉기'를 기대하기는 어렵다.

북한 주민의 봉기 유혹을 억제하는 또 다른 요인은, 봉기가 실패할 경우 탈출구가 막혀 있다는 점이다. 우선 탈출구가 될 수 있는 중국의 경우 북한 주민이 압록강이나 두만강으로 넘어오는 것을 체계적으로 봉쇄할 것이다. 북한 정권의 통제 능력이 먼저 상실되지 않는 한, 대규모로 휴전선을 넘어오거나 해상으로 탈출할 통로도 제약되어 있다. 과거 동유럽 국가들의 경우, 봉기에 실패할 경우 인접 국가로 쉽게 월경할 수 있는 정치적·지리적 환경이 함께 작용했던 것과는 차이가 크다.

궁정 반란/군부 쿠데타와 붕괴

북한의 권력 엘리트들이, 내부 불만이 갈등 차원을 넘어 반란이나 쿠데타로 가게 되면 결국 체제 붕괴로 연결될 개연성이 커진다는 점을 모를 리 없다. 승자도 패자도 없는 공멸의 길에 들어설 것임을 의식하는 것이다. 같이 타고 있는 배가 뒤집히면 선장도 선원도 다 익사할 수밖에 없다는 북한 권력 체계의 특성이, 정권과 체제의 약점인 동시에 강점도 되는 모순적 상황이다.

물론 북한 정권이 중국과의 갈등을 과도한 수위로 몰고 갈 경우, 중국은 북한 내부의 친중 세력을 부추겨서 반란이나 쿠데타를 유도할 것이라는 시나리오도 상정할 수 있다. 실제로 1956년 중국과 당시 소련을 배경으로 김일성 일파를 제거하기 위한 시도도 있었다. 이른바 8월 종파사건이다.

그러나 중국이 북한의 내부 문제에 개입을 시도할 경우, 긴 역사를 통해 중국과 가까이 살을 맞대고 살면서 경계심과 친밀감을 동시에 형성해온 북한 주민의 경계심을 위험하게 자극할 가능성이 크다.[9] 게다가 중국은 북한 내정의 혼란 상태와 이어질 체제 붕괴가 중국에 미칠 치명적 영향을 항상 의식하고 있다. 제3세력이 개입하는 것 같은 비상 상황이 발생하지 않는 한, 중국은 개입을 자제할 것이다.

외부의 압력과 붕괴

현재의 세계정세는 물론 미래의 전망에 비추어, 압력으로 북한의 붕괴를 유발할 외부 세력을 예상하기는 어렵다. 종종 내부의 반체제 조직이 외부의 지원 세력과 결합할 때 힘을 발휘하는 경우가 있다. 그러나 국가이익 차원에서 볼 때, 중국이나 러시아가 그런 역할로 북한을 붕괴시킬 리가 없다. 또 지난 수십 년에 걸쳐 한국과 미국, 그리고 일본 등이 제재와 압박을 통해 북한의 행동 변화를 추구하고 있지만 성공할 기미는 없다. 결국 이런 외부 압박이 정권과 체제의 붕괴로 연결될 효과를 가져올 가능성은 희박한 것으로 나타난다.

이런 좌절감 때문에 외부에서는 역대로 북한 지도자의 건강 상태에 초미의 관심을 보여 왔다. 예를 들어 지금은 김정은의 과체중 상태를 조명하면서, 그의 유고가 가져올 권력 교체나 체제 전환의 가능성을 희망적 사고로 관찰하는 경향이 있다. 독재국가에도 예견치 못한 사정으로 권력이 교체될 가능성은 상존한다. 그러나 북한의 경우, 김씨 일가가 아닌 권력으로 이동할 가능성까지는 있어도 가까운 장래에 체제 자체의 전환 가능성은 낮다. 무엇보다 중국이 이를 막기 위해 모든 영향력을 행사하려 할 것이다. 물론 중장기적으로는 사회·경제구조를 포함한 정치 환경의 변화와 주민들의 국가에 대한 의존 약화를 통해 통치 방식과 제도의 변화를 불러오는 넓은 의미의 정치 변동은 가능할 것이다.

외부 압력으로 인한 붕괴의 또 다른 희망적 시나리오는, 남·북 사이의 우발적 충돌이 발생해 북한이 군사적으로 궤멸되면서 정권이 붕괴하고 체제가 바뀌는 것이다. 중국은 멀게는 '항왜원조'의 전쟁(당시에는 조선 전체의 붕괴를 막기 위한 행동)으로 부르는 임진왜란에서부터, 가까이는 '항미원조抗美援朝'의 전쟁으로 부르는 한국전쟁, 그리고 그 이후에도 북한에게 최후의 생명줄 역할을 해온 기록을 갖고 있다. 이러한 중국이 미국의 지원을 받는 한국과의 전쟁에서 북한이 패배하고 국가가 붕괴되는 것을 수용할 가능성은 전무하다고 보는 것이 합리적이다.

흔히 북한과 중국 사이에 작은 변화의 조짐만 보여도 이를 확대 조명하려는 경향이 있다. 강의 '물결'이 바람에 따라 바뀌는 것을 보고 희망적 시각에서 마치 강의 '물길' 자체가 바뀐 것으로 보고 싶은 것이다. 물론 1956년의 소위 '종파사건'(중국 출신의 연안파와 소련파가 김일성의 권력에 도전했다 실패한 사건)이나, 2013년의 '장성택 처형'(김정은의 고모부로서 중국과 가까웠던 2인자 장성택을 처형한 사건)의 경우처럼 북한의 국내 정치에 중국이 간접적으로 연루된 사건은 있었다. 이로 인해 북·중 관계가 삐걱거리긴 했다.

이처럼 북한 정권과 중국 사이에 긴장은 있었지만 양측의 국가적 이익 자체가 충돌한 것은 아니었다. 물론 북한의 경우, 정권의 이익과 국가의 이익 차이를 구별하기 어렵다. 그럼에도 북한과 중국은 서로 건널 수 없는 '생존의 강'이 있다는 것을 잘 인식하고 있다. 물결과 물길을 혼동하면 북한과 중국에 대한 한국의 판단 착오가 생길 수 있다. 그럼에도 불구하고 최근까지도 이런 혼동이 반복해서 일어나고 있다.

중국은 북한과의 관계에 실제 무슨 일이 일어나고 있는지를 말하지 않는 경향이 있다. 예를 들어 1996년 남·북·미·중의 제네바 4자 회담 추진 시는 미국과 중국 사이에 북한 문제에 대해 어느 정도 교감이 되던 시기였다. 그럼에도 불구하고 당시 클린턴 미국 대통령의 안보 보좌관이었던 레이크Anthony Lake는 중국이 북한과의 대화에 대해 제대로 설명

하지 않아서 좌절감을 느꼈다고 토로했다.[10]

2005~2008년 베이징 6자 회담을 둘러싸고 한국도 유사한 어려움을 겪었다. 회담이 난관에 봉착했을 때, 한국 대표는 미국이나 일본보다는 다소 유연한 입장에서 해법을 찾아보고자 했다. 특히 주최국인 중국 대표와 머리를 맞대는 경우들이 자주 생겼다. 북한과의 대화 내용이나 북한의 자세에 대한 중국의 판단을 그대로 테이블에 올려놓고 비교하면서 방안을 마련해볼 것을 제안하곤 했다. 그러나 중국 측은 "우리식으로 북한을 설득하고 있으니 그렇게 이해하기 바란다"며 넘어가는 경우가 다반사였다.

개혁·개방과 붕괴

북한 붕괴의 또 다른 가설은, 북한이 생존하기 위해서는 불가피하게 중국이나 베트남식 개혁·개방의 길을 가지 않을 수 없을 것이고, 그 과정에서 붕괴한다는 것이다. 특히 지정학적 환경이나 문화적·역사적 배경을 감안하여 중국과 베트남을 북한의 개혁·개방 모델로 자주 제시하기도 한다. 그런데 북한의 붕괴로 연결될지 여부는 차치하고, 우선 개혁·개방의 환경에 있어 북한이 중국이나 베트남과는 몇 가지 측면에서 간과하기 어려운 차이를 갖고 있다.

첫째는, 주민들이 정권에 부여하는 정통성이다. 중국 공산당은 국민당 세력을 대만으로 축출하고 대륙을 통일했다. 베트남 공산당은 프랑스와 미국을 상대로 독립과 통일을 쟁취하고 중국의 간섭을 물리침으로써 주민들로부터 정통성을 부여받았다. 그러한 정통성이 있었기에 중국이나 베트남은 집단지도체제를 유지하면서 유연한 정책을 추진할 수 있었고, 이는 개혁·개방으로 나타났다. 반면에 김씨 일가의 세습 독재 체제인 북한은 정권의 정통성 측면에서 이들과는 비교가 되지 않는다. 설사 북한에 집단지도체제가 등장한다 해도 역사적 배경 때문에 중국이나 베트남 같은 정통성을 확보하기 어렵다. 정통성이 약한 정권은 과감성을 요구하는 개혁·개방을 시도하기 어려울 것이다.

둘째는, 기존의 정권과 체제를 대체할 외부의 세력이 존재하느냐 여부다. 중국이 개혁·개방을 추진한 1980년대에는 이미 대만이 중국 본토의 체제를 위협할 능력을 갖춘 적대 세력으로 간주되지 않았다. 베트남의 경우, 통일 후에는 아예 정권을 위협할 잔존 세력이 없었다. 만약 중국이나 베트남의 경우, 한반도처럼 국토가 분단된 상태에서 서로를 흡수하고자 하는 대체 세력이 존재했더라면 덩샤오핑의 개혁·개방이나 베트남의 도이모이 정책이 불가능했을 것이다. 물론 남·북이 '차가운 평화' 상태라도 지속하면 북한이 개혁·개방을 시도할 환경도 다소 변화할 수는 있을 것이다.

셋째는, 정권이 이룬 업적의 대차대조표다. 북한은 전쟁을 일으켰지만 무력 통일에 실패했다. 그 과정에서 국토를 황폐화시키고 주민의 삶을 피폐하게 만들었다. 게다가 전후에 계속되는 경제 실패로 경쟁 상대인 한국의 성공과 적나라하게 대비되는 상태에 이르렀다. 이런 북한 정권에게는 설사 중국이나 베트남 수준에 못 미치는 단계적이고 제한적인 개혁·개방이라 하더라도 자칫 치명적인 정권 붕괴의 뇌관이 될 수 있다. 그래서 고육책으로 외부로부터 유입될 '정치적 오염'을 방지하는 소위 '모기장 개방론'이 등장하기도 했다. 한 발자국 개방으로 나왔다가 두 발자국 폐쇄로 돌아서는 패턴을 반복한 이유이기도 하다.

이런 관점에서 볼 때, 중국과 베트남이 취한 방식의 개혁·개방을 북한에게 기대하기는 어렵다. 북한이 일단 개혁·개방을 시작하면 경제 발전의 성공을 위해 외부의 지원을 받아야 하기 때문에 핵을 포기할 수밖에 없을 것이라거나, 또는 개혁·개방 과정에서 야기되는 체제 불안으로 정권이 붕괴됨으로써 결국 핵도 포기하게 될 것이라는 가설에 기초한 정책은 성공하기 어렵다.

군비경쟁과 붕괴

냉전 시절 소련은 미국과 경쟁을 벌였으나, 체제 자체의 결함과 경쟁의 무게를 견디지 못해 스스로 무너졌다. 일각에서는 이런 역사를 남·북 경쟁에 대입하고자 한다. 북한도 결국 소련과 같은 길을 가게 될 것으로 보는 것이다. 그런데 당시 소련은 공산 진영 세력 구도의 정점에 있었다. 따라서 소련이 붕괴의 위기에 봉착했을 때, 그 뒤를 받쳐줄 역량을 가진 세력이 없었다.

그러나 북한의 경우, 미국과 정면 대립할 정도의 힘을 가진 중국이 뒤를 받치고 있다. 게다가 북한은 2024년 러시아 파병과 무기 제공에서 보듯이 북·중·러 삼각 협력 체계에서 자신의 비중까지 올리고 있다. 북한이 한국과의 군비경쟁을 지탱하지 못하여 결국은 과거 소련처럼 무너질 것이라는 희망은 현실과 거리가 멀다.

오히려 북한은 핵무기를 외부로부터의 공세에 대한 억제력의 주축으로 삼으면서 국력의 여분을 경제 건설에 투입하는 소위 '핵·경제 병진' 정책을 추진하고 있다. 근래에는 중국, 러시아, 이란 등 세력과의 협력을 배경으로 힘을 얻고 있다. '핵·경제 병진'은 이미 1950~1960년대에 소련, 영국, 프랑스, 중국이 취했던 정책과 유사한 것이다. 이 국가들도 일단 핵무기를 획득한 후 국방 예산 비중을 축소하여 재정을 경제활동에 투입할 수 있었다.[11] 물론 그 외에도 북한은 핵·미사일 능력을 정권의 정통성 강화라는 국내 정치 무기로, 미국과의 교섭에 동원하는 외교 무기로, 그리고 아프리카와 중동 등지의 해외 방산 시장에 보여주는 홍보 무기로 활용하는 등 복합적인 효과를 기하고 있다.

다만 북한의 경우, 러시아나 중국과는 비교할 수 없이 국력이 작다. 또한 영국이나 프랑스와는 달리 이미 실패가 입증된 폐쇄적 사회주의 경제체제를 운용한다. 그래서 북한판 '핵·경제 병진' 자체는 김정은이 주장하는 것처럼 성공하기 어렵다. 그러나 중국이나 러시아의 지원을 받으며 생존을 이어 가는 데는 어느 정도 기여할 것이다. 결국 초보적 핵능력을 가진 북한에 대한 중국의 안보와 경제 지원 태세는 계속되고, 한국은 미국의 핵우산과 결합하는 재래 군비를 증강시키는 경쟁 상태가 지속될 것이다.

북한의 붕괴를 거부하는 중국

무엇보다도 북한은 70년에 걸친 제재에도 살아남으며 나름의 면역력을 키웠다. 그 배경에는 중국의 손이 결정적으로 작용해왔다. 북한이 붕괴할 경우 닥치게 될 자국의 안보 위험을 막기 위해 '충분한 규모'는 아니지만 '필요한 수준'의 지원을 지속해온 것이다.

중국은 대북 지원의 수위를 은근한 방식으로 조절하기도 했다. 남·북 관계나 북·미 관계가 개선 국면에 있을 때는 한국과 미국의 지원 규모를 계산하면서 대북 지원을 결정했다. 만약 북한이 붕괴에 직면하면, 중국은 한·미 동맹이 주도하여 한반도를 통일하는 것을 막기 위해 군사적으로라도 개입해야 할 사활적 이해관계를 갖고 있다. 그러니 중국으로서는 그런 시나리오를 결코 피해야 한다. 예방적 차원의 대북 지원 정책이 불가피한 것이다.

　북한의 가장 심각한 문제로 간주되는 식량난은 연간 50만~100만 톤 정도가 부족한 것으로 추산되고 있다. 1990년대 후반 극심한 흉작으로 소위 '고난의 행군'을 하던 시기가 북한의 붕괴 가능성이 가장 높았던 시기로 관찰되었다. 당시 식량이 최대 150만 톤까지 부족한 것으로 추정되었다.

　전체적으로 평균 잡아 매년 100만 톤 정도의 식량이 부족하다고 계산할 경우, 국제시장가격 기준으로 약 3억 달러 정도의 지원이 필요하다. 북한보다 2,000배 이상(CIA World Factbook 2023 PPP 기준 GDP 추정치) 큰 경제 규모를 가진 중국이 이 정도의 지원으로 북한의 식량 안보를 지탱시킬 수 있다면, 자국의 안보 이익을 위해 높은 가성비의 효과를 보는 것이다. 실제 중국 당국자들에게 대북 지원의 방식에 대해 타진하면 "우리 식으로 지원한다"고 에둘러 대답한다. 중앙과 지방정부의 직접 지원, 외상 거래, 의도적인 국경과 해상 교역의 통제 완화, 여타 통계에 잡히지 않는 물자의 흐름을 허용하는 조치를 포함하여 다양한 방식이 동원되는 것이다.

　2019년 7월 시진핑이 평양에서 김정은과 만난 후, 중국의 대북 정책을 분명한 언어로 밝혔다. "중국은 조선의 안전에 관한 우려와 발전의 관심사에 대해 힘이 닿는 데까지 도울 것이다"라고 한 것이 핵심이다. 외부의 압박이나 침략으로 인해 북한이 겪을 안보 위협은 물론, 자체의 경제적 난관으로 위험에 처할 경우 내버려두지는 않을 것임을 천명한 것이다.

　물론 그 대가로 동북아 정세 안정을 바라는 중국의 관심에 북한이 귀를 기울여야 한다는 메시지를 함께 담고 있다. 북한이 핵·미사일의 실험 같은 민감한 행동을 할 경우는 말할 것도 없고, 한반도 안보와 관련하여 미국과의 중요한 협상을 하거나 중국의 관심 범위에 있는 다른 행동을 취할 때는 사전 협의하고 조율해야 한다는 암묵적 요구가 포함되어 있는 것이다.

일각에서는 중국이 경제적 부담과 피로감으로 인해 북한에 대한 지원을 장기적으로 지속하기 어려울 수도 있다고 본다. 주로 미국이나 유럽 관찰자들의 전망이다. 북·중 관계가 밀착할 수밖에 없는 근본적 구조를 간과한 데서 나오는 경우들이다. 이들은 특히 우크라이나 전쟁이 예상보다 장기화되자 군사 지원에 대한 미국의 피로감이 증가하는 현상을 주목하면서, 북한에 대한 중국의 지원에도 비슷한 피로감이 작동할 것으로 보려는 경향이 있다. 그러나 중국의 안보에 대한 북한의 무게는 미국에 대한 우크라이나의 무게와는 차원이 다르다. 반면에 중국이 북한 지원을 위해 지는 부담은 우크라이나에서 미국이 지는 것보다는 상대적으로 한참 가볍다.

근래 북한과 러시아의 밀착을 두고, 과거 1960~1970년대 중·소 분쟁 시절 북한이 중국과 소련 사이에 줄타기 외교를 구사했던 패턴을 상기시키는 경우도 있다. 그러나 지금은 당시와는 전혀 사정이 다르다. 우선 중국과 러시아 사이에 이념적 균열이 있는 것도 아니고, 무엇보다 경제력에 있어 당시에는 소련이 중국의 1.5배 규모였으나, 지금은 역으로 중국이 러시아보다 약 8배 이상 큰 규모다. 이런 환경에서 북한으로서는 설사 단기적 필요가 있다 하더라도 중·러 사이를 오가며 외교를 할 실익이 없다. 오히려 양국 모두로부터 필요한 이익을 확보할 여지가 열려 있다.

Tip 18 ▶

한반도 통일 예측론

　북한의 붕괴와 한반도 통일을 예측하는 서방 관측통들이 더러 있다. 국내 언론이나 논문에서도 종종 등장하는 이들의 예측은 객관적 분석과 냉정한 평가에 입각했다기보다는 '예언'에 가까운 것들이다.

　예를 들어 영국의 맥레이Hamish Macrae는 1994년 출간된 《2020년의 세계 The World in 2020》에서 2020년 전후로 한반도는 통일되어 있을 것이라고 했다. 그는 그때쯤이면 북한이 내부의 모순으로 붕괴되고 한국 주도의 경제 통합 과정이 이미 진행 중인 상태가 될 것이라고 전망했다.[12] 미국의 프리드먼George Friedman은 2009년 출간된 《다가올 100년》에서 한반도는 늦어도 2030년 이전에 통일될 것이라고 전망했다.[13]

　한국의 국내에서 이런 '예측을 위한 예측'을 인용하여 여러 가설들을 제시하기도 한다. 학자적 관점이나 저널리즘의 영역에서 나올 수 있는 일이다. 그러나 정부가 희망적 사고를 바탕으로 이런 '예언성 예측'을 정책에 투영하는 것은 차원이 다른 문제다. 한국 정부의 '통일 대박론'은 2015년 등장했다.

정권 교체와 체제 전환

　김정은의 건강과 후계 구도의 취약성을 들어 김씨 일가의 지배 이후에 전개될 북한을 상정하는 경우가 많다. 주로 '권력 승계-정권 불안-

권력 교체-체제 전환' 가능성을 연장선상에서 보려는 경향이 있다. 물론 정권의 교체는 언젠가 일어날 일이다. 그러나 체제 전환으로 연결될지는 다른 문제다.

김씨 일가의 권력을 대체할 집단지도체제의 등장, 북한의 정세 불안이 자국의 안보 환경을 바로 악화시킬 것으로 우려하는 중국의 작용, 체제가 전환되면 한국으로 흡수되고 자신들은 2등 시민으로의 전락을 우려하는 북한 주민의 반응 등 여러 변수를 감안해야 한다.

물론 세습 독재국가에서 지도자의 건강 문제는 체제에까지 영향을 줄 수 있는 중대사다. 그러나 북한의 경우, 이에 따른 정권 교체로 인해 한반도가 안고 있는 문제들을 해결하는 시작이 될 것이라는 사고는 그냥 희망에 그칠 가능성이 크다.

〈파이낸셜 타임스〉와 〈워싱턴 포스트〉의 서울, 도쿄, 베이징 지국장을 지낸 파이필드Anna Fifield는 김정은의 집권 이후에도 북한을 수시로 방문하여, 제한적이지만 북한 주민과도 비교적 광범위한 접촉을 가지며 북한 내부를 관찰했다.[14] 그는 김정은 치하의 북한이 소련처럼 붕괴하지도 않고 중국처럼 변화하지도 않는 배경을 세 가지로 꼽았다.

첫째는, 주민들의 살림이 조금이라도 나아지고 있다는 것이다. 예를 들어 과거에 일 년에 한 번 먹던 고기를 한 달에 두 번 먹을 정도가 되었다는 것이다. 둘째는, 핵보유국으로서 주민들의 자부심과 정체성이 전보다 단단해졌다는 것이다. 북한의 핵 무력 완성과 대외 위상이 오르는 것을 보면서 김정은의 지도자 자격을 인정하고, 특히 외부의 압력에 굴하지 않는 모습을 자랑스럽게 여기고 있다는 것이다. 셋째는, 김정은 이전부터 있던 현상이지만 주민의 체제 이탈이나 저항을 억제하는 공포감이 널리 퍼져 있다는 것이다. 첫째와 둘째 배경과 셋째의 배경은 서로 상충하는 듯하지만, 이런 요소들이 복합적으로 작용하면서 북한의 체제를 유지시키는 것으로 볼 수 있다.

외국 언론이 북한 내에서 자유로운 취재를 하기 어렵고, 접촉 대상도 북한 당국의 선전노선에 충실할 수밖에 없다는 점에 비추어 볼 때, 이런 관찰이 북한 주민의 평균적 인식을 반영한다고 보기는 어렵다. 그럼에도 불구하고 서울대학교 통일평화연구원이 비슷한 시기에 한국으로 탈북한 북한 주민들을 대상으로 한 여론조사도 이런 관찰을 뒷받침한다.

2020년 조사를 기준으로 대상자의 60% 이상이, 김정은에 대한 북한 주민의 지지도가 절반이 넘는 것으로 본다고 응답했다. 특히 동일한 질문에 대한 연령대별 응답을 보면, 60대 이상은 50% 수준인 반면 20대는 70%를 넘었다. 주체사상에 대한 자부심 조사에서도 절반 이상이 자부심을 가진 것으로 본다는 응답이 54%로 나왔다. 이 또한 20대가 60%대로 60대의 50%대보다 높은 것으로 조사되었다. 김정은에 대한 지지나 주체사상에 대한 자부심에 있어 젊은 세대가 고령층보다 높다는 것은 북한 정권의 미래와 관련해서 주목할 점이다.

북한을 방문한 서방 언론이 의사 표현이 자유롭지 못한 북한 주민을 상대로 한 관찰, 그리고 북한을 이탈해온 주민을 대상으로 한 조사 결과는 모두 실상과는 어느 정도 오차가 불가피할 것이다. 그러나 위에서 본 것처럼 각각 다른 각도에서 행한 조사 결과를 종합적으로 감안할 때, 가까운 미래에 북한 정권의 교체나 그것을 넘어 체제 전환까지 기대하는 것은 시기상조일 것이다. 우리는 지난 30년 이상에 걸쳐 북한의 변화 가능성에 대한 희망적 사고와 현실의 전개 사이에 나타난 간격을 경험했다.

근래 아울러 주목할 것은 2024년 북한이 러시아 파병을 통해 군사기술과 전투 경험을 습득할 뿐 아니라, 러시아를 포함한 외부로부터의 대북 제재를 이완시키면서 인력 송출을 확대하고 있다는 점이다. 그간 러시아와 북한은 유엔의 제재를 우회하기 위해 '학생비자'로 위장한 북한 노동자들을 입출국시켜 왔다. 연평균 150만 명 이상 절대적인 노동 인력 부족을 겪고 있는 러시아는 앞으로 상당 기간 북한의 외화 소득원이 될 전망이다.[15]

이런 외부 환경 변화와 더불어 북한 내부에는 당·정·군 위주의 기존 중산층에 상인과 전문직으로 이루어진 신흥 중산층이 등장하고 있다. 이들이 쇼핑몰이나 위락 시설 등 소비 시장을 찾으면서 유효 수요를 만들어 내고, 인구의 약 1/3에 해당하는 7백만 명 정도가 휴대전화를 사용하는 것으로 나타나고 있다. 중국의 기존 대북 지원 역할에 더하여 러시아의 등장이 북한의 내외 환경을 개선시키는 중이다.[16]

제2차 세계대전 후 미국의 대소 정책 입안에 주요 역할을 한 캐넌은 "소련은 체제 자체가 붕괴의 씨앗들seeds of decay을 안고 있다. 밖으로 팽창할 길만 막아 두면 그 씨앗들이 내부에서 스스로 작동할 것이다"라고 진단했다. 실제로 그의 진단은 40년 후 소련의 붕괴라는 현실로 나타났다. 서방 관찰자들 중 일부는 중국의 붕괴나 체제 변화의 가능성도 비슷한 시각에서 보는 경향이 있다.[17]

같은 관점에서 우리는 북한의 체제에 내재하는 '붕괴의 씨앗들'이 언제 어떻게 작동할지에 초점을 맞추어 왔다. 그런데 소련이 무너질 때는 그 뒤를 받쳐줄 기둥이 없었지만, 북한은 뒤에서 중국이 건재하고 있다. 결국 캐넌의 진단을 원용하자면, 사회주의 시장경제라는 모순적 제도와 공산당 일당 체제를 유지하려는 중국 자체의 결함, 즉 '붕괴의 씨앗들'이 작동하여 어떤 변화를 겪느냐가 결국 북한 붕괴의 관건이 되는 것이다. 그런데 트럼프 행정부(2기)가 출범한 2025년 미·중 경쟁에서 나타나는 양상을 보면서 누가 먼저 주저앉을 것인가가 세계의 화두로 등장하고 있다.

지금까지 북한의 붕괴에 대한 외부의 전망은 일기예보와 같은 과학적 '예측'이라기보다는 한 사람의 운명에 관한 '예언'에 더 가까운 경우가 많았다. 한국으로서는 여러 가능성을 냉정한 시각에서 보면서, '곧 붕괴하건' 또는 '결코 붕괴하지 않건' 어느 경우에도 적용할 타당성이 높은 합리적 정책을 펴는 것이 중요하다. 안정, 평화, 그리고 통일 가능성을 포함한 한국의 선택 여지를 넓히는 자세가 필요하다.

9
평화와 통일의 정책은 왜 성공하지 못했는가?

> 전쟁을 만드는 것이
> 평화를 만드는 것보다 훨씬 쉽다.
> -조르주 클레망소-

따뜻한 평화/적극적 평화 구축의 기회

2022년 2월 러시아의 침공으로 본격 개시된 우크라이나 전쟁의 끝이 보이지 않는다. 2025년 트럼프의 집권 이후 최우선 과제로 종전을 시도하고 있지만, 우크라이나에 제대로 평화가 자리 잡을 가능성은 요원해 보인다. 문제의 해법으로 급기야 '한국전쟁 휴전' 상태가 해결의 모델로 등장한다.

한반도의 경우처럼 "평화는 가져올 수 없지만, 최소한 전쟁은 중지시킬 수 있다"는 논리다.[1] 한반도는 70년 이상의 휴전을 거치는 동안 '전쟁도 아니고 평화도 아닌' 상태의 전형적인 상징이 되었다.

1953년 한국전쟁 휴전 이후 남·북은 세계 냉전체제의 일부로 생존하면서 적대적 대치 상태를 유지했다. 1970년대 초 미·중 화해와 미·소 데탕트가 상호작용하는 기류에 따라 남·북도 대화를 모색했다. 1972년 자주·평화·민족 대단결을 골자로 하는 '7·4 남·북 공동성명'

에 합의하면서 관계 진전의 물꼬를 텄다. 그러나 그 배경에는 북한에서는 김일성의 지배 강화, 한국에서는 박정희의 유신 체제 정당화라는 각자 내부의 정치적 목적이 더 크게 작용했다. 따라서 성명의 후속 실천도 미미했다.

    1989년 12월 미·소 정상이 지중해의 작은 섬 몰타에서 냉전 종식을 선언하고 2년 후 소련이 해체되었다. 한반도에서도 북한이 붕괴되면서 통일을 이룰 것이라는 시나리오가 무성했다. 설사 바로 통일이 오지는 않더라도 최소한 냉전의 그늘에서 벗어나 통일로 가는 길을 열 것이라는 희망이 부풀었다. 물리적인 방식으로 한국이 북한을 흡수하는 통일보다는 남·북이 평화적으로 공생하면서 점진적으로 통일로 가는 화학적 방식이 더 안정적이고 실현 가능성이 높다고 보는 시각이 많았다. 성급한 통일이 가져올 재앙적 후유증을 우려한 데서 나온 중론이었다.

    세계적 냉전이 종식된 지 한 세대가 훨씬 지난 지금 한반도에는 물리적이든 화학적이든 통일을 향한 어떤 접근에도 진전의 가능성이 보이지 않는다. 마치 건기에 접어들어 강물의 바닥까지 말라버린 아프리카 초원과 같다. '적극적 평화'의 물기는 증발되었다. 한때는 '적극적 평화' 구도에 입각하여 소위 '느슨한 국가연합' 또는 '낮은 단계의 연방제' 같은 단계적 통일 방안이 최소한 겉모양상으로는 진지하게 논의되기도 했다. 그러나 먼 장래까지 이런 방안들이 추진될 가능성은커녕 논의조차도 어려운 지경이다.

    한반도라는 대지에 우기가 돌아서서 비를 내리고 초원의 평화와 풍요를 가져올 수 있는 시기는 언제일지 모른다. 초원을 지배하는 자연법칙과는 달리 국제 질서에는 그런 주기가 없기 때문이다. 그럼에도 불구하고 우리는 미래 어느 시점에 올지도 모를 기회를 잡을 수 있는 태세를 유지하고 있어야 한다. 건기의 메마른 조건에 적응하여 생존하는 전략을 찾고 아울러 통일의 씨앗도 보존하려면 변화된 환경에 맞는 사고와 행동이 필요하다.

지난 한 세대 동안 한반도에 '적극적 평화/따뜻한 평화'를 구축할 두 번의 기회가 있었다. 첫 번째는 1989년 냉전 종식 공식 선언 후 국제 질서의 재편 과정에서 등장한 남·북·미·중의 교차 수교를 통해 한반도 현상을 제도적으로 안정시킬 수 있는 기회였다. 두 번째는 북한 핵 문제를 둘러싼 1994년 북·미의 제네바 합의와 2005년 베이징 6자 회담의 공동성명이라는 두 가지 합의를 이루는 10여 년 사이, 국제 정세와 남·북 관계의 물결을 타고 한반도의 평화체제를 구축할 수 있는 기회였다.

1차 기회의 상실 — 남·북·미·중 교차 수교의 불발

노태우 정부는 1988년 올림픽 개최와 함께 중국과 러시아는 물론 북한과의 관계 개선을 포괄하는 북방 정책을 추진했다. 미국의 키신저 국무장관이 1975년 유엔총회에서 남·북·미·중이 참여하는 '4자 회담'과 '남·북 교차승인'을 제안한 이래 처음으로 교차 수교의 구도가 실제 외교 무대에 등장했다. 한국은 미국의 대북 관계 개선을 수용했고, 세계 정세를 주도적으로 관리하려던 미국의 입장과도 부합했다.

미국은 한국의 입장도 감안하여 그때까지 금지되어 온 북한과의 접촉을 베이징 등지에서 갖기 시작했다. 당시 미국은 북한이 비록 초기 단계이지만 핵무기 개발을 시도 중인 것을 알고 있었다. 그러나 아직 심각한 단계가 아닌 핵 문제는 일단 서랍 속에 넣어 두고 관계 개선의 전제조건으로 북한의 테러 활동 지원과 호전적 자세의 포기를 내세웠다.[2] 미·북 관계가 수립되면 핵 개발을 포함한 북한의 행동을 억제시킬 수단이 마련된다고 본 것이다.

북한은 모순적 자세를 취했다. 대미 관계 개선은 희망하면서도 대외 개방으로 인해 정권의 취약성이 노정될 것을 우려한 것이다. 소위 '모기장식 개방'을 통해 북한 사회가 외부의 영향에 노출되는 것은 방지하면서 미국과 외교 관계 수립과 제재 해제라는 과실은 얻으려고 했다. 그러나 스스로를 그물 속에 가두어 두고 먹이를 찾아 바다로 헤엄쳐 나가겠다는 물고기만큼이나 불가능한 시도였다. 결국 북한은 정권의 안위에 집착한 나머지 미국이 접근해오는 사정을 활용하여 관계 개선과 정상적인 국가로 갈 기회를 포기했다.

한편, 한국은 중국과의 수교에 발 벗고 나섰다. 마침 1991년 11월 APEC 각료회의 참석차 중국의 첸치천錢其琛 외교부장이 한국에 왔다. 당시 노태우 대통령은 그에게 "북·중 관계 훼손 없이 한·중 수교가 가능할 것이고, 한국은 독일식 흡수통일을 원하지 않는다"며 수교를 독려했다. 이에 대해 첸치천은 "남·북 관계는 물론 북·미, 북·일 관계도 동시에 개선될 때 한·중 관계 정상화도 가능하다"고 역제안했다.[3] 중국으로서는 동북아 정세 안정을 위한 교차 수교의 효과를 알면서도 북한에 대한 배려가 우선임을 강조하는 제스처였다.

이즈음 북한은 대외 개방의 자세를 갖추지 못한 채 중국에 북·미, 북·일 수교가 이루어질 때까지 한국과의 수교를 연기할 것을 요청했다.[4] 그러나 중국은 북한의 만류에도 불구하고 1992년 8월 한국과의 수교를 발표했다. 당시 중국은 한국과의 양자 관계나 북한의 입장에 대한 고려보다는 대만을 고립시키는 데 중점을 두었다. 당시 소련 붕괴의 여파를 타고 1992년 1월 중국과 외교 관계를 가지고 있던 북유럽의 라트비아와 아프리카의 니제르 등이 대만과 잇따라 영사 관계를 수립했다.[5] 중국은 대만을 고립시키는 외교의 방파제가 무너질 것을 우려했다. '한·중 수교와 한·대만 단교'라는 카드로 이런 봇물을 차단하는 데 활용하고자 한 것이다. 실제로 1996년 남아공이 대만과 단교하고 중국과 수교했다.

당시 남과 북은 세계정세를 감안하여 서로를 고립시키기보다는 일단 공존해보자는 의도도 갖고 있었다. 그러나 바탕에는 상대를 자신의 조건에 따라 통일해야 할 대상으로 보았기 때문에 대립적 체제 경쟁이 불가피했다.

한편, 미국과 일본은 북한에 대해 수교의 문턱을 낮추었다. 그럼에도 불구하고 북한은 어떤 경우에도 정권과 체제의 보전에 위협이 되지 않는 방식으로 개방을 진행하고자 했다. 소련이 주장하던 '어떤 위험으로부터도 안전이 보장된 상태'에 집착했던 것이다. 예를 들어 북한은 평양에 설치하기로 협의 중이던 미국 대표부의 활동 범위를 제약하는 것은 물론, 서울에서 판문점을 통해 평양으로 외교 행랑을 수송하는 것조차도 반대했다. 미국이 받아들이기 어려웠던 조건들이 쌓인 것이다.

반면에 중국과 러시아는 북한의 사정보다는 자신들의 외교 우선순위에 맞추어 한국과의 수교로 가기에 바빴다. 북한이 원하는 대미·대일 수교의 속도에 맞추어 한국과의 수교를 진행할 사정이 아니었다.*

한편, 북한의 김일성 주석은 1992년 12월 24일 공산당 중앙위 전체회의에서 '남·북 불가침선언'을 '획기적 사건'으로 규정했다. 불가침선언과 함께 타결된 '한반도 비핵화 공동선언'에 규정된 남·북 핵 통제 공동위원회의 설치와 국제적 사찰을 허락하기로 결정했다. 물론 핵 개발

---

* 필자는 당시 외무부 북미 과장으로서 북·미 수교와 관련한 한·미 협의를 진행하면서 이런 일련의 과정을 관찰했다.

중지와 개혁·개방을 우려하는 북한 내 강경파는 비핵화 선언으로 핵 개발을 '종료'하는 것이 아니라 미국 및 일본과의 관계 정상화를 전제로 일단 '중지'한다는 조건을 걸기도 했다. 그러나 이때만 해도 북한 내부의 실용파가 일단 주도권을 잡은 것으로 보였다.

공교롭게도 미국과 한국은 그해 11월과 12월 각각 대통령 선거전을 치르고 있었고, 이어 워싱턴과 서울에 새 정부가 취임하는 시기였다. 한국과 미국이 손을 잡고 북한의 무리한 요구를 수용하면서까지 미·북 관계 정상화를 추진할 만한 국내 정치적 환경이 되지 못했다.

일례로 한승주 외무부장관은 1993년 4월 첸치천 중국 외교부장을 방콕에서 만난 자리에서, 북한의 IAEA 핵 사찰 수용을 촉구하는 유엔의 대북 결의안에 중국이 거부권을 행사하지 않으면, 한국은 미·북 대화에 반대하지 않을 것이라는 조건을 제시하기도 했다. 한국의 입장에서는 북한의 핵 개발 저지를 위한 국제적 압력 동원에 총력을 기울여야 하는 사정이었던 것이다. 북한 핵 활동에 대한 국제기구의 사찰 압박이 평양 강경파의 목소리를 키워줄 것이라는 점이나, 그로 인한 북한 개방의 위축과 남·북 관계의 후퇴 가능성에 대한 고려는 부차적인 문제일 수밖에 없었다.

결국 북한은 북·미, 북·일 수교가 진전되지 않은 상태에서 소련과 중국이 한국과 수교하는 과정을 지켜보아야 했다. 정권의 안위에 집착하는 스스로의 제약으로 인해 교차 수교가 이루어지지 않은 것이다. 그러나 북한은 자신의 결함에 대해 자책하기보다는, 강대국들이 필요하면 언제든지 친구를 버릴 수 있다는 교훈을 얻었다고 판단했다. 냉정한 현실을 직시하면서 핵 개발에 박차를 가하기 시작했다.

좌절의 복기

냉전 종식과 함께 도래한 한반도 교차 수교의 분위기와 1992년 남·북 기본 합의서와 비핵화 공동선언이라는 일련의 상황 전개는 한반도 분단 구조의 발전적 변화를 위한 기회였다. 한반도 분단과 대립의 구도를 이완시키는 데 결정적인 바탕이 될 수 있었다. 그러나 이 기회는 비를 내리지 못하는 뭉게구름처럼 흩어졌다.

무엇보다 당시 북한은 1988년 한국의 올림픽 개최를 계기로 남·북의 국력이 확실히 역전되고, 그 격차가 되돌릴 수 없을 만큼 현격하게 벌어진 것을 목격하고는 극도로 움츠린 자세를 취하기 시작했다. 스스로의 체력을 회복하기 위해 대외 환경을 개선시키기보다는 퇴행적 자세로 체제와 정권을 보전하는 데 급급했다. 미국과의 수교를 위해 치러야 할 대가, 즉 국가통계를 포함한 정보의 공개나 인권 개선 같은 요구를 최소한이라도 수용할 여유가 없었다.

반면에 한국은 올림픽을 개최할 만큼 성장한 경제력과 이에 따른 북방 정책의 성공으로 자신감이 부풀어 있었다. 한편으로는 북한과의 평화공존을 내세우면서도, 다른 한편으로는 동구권 붕괴의 연장선상에서 북한을 보고 있었다. 특히 제2차 세계대전 종전 후 한반도와 함께 분단의 상징이 되어 온 독일에서 1990년 흡수통일이 이루어지자 한반도 통일도 비슷한 형태로 전개될 것이라는 희망적 사고가 확산되었다. 국내 정치적 관점에서 볼 때, 한국 정부가 미국과 일본에게 북한과의 수교를 종용하는 데 외교력을 집중할 분위기가 아니었다.

미국은 언제나 그런 것처럼, 자체의 세계 전략과 대외 정책의 틀을 벗어나 한반도의 특성을 고려한 '맞춤형 대북 정책'을 추진하지 않았다. 북한의 호전적 자세와 인권 탄압을 위시한 관계 개선의 장애 요인에 대해 예외적으로 접근할 수 없었다. 특히 당시에는 냉전 종식 후 미국 주도의 일방적 세계질서가 구축되는 중이었다. 미국은 2년마다 치르는 의회 선거와 이어 2년 후 다가오는 대통령 선거로 인해 대외 정책이 수시로 요동친다. 이런 미국 정치의 특성과 당시의 국제 정세로 인해 우선순위가 그리 높지도 않은 북한 문제에 힘을 쏟아 일관된 정책을 추진하기가 어려웠다. 물론 앞으로도 그럴 것이다.

중국은 국제 질서 재편 과정에서 대만 문제에 집중하고 있었다. 한반도 문제는 현상의 변경보다 유지가 바람직한 것으로 보았다. 북·미 수교가 이루어질 때까지 한·중 수교를 늦추어 달라는 북한의 간청을 들어주기에는 대만을 고립시켜야 하는 중국 자체의 사정이 더 급했다. 이런 몇 가지 요인으로 인해 교차 수교를 통한 한반도와 주변의 새로운 질서를 구축할 기회는 흘러갔다.

돌이켜 보면, 냉전 종식에 이어 등장한 1992년의 '남·북 기본 합의서'나 1994년의 '북·미 제네바 합의' 중 어느 하나라도 제대로 이행되었다면, 남·북과 미·일·중·러 간의 교차승인으로 연결되었을 가능성이 있었다. 이는 한반도 정세가 평화공존 상태로 발전하고 동북아 질서가 협력의 길로 가는 기초가 되었을 것이다. 그러나 핵심 당사자인 남·북·미·중 어느 누구도 각자의 국내 정치적 장애나 유혹을 극복하면서 교차승인의 다리를 건널 의지와 능력을 보이지 못했다. 결국 한반도의 역사는 핵 문제라는 독버섯이 번식하는 대립의 계곡으로 흘러 들어갔다.

역사의 가정이긴 하지만, 만약 당시 한국이 미국과 일본을 설득하여 북한의 조건을 수용해서 교차 수교가 이루어졌다면, 한반도와 동북아의 정세가 어떻게 전개되었을까?

우선 한국, 미국, 일본, 그리고 유럽 국가들의 대북 경제협력이 열렸을 것이다. 이는 북한 경제의 대외 의존도를 증가시킴으로써 정권에게 '안정과 불안'이라는 상반된 효과를 동시에 가져왔을 것이다. 만약 개방의 장점은 취하고 이에 부수되는 부작용을 관리할 수 있었다면, 안보에 대한 우려도 완화시키면서 핵 개발 욕구도 낮추었을 것으로 추정해볼 수 있다. 중국과 러시아의 입장에서 볼 때도, 한반도 안정이 당시 개혁·개방을 추진 중이던 그들의 이익에 부합했을 것이다.

반대로 북한이 개방의 관리에 실패했다면 체제 자체가 붕괴했을 가능성도 있다. 북한의 붕괴는 중국의 대외 안보 환경에 특별히 심대한 불안정을 야기한다. 한반도와 동북아의 판도에 가늠하기 어려운 변화를 가져왔을 것이다.

2차 기회의 상실 — 제네바 북·미 회담과 6자 회담

1993년 북한이 핵확산금지조약을 탈퇴함으로써 야기된 소위 '1차 북핵 위기'를 배경으로 1994년 미·북 제네바 합의가 탄생했다. 이 합의는 북한에 대한 경수로 원자력발전소의 제공과 미·북 관계 정상화를 대가로 북한이 핵무기 개발 계획을 포기하는 것을 골격으로 했다. 합의가 실제로 이행되었다면 한반도 평화 구도도 수립될 수 있었을 것이다.

그러나 이 합의의 바닥에는 북한이 머지않아 붕괴할 것이라는 클린턴 행정부의 기대가 깔려 있었다. 게다가 뒤이어 등장한 부시 행정부가 전임 행정부 행적을 지우려는 정치적 욕구를 갖고 있었다. 결정적으로는 미국 상원이 북한과의 '원자력 협력 협정' 체결에 대한 비준을 거부한 것이다. 북한에게 경수로를 제공하려면 원자력 협력 협정이 선결 요건이었다.

한편, 북한은 처음에는 미국과 북한의 정부 대표가 문서로 합의한 내용이 그대로 이행될 것이라는 기대를 가졌다. 특히 클린턴 대통령이 김정일 위원장에게 이행 의지를 밝히는 서한까지 보냄으로써 북한의 기대를 뒷받침했다. 그러나 한편으로 북한은 합의의 이행을 반신반의하면서, 플루토늄 중심의 영변 핵 시설에 병행하여 우라늄 고농축을 통한 핵 개발 작업도 시도했다. 제네바 합의 정신에 정면으로 반하는 것이었다.

이처럼 상호 불신 속에 이루어진 합의의 이행은 각각의 마당에 깔려 있는 지뢰밭을 통과하는 수레와 같았다. 이 합의는 2001년 부시 행정부 등장 이후 간신히 명맥을 유지하던 중 2005년 그 효력이 최종적으로 종료되었다.

제네바 합의의 명암은 정치적 논란을 야기했다. 긍정적 평가는 '한반도에너지개발기구Korean Peninsula Energy Development Organization, KEDO'의 활동을 통해 최소한 북한의 공개적인 핵 활동을 억제함으로써 핵무기 보유를 지연시켰다는 것이다. 반면에 부정적 평가는 북한에게 중유를 포함한 경제원조를 제공하면서 핵무기 개발에 필요한 시간만 주었다는 것이다. 두 평가 모두 부분적인 설득력이 있지만, 분명한 것은 이 합의가 당초에 의도한 방향으로 전개되지 못했다는 점이다.

'따뜻한 평화' 구축의 다음 기회는 북한 핵 문제 해결을 위해 한국, 북한, 미국, 중국, 일본, 러시아가 모인 베이징 6자 회담이었다. 2005년 9월 19일 북한의 핵 포기와 반대급부에 관한 공동성명(9·19 공동성명)이 채택되었다. 이어 2007년 2월 13일 이 공동성명의 이행을 위한 초기 행동 계획(2·13 합의)을 도출하면서 한반도가 핵의 계곡에서 벗어나는 길이 열릴 것처럼 보였다. 전반적 구도에서 볼 때 '9·19 공동성명'과 '2·13 합의'는 북·미 사이의 1994년 제네바 합의를 6자 간의 다자적 합의로 확대 발전시킨 것이었다.

6자 회담의 9·19 공동성명은 핵 위기의 직접 당사자인 한국은 물론 북한의 행동에 결정적 영향력을 행사할 수 있는 중국이 참여하고, 일본과 러시아도 응분의 무게를 얹도록 설계되었다. 제네바 합의처럼 미국과 북한 양자 사이에 어느 일방의 행동에 의한 파행 가능성을 줄일 수 있을 것으로 기대되었다.

그런데 2차 기회의 위기는 1차의 기회보다 전반적 사정이 악화된 상태에서 일찍이 찾아왔다. 무엇보다 2001년 취임한 미국의 부시 행정부는 민주당의 클린턴 행정부가 취한 정책을 뒤집으려는 성향이 강했다. 소위 'ABC(Anything But Clinton)'로 불리는 '클린턴 지우기' 정책이었다. 클린턴 행정부의 작품인 제네바 합의의 이행을 중지할 명분을 찾는 동시에, 북한과도 양자 간에 교섭하는 행태 자체를 거부했다. 반면에 북한도 제네바 합의의 붕괴 이후 미국과의 합의는 워싱턴의 정권 교체에 따라 뒤집어질 수 있다는 것을 실감하고, 핵무기 개발에 박차를 가하는 중이었다. 그만큼 핵 포기에 대한 조건이 더 경색된 것이다.

북한의 강석주 제1부상이 2002년 10월 방북한 미국 국무부의 켈리 James Kelly 차관보에게 핵무기 제조를 위해 플루토늄 외에 고농축우라늄도 제조할 수 있다고 밝혔다. 이 사건은 북한과 양자 차원에서의 직접 협상을 거부하려던 부시 행정부의 대내외 입장을 강화시켜 주는 결과가 되었다. 고농축우라늄은 플루토늄과 달리 실험 없이도 핵폭탄을 제조하기가 용이하기 때문에 극도로 위험한 물질이다. 9·11 테러 이후 테러와의 전쟁에 최우선을 두고 있는 판국에, 북한산 고농축우라늄이 테러 단체의 손에 들어가는 가설이 대두되면서 북한으로부터의 위협이 더욱 부각된 것이다.

한편, 북한은 비록 북·미 관계를 포함한 전반적 환경은 악화되었지만, 6자 회담을 통해 자신이 추구하는 목적의 달성 가능성을 어느 정도 기대했다. 제네바 합의가 붕괴된 책임을 미국에게 돌리고, 북·미 차원이 아니라 6자 합의로 경수로 제공을 다시 이끌어 내고자 회담에 임했다. 대내외적으로 자신의 정당성을 과시하고 미국, 한국, 일본과의 관계 개선은 물론 국제적인 대북 제재를 해제시키는 등 다차원의 효과를 겨냥한 것이었다.

미국의 입장에서는 북한 핵 문제가 대외 정책상 우선순위가 아니었다. 부시 대통령은 2001년 9·11 테러 사건 이후 사실상 전시戰時 행정부 체제를 유지하면서 대테러전과 중동 문제에 집중하고 있었다. 북한 핵 문제에 대한 외교적 투자의 기대 성과도 불확실했다. 나아가 북한 문제는 중국이 상당한 책임과 부담을 져야 한다고 판단하면서 중국을 포함한 지역 국가들의 의제로 넘기고자 했다. 당시 사정은 그로부터 20년 후 출간된 부시 행정부의 《외교 안보 인계서Hand-Off》에 상세히 나타난다.[6]

그럼에도 불구하고 당시 노무현 정부의 북한 핵과 한반도 문제에 대한 주인 의식이 없었더라면 9·19 공동성명 자체에 도달하기 어려웠을 것이다. 6자 회담의 최대 쟁점은 북한에 대한 경수로 제공 조항이었다. 노 대통령은 북핵 문제는 한반도 문제이고 그 주인은 한국이어야 한다는 입장을 견지하면서 때로는 미국이 거북스러워할 정도로 자기주장을 밀어붙였다. 결과적으로 미국이 경수로 문제에 대해 약간의 유연한 자세를 취함으로써 타결이 가능했다. 그 배경에는 북핵 문제 자체의 심각성보다 한·미 동맹의 파열음을 더 우려한 백악관의 정치적 판단도 작용했다. 당시 미국 언론과 의회에서는 한·미 조율의 중요성을 강조하는 목소리들이 대두되었다.[7]

이런 배경으로 2002년 10월 북한이 우라늄 농축을 시인함으로써 발발한 '2차 북핵 위기'가 2005년 6자 회담의 9·19 공동성명 채택으로 일단 고비를 넘기는 듯했다. 북한은 합의의 이행을 통해 자신의 목표에 접근할 수도 있을 것이라는 희망을 가졌다. 무엇보다 미국의 대북 제재가 점진적이나마 완화될 것으로 기대했다. 그러나 미국은 제재를 풀기는커녕 오히려 북한과 거래 중이던 마카오의 '방코델타아시아BDA'를 돈세탁 은행으로 지정함으로써 북한의 예치 자금을 사실상 동결했다. 미국은 북한의 예치금이 불법적으로 조성된 것으로 파악하고, 테러 조직에 연루될 가능성을 주목한 것이다. 합의의 이행을 이끌어 갈 6자 회담이 2005년 말부터 공전되기 시작했다.

북한의 핵실험—비핵화 협상의 침몰

2006년 10월 9일 북한은 사상 초유의 핵실험을 감행했다. 북한은 미국이 북한에 대해 금융제재를 가함으로써 9·19 공동성명의 '문자와 정신'을 먼저 위반했음으로 핵실험을 하지 않을 수 없었다고 주장했다. 북한은 중국에 대해서도 핵실험의 정당성을 주장할 여지가 있다고 본 것이었다.

북한의 핵실험이 있기 이전에 중국은 미국과 한국 정부에 대해 북한의 핵실험 가능성에 대한 우려를 수차 전달했다. 북한이 중국을 통한 '핵실험 카드'를 동원하여 BDA 문제를 포함한 금융제재의 해제를 시도한 것이다. 1차 핵실험의 폭발력은 TNT 1kt의 위력에도 미치지 못할 정도로 미약했다(히로시마에 투하된 원폭은 15kt 위력). 하지만 초유의 핵실험을 감행할 정도로 핵 개발 의지가 강해졌고, 핵 물질의 제조와 폭파 기술이 어느 정도의 수준에 도달했다는 것을 보여주었다.

북한 핵실험은 미국 조야에 북한 핵 문제의 심각성을 다시 일깨웠다. 그러나 미국은 외관상으로는 북한이 핵실험을 했다고 해서 대북 제재를 완화시키면서 북한과의 협상에 나설 수는 없었다. 미국에게는 명분이 필요했다. 한국은 중국에게는 대북 책임과 역할을, 미국에게는 협상 재개를 각각 설득하면서 위기 타결을 시도했다. 우여곡절 끝에 2007년 2월 베이징 6자 회담에서 소위 '2·13 합의'에 도달했다. 북핵 해결을 위한 '9·19 공동성명'의 1차 이행 방안을 설계함으로써 구체적 진전이 이루어지는 것으로 보였다.[8]

그러던 중 2008년 초 이명박 정부가 출범했다. 새 정부는 노무현 정부의 대북 정책과 차별화하고자 했다. 북한과의 협상을 통한 해결에 무게를 두기보다는 압박을 통한 해결을 선호하는 강경 자세를 취했다. 그간 동맹 관리 차원에서 노무현 정부의 입장을 존중해온 미국 내 온건파의 목소리는 설 땅이 줄어들었다. 처음부터 북한과의 협상을 못마땅하게 여겨온 네오콘의 목소리가 다시 커지기 시작했고, 대북 강경 성향이었던 일본의 아소 내각도 이에 가세했다.

2008년 말 북한 핵 시설 폐기를 위한 초기 조치에 해당하는 영변 핵 시설의 '불능화'(재조립 가능성을 전제한 시설 분해) 작업을 어떻게 '검증'할 것인가를 두고 양측 입장이 격렬하게 대립했다. 북한은 미국이 대북 제재를 해제하고 관계 정상화에 필요한 구체적인 행동을 보장해야 북한도 불능화의 이행을 투명하게 검증해줄 수 있다는 입장이었다. 한마디로 자기 안전의 '보검'인 핵을 결코 먼저 내줄 수는 없다는 것이었다.

그러나 미국 내에서는 검증 장치가 먼저 만들어지지 않는 한, 대북 제재의 해제에 착수할 수 없다는 강경파의 입장이 지배했다. 이를 계기로 결국 6자 회담 자체가 좌초되었고, 한반도의 '따뜻한 평화/적극적 평화' 구도를 시도하기 위한 두 번째의 기회도 함께 침몰했다. 2차에 걸친 기회가 상실되는 동안 발생한 가장 큰 변화는 '비핵국가'였던 북한이 '핵실험'이라는 금지선을 넘어선 것이다.

물론 당시 검증 문제가 정리되었다 하더라도 북한 핵 문제가 해결되었을 것으로 보기에는 너무 많은 장애들이 도사리고 있었다. 그러나 최소한 6자 회담이 진행되었다면 북한이 그 후 2차에서 6차에 이르는 핵실험을 통해 사실상의 핵보유국으로 가는 길은 상당히 지체되었을 것이다. 당시 중국은 6자 회담을 유치하면서 북한 핵 문제에 적극적으로 관여하고 있었다. 그런 상태에서 북한이 핵실험을 재개하는 것은 중국의 체면과 위상에 정면 도전하는 행동으로 간주되었다. 북한으로서는 추가 핵실험이 중국과의 관계에 너무 큰 위험을 초래할 수 있는 행동으로 판단했을 가능성이 컸다. 한국으로서는 일단 핵 개발이 지체되면 그 사이에 해결을 위한 기회의 창을 열어 둘 수 있었을 것이다.

이후 한국 정부의 대북 정책은 비교적 단순명료했다. 2008년 2월 취임한 이명박 정부는 '비핵 개방 3000', 2013년 취임한 박근혜 정부는 '통일 대박'으로 각각 정책을 대변했다. 다소의 차이가 있어 보이지만 두 정책 모두 사실상 '힘을 통한 평화'와 '한반도 통일 주도'라는 목표를 갖고 있었다. 남·북이 협상을 통해서 안정과 공존의 길을 찾은 다음 장기적으로 통일을 모색하자는 길과는 차별되는 정책이었다.

윤달 합의—결정적 2% 미달

미국의 부시 행정부에 이어 2009년 등장한 오바마 행정부는 '핵 없는 세계'를 주장하면서 핵 정책의 전반적 방향을 전환하고, 북한과도 협상을 모색했다. 2012년 2월 29일 소위 '윤달 합의Leap Day Deal'를 통해 북한의 새로운 지도자 김정은을 협상 테이블에 끌어내는 데 성공하는 것처럼 보였다.

베이징에서 열린 북·미 회담에서 북한의 우라늄 농축 중단, 핵과 미사일 실험 유예를 전제로 미국의 대북 식량 지원을 골자로 하는 6개 항에 합의한 것이다. 그러나 합의 후 6주도 되지 않아 북한이 2012년 4월 13일 위성 궤도 진입용 로켓을 발사함으로써 기대는 거품으로 변했다. 이를 계기로 오바마 행정부는 소위 대북 정책을 '전략적 인내strategic patience' 모드로 바꾸었다. 북한과 협상하기보다는 유엔 안전보장이사회가 결의하는 제재를 통해 지속적으로 압박을 가하여 북한 스스로가 핵을 포기하게 하거나, 아니면 압박을 견디지 못해 붕괴하게 만든다는 취지였다. 이는 사실상 북한 핵 문제의 방치로 가는 길이었다.

'윤달 합의'에 이르는 과정에서 미국이 조기의 성과에 치중한 나머지 북한과의 문서 합의를 치밀하게 다루지 못한 것으로 보였다. 즉, 미국은 군사용 미사일의 '기술적 정의'를 분명히 하지 않은 상태에서 "북한이 미사일 실험의 모라토리엄에 합의했다"고 발표했다. 그러나 북한은 그동안 일관되게 '위성 발사용 로켓space launch vehicle'은 군사 미사일이 아니라고 주장해오는 중이었다. 협상장에서 기술적 정확성을 보장하려면 '위성 발사용 로켓을 포함한 미사일 실험을 중지'한다고 합의했어야 했다. 물론 그런 조건이었다면 북한이 2·29 합의를 거부했을 것이다. 북한과 미국의 협상에서 이와 같은 '결정적 2%'의 미달로 합의의 이행이 파탄되는 경우가 적지 않다.

전 세계의 문제를 감당해야 하는 미국은 북한 문제에 지속적으로 집중하기 어렵다. 부시 행정부가 오바마 행정부에 넘긴 외교 안보 인계서를 비밀 해제하여 분석한 보고서는 약 700쪽에 달한다.[9] 당시 한국 정부가 사실상 외교의 전력을 투입하던 북한 핵과 한반도 문제에 관한 부분은 20쪽이다. 분량으로만 비중을 가늠할 수는 없지만, 미국의 대외 정책에 차지하는 한반도 문제의 무게를 간접적으로 보여준다고 봐도 큰 무리는 아닐 것이다.

한편, 북한도 핵 개발 카드는 유지한 채, 제재 완화와 경제 지원을 획득하려는 시도에 실패했다. 이미 두 번에 걸쳐 자기 방식의 협상이 통하지 않음을 확인한 것이다. 그간에는 핵 개발을 '협상의 도구로 활용하는 트랙'과 '핵무기 완성에 주력하는 트랙' 두 개를 모두 운용했지만, 점차 후자에 무게를 싣기 시작했다. 2011년 김정일 사망으로 집권한 김정은은 상황을 관망한 후 '협상 무용론'을 천명하면서 공개적으로 핵무기 완성의 길로 매진했다.

예를 들어 2013년 4월 16일 북한 외무성 대변인은 미국의 대화 제의에 대해 '세계 여론을 오도하려는 기만의 극치'라고 비난하면서, 진정한 대화는 미국의 핵전쟁을 막을 수 있는 핵 억제력을 갖춘 단계에 가서 가능하다고 주장했다. 이어 4월 18일 북한 조평통 대변인은 '위성 발사와 핵 무력 건설'은 정치적으로나 경제적으로 협상의 대상이 아니라고 선언했다. 대내외 선전기구를 모두 동원하여 핵 개발에 집중할 것임을 공표한 것이다.

핵보유국 등장—핵·경제 병진 정책

북한은 2013년 3월 소위 '경제·핵 무력 병진 노선'을 내세웠다. '자위적 핵 무력'을 강화시키면서 경제 발전을 통해 '사회주의 강성 국가'를 건설한다는 정책이다. 사실 이런 정책은 북한의 고유한 창작이 아니다. 핵의 군사적 효과와 경제적 효과를 보합하는 것은 모든 핵보유국이 가고자 하는 길이다.

첫째는 핵보유국과 비핵국가 사이에 생기는 전력戰力 불균형은 재래 군비로는 메울 수 없다는 군사적 판단이 있고, 둘째는 핵전력을 보유함으로써 재래 군비 확충에 소요되는 국가 재원을 경제 발전에 투입할 수 있다는 국력 배분의 관점이 있다.

Tip 19 ▶

핵·경제 병진 정책의 사례

미국은 제2차 세계대전 기간 중 89개 육군 사단과 18개 해병 사단을 보유했다. 그러나 한국전쟁이 끝나는 1953년에는 냉전 시기임에도 20개 정도의 사단을 운용했다. 제2차 세계대전 종전의 영향도 있었지만, 히로시마와 나가사키 핵 투하 이후 핵전력을 강화함으로써 재래 군사력 규모를 대폭 축소할 수 있었기 때문이다. 핵무기가 군사력의 다른 대체재보다 싸다는, 소위 '국방 경제학economics of defence' 원리다.[10]

영국과 프랑스도 이 길을 걸었다. 핵무기를 개발한 후 국방 예산을 축소하여 경제에 투입했던 것이다. 영국과 프랑스의 1960년 국민총생산 대비 국방비 비율은 7.1%와 5.4%였다. 그러나 핵무기 개발과 핵전략이 수립된 이후에는 냉전이 한창이던 1980년에도 5.0%와 3.2%로 축소되었다. 소련과 중국의 추세도 유사하다. 핵무기로 재래 군사력의 불균형을 보완하는 군사적 기능에 더하여, 많은 국가들이 재원의 재배분을 통한 경제적 효과를 염두에 두고 핵무기를 선택지에서 제외시키지 않으려는 이유다.[11]

한국과 미국은 지난 30년 이상에 걸쳐 북한에게 핵무기를 포기할 경우 얻게 될 혜택을 제시하면서, 소위 '전략적 선택'을 하라고 설득해왔다. 그러나 핵을 포기하고 경제에 집중하라는 '충고'는, 민감한 안보 환경을 가진 다른 국가들이 택한 '국방 경제학'과 부합한다고 할 수 없다. 상대의 입지를 냉정하게 판단해야 설득이 성공할지 아닐지 제대로 알 수 있다.

미국의 대북 정책이 '전략적 인내'로 전환되자 북한은 한국만을 핵미사일의 사정거리에 넣는 소위 '볼모 위협'으로는 미국을 움직이기 어렵다고 판단했다. 그래서 미국 본토에 대한 위협으로 미국 내 여론과 정치를 움직여야 한다는 계산하에 장거리 핵미사일 능력을 과시하기로 했다.

북한은 위성 발사용 '명분과 목적'의 로켓을 개발하여 1998년 '대포동 1호'라는 이름을 붙인 장거리 로켓을 발사했다. 이후 로켓은 실제 위성 발사 능력 개선과 함께 대륙간탄도탄의 양상도 갖추기 시작했다. 급기야 2017년 7월에는 대륙간탄도탄 능력을 시험하는 발사에 성공했다. 물론 실전 배치가 가능한 대륙간탄도탄을 보유하려면 탄두의 대기권 재진입 능력을 포함하여 여러 과정이 남아 있지만, 미국까지 위협할 수 있다는 미국 내의 우려를 자극하고 백악관의 주목을 끌어오는 데는 성공했다.

판문점, 싱가포르, 하노이 드라마

2017년 말 초보적 상태이지만 미사일에 탑재 가능한 핵탄두의 개발에 성공하자 북한은 자신감을 갖게 되었다. 2018년 4월 판문점 남·북 정상회담에 등장한 김정은은 핵을 가진 자의 여유를 풍겼다. 그러나 판문점이라는 무대 위에서 연출되는 장면과는 달리 북한의 핵 포기를 전제로 추진해온 한반도에서 '따뜻한 평화'는 사실상 종언을 고하고 있었다.

판문점에서 출발하여 그해 6월 싱가포르 북·미 정상회담과 9월 평양 남·북 정상회담을 거쳐 2019년 하노이 북·미 정상회담에 이르기까지 한반도 문제는 한밤의 불꽃놀이 같은 광경이었다. 한민족은 긴 역사를 통해 외세에 시달려 왔다. 지금도 민족 내부의 대결로 인한 구심력 상실과 강대국들의 힘겨루기로 인한 원심력 강화로 인해 분단의 고통을 안고 있다. 민족의 한은 마치 낙타를 타고 사막을 여행하는 카라반의 목마름과 같은 것이었다. 일련의 남·북 정상회담과 북·미 정상회담이 사막의 오아시스처럼 다가왔다.

그러나 그 광경이 신기루였다는 것을 알게 되는 데는 그리 긴 시간이 걸리지 않았다. 당시 국내외의 전문가들이 신기루 현상을 경고하면서 현실적 접근을 권고했다. 그러나 합리적이고 이성적 목소리에 귀를 기울이기에는 한국민의 목은 너무 말랐고 정부의 의욕은 너무 간절했다. 신기루 현상의 한 주역이었던 트럼프 행정부가 2025년 다시 돌아왔다. 한반도를 무대로 전개되었던 당시의 드라마를 재조명하고 앞길을 조망해볼 필요가 있다.

2018~2019년에 걸쳐 한국에서는 그 누구도 풀 수 없게 묶여 있는 '고르디우스의 매듭 Gordian Knot'을 자르듯이 북한 핵 문제를 해결할 수

있을 것이라는 희망이 세상을 풍미했다. 기원전 4세기 마케도니아의 알렉산더 대왕이 자신의 출정을 가로막는 '매듭'을 단칼에 자른 후 페르시아로 진군한 것을 빗댄 것이었다. 그런데 지금 동북아의 지정학과 북한 핵 문제의 배경을 보면 그 누구도 고대의 알렉산더처럼 단칼을 휘두를 수가 없게 되어 있다.

그럼에도 이런 현실을 직시하려는 사람은 많지 않았다. 오직 인기 연속극에 심취한 관객들처럼 다음 회차의 스토리가 어떻게 전개될 것인지에만 관심이 쏠렸다. 마치 연극에서 풀리지 않는 난제에 봉착한 장면을 보면서 '기계장치로 내려온 신deus ex machina'*의 힘에 의해 기적같이 해결되기를 기다리는 모습이었다. 한반도 문제는 느닷없이 등장하는 '신의 한 수'로 해결될 수 있는 문제가 아님에도 그렇게 기다린 것이다.

이 경험은 세 가지의 교훈을 남겼다. 첫째, 북한에 대해 희망적 사고가 작용하는 정책은 성공하기 어렵다. 둘째, 남·북 관계를 활용하여 북·미 관계라는 말을 물가로 끌고 갈 수는 있어도 물을 먹일 수는 없다. 셋째, 국내 정치에 활용하려는 의도가 담긴 대북 정책은 지속될 수 없다.

이런 교훈들은 보수·진보를 초월하여 적용된다. 편견이나 희망이 어른거리는 대북 정책은 자칫 응어리진 남·북 관계의 상처를 덧나게 하고, 앞으로의 진전을 가로막는 상처를 더 깊게 만든다.

이 드라마에는 4명의 주역이 등장했다. 그들은 동상이몽의 집합체였다. 먼저 김정은은 정권과 체제의 최후 보루인 핵을 마지막 순간까지 쥐고 있어야 했다. 그에게 소위 '원 샷 딜One Shot Deal'을 기대하는 것은 절벽 위에서 구명조끼 없이 깊이를 모르는 바다로 뛰어내리라는 것과 같

---

* 소설, 연극, 영화 등의 구도에서 절체절명의 위기에 몰렸을 때 뜬금없이 전혀 예고되지 않은 존재(신, 초자연현상, 우연한 사건)가 나타나서 문제를 해결해버리는 것을 묘사함.

은 것이다. 암벽을 타듯이 매 걸음마다 안전핀을 설치하고 내려올 수밖에 없는 북한 정권의 현실이 그의 행동을 옭아매고 있었다.

다음으로 트럼프는 국내외 여론의 주목을 받던 북한 핵 협상에서 새로운 역사를 만들 수 있을 것이라는 전망에 현혹되었다.[12] 소위 '톱다운' 방식으로 '바보 같은 전임자'들이 허둥거리다가 물러난 북한 핵 문제를 단번에 해결한다는 걸 보여줄 무대를 원했다. 그의 인생 역정에 어울리는 '도심 재개발' 모델을 외교 현장에서 보여주고자 했던 것이다. 그는 상대방을 들었다 놓았다 하면서 '위협을 통한 승리의 전술'로 이해관계가 얽혀 있는 도심의 낡은 건물들을 신속하게 헐어 내고 화려한 새 건물을 올리는 데 익숙했다. 기존 건물을 보수 관리하며 시간을 보내는 것은 그에게는 어울리지 않는 일이었다.

그러나 북한 핵 문제는 한반도 내부에서 벌어지는 정권의 운명과 체제를 건 경쟁, 그리고 강대국들의 핵심 이해관계가 얽혀 있어 완공 기일을 정할 수 없는 사업이다. 트럼프로서는 처음부터 원하는 성과를 낼 수 있는 분야가 아니었다.*

대부분 미국의 관찰자들은 트럼프가 착수한 북핵 협상의 개시와 진행 방식이 관심과 논쟁을 불러일으키는 데는 성공했지만, 결과적으로 아시아에서 미국의 입장을 약화시킨 것으로 평가하고 있다. 무엇보다 미국의 대통령이 스스로 무엇을 하고 있는지도 모르는 채 협상에 뛰어듦으로 인해, 전 세계가 미국의 상황 판단 능력을 의심하게 만들었다고 지적했다.[13]

한편, 시진핑은 장막 뒤에서 김정은의 발걸음을 조율했다. 드라마 공

---

*미국의 경제 전문지 〈포브스Forbes〉 2015년 8월호는, 트럼프가 링거Robert Ringer의 책 《Winning Through Intimidation》(1973)을 읽고 그 전술을 대통령 선거전에도 이용했다고 적시했다.

연 기간 중 김정은은 트럼프를 세 번 만나는 동안 시진핑을 다섯 번 만났다. 그는 김정은이 중국의 손을 놓고 혼자서 절벽을 내려올 수 없다는 것을 알고 있었다. 중국은 한반도 정세가 어느 방향으로든 급격히 변하는 걸 원치 않았다. 그때까지 김정은의 집권 6년간 북한과 중국 사이에 한 번도 정상회담이 없을 정도로 소원했지만, 미국과의 담판을 앞둔 상태에서는 서로 손을 잡아야 했다.

당시 중국이 제안한 '쌍궤병행'(비핵화와 평화체제 전환 동시 추진)은 북한이 내놓은 '단계적 접근'과 사실상 같은 물건의 다른 이름이었다. 그만큼 한반도 정세의 급격한 변화를 원치 않는 북·중의 이해관계가 겹치는 것이다. 북한과 중국의 관계는 때때로 표면적 변화를 보이기도 한다. 그러나 그 관계는 바람에 따라 일시적으로 방향과 모양이 바뀌는 수면의 물결이 아니라, 그 아래로 흐르는 물줄기를 함께 탈 수밖에 없는 공동 운명체다. 흔히 말하는 '순망치한'의 관계다. 이런 장벽을 눈앞에 두고 트럼프와 문재인이 기대하는 '고르디우스 매듭 자르기'나 '신의 한 수' 같은 방식으로는 드라마를 결말낼 수가 없었다.

문재인 입장에서는 어떤 모양이든 트럼프와 김정은이 만나는 것이 바람직했다. 미국과 북한의 지도자가 서로 핵 사용을 위협하면서 '큰 단추, 작은 단추' 운운하는 기싸움으로 치닫고 있었다. 트럼프와 김정은이 서로 엄포를 놓으며 당장이라도 전쟁이 터질 듯한 분위기가 되자, 문재인은 공개적으로 "우리는 힘이 없다"고 토로했다. 국가의 지도자가 "나라의 운명이 우리 손에 있지 않다"고 시인하는 모습이었다. 그로서는, 험악해진 정세를 호전시키는 단기적 효과에서 시작해 한반도 대결의 구름을 걷어내고 '핵 없는 평화공존'이라는 꿈의 길로 갈 수 있다면 무엇이든 환영할 일이었다.

그런데 문재인 정부는 김정은이 말하는 '조선 반도 비핵화'의 개념을 희망적으로 해석했거나, 우선 당장의 위기를 넘겨야 한다는 판단에서 편리한 대로 받아들인 것처럼 보였다. 트럼프의 정치적 필요와 스타일에 비추어 볼 때, 비핵화의 전제조건은 제쳐 두고 "북한이 핵을 포기하겠다"고 한다는 한국 측의 전언이 그를 움직일 수 있다고 본 것이다. 그리고 실제로 초기에 트럼프의 행동을 유도하는 데 성공했다. 그러나 미국과 북한이라는 말을 물가까지는 유도했지만, '핵 폐기 개시와 제재 해제'라는 물을 같이 먹게 만드는 방안을 마련할 수단이 없어 보였다.

북한은 오래전부터 일관되게 '한반도 비핵화의 조건'으로 주한 미군 철수를 제시해왔다. 예를 들어 2016년 7월 북한의 정부 대변인은 5가지 조건을 제시했다. ① 한국 내 미국 핵무기 공개, ② 한국 내 미국 핵무기 기지 철폐, ③ 핵 타격 수단을 한반도에 끌어들이지 않겠다는 미국의 담보, ④ 핵 위협과 핵 사용을 하지 않겠다는 미국의 확약, ⑤ 미군 철수 선포 등이다.

아무리 기존의 상식을 초월하는 트럼프라도 북한이 말하는 '조선 반도 비핵화'의 의미와 조건을 제대로 알았다면, 3차례에 걸쳐 김정은과 회담하는 정치적 투자를 쉽게 하기는 어려웠을 것이다. 반면에 만약 트럼프가 모든 조건을 알고 협상하는 상황이었다면, 한국 정부는 만약의 주한 미군 철수 결정이 가져올 여파에 대해 충분히 대비했어야 할 것이다.

이 무렵 국내외의 여러 전문가들은 드라마가 '실속보다 겉치레more show than substance'로 흘러갈 것임을 우려했다. 그러나 다수의 관중은 '뭔가를 하는 것이 아무것도 하지 않는 것보다 낫다'는 관점에서 상황을 지켜봤다. 트럼프 이전 8년에 걸쳐 오바마 행정부가 소위 '전략적 인내'라는 이름으로 핵 문제를 사실상 방치함으로써 북한이 핵보유국으로 빠르게 등장할 수 있었다는 인식의 반사 효과였다.

한편, 드라마의 관망대에서는 '양적 축적이 질적 변화를 가져온다'는 헤겔의 변증법적 시각도 있었다. 당사국의 지도자들이 직접 대화하기 시작하면 의사소통과 관계의 질적 변화를 촉진하여 핵 문제 해결을 가져올 것이라는 기대였다. 실제로 질적 변화가 일어났다. 그러나 그 변화는 원치 않는 방향으로 전개되었다. 북한의 핵 포기가 아니라 사실상의 핵보유국으로 용인하는 길로 가는 것이었다.

판문점, 싱가포르, 하노이로 이어진 북·미 정상회담은 결과적으로 트럼프가 김정은을 사실상 핵보유국의 지도자로 인정하는 경로가 되었다. 아니나 다를까 2025년 다시 등장한 트럼프 행정부(2기)의 북한에 대한 첫마디는 '핵보유국'이었다.

판문점 정상 선언

2018년 4월 27일 판문점에서 채택된 남·북 정상 선언(평화와 번영, 통일을 위한 판문점 선언)은 그해 안에 한국전쟁의 종전과 완전한 한반도 비핵화를 위해 공동 노력한다는 것이 골자였다. 문재인 정부는 이 선언을 국회의 비준 동의를 받도록 하자는 제안을 했지만 법적 근거가 박약하여 좌절되었다.

비준 동의란 행정부가 타국과 합의한 사항에 대해 국내법적 효력을 부여하는 절차다. 즉, 입법기관인 국회가 국내적 효력을 부여하는 것이다. 그런데 판문점 선언은 문자 그대로 선언적인 성격으로서 상호 권리 의무가 구체적으로 명시되지 않는 의사의 표명에 불과하다. 그런데 국가 간 조약에 준하여 비준 동의를 한다는 것은 논리적인 행위가 될 수 없었다.

판문점 정상회담은 그 직후 열린 국내 선거에서 당시 여당에 유리하게 영향을 미친 것으로 나타났다. 남·북 관계가 국내 정치에 미치는 영향을 구체적으로 보여주는 또 하나의 사례가 되었다.

보수든 진보든 남·북 관계와 대북 정책을 국내 정치에 활용하고자 해왔다. 보수 진영도 지속적인 '북한 붕괴론'에 이어 1997년 소위 '총풍 사건'이나 2012년 '노무현-김정일 대화록 공개'처럼 남·북 관계를 선거를 포함한 국내 정치에 활용하고자 했다.

정치권력이 이런 유혹을 느낄 수는 있다. 그러나 결코 바람직하지 않은 일이다. 특히 진영을 초월하여 이런 현상이 반복되는 것은 한반도 문제 해결의 실질적 진전으로 가는 길에 고질적인 장애 요인으로 작용한다.

싱가포르와 하노이 북·미 정상회담

트럼프와 김정은은 2018년 6월 12일 싱가포르에서 과거 북·미 양자 또는 6자 간에 합의된 북한 핵 문제 해결 원칙의 골격을 반복하는 성명을 발표했다.

당시 한반도는 두 사람의 공통된 특징인 '으름장 전술'로 인해 긴장이 고조되어 있었다. 그런 중에 사상 처음으로 미국과 북한의 정상이 직접 만남으로써 일시적이나마 대결 국면을 대화 무드로 전환시키는 효과를 가져왔다.

2019년 2월 27~28일 하노이 회담은 북한이 영변의 핵 시설을 폐기하는 대가로 대북 제재의 대부분(2016년 1월 북한의 4차 핵실험 이후 부과된 제재)을 해제하자는 협상이었다. 소위 '하노이 딜'이 골격이었다. 우리늄 농축 시설의 폐기, 다른 핵 계획의 실체 파악, 그리고 사후 처리 등 북한 핵의 여타 문제는 다음 단계의 과제로 남겨 둔다는 것이었다.

북핵 협상을 하나의 드라마로 상영하여 정치적 효과를 거양하고자 했던 트럼프로서는 처음에 솔깃했으나, 막상 하노이 현장에서 거래의 허점을 알고 회담을 결렬시켰다. 당시 미국 의회를 비롯한 여론 주도층은 트럼프와 김정은의 거래가 실질적 비핵화와는 거리가 먼 정치적 과시용으로 판단하고 반대 기류가 강했다.

한편으로는 설사 '하노이 딜'이 성사되었다 하더라도, 그 합의가 실제로 이행되었을 가능성은 크지 않았을 것이다. '합의에는 성공하고 이행에는 실패한다'는 과거의 경로로부터 벗어날 새로운 요인이 없었기 때문이다. 특히 북한이 모든 이행 조치에 대해 '동시 행동' 또는 '미국의 선先행동' 원칙을 주장하는 가운데, 미국에서는 트럼프의 대북 협상 동기와 스타일에 명시적으로 반대하는 민주당 행정부가 들어서는 시나리오를 상정하면, 이행 과정을 좌초시킬 요소는 넘치고 남는다.

또 다른 장애 요인은 미국의 국내 절차 문제다. 북한은 미국 행정부의 약속이 이행된다는 보장을 받기 위해서는 상원의 비준 동의를 거쳐야 한다는 것을 경험했다. 1994년 북·미 제네바 합의가 타결될 당시 북한은 미국 상원의 비준 동의를 받는 원자력 협력 협정이 체결되어야 경수로의 주요 부품이 인도될 수 있다는 것을 사전에 제대로 인지하지 못했다. 그 후부터 북한은 미국과 중요 합의를 추진하는 경우, 상원의 비준 동의를 전제조건으로 내세웠다. 반면에 미국 행정부는 상원의 비준을 전제로 한 대북 합의를 진행하기가 어렵다. 불신의 대상인 북한과의 합의를 상원이 비준해줄 가능성이 희박하기 때문이다.

이런 난관은 비단 북한에만 국한되는 것이 아니다. 미국과 중국 사이는 물론 미국과 동맹국 간의 협상에도 흔히 나타난다. 그들은 미국 행정부를 상대로 한 합의가 상원의 비준 반대로 발목이 잡히거나, 또는 다음 대통령에 의해 뒤집힐 수 있다는 우려를 갖고 있다. 물론 미국도, 중국을 포함한 다른 상대국들도 합의를 성실하게 이행하지 않는다는 불신을 갖고 있다. 그러나 다른 나라에서는 미국처럼 의회의 비준 거부에 막혀 아예 발효조차 되지 않은 경우는 많지 않다.[14]

그래서 미국 행정부는 의회의 비준 동의가 확실치 않은 외국과의 합의에 대해서는 '협정agreement'이나 '조약treaty'이라는 명칭을 붙이지 않은 채, 행정부의 권능으로 이행하는 방안을 강구하는 경향이 있다. 예를 들어 1994년 미·북 제네바 합의에는 공식적으로 '합의의 골격Agreed Framework'이라는 어정쩡한 명칭이 붙었다.

극심하게 양분된 미국의 국내 정치는 미국이 국제 질서를 개혁하고 이끌어 갈 능력을 발휘하기 어렵다고 보는 세계 여론의 배경이 된다.[15] 이런 우려를 입증이라도 하듯, 트럼프 행정부(2기)의 등장으로 미국이 유지해야 할 국제 질서를 미국 스스로 붕괴시키고 있다.

나 없이 내 문제를?

트럼프의 과시 욕구를 배경으로 하여 2019년 6월 판문점에서 트럼프, 김정은, 문재인 3자 회동이 이루어졌다. 최초로 휴전선을 넘은 미국 대통령의 사진은 세계의 주목을 받을 만했다. 그러나 무엇보다 우리에게 충격을 준 것은 한반도 분단의 현장에서 한국의 대통령은 문밖에서 대기한 채 미국과 북한의 지도자가 양자 회담을 가진 모습이었다.

"조선 반도 문제의 주인은 조선과 미국이다"라는 북한의 줄기찬 주장을 뒷받침하는 장면이 그대로 나타났다 이는 "나 없이 내 문제에 대해 이야기 하지 말라Nothing about me, without me"는 외교의 기본자세가 실종된 것이었다. 전 세계가 지켜보는 가운데 벌어진 일로, 앞으로도 긴 그림자를 던질 가능성이 있다.

　그런데 판문점에서 한국을 배제한 장면처럼 노골적이진 않지만, 미국의 소위 '보스 외교' 근성은 한반도 정책에서도 오랫동안 나타났다. 한국을 배제시키고 협상하자는 북한의 줄기찬 요구, 소위 통미봉남 전술을 미국은 편의에 따라 수용한다는 것이다.

　민감한 협상에서 가장 중요한 2%는 결국 현장의 긴박한 순간에 이루어지는 것이 다반사다. 미국은 중요한 대북 정책에 대해서는 사전에 한국과 협의한다는 입장을 갖고 있다. 그러나 마지막 결정은 한국과 협의 없이도 내릴 수 있는 여지를 남겨 두는 경향이 있다.

4부

좋은 담장, 좋은 이웃

10
'좋은 담장과 좋은 이웃'으로 살면 어떤가?

> 위대한 발견의 길은 새로운 땅을 찾는 것이 아니라,
> 눈앞에 존재하는 땅을 새로운 눈으로 보는 것이다.
> -마르셀 프루스트-

좋은 담장, 좋은 이웃

"좋은 담장이 좋은 이웃을 만든다Good fences make good neighbors"*는 말처럼 남·북 사이에는 온전한 경계가 필요하다. 경계를 분명히 하는 담장을 사이에 두고 정상적 이웃으로 사는 것이다. 이웃 사이의 담장을 제대로 관리함으로써 당장의 안정을 유지하고, 단계적으로 평화 상태를 조성하면서, 종국적으로 통일로 갈 길을 보존하자는 것이다.

통일을 내세우는 정책과는 이항 대립이 아니라 순차 접근의 관계에 있다. 반면에 2023년 말 김정은이 선언한 '교전 상태의 두 국가'는 한반도의 불안정과 위기를 조장하면서, 세습 독재 체제의 유지에 필요한 내외의 환경을 조성하고, 종국적으로 '안전한 별개 국가'로 가자는 것이다.

---

* 프로스트Robert Frost가 제1차 세계대전 중에 발표한 〈담장 고치기Mending Wall〉라는 시에 등장하는 표현이다. 동네 이웃과 마찬가지로 국제사회도 담장, 즉 경계를 온전하게 관리해야 전쟁도 막고, 동시에 상황의 변화에 따라 담장을 넘어 소통하고 교류하면서 평화도 회복할 수 있다는 의미로 해석된다.

지금 한국은, 가까운 미래에는 실현 가능성이 없는 것으로 드러난 '한반도 비핵화'를 통일 정책의 핵심 관문으로 삼고 있다. 통일을 앞세우지만 본질적으로 불안한 현상을 유지하는 길이다. 그런 현상의 '유지'보다는 '변경'을 통해 안정과 평화, 그리고 통일로 가는 길을 더 넓힐 수 있고 비용도 덜 드는 경로가 있다면, 당연히 생각을 바꿔야 한다.

이 길은 남과 북이 당장 통일해야 할 대상이 아니라 정상적인 이웃으로 전환하는 데서 출발할 수 있다. 김정은이 선언하는 '적대적 두 국가' 관계가 아니라 안정 속에 공존하는 '정상적 이웃' 관계를 말한다. 이웃이 정상적인 관계를 유지하려면, 우선 물리적 경계가 분명해야 하고 주고받는 계산 방식을 포함하여 서로가 지켜야 할 원칙과 규범이 작동해야 한다.

'차가운 평화/소극적 평화'—봉쇄와 관여의 역사

냉전 시절 소련의 국가 안보 전략은 '상대의 불안'을 '자국의 안전'과 동일시하는 데서 출발했다. 그런데 1986년 2월 소련 공산당 제27차 당 대회에서 고르바초프는 "다른 나라들이 안전해야 소련도 안전할 수 있다"고 선언하면서, 기존의 안보 개념을 전면적으로 전환시켰다.[1]

가까운 장래에 '북한의 고르바초프'를 기대하기는 어렵다. 그러나 한국이 차가운 평화 정책으로 전환할 경우, 시간과 함께 북한도 안보 개념을 진화시킬 가능성이 높아질 것이다. 북한은 정권 초기부터 소련이 채택한 국가 안보의 개념과 원리를 변용해온 역사가 있다.[2] '정상적인 이웃'으로의 발전은 한반도에서도 안보 개념을 '상대의 안전이 나의 안전'이라는 개념으로 전환시키는 시작이 될 수 있다.

미국은 행정부에 따라 대중 정책에 약간의 변화가 있긴 하지만, 전반적으로 중국을 '전략적 경쟁자'로 규정하고 봉쇄하면서도 선별적으로 협력과 관여를 병행하고자 한다. 봉쇄containment와 관여engagement를 합쳐 '봉쇄·관여 병행congagement' 전략으로 칭하기도 한다. 전략의 목표는 새로운 지역 개념으로 설정한 '인도 태평양'에서 미국에게 유리한 세력균형을 안정적으로 유지하는 것이다.³ 트럼프 행정부(2기) 등장 이후 미국의 자세가 요동치고 있지만, 중장기적으로 이런 기본 전략에서 크게 벗어나기 어려울 것이다.

미·중 관계와 남·북 관계는 기본 성격이 다르다. 그러나 동아시아의 지정학적 구조에 비추어 중국을 보는 미국과 북한을 보는 한국의 시각 사이에는 접합 면적이 넓을 수밖에 없다. 북한과 중국은, 안보와 경제는 물론 이념까지 전반적 관계 구도에 있어서 상당히 먼 미래에도 서로 격리될 전망이 희박하다. 따라서 미국이 중국에 대해 적용하고 있는 '봉쇄·관여 병행'은 북한에 대한 한국의 전략에도 적용할 수 있다.

상대를 패배시켜 지배하거나 흡수할 수 없다는 현실을 받아들이되, 유리한 입지에서 대립적 관계를 관리하고 건설적 미래의 가능성을 열어 둔다는 전략이다. 북한의 대남 위협에 대해 한·미 합동훈련을 위시한 동맹의 단호한 방어 태세로 대처하면서도 한국의 주도로 접촉과 교류의 문을 열어 두는 것이 기본이다. 자신감 있는 힘의 균형을 바탕으로 '차가운 평화'를 유지하면서 점차 '따뜻한 평화'로 가는 길이다.

냉전 시절 미·소 관계를 관리하기 위한 '데탕트' 전략을 수립한 키신저 전 미국 국무장관은 미국의 좌우 진영으로부터 비난을 받았다. 이념적 경쟁자이며 인권 억압 국가인 소련에 대해 유화적으로 접근한다는 이유에서였다. 그러나 결국에 가서는 데탕트 전략이 '공존과 억제'를 통해 미·소의 핵 충돌을 억제하고, 소련의 붕괴를 가져오는 기초가 되었다는 평가를 받는다. 신냉전에 접어든 지금 미·중 관계를 둘러싸고 미국의 공화당과 민주당 공히 강경 정책을 요구하고 있지만, 일종의 '데탕트 2.0' 전략이 필요하다는 주장이 설득력을 얻고 있는 데는 바로 이런 역시적 경험이 작용하고 있다.[4]

물론 미국 내에서는 중국과의 데탕트 2.0은 망상에 불과하다는 주장도 있다. 미국의 상대가 되지 못할 수준으로 중국을 강력히 봉쇄하면, 외부의 압박과 체제 자체의 결함이 상승작용을 일으켜 결국 중국이 주저앉게 된다는 것이다. 양쪽 논리 모두 결과적으로 가져올 최종 상태는 '공존과 억제'의 과정을 거쳐 '힘의 승패' 단계에 이르게 되는 '키신저의 데탕트' 효과에 가까울 수 있다.[5]

이런 미국의 대중 정책 논쟁을 한반도의 상황에 원용하면, 대북 억제와 봉쇄를 결합한 태세를 유지하는 동시에 긴장 완화와 위험 축소de-risking를 병행하는 '차가운 평화'의 개념이 된다. 당장은 '안정적 긴장' 상태의 유지를 목표로 하는 데탕트 정책을 취하고, 장기적으로 '따뜻한 평화' 상태로 나아가도록 관리하면서, 결과적으로 한국이 주도할 '통일의 기회'를 살려 두자는 것이다.

아울러 냉전 종식 이후 30년 이상에 걸쳐 미국이 경험한 중국과 러시아 정책의 시행착오를 한국의 대북 정책에 투영시켜 볼 필요가 있다. 1990년 냉전이 종식되자 미국은 세계정세의 실체보다는 자신이 보고 싶어 하는 러시아와 중국을 상정했다. 러시아가 서유럽과 같은 민주주의의 길을 갈 것이고, 중국도 개방되면 미국 중심의 세계질서에 편입될 것이라는 기대였다. 그러나 결과는 우크라이나에서 러시아와 사실상의 대리전쟁을 치르고, 중국과는 치열한 패권 경쟁에 몰입해야 하는 상태에 이르렀다. 이를 두고 지금이라도 미국의 외교정책은 중국과 러시아라는 나라를 뜯어고치려 하기보다는 그들이 스스로 대외 정책을 바꾸게 만드는 데 초점을 둬야 한다는 미국 내부의 목소리가 주목을 받는다.[6]

이런 주장은 상대 국가에 내재하는 독재 체제, 폐쇄 사회, 인권침해 등 자체 결함이 외부 환경의 제약과 함께 작동함으로써 사회체제가 스스로 변화하지 않을 수 없도록 간접적 영향력을 행사하는 정책이 더 효과적이라는 데 근거를 둔다. 이 경로가 상대의 국내 체제 문제를 두고 대결을 전개하는 것보다는 원래의 목표에 도달할 가능성이 더 높은 것으로 본다. 장기적으로 통일을 지향하는 한국의 대북 정책에도 비추어 볼 시각이다.

한국은, 미국과 중국이 한반도의 통일 문제에 대해 결코 협력할 수 없다는 현실을 의식적이거나 무의식적으로 간과해왔다. 미국과 중국 스스로도 바꾸기 어려운 한반도 정책을 한국이 보고 싶어 하는 방향으로 바꿀 수 있을 것으로 기대했기 때문이다.

프랑스의 소설가 프루스트Marcel Proust는《잃어버린 시간을 찾아서》에서 "위대한 발견의 길은 새로운 땅을 찾는 것이 아니라, 눈앞에 존재하는 땅을 새로운 눈으로 보는 것"이라고 했다. 눈앞에 엄연히 존재하는 '한반도의 현상'과 '미·중의 정책'을 새롭고 정확한 눈으로 보아야 미래의 길도 찾을 수 있을 것이다.

정상적 이웃 관계─국력 증강의 길

남·북을 '정상적 이웃' 관계로 이끌어 가려는 한국의 정책은 기존의 통일 정책에 비해 더 적은 비용, 더 낮은 위험, 더 높은 자존, 더 넓은 공간을 만듦으로써 국가 위상을 올리고, 결과적으로 통일 가능성을 확대할 수 있다.

첫째, 먼 장래 통일의 기초가 될 '국가 정체성'을 구축하는 길이 된다. 남과 북 사이에는 민족국가의 기초가 되는 가치 체계가 크게 상이하게 발전했고, 예측 가능한 장래에 서로 접근할 가능성도 희박하다. 민족의 구성에 있어 장기적 요소인 혈통과 언어는 지속되고 있는 반면, 역사적 변화에 탄력적으로 반응하는 요소인 정치, 경제, 사회의 체계는 다른 어느 나라보다도 상이하게 변했다.

독일의 역사학자 골세프스키Frank Golczewski가 강조했듯이, 한 국가의 정체성은 인종, 언어, 종교라는 요소를 반영하는 것이라기보다는 특정한 역사적 인식과 정치적 가치의 공유 가능성에 대한 확신에 기초하는 것이다. 인종과 언어, 그리고 과거 역사를 함께한 것보다는 현재와 미래에 가치 체계를 공유하여 정치적 통합을 이루고 같은 역사의 경로에 들어설 가능성이 있을 때, 비로소 하나의 국가로서 정체성을 가질 수 있다.[7]

그런데 남·북은 지난 80여 년에 걸쳐 전혀 다른 역사의 경로를 걸어오면서 가치 체계의 동질성과 정치적 통합 가능성을 기대할 바탕이 상실되었다. 현재 남·북이 걷고 있는 행로를 이어 가면 동질성을 회복하기보다는 더 멀어질 것이다. 남과 북이 장기적으로 하나의 국가로 통합될 수 있기 위해서는 언젠가는 경계를 통과하는 삼투작용이 필요하다. 한국이 어떤 정책을 취하더라도 당분간 이 작용을 기대하기는 어렵다. 그런데 통일을 내세우는 지금까지의 정책은 그렇지 않은 경우보다 상대적으로 그 가능성을 더 가로막는 기능을 하고 있다.

Tip 20 ▶

민족주의의 허구와 폐해

민족주의는 지난 200년에 걸쳐 세계 도처에서 강력한 힘을 발휘해왔다. 어느 국가에서나 다양한 형태의 민족주의가 존재한다. 역사는 혈연과 인종에 기초하는 '인종 민족주의ethnic nationalism'보다는 인종을 넘어 보편적 가치를 공유하는 '시민 민족주의civic nationalism'가 더 힘을 얻는 방향으로 흘러가고 있다.

그럼에도 불구하고 독재 정권이나 권위주의 국가에서는 정권과 체제를 유지하기 위해 '초超민족주의hyper-nationalism'를 조장한다. 민족주의 운동을 '위로부터 아래로', 그리고 '아래로부터 위로' 순환시켜 국가의 전체적 현상으로 만드는 것이다.[8] '러시아의 영광'을 꿈꾸며 우크라이나를 침공한 푸틴이나 '중국몽'을 내세워 독재를 구축한 시진핑이 그렇다. 그 어느 곳보다도 80년에 걸쳐 세습 독재를 유지하는 북한이 가장 대표적이다.

북한은 외부로부터의 위협을 부풀리면서, '인종 민족주의'와 '초민족주의'를 결합하여 주민 통제의 명분과 근거로 삼아 왔다. '조선민족제일주의' 같은 극단적인 민족주의에다 단절, 차단, 폐쇄를 뼈대로 삼는 주체사상을 결합시켜 통치의 도구로 활용하는 것이다. 통일을 앞세우며 지금까지 추진해온 한국의 정책은 역설적으로 북한이 이런 민족주의적 통치 전략을 강화하는 구실로 활용되었다. 한·미 동맹으로부터의 사상·문화적 침투와 무력에 의한 흡수통일을 막는다는 명분으로 배타적 민족주의를 동원하는 것이 가능했다.

이런 관점에서 한국전쟁과 적대적 분단 질서 70년사에서 남·북의 소수 권력(특히 북한)이 민족의식과 민족주의를 자기 체제의 유지를 위한 상징조작의 수단으로 삼았으므로, 한반도에서 민족주의에 대한 논의는 재구성되어야 한

다는 주장은 설득력이 있다.[9]

때로는 한국의 '민족주의적 통일 방안'과 북한의 '민족 대단결론'이 남과 북의 이념적 연결고리로 작용하기도 했다. 민족의 문화와 특질을 살리는 것은 필요하지만, 현대 국가로서 성장하기 위해서는 '시민 민족주의'로 진화하는 것이 바람직하다. 인종적 차원에서 '민족'을 바탕으로 하는 통일 정책을 내세우는 것은 남과 북 사이에 오히려 반목과 대립만 조장하고, 시민으로서 지닐 민족의 정체성도 허무는 길이다.

인종 민족주의는 나치를 비롯한 극우 세력들이 핵심 이념의 하나로 활용했다는 역사적 사실도 간과해서는 안 된다. 이런 관점에서 "민족주의와 애국심을 일치시키는 것은 위험하고 오류를 초래할 수 있다"는 지적은 설득력이 있다.[10]

둘째, 남·북이 '대결'하는 구조를 '공존'하는 구조로 발전시킬 전환점을 마련할 수 있다. 한반도 안팎의 전반적 환경을 감안할 때, 통일을 내세우지 않는 정책으로 전환하는 것이 중단기적 국가 성장과 장기적 통일 비전에 부합한다. 한편, 북한의 김정은은 2023년 12월 '적대적 두 국가 관계'를 선언했다. 이 글에서 제시하는 '정상적 이웃'의 배경이나 지향점과는 정반대로 체제 경쟁에서의 패배를 덮고 세습 독재의 유지를 위한 명분을 찾으려는 시도다.

한국전쟁 이래 북한은 대내외적으로는 "조선인민민주주의공화국이 조선 반도에서 정통성을 가진 유일한 국가"라는 명분을 내세웠다. 실제로는 88 서울 올림픽을 전후로 남·북 격차가 여실히 드러나고, 1991년 미·소의 체제 경쟁에서 밀린 소련이 붕괴하면서 북한은 이미 내부적으로 '두 개의 조선'으로 기울어 왔다. 예를 들어 2007년 7월 필리핀 마닐라에서 개최된 남·북 외교장관 회담에서, 박의춘은 필자에게 "우리도 남측에 북측의 사상을 강요하지 않을 테니, 남측도 남측의 사상을 북측에 강요하지 말라"면서 서로 간섭없이 평화적으로 살자고 했다. 당시는 북한 핵 문제와 한반도 평화를 위한 6자 회담이 진행 중이었고, 북한의 핵무기도 완성되지 않은 상태였다. 그래서 서로 다른 체제하에서 두 국가가 '평화적'으로 살자고 한 것이었다.

그러나 16년이 지난 2023년에 와서 북한은 핵무기는 완성했으나 미국과 한국이 주도하는 제재로 인해 경제의 진전이 막히면서 공언해온 '핵·경제 병진'의 가망이 없자, 이번에는 '적대적'으로 가겠다고 선언한 것이다. 평화적이든 적대적이든 '두 개의 국가'로 살 수밖에 없다는 북한의 생각은, 88 서울 올림픽 이래 최소한 35년 이상의 숙성된 판단에서 나온 것으로 볼 수 있다.

Tip 21 ▶

한국-중국-북한의 삼각 교류

통일의 가능성을 확대하려면 남과 북의 정치, 경제, 문화적 공존 가능성을 높여야 한다. 서울대학교 통일평화연구원의 탈북민 면접 조사에 의하면, "북한 거주 시 한국의 방송, 영화, 드라마, 음악 등을 접한 적이 있는가"라는 질문에 대해 2008년 63.6%에서 시작하여 2015년 88.4%까지 증기했다.

그런데 이런 현상의 배경에는 중국에 거주하는 조선족의 북한 내 친척 방문을 통해 이루어지는 인적·물적 교류가 중요한 요소로 작용했다. 아울러 북·중 교류 자체와 한국 내의 탈북민들의 역할도 함께 기여했다. 중국 동북 지방의 200만 조선족 중 다수가 북한에 친인척을 두고 있고, 이 중 조선족 자치주 거주 86만 명의 약 90%가 북한에 친척을 두고 있는 것으로 추정된다.[11]

그동안 한국은 민족적 시각에 입각한 남·북 직접 교류와 민족 공동체 형성에 초점을 두었다. 그러나 북한 당국은 체제의 안위를 우려하여 이런 접근을 지속적으로 경계해왔다. 북한은 외부로부터의 어떤 작은 위험도 북한 체제를 붕괴시킬 수 있다고 판단하며, 그 대상에 대해 '자폐적 적대성'을 보이는 경향이 있다.[12]

경제적으로 우월하고 문화적으로 이질적인 한국에 대한 북한 주민의 노출은 체제를 위협하는 요소다. 반면에 중국과의 교류는 안보와 경제 차원의 생존을 위해 불가피하면서도 체제의 위험을 조성하는 정도는 상대적으로 낮다.

이런 각도에서 볼 때, 북한을 '통일의 대상'이 아니라 '공존의 대상'으로 간주하는 정책을 취하면 한국과의 접촉과 교류에 대한 북한 정권의 경계심과 통제 명분이 약화될 것이다. 이에 따라 한국-중국-북한으로 이어지는 교류는 물론 남과 북 사이의 직접 교류 환경도 점진적으로 조성될 수 있을 것이다.

셋째, 한국의 '전략적 자율성strategic autonomy'을 증대시키는 동시에, 한반도를 둘러싼 주변국들의 충돌 에너지를 감소시킬 것이다. 한국은 국제사회에서 미국의 절대적 영향 아래에 있는 국가로 분류된다. 실제로 한국은 미국의 동맹국들 중에서 미국의 입김으로부터 가장 자유롭지 못한 환경에서 대외 정책을 결정하는 국가에 해당한다.

그래서 유엔에서의 표결을 포함한 국제사회의 의사 결정 과정에서 한국의 입장은 독립변수라기보다는 미국의 종속변수라는 인식이 짙다. 안보를 절대적으로 미국에 의존하는 현실이 주요인이기도 하지만, 통일을 내세우는 정책이 이런 현상을 심화시킨다. 한국이 미국의 대북 정책에 대해 이런저런 부탁을 하는 만큼, 한국의 대일·대중 관계를 포함한 대외 정책에 대한 미국의 입김도 강해진다.

지금 세계는 유엔을 중심으로 한 '다자주의'로부터 국가별 이익에 따라 다양하게 결성되는 '소다자주의'로 전환되는 추세에 있다. 이 추세는 트럼프 행정부(2기) 등장으로 '세력권 정치'와 상호작용하면서 가속화될 전망이다. 한국으로서는 '한·미·일'과 '한·중·일'이라는 두 개의 소다자 그룹 사이를 조율하는 역할을 해야 미래의 지평을 넓힐 수 있다. 통일을 앞세운 정책은 그런 역할에 필요한 외교적 자율의 범위를 제약한다.

결국 기존의 통일 정책으로는 실제 통일에는 접근하지도 못하면서 치르지 않아도 될 부담만 짊어지게 하고, 앞으로 펼쳐질 세계에 능동적으로 적응할 외교 역량을 축소시키게 된다. 이런 비자율적 위상 때문에 한국은 국제 안보 질서의 형성에 있어 '조명받지 못하는 국가 unsung power'[13]로 불리기도 한다. 경제력, 군사력, 무기 생산능력, 문화 전파력 등 여러 면에서 세계 10대 강국의 반열에 있으면서도, 그에 상응하는 위상을 갖지 못한다는 것이다.

한국이 전략적 자율성을 강화하여 북한과의 '안정과 공존'의 환경을 개선시키면, 미국과 중국이 한반도에 관여할 정치·군사적 필요는 이에 비례하여 줄어들게 될 것이다. 아시아에서 강대국 간 대립을 완화시키는 방향이라고 할 수 있다. 길핀Robert Gilpin은 제1차 세계대전의 배경을 분석하며, 세계가 두 개의 적대적 진영으로 나뉘어 대립이 지속되면서 내재적 충돌 에너지가 축적되었고, 이는 전쟁으로 귀결될 위험을 안고 있었다고 설명했다.[14] 결국 '정상적 이웃' 정책은 미국과 중국이 동아시아에서 충돌할 '내재적 에너지'를 억제하여 지역 전체의 평화에 기여하는 효과를 가져올 것이다.

넷째, 국제적으로 한국의 이미지를 바로 잡고 국가 위상을 강화한다. 한국과 북한은 유엔 회원국으로서 이미 국제사회에서 두 개의 주권국가로 존재하고 있다. 미국과 일본 등 몇 나라를 제외한 세계 모든 국가가 한국과 북한을 상대로 외교 관계를 수립하고 있다. 미국과 일본마저도 북한과 정상회담을 개최하는 등 사실상 북한을 국가로 인정하고 있다.

'정상적 이웃' 정책은 국제사회에서 한반도의 현주소와 한국의 대북 정책을 일치시킴으로써 대외 관계에서 발생하는 왜곡을 바로잡을 수 있다. 예를 들어 동맹국인 미국마저도 수시로 한국과 북한을 별개의 국가로 간주함으로써 '하나의 한국' 정책을 취하는 한국의 입지를 곤란하게 한다. 또 중국은 한국이 탈북 주민에 대한 관할권을 거론하면, '중국과 제3국(북한)' 사이의 일에 관여하지 말 것을 요구함으로써 거북한 상황이 된다.

'정상적 이웃' 정책은 이처럼 주변국과의 마찰을 축소하여 이들과의 관계를 온전하게 만든다. 미국과 중국은 한반도에 '두 개의 국가'가 존재하는 현상을 변경할 의지가 없다. 그들은 '하나의 한국'이 실현될 것으로 보지도 않지만, 만약의 통일 시도가 초래할 혼란에 연루될 가능성을 우려한다. 한·미 동맹에 유리한 변화는 중국이 반대하고, 불리한 영향을 줄 변화는 미국이 거부한다.

이런 환경을 거부하면서 통일을 내세우면, 한국은 실제 통일에는 접근하지도 못하면서 미국과 중국은 물론 다른 관련국들에게 불필요한 비용을 지불하게 된다. 통일 정책에 대한 그들의 '수사적修辭的 지지'에 대해 한국은 '실질적 대가'를 치러 왔다.

한국은 경제와 문화를 포함하여 여러 분야에 걸쳐 세계적으로 평판을 떨치고 있다. 그럼에도 불구하고, 'Korea'라는 이름 위에는 항상 '분단 대립 국가', '북한의 핵 위협', '전쟁 위험', '불량 국가를 끼고 살아야 하는 나라'라는 어두운 그림자가 함께하고 있다. 최근 들어 한국과 북한이 전혀 다른 나라라는 것이 알려지고 있지만, 체제의 불안정과 핵무기를 함께 가진 북한으로부터의 위기가 순식간에 한국을 뒤덮을 수 있다는 인식은 여전하다. '정상적 이웃' 정책은 이런 인식을 완화시키면서 국가의 위상과 평판을 더 펼치는 환경을 만드는 데 기여할 것이다.

서울대학교 국가미래전략연구원은 2023년 9월 〈강대국 외교-한국 주도 동심원 전략〉이라는 보고서를 발표했다. 미국과의 동맹을 원의 중심에 놓고 일본과 유럽을 두 번째 원에, 중국·인도·동남아를 세 번째 원에 배치하여 한국이 초강대국 다음가는 강대국 외교를 전개하는 개념이다.[15]

'정상적 이웃' 정책은 한국이 미·중·일을 함께 아우르는 동아시아의 허브hub 역할을 하는 데 유리하게 작용함으로써 이런 '동심원 전략'을 가능하게 하고, 나아가 G10을 넘어 세계 중심 국가의 하나로 가는 길이 될 것이다. 반대로 지금처럼 한편으로는 통일을 내세우면서 북한과 겹치는 부정적 위상을 안고 있는 채, 다른 한편으로는 세계를 상대로 동심원 전략을 펴는 것은 현실성이 떨어지는 전략이다.

똑같은 환경은 아니지만 유사한 경우로 인두를 들 수 있다. 인도는 2008년 모디Narendra Modi 총리 취임 후 내부적으로 '파키스탄 무시' 전략을 취하고 있다. 인도가 남아시아에 갇혀 있는 지역 세력이라는 낙인을 벗어나 세계적 지도국으로 발돋움하기 위해서는 '인도-파키스탄' 분쟁이라는 상투적 수식을 해소해야 한다는 판단에서 나온 것이다.[16] 물론 최근에만 해도 카슈미르의 무력 충돌(2025년 5월)처럼 영토와 종교에 걸친 분쟁이 인도를 지역 세력으로 가두려는 경향이 있다. 그럼에도 불구하고 인도가 국가의 위상을 확대하려는 노력은 지속될 것이다.

다섯째, 북한이 한국을 상대로 노리는 소위 '가스라이팅'의 효과를 억제할 수 있다. 북한은 한국을 심리적으로 조종하고 지배력을 행사하려는 전술을 펴왔다. 한편으로는 한국 수도권의 방어 취약성에다 핵 능력까지 결합시켜서 군사적 위협 태세를 취한다. 다른 한편으로는 사실상 한국의 모든 정권이 갖고 있는 남·북 관계의 성취 욕구를 역이용한다. 한국의 군사적 방어 약점과 집권 세력의 정치적 유혹이 북한의 손에 가스라이팅의 도구를 쥐여주는 결과를 가져오는 것이다. '정상적 이웃' 정책은 이런 현상을 상당 부분 완화시킬 것이다.

한반도 통일의 접근 방식과 관련해서는, 프랑스의 철학자 줄리엥 Francois Jullien이 말하는 동양과 서양의 정치 군사전략에 나타나는 차이를 감안할 필요가 있다. 그에 의하면, 고대 그리스 이래 서양의 전략가들은 도달할 목표를 먼저 정한 다음, 이를 역산하여 달성 계획을 수립하고 필요한 자원을 조달하여 진척시키는 방식을 택한다. 이에 반해, 동양에서는 최종 상태에 대한 결정론적 deterministic 접근이 아니라, 상황 전개에 따라 발생하는 여러 변수들에 유기적으로 대응하고, 그 결과를 수용하는 전략을 취한다는 것이다. 따라서 사전에 정해진 길이 아니라, 상황별로 최선의 선택을 조합하는 것이 전략의 기본이 된다는 것이다.[17]

일견하여 한반도 통일의 길은 외팅겐의 WOOP 이론(7장 통일은 가까운 장래에 가능한가?)과 맥을 같이하는 서양식 전략과, 줄리엥이 예시하는 동양식 전략의 결합이 필요하다. 그러나 지난 80년간 한국이 걸어온 경로와 지금 눈앞에 진행 중인 세계사의 흐름에 비추어 볼 때, 동양식 전략이 한반도 통일의 길을 여는 데 더 적합할 것이다.

이 다섯 가지 효과가 결합하여 종국적으로 통일에 필요한 내적 요소가 생성되고 외적 환경이 조성될 때, 비로소 통일의 기회를 포착할 역량이 축적될 것이다. 앞으로 상당 기간에 걸쳐 남·북 사이 대결은 누구도 일방적으로 승리할 가능성이 없다. '정상적 이웃' 정책은, 통일을 '쟁취해야 할 목표'가 아니라 한반도 상황을 안정적으로 관리하여 '다가올 수 있는 결과'로 설정하자는 것이다. 그렇게 해야 통일 문제로 야기되는 정치·사회적 비용의 축소, 남·북 충돌 가능성의 억제, 주변국에 대한 자율성의 제고, 국가 역량의 확장, 그리고 동북아의 안정과 평화를 위한 역할 수행이라는 폭넓은 국가이익을 추구할 수 있게 된다.

한국이 주도하는 게임

대립하고 있는 세력 사이에 경쟁력 있는 전략을 추구하려면, 상대가 나의 게임을 하도록 해야 한다.[18]

한반도 분단 이후 남과 북은 서로의 게임으로 관계를 이끌어 가기 위한 전략을 반복해왔다. 1950년 한국전쟁과 그로 인한 극심한 군사 대립 시기에는 북한의 게임이, 1970년대 중반 경제 발전의 시동과 올림픽 개최에 이르는 동안은 한국의 게임이, 그리고 1990년대 북한의 본격적 핵 개발 착수 이후에는 북한의 게임이 판을 주도해왔다고 볼 수 있다. 2000년대 들어와 한국이 선진국 대열에 진입하면서 정치·경제 측면에서는 한국의 게임으로, 안보 측면에서는 북한의 게임으로 전개되어 왔다. '정상적 이웃' 정책을 취하면 정치·경제·안보를 관통하여 한국의 게임이 주도하는 판을 열 수 있을 것이다.

한국이 통일을 내세우는 정책이 아니라 공존을 지향하는 정책을 추구하면, 정치적으로는 북한 정권이 통치의 명분을 외부로부터 찾기 어려워진다. 따라서 경제적으로도 주민의 삶을 개선하여 통치 기반을 다져야 하기 때문에 경제 회생에 주요 국가 자원을 투입하게 만들 것이다. 군사적으로는, 북한 핵에 대해 한국이 한·미 동맹과 함께 잠재 핵 역량 전략(6장 한국의 핵 능력은 어디까지 갈 수 있는가?)으로 대응함으로써 북한이 게임을 주도할 여지가 축소될 것이다. 결국 외부로부터의 위협 인식이 묽어지면서 북한은 체제를 유지하기 위해 점진적이나마 국가 운영의 방향을 주변 환경과 타협하는 쪽으로 기울일 가능성이 커진다.

김정은이 수학했던 스위스 학교의 교과과정에는 프랑스 혁명사가 포함되어 있었던 것으로 알려졌다. 그는 시민의 불만이 어떻게 왕정을 붕괴시키는지를 배웠을 것이다. 이런 배경으로 김정은은 2012년 신년 연설에서 주민의 생활수준 향상을 최우선 과제로 선정하고, "한 손에는 총을, 다른 손에는 망치와 낫을"이라는 김일성의 혁명 구호(1962년)를 '핵·경제 병진'으로 개칭하여 주창하기 시작했다. 한편으로는 스위스 학교에서 배운 루이 16세의 몰락 과정을 보면서 상승하는 주민의 기대를 관리하지 못하면 자신도 같은 운명이 될 것이라는 공포를 늘 안고 있을 것이다.[19]

아울러 김정은이 권력을 승계했던 2011~2012년은 '아랍의 봄'이라는 중동 정치의 격변기였다. 독재 정권들이 연이어 붕괴되는 장면은 그에게 생생한 영향을 주었을 것이다. 한국이 '정상적 이웃' 정책을 취하면, 김정은은 주민의 기대에 부응하기 위해 치열하게 '한국의 게임'인

경제 발전에 매달리지 않을 수 없을 것이다.

동·서독 통합 후 30여 년 동안 서로 교차 결혼한 쌍이 전체의 4%에 불과하다는 통계가 있다.[20] 45년 동안의 분단 기간에 형성된 이질의 벽이 그만큼 높다는 것을 의미한다. 한반도의 분단은 80년이나 지속되고 있다. 독일의 경우와는 달리 3년에 걸친 내전과 간헐적으로 이어지는 무력 충돌로 인해 주민들은 깊은 외상과 내상을 입었다. 남·북한 사이에 생긴 이질성은 동·서독의 경우에 비할 수 없을 만큼 깊고 넓어졌다.

상당히 긴 시간에 걸쳐 '좋은 담장'을 두고 살아가면서, '이질성의 공존'과 '동질성의 회복'을 통해 '좋은 이웃'으로 발전하는 과정을 거쳐야 한다. 진정으로 통일로 향하는 길이다.

비판과 반론

당연히 '정상적 이웃'으로 가는 길에 대한 비판적 시각이 있을 것이다. 비판의 근거와 타당성을 살펴볼 필요가 있다.

첫째, 민족의 염원인 통일을 뒤로 미룰 뿐 아니라 자칫 영구 분단을 조장할 것이라는 비판이다. 그렇지 않아도 주변국들이 한반도의 분단 상태를 이용해서 자국의 전략적 이익을 도모하려는 판국에 한국이 먼저 나서서 분단을 조장하는 것은 민족의 통일 염원을 저버리는 길이라고 볼 수 있다. 실제로 주변국들은 역사상 여러 계기에 분단을 통해 한반도를 세력 충돌의 완충지대로 삼거나 최소한 절반을 자국의 영향하에 두려는 시도를 했다.

그런데 이런 비판은 한국이 통일에 필요한 수단과 환경을 예측 가능한 미래에 만들 가능성이 희박하다는 현실을 도외시하는 것이다. 오히려 현재의 통일 정책을 그대로 밀고 가면, 남·북의 적대적 관계는 더 악화되고 분단은 더 고착됨으로써 먼 장래에 천재일우의 통일 기회가 다가오더라도 붙잡을 수 있는 여지를 없애는 길이 될 가능성이 크다.

반면에 통일을 내세우지 않으면서 안정과 공존을 유지하다 보면 시간과 함께 자연스러운 교류와 접촉 공간이 생길 수 있다. 그리고 그 연장선상에서 먼 장래 어느 시점에 가서는 통일로 가는 문을 열 수도 있다. 이런 관점에서 남과 북이 종국적으로 합치기 위해서는 지금은 '통일統一' 정책보다는 '통이通二' 정책이 필요하다는 주장이 설득력을 갖는다. '정상적 이웃'으로 살면서 긴 시간에 걸쳐 점진적으로 서로 사람, 물자, 문화가 교류할 수 있는 환경을 만드는 것이 통일로 가는 시작이기도 하다.[21]

'정상적 이웃' 정책은 헌법적 가치를 유지하면서 제도의 탄력적 운용을 통해, 미래에 다양한 이질성들이 공존하고 결합할 수 있는 토양을 배양하는 길이다. 통일의 방식과 비용, 통일 후 한국의 정체성에 대한 논의는 정부의 정책 차원이 아니라 학술의 영역에서 이루어지는 것이 바람직하다.

2014년 통일연구원이 '통일의 수용 기준'에 대한 여론을 조사한 결과, 첫째는 통일을 당위나 이상의 관점보다는 개인과 국가에 얼마나 이익이 되는가 하는 '실용성', 둘째는 가치관과 행태가 다른 사람들과 집단을 얼마나 서로 수용할 수 있는가 하는 '포용성'이 결정적인 것으로 나타났다.[22]

나아가 2024년 조사에 의하면, 통일이 필요치 않다는 여론이 35%로 20여 년 이래 최고에 달한 반면, 통일이 필요하다는 여론은 37%로 같은 기간 조사의 최저치로 나타났다.[23] 통일의 실용성과 포용성에 대한 기대를 충족하지 못하면, 한국 내부에서부터 통일의 가능성이 멀어진다는 것을 보여준다. '정상적 이웃' 정책이 필요한 이유의 하나이기도 하다.

지난 80여 년에 걸쳐 우리는 통일을 '국가의 야망national ambition'으로 내세우고, 민족이 이루어야 할 '국가 정체성national identity'의 회복으로 간주해왔다. 그럼에도 분단이 지속된 것은 남과 북의 통일을 향한 구심력은 약화되고 주변국의 원심력은 강화된 결과다.

결과적으로 지금까지 답습해온 정책은 분단 상태를 더욱 고착시키는 길인 것으로 나타났다. 먼 장래까지 도달할 가능성이 없는 허상을 마치 언제라도 기회만 오면 손에 잡을 수 있는 목표로 간주하는 정책이었다. 그래서 통일은 순수한 '염원'을 넘어 실현 가능성은 없지만 목표라도 있다는 '자기 위안'이 되기도 했다. 또는 국내 정치상의 입지를 강화하기 위한 명분으로 동원되기도 했다. 이제 일종의 집단적 카타르시스 영역에서 벗어날 때가 되었다.

둘째, '정상적 이웃' 정책은 헌법의 정신과 맞지 않는다는 비판이다. 그런데 이 정책은 종국적인 통일을 향한 전략으로서, 현재와 미래의 환경에 맞게 헌법의 정신을 구현하는 길이다. 현행 헌법의 3조(대한민국의 영토는 한반도와 그 부속 도서로 한다)의 위상을 유지하면서, 4조(대한민국은 통일을 지향하며, 자유민주적 기본 질서에 입각한 평화적 통일 정책을 수립하고 이를 추진한다)를 시대 상황에 맞추어 실행 가능한 방식으로 집행하는 길이다. 장기적으로는 통일을 지향하면서, 단기적으로는 통일에 필요한 한반도 안과 밖의 공간을 확보하는 데 치중하자는 것이다.

Tip 22 ▶

헌법의 유지와 남·북 기본 합의서 이행

'정상적 이웃' 관계는 종국적으로 통일로 가는 길을 상대적으로 넓게 열어 두기 위한 정책적 전환이다. 현행 헌법의 3조(영토)는 상징적으로 유지하면서, 4조(통일 정책)는 발전적으로 해석하여 운용해야 할 것이다. 1991년 9월 17일 유엔 연설에서 이상옥 당시 외무부장관은 "유엔 동시 가입이 한반도에서의 평화 정착과 궁극적인 통일을 촉진할 수 있어야 한다"고 선언했다. 이 선언의 기조에 따라 두 개의 유엔 회원국이 '정상적인 관계'를 유지하고, 평화를 정착시키면서 언젠가는 통일을 할 수 있는 길을 만들어야 한다.

따라서 남과 북은 남·북 관계의 특수성도 중요하지만, 우선 유엔 회원국 간에 적용되는 보편적 원칙을 먼저 존중해야 한다. 유엔 헌장은 평화에 대한 위협 방지, 국제법의 원칙에 따른 분쟁의 조정·해결, 영토의 보전과 정치적 독립, 국내문제에 대한 불간섭을 선언하고 있다.

이에 따라 남과 북은 서로 '통일의 대상'이 되는 민족 공동체의 일원이기 이전에 국제사회 구성원으로서 상호 권리 의무를 충실하게 이행해야 한다. 민족 공동체라는 '감성적 열망'도 중요하지만, 유엔 회원국으로서 준수해야 할 '구체적 규범'을 실천해야 통일로 갈 수 있는 길을 열어 둘 수 있다.

한편, 1992년 남·북 기본 합의서의 전문은 '남과 북은 … 쌍방 사이의 관계가 나라 사이의 관계가 아닌 통일을 지향하는 과정에서 잠정적으로 형성되는 특수 관계라는 것을 인정하고 평화통일을 성취하기 위한 공동의 노력을 경주할 것을 다짐하면서…'로 되어 있다. 이제 이 다짐을 현실에 맞게 재해석해야 한다. 통일을 지향하면서 잠정적으로 형성되는 '특수 관계'라는 개념은 당초에 품었던 통일을 향한 정서에 부응하기보다는 오히려 적대적인 관계를 조장함으로써 통일 가능성의 뿌리마저 뽑는 길로 가고 있다.

그러나 합의에 담긴 지혜는 지금도 유효하다. 한국이 자체 판단에 따라 기본 합의서에 명시된 사항을 가능한 범위에서 일방적으로라도 이행할 수 있다. 북한이 합의서에 규정된 자신의 책임 부분을 이행하느냐 여부는 별도의 문제다.

물론 북한이 소극적인 의무 불이행을 넘어 적극적인 도발 행동을 취할 수도 있다. 이 경우에 대비해서 한국은 힘으로 대응하는 태세를 갖추고 있으면 된다. 김정은이 '교전 상태의 적대적 관계'를 선언했음에도 불구하고 실제 적대 행위로 도발하지 않으면, 한국으로서는 1992년 남·북 기본 합의서를 이행한다는 원칙이다. 이런 자세는 남·북 사이에 우발적 충돌이 발생할 가능성을 줄이는 데도 도움이 된다.

기본 합의서 1장의 '남·북 화해' 부분은 현실적으로 당분간 기대하기 어렵다. 그러나 '상호 체제 인정', '내부 문제 불간섭', '상대의 비방 중상 반대', '상대의 파괴와 전복 반대' 같은 합의는 한국이 일방적으로 이행할 수 있다. 2장의 '남·북 불가침' 부분에서의 우발 충돌과 확대 방지를 위한 직통전화나 분쟁 협의 기구 설치에 대해서는 북한이 상당 기간 냉담한 반응을 보일 것이다. 그럼에도 이런 장치를 설치하자는 제안이 계속 유효한 것임을 선언하고 실현 가능성을 열어 두는 것이다.

정부 조직의 명칭과 기능 변경을 통해 정책의 전환을 구체적으로 상징할 수 있다. 예를 들어 기존 통일부 업무를 상당 부분 승계할 수 있는 '한반도 위원회Korean Affairs Council'를 설치할 수 있다. 남·북 간게 업무는 특정 분야에 국한되는 것이 아니라 정부 전 부처의 업무와 연계된다. 따라서 장관급 상근 위원장을 두되 정부 관련 부처의 차관을 위원으로 구성하고, 필요한 사무 처리를 위한 조직을 설치하면 된다. 주요 업무는, 초기에는 인도적인 문제, 문화 교류, 인적 접촉 지원, 기록 관리같이 덜 민감하고 비정치적인 업무에 집중하고, '차가운 평화/소극적 평화'를 거쳐 '따뜻한 평화/적극적 평화'로 이행하는 단계에서 경제 분야를 위시하여 폭넓은 협력 기능으로 확대할 수 있을 것이다.

북한에 대한 경제협력은 남·북 관계 차원과 공적개발협력ODA이라는 국제 제도의 틀을 병행하는 것이다. 이는 국내적으로 대북 지원의 성격에 대한 정치적 논쟁을 완화시킬 수 있고, 국제적으로는 경제개발협력기구OECD의 원칙에 부합시키면서, 실제 개발 지원의 효과를 올리는 데 유익하기 때문이다.

그러나 "모든 원조는 정치적이다"는 말이 있듯이, 어느 국가이든 ODA를 다분히 정치적 고려에서 결정한다. 이런 관행을 원용하여 어느 단계에 가서는 남·북 관계의 특성을 반영하여 한국이 북한에 중점을 둔 개발 협력을 제공할 수 있을 것이다.

중국의 북한 편입 가능성

'정상적 이웃' 정책은 두 가지 측면에서 북한을 중국에 편입시킬 것이라는 비판이 제기된다. 첫 번째 비판은, 북한이 한국과 단절되면서 중국 동북 지역의 4번째 성省의 위치로 바뀔 가능성이 높다는 것이다. 그런데 통일을 내세우는 기존 정책이 북한의 중국 경사 효과에 미치는 영향을 보자.

보수 정권에서 추구하는 정책은 북한에 대한 관여, 간섭, 압박을 요체로 하면서 북한을 중국에 더 기울게 만들어 왔다. 반면에 진보 정권이 추구하는 인적·물적 교류 등 접촉을 통한 변화는 북한으로 하여금 우월한 체제의 한국으로 흡수될 가능성을 우려하게 만들었다. 결국 기존의 대북 정책은 어느 방면에서 보더라도 남·북 접근보다는 중국으로 의존하게 만드는 효과가 더 큰 것이다.

이런 상황을 배경으로 중국은 2019년 시진핑이 평양에서 다짐한 것처럼 "조선의 합리적 안보 우려와 발전의 관심을 위해 최선을 다할 것"이라고 강조하고 있다. 북한의 안보와 경제를 돌봐주는 후견자 역할을 갈수록 강고하게 만드는 것이다.

지금의 통일 정책을 그대로 유지하면, 북한의 '생존적 필요'와 중국의 '전략적 필요'가 더 결합함으로써 북한이 사실상 동북 4성으로 동화될 가능성이 증대될 것이다. 반대로 '정상적 이웃' 정책을 펴면, 시간이 경과하면서 한국과 북한이 교류를 열 가능성이 커진다. 동시에 미국과 일본 등 서방국가들과의 대북 관계에도 여유가 생길 수 있다. 그만큼 북한의 중국 의존도가 상대적으로 완화되는 효과를 기대할 수 있다.

남·북의 주민 모두 중국과 차별화하고 다른 방식으로 살고자 하는 민족의식이 강하다. 그중에서도 북한 지역의 의식은 한국에서보다 더 강력하게 작용한다.[24] 근래 중국이 부상하면서 북한을 흡인하는 힘도 더 강해졌다. 반면에 중국의 '대국주의'에 대한 북한의 경계도 그만큼 커졌다. 북한이 미국과의 관계 개선이나 러시아와의 협력을 통해 균형을 갖추려는 배경이다.

북한으로서는 미·중·러·일에 한국까지 합친 5대 세력의 이해관계가 교차하는 지정학적 환경을 활용하여 자주적 위상을 증대시키고자 한다. 그러나 자주를 향한 핵 개발은 미국의 제재를 강화시켰고, 이로 인해 중국에 대한 의존은 더 심화되었다. 소위 '자주와 의존의 딜레마'에 빠진 것이다.[25] 우크라이나 전쟁을 계기로 2024년 러시아 파병을 포함한 북·

러 밀착이 북한의 중국 의존도를 줄일 것이라는 전망도 있다. 그러나 대외무역의 약 90%를 중국이 차지하고 있는 데다 북·중 관계의 역사적·지정학적 특성을 감안하면 그 효과는 제한적일 수밖에 없다.

2005년 8월 베이징에서 열린 '북핵 6자 회담'의 한국 대표인 필자가 북한의 김계관 대표에게 "회담의 휴회 기간 중 남과 북의 대표만 별도로 회동하여 입장을 조율해보자! 베이징에서 만나면 어떻겠나?"라고 제안한 적이 있다. 김계관은 "남측은 왜 꼭 그런 이야기만 나오면 중국 땅에서 보자고 하느냐?"면서 불편한 심사를 드러냈다.

또 2006년 말 대통령 안보실장이던 필자가 교착상태에 있던 6자 회담의 재개를 위해 중국과 협의차 베이징을 방문했다. 외교부장 리자오싱李肇星에게 "이 부장이 북한의 대외 관계 실세인 강석주 외교부부장과 베이징대학 영어과 동기이고 같은 기숙사 생활까지 한 것으로 알고 있는데, 평양에 전화해서 직접 그와 한번 소통해보면 어떻겠나?"라고 타진했다. 리자오싱은 "베이징대학 영어과의 실력이 시원찮아 강석주와 나는 언어적으로 소통이 잘되지 않는다"며 에둘러 피했다. 중국에 대한 북한의 경계심과 북·중 관계의 저변에 깔린 일말의 불편한 기류를 보여주는 사례다.

두 번째 비판은, 북한이 붕괴할 경우 한국이 통일을 주도할 기반이 약해진다는 것이다. 북한이 붕괴할 가능성도 요원하지만(8장 북한은 붕괴할 것인가?), 설사 붕괴하더라도 한국이 흡수하여 통일하거나, 중국이 북한을 편입하는 시나리오로 전개될 가능성은 희박하다. 미국과 동맹 관계인 한국이 흡수통일하는 것은 중국이 거부할 것이고, 중국의 북한 편입은 한국과 미국을 위시한 국제사회는 물론 북한 주민들도 수용하지 않을 것이다.

그럼에도 불구하고 중국이 편입을 시도할 경우, 중국의 팽창주의를 경계하는 주변국들은 물론 전 세계로부터 비판과 압력에 봉착할 것이다. 중국은 전 세계를 상대하는 세계 최대 무역 국가인 동시에, 대만 문제는 물론 이미 많은 영토 분쟁을 안고 있다. 북한까지 흡수하고자 할 경우 성공 여부는 차치하고 잃을 것이 너무 많다.

북한의 붕괴 시 가능성이 가장 높은 시나리오는, 유엔 결의로 구성되는 잠정 기구의 임시 관리를 거쳐 북한 주민의 의지를 반영한 체제와 정부가 수립되는 것이다. 따라서 북한의 붕괴 가능성에 대한 대비를 해야 한다면, 북한 주민들로 하여금 한국과 합쳐야 더 잘 살 수 있다는 기대를 심어주는 것이 관건이다.

그런데 기존의 통일 정책은 북한 주민의 대남 적대 의식 또는 위구심을 키우려는 북한 정권의 필요에 이용되고 있다. 이는 북한 주민들에게 선택의 기회가 주어졌을 때, 한국과의 통합을 지지하게 하는 데 장애가 될 것이다.

북한 인권 방치

주민을 체계적으로 탄압하는 북한의 인권 상황은 결코 간과할 수 없다. 가히 세계 최악의 수준이다. 북한 정권은 한국으로부터의 위협을 주요 구실로 들어 외부로부터의 정보를 차단하고, 표현의 자유를 박탈하는 것을 넘어 강제 노역까지 자행하고 있다. 비판적 시각에서는 '정상적 이웃' 정책을 취하면 한국이 북한의 이런 인권 문제를 먼 나라 일처럼 소홀히 할 것으로 본다. 북한에 대해 같은 민족으로, 또 통일해야 할 대상으로 보는 입장에서는 인권 개선을 강력하게 요구할 수 없다고 보는 것이다.

그런데 실상을 들여다보면, 지금까지의 통일 정책을 추구하는 동안 한국의 어떤 정권도 북한의 인권을 개선하는 데 실질적 힘을 발휘하지 못했다. 북한과 소통을 했던 진보 정권은 북한과의 대화 유지에 장애가 될 것을 우려하여 인권 문제를 제기하는 자체를 금기시해왔다. 마치 가게의 주인이 고객의 비위를 건드리지 않기 위해, 비정상적 행동에도 반대 의사를 표시하지 못하는 것과 유사하다. 일종의 '고객정치client politics'와 유사한 심리 상태가 남·북 관계에 작동하는 것이다.

물론 이런 상태에서나마 남·북 사이의 교류 협력을 지속적으로 증진하다 보면, 북한의 대남 의존도가 높아져서 점진적으로 인권 개선의 요구에 귀를 기울일 수밖에 없을 것이라는 희망적 기대를 해왔다. 그러나 지금까지의 통일 정책하에서는 교류 협력 자체가 지속적으로 이루어지기 어렵다는 것이 입증되었다. 전제가 성립되지 않은 정책의 효과를 계속 기대하기에는 충분히 많은 실패를 반복했다.

노무현 대통령은 2005년 '8·15 민족 대축전' 행사차 한국에 온 북한의 당비서 김기남 단장을 접견한 자리에서 "인권 문제를 둘러싼 국제사회의 비판이 북·미 관계 개선의 장애 요인이 되고 있고, 한국의 입장도 불편하다"고 했다. 그간 남·북 사이에 금기시되어 온 문제를 대놓고 거론한 것이다. 이에 대해 김기남은 "근거 없는 비난"이라며 지나가듯이 대응하고 넘어갔다. 그럼에도 이 사례는 한국의 최고 지도자가 남북대화에서 얼굴을 마주하고 북한의 인권 문제를 제기한 첫 사례였고, 가까운 미래에 재연되기 어려운 장면으로 남을 것이다.

그런 노무현 대통령도 국내 정치 사정으로 입장이 흔들렸다. 2007년 11월 유엔에서 북한의 인권 상황을 비판하고 개선을 촉구하는 결의안이 상정되자 한국 정부 내 심각한 찬반 토론이 일어났다. 평소 노 대통령은 그 대상이 누구든 관계없이 인권의 원칙을 강조해왔다. 그런데 마침 그해 10월 평양에서 가진 김정일과의 남·북 정상회담을 배경으로 남북대화의 기운이 고조되어 있었다. 그는 한국 정부의 입장 결정을 고심했다. 몇몇 정치 참모들 사이에는 마침 익어 가던 남북대화의 분위기를 그해 12월 대통령 선거와 2008년 초의 총선으로 이어 가려는 욕구가 작용했다. 격렬한 토론 끝에 결국 노 대통령은 이들의 건의를 수용하여 유엔에서의 표결에 기권하기로 결정했다. 민족을 강조하면서 추구하는 통일 정책은 실질적 진전은 없는 가운데 이처럼 국내 정치와 연결되었다. 반면에 국제적 협력을 통해 핵과 인권을 위시한 북한 문제의 출구를 찾는 한국의 대외적 입지는 약화시키는 것이다.[26]

반면에 보수 정권은 인권의 보편적 가치를 강조하지만, 인권 문제를 두고 북한과 대화할 수 있는 기회 자체를 만들지 못한다. 국제적 압박에 동참하는 것 외에는 북한의 인권 상황에 영향을 미칠 수단 자체가 없는 것이다. 게다가 인권 문제를 두고 반북 세력의 집결에 활용하려는 경향도 있다. 진보 세력과는 다른 방향에서 국내 정치의 목적에 동원하는 것이다. 국군 포로나 납북자 송환 같은 인도적 문제에 대한 대화의 공간도 없기는 마찬가지다.

북한의 인권 탄압을 비판하고 개선을 요구하는 것은 동족의 문제라는 차원과 인류의 보편적 가치를 함께 보호한다는 국제적 차원에서 이루어진다. 그러나 북한이 인권 개선 요구에 조금이라도 귀를 기울이게 하려면 동족 차원보다 국제사회의 결집된 목소리가 지속될 때 상대적으로 효과가 더 있다. 한국이 개별적으로 북한에 대해 영향력을 행사할 수 있는 실효적 수단이 없기 때문이다.

이런 국제적 공조에 있어서도 한국이 통일을 내세우기보다 인종, 언어, 과거의 역사를 공유하면서도 '정상적 이웃'으로서 접근하는 것이 더 효과적일 수 있다. 한국이 북한의 사정을 잘 알 수 있는 위치에 있으면서, 국내의 정파적 영향을 받지 않고 북한의 인권 개선을 추구한다는 국제적 인식을 심을 수 있기 때문이다. 이 경우 한국에서 비정부 차원으로 전개하는 북한 인권 단체들의 활동도 정권의 향배에 영향을 덜 받으면서 더 효과적인 캠페인을 펼 수 있을 것이다.

예를 들어 '전환기정의워킹그룹Transitional Justice Working Group'은 북한 당국에 의한 강제수용, 납치, 강제 실종 같은 인권침해 사례의 피해자와 가해자에 대한 최근 정보를 담는〈종적Footprint〉보고서를 주기적으로 발행하고 있다.[27] 이런 보고서는 북한의 인권침해자들에 대해 개별적으로 사전 경고를 주는 효과를 겨냥한다. 언제라고 가늠하기는 어렵지만 북한이 종국적으로 '체제 전환'의 과정에 들어갈 때, 그간 축적된 기록에 따라 국제기구에 의한 인권침해자들의 책임 규명과 처벌이 따를 것임을 예고하는 것이다. '정상적 이웃' 정책을 취할 경우, 이런 보고서도 국내 정치 기류로부터 더 자유로운 환경에서 만들어질 것이고, 객관성과 권위에도 힘이 더 실릴 것이다.

탈북민과 이산가족

남과 북이 '정상적 이웃' 관계가 되면 북한 주민이 한국으로 이탈하는 것을 받아들일 명분이 줄어든다는 비판이 제기될 수도 있다. 그래서 북한 주민의 이탈 의욕을 감퇴시킨다는 것이다. 그러나 사실상 탈북을 환영하거나 때로는 유인하는 인상을 주는 것은 북한 당국으로 하여금 주민들의 이동을 더 엄격히 통제하게 만든다. 오히려 비교적 제3자적 자세로 북한 주민의 한국 입국을 다른 나라의 난민처럼 평범하게 다룰 때, 북한 정권의 주민 통제 구실과 동기를 이완시킬 가능성이 있다.

어떤 경우에도 북한 주민의 선택에 따라 일단 한국에 입국한 후에는 기존의 '북한 이탈 주민의 보호 및 정착 지원에 관한 특별법'을 적용하면 된다. '정상적 이웃' 정책을 취한다고 해서 헌법상으로 북한이 별개의 국가가 되는 것이 아니다. 따라서 이들에게 특별한 조치를 취한다고 해서 법률적 모순이 발생하지는 않는다.

또 다른 비판 가능성은, 중국 당국에 대해 북한 이탈 주민에 대한 한국의 관할권을 주장하기 어렵다는 것이다. 중국이 북한 이탈 주민을 북으로 강제 송환하더라도 항의할 논거가 없어진다는 것이다. 그런데 지금까지 이탈 주민을 한국으로 출국시켜야 한다는 요구에 대해 중국은, "중국과 조선 사이 문제는 제3국의 문제로 한국이 관여할 일이 아니다"라는 자세로 일관해왔다. 중국 당국이 인지하지 못하는 상태에서 북한 이탈 주민을 비공식 경로를 통해 한국으로 입국시킬 수는 있다. 그러나 중국이 자국에 체류하는 북한 이탈 주민에 대한 한국 정부의 관할권을 인정한 적은 없다.

한편, 중국에 체류하는 북한 주민의 불법 월경 동기를 조사해보면, 경제적 목적, 가족 결합, 자녀 교육 등 비정치적 동기가 다양하게 작용하는 것으로 나타난다. 이들은 유엔 난민 협약에 따른 난민에 해당하지 않는다.[28]

중국은 한국의 민간단체나 중개인들이 중국을 경유한 북한 주민의 탈북을 주선하고, 또 한국 정부가 알게 모르게 관여함으로써 중국의 내부 문제에 간섭한다고 간주한다. 아울러 이로 인해 한국이 중·북 관계를 불편하게 만든다고 본다. 북한 이탈 주민을 한국에 순조롭게 입국시키려면, 중국이 인정하지 않는 한국의 관할권 주장보다는 거주 이전을 포함한 인권의 보편적 가치에 기초해서 접근하는 것이 더 효과적일 것이다. 중국으로서는 민감한 남·북·중 관계와 얽히는 것도 최소화할 수 있기 때문이다.

따라서 중국을 통한 북한 이탈 주민의 수용 문제도 기존의 통일 정책보다는 '정상적 이웃' 정책에 따라 순수한 인도적 차원에서 접근하는 것이 중국 정부의 민감한 반응을 줄이고, 결과적으로 한국의 입장을 실현하는 데 유익할 것이다. 기본적으로 국제사회가 국제 협약의 규정에 따라 난민의 자유의지를 존중할 것을 요구하고, 그 목소리에 한국의 객관적인 무게를 가중시킴으로써 실질적 효과를 기대할 수 있을 것이다.

아울러 이산가족이나 국군 포로 문제도 통일을 내세우지 않아야 덜 민감한 위치에서 북한과 대화할 수 있을 것이다. 서로를 흡수의 대상으로 보지 않고 상대의 내부 문제에 간섭하지 않기 때문에 대화의 가능성이 높아진다. 기존의 통일 정책과 '정상적 이웃' 정책 중 어떤 선택이 이산가족이나 국군 포로 같은 순수 인도적 문제를 더 실질적으로 다룰 수 있는 길인지를 상대적 관점에서 가늠해야 한다.

Tip 23 ▶

탈북의 동기와 추세

'탈북'이라는 표현은 탈냉전 이후 북한 주민이 북한을 벗어나 제3국 또는 한국으로 입국하는 현상을 지칭하는 의미로 사용되어 왔다. 북한 당국은 탈북민을 '조국을 등지고 떠난 배신자'라고 낙인을 찍지만, 대부분은 정치적 목적보다는 경제적 생존이나 더 나은 삶을 위해 떠난 경우들이다.[29]

탈북의 동기는 생계 목적, 경제·정보 목적, 정치적 목적으로 구분할 수 있다. 1995년 대규모 홍수로 기근이 발생하자 1999년까지 약 30만 명(추정)이 중국으로 탈출했는데 다수는 식량을 구하고 돈을 벌어 북한으로 돌아가려는 사람이 많았다.

그러나 2000년 남·북 정상회담 이후 북한 주민이 한국에 대한 정보를 넓게 접하면서 대안적 삶을 찾는 '경제·정보' 목적과 '체제 환멸'로 인한 탈북이 증가했다. 2003~2011년에는 연간 입국 인원이 2,000~3,000명 수준에 이르렀으나, 2012년 이후에는 평균 1,300명대로 감소했다. 코로나 시기인 2021~2022년에는 100명 미만으로 줄었다가 2023년 이후 200명 수준으로 약간의 증가 추세를 보이고 있다.[30]

한국이 통일을 내세우지 않으면, 북한이 한국을 지금보다는 상대적으로 덜 위협적 존재로 인식하고, 주민의 이탈로 인한 체제의 위험에 대한 우려도 그만큼 줄어들 수 있다. 그렇게 되면 주민의 이동에 대한 북한 당국의 감시와 통제가 장기적으로 점차 이완되고, 더 나은 삶을 찾는 탈북 이주가 지금보다는 용이해질 것이다.

중국/일본의 역사 왜곡

남과 북이 '정상적 이웃'이 되면 중국과 일본의 역사 왜곡에 공동 대응하는 것을 어렵게 만들 것이라는 비판이 있을 수 있다. 그러나 지금까지 통일 정책을 추진하는 중에도 극히 예외적인 경우를 제외하고는 남과 북은 공동 대응하지 못했다.

경제와 안보를 중국에 의존하고 있는 북한은 중국의 소위 '동북공정'을 못마땅하게 보면서도 대중 의존이라는 현실 때문에 정면으로, 최소한 공개적으로는, 항의하지 못하고 있다. 다만 일본 교과서의 역사 왜곡에 대해서는 남·북 관계가 개선되는 시기에 함께 목소리를 내는 사례가 있었지만, 단편적인 경우에 불과했다.

중국은 대표적으로 "조선 반도는 역사적으로 중국의 일부였다"면서 역사를 자의적으로 해석하고 왜곡해왔다. 반면에 한국이 '정상적 이웃' 정책을 취한다고 해서 한민족의 역사적 근원에 관한 입장이 약해지는 것은 아니다. 오히려 남과 북이 '정상적 이웃'으로서 공존함으로써 장기적으로 민족 역사 문제에 대해서 공동보조를 취할 공간을 만들 수 있다.

지금처럼 충돌의 계곡에 갇힌 남·북 관계에서는 역사 문제에 대해 일본이나 중국에 공동 대응하는 것이 더 어렵다.

11
남·북 공존의 장애는 극복할 수 있는가?

> 달콤한 과일과 훌륭한 군인이 함께 나는 땅은 없다.
> 비옥한 곳에서 맛있는 과일에 젖으면
> 그 땅의 주인이 아니라 남의 하인으로 살 각오도 해야 한다.
> -키루스 2세-

상호 위협 인식과 북한 핵

한국은 지구상 안보 위험이 가장 큰 지역의 하나에 속하면서도 짧은 시간에 정치·경제·문화의 발전을 이룬 나라다. 흔히 말하는 스스로 '성공의 포로'가 될 요인들을 갖추고 있는 것이다. 잃을 것이 많은 나라라는 점이 바로 북한이 노리는 한국의 약점이다.

'차가운 평화' 상태에서나마 북한과 공존하려면 충돌 요인들을 안정적으로 관리해야 한다. 가까운 장래에 제거하는 것이 불가능한 것들이기에 안정의 유지와 관리를 통해 장기적으로 해소하는 길로 갈 수밖에 없다. 그 충돌 요인들로는 핵을 위시한 북한의 군사적 위협, 북한의 체제와 정권 집착에 따른 불안감, 이질적 가치 체계와 경제 수준의 격차, 한·미·일 동맹과 북·중·러 동맹의 대립으로 이루어지는 지정학적 경쟁 등이 있다.

1972년 5월 닉슨 미국 대통령과 브레즈네프 소련 공산당 서기장이

모스크바에서 채택한 '미·소 관계의 기본 원칙에 관한 공동성명'을 보자. 양측은 "이념과 사회체제의 차이가 주권, 평등, 국내문제 불간섭, 호혜의 원칙에 입각한 양국의 정상적 관계 발전에 장애가 되지 않는다"고 합의했다. 이 성명은 두 개의 정치적 진영으로 대립하고 있던 유럽에서 충돌을 우선 방지하고, 현실을 반영한 데탕트를 시도하는 시발점이 되었다.[1] 비슷한 원칙을 반영하여 한반도에서도 1972년 7·4 공동성명과 1992년 남·북 기본 합의서를 채택한 이래 여러 차례에 걸쳐 공존을 향한 시도가 있었다.

이론적으로 볼 때, 대립 상태의 국가가 지정학적인 경쟁과 무력 충돌의 가능성을 극복하고 안정을 구축하면서 공존하는 데는 몇 가지 요소가 작용한다. 이에 대해《적에서 친구로How Enemies Become Friends》의 저자 쿱찬은 '어떻게 적이 친구로 바뀌는가'라는 분석에서, ① 무력 사용을 통제하는 국내의 제도적 장치institutionalized restraint, ② 상호 교역과 교류를 허용하는 사회 질서의 양립 가능성compatible social order, ③ 민족, 인종, 종교, 가치 체계, 그리고 의식구조 등 문화적 공통성cultural commonality이 주요소로 작용한다고 보았다. 그는 이런 요소들이 유익하지만, 그렇다고 반드시 필수적인 것은 아니라고 했다.[2]

쿱찬의 이론과 미·소 데탕트의 경험을 지금의 남·북 사이의 대립과 굳어진 체제의 차이에 투영해볼 수 있다. 닉슨-브레즈네프 성명과 그 후 전개된 '유럽 안보 협력 회의'의 바탕이 되는 공존의 철학은 한반도에서 당장 '차가운 평화'를 만드는 데 필요하고, 쿱찬이 제시한 '세 가지 요소'는 장기적으로 '따뜻한 평화'를 구축하는 데 필요하다. 특히 미·소 공동성명에서는 '국가 사이의 평화'가 '국가 내부의 평화'에 우선한다는 점을 강조했다. 상대의 내부 문제는 넘겨 두고 우선은 서로 간에 싸우지 않는 것부터 시작하자는 것이다. 이 기조는 한반도에서 '당장의 안정과 공존', 그리고 '미래의 통일 가능성'을 만드는 데 있어 경험적 의미를 갖는다.

남·북이 '정상적 이웃'으로 공존하는 과정의 가장 큰 장애 요인은 서로를 위협적 존재로 인식하는 것이다. 그 배경에 한국의 시각에서는 북한의 핵 위협이, 북한의 시각에서는 한·미 연합의 압도적 재래 전력이 주로 자리 잡고 있다. 예측 가능한 장래에 북한 핵 문제를 해결할 길은 없다. 따라서 한·미 연합 전력을 먼저 해체할 수도 없다. 남측으로서는 위협의 균형을 이루려는 성급한 판단으로 한국의 자체 핵무장을 시도할 수도 있지만, 득보다 실이 클 가능성이 높다.

현실적인 방안은 미국의 핵우산과 한국의 잠재적 핵 역량을 결합하여 한반도에서 핵 균형을 유지하는 것이다(6장 한국의 핵 능력은 어디까지 갈 수 있는가?). 한국이 핵무기 보유의 직전 단계까지 잠재적 핵 역량을 구축하면 미국 핵우산의 신뢰도에 대한 불안감을 줄이는 동시에 핵을 배경으로 한 북한의 대남 위압과 강요 전술을 견제하는 데 도움이 된다. 아울러 미국의 핵우산에 대한 한국의 절대적인 의존 심리도 줄이게 될 것이다.

따라서 한국은 북한과의 '차가운 평화' 상태를 유지하는 동안 잠재적 핵 역량을 최대한 구축해야 한다. 즉, 핵확산금지조약 체제 내에서 핵연료 주기를 확보하고, 각종 국제규범에 부합하는 방식으로 '무기화되지 않은 핵무기 체계'를 갖춤으로써 미국의 핵우산에 이상 징후가 감지되는 경우이거나, 또는 다른 불확실한 미래의 다양한 상황에 대비해야 한다.

2024년 통일연구원의 통일 의식 조사에 의하면, 국민의 66%는 핵 보유를 지지하는 한편, 85%는 주한 미군의 유지를 원하는 것으로 나타났다.[3] 그런데 지금의 상황에서 '자체 핵 보유'와 '주한 미군의 유지'는 사실상 양립이 불가능하다. 미국은, 한국의 핵 보유를 반대하지만 꼭 보유하겠다면, 주한 미군 철수를 포함한 여러 형태의 제재를 감수해야 한다는 자세로 나올 것이다.*

 미군이 주둔하는 가운데 핵을 보유한 국가는 영국이 유일하다. 미국과 영국은 핵무기의 개발 초기에서부터 현재의 운용에 이르기까지 협력해온 특수 관계에 있다. 여러 조건을 감안하면, 한국의 안보를 위해 타협할 수 있는 현실적 최대치는 미국과의 협의를 통해 일본과 독일 수준의 잠재적 핵 능력을 갖추는 것이다. 아니면 미군이 철수하는 경우의 불가피한 대책으로서 핵무장이 될 것이다.

한·미 동맹과 북·중 동맹의 대칭

 냉전 시절 미국 주도의 북대서양조약기구NATO와 소련 주도의 바르샤바조약기구WTO라는 두 개의 동맹 체계가 대립적으로 존속하면서 유럽에서 40년에 걸쳐 차가운 평화를 유지했다. 지금은 미국과 중국이 냉전 시절보다는 느슨하지만, '대립하는 안보'와 '연계되는 경제'가 교차하는 새로운 형태의 냉전을 세계 도처에서 펼치고 있다. 그 와중에서도 중국의 국력이 집중되는 동아시아에서의 대립은 어느 곳보다 오래 갈 가능성이 크다. 한·미(일) 동맹과 북·중(러) 동맹이라는 두 개의 동맹 체계

---

* 1970년대 한국의 핵 개발 시도를 저지하는 과정에서 미국이 취한 자세로서 그 후 일관되게 유지해온 입장이다. 1975년 키신저 미국 국무장관은 "한국이 핵을 가진다면, 미국은 경제적·군사적 지원을 철회할 수 있다"는 입장을 한국에 전달했다. (Bulletin of the Atomic Scientists, *Reconsidering the Reversal, South Korea's Nuclear Choices*, 2017. 2. 21.)

는 '세계질서-동아시아 권력 구도-한반도 정세'와 궤를 같이하면서 움직일 것이다. 한국이 능동적으로 영향력을 미칠 수 있는 공간은 극히 제한적인 구조다.

한반도는 미·중 대립 구도의 한가운데 위치하고 있기 때문에 남·북 무력 분쟁은 미·중 확전으로 이어질 가능성이 크다. 이런 안보 환경은 한반도의 안정과 공존에 양면적 효과를 가져온다. 긍정적 효과로는, 확전을 경계하는 미국과 중국은 남과 북에 대해 무력 분쟁을 유발할 행동을 억제하려 한다는 것이다.

예를 들어 2010년 11월 23일 북한의 연평도 포격과 한국의 대응 사격으로 한반도에 전운이 감돌자, 중국은 다이빙궈戴秉国 국무위원을 서울에 파견하여 양측이 자제할 것을 종용하고, 6자 회담의 재개를 제안하면서 위기관리를 모색했다. 그는 직후 평양을 방문하여 비슷한 행보를 이어 갔다. 미국도 곧이어 멀린Mike Mullen 합참의장을 한국에 파견했다. 한·미 연합 해상 훈련 강화 등 대북 억제 방안을 협의하는 방식으로 한국을 다독이면서, 과도하게 대응하지 않도록 설득했다. 이처럼 미국과 중국은 공히 남·북 간의 무력 충돌을 억제함으로써 원치 않는 전면전에 개입해야 하는 상황을 방지하려 한다. 이를 위해 워싱턴과 베이징은 필요시 서울과 평양의 어깨 넘어로 교신한다. 한국전쟁 이후 두 나라가 취해온 전형적인 대한반도 정책이다.

부정적 효과로는, 외부 세력이 한반도에 대한 영향력을 계속 유지한다는 것이다. 미국과 중국이 개입함으로써 남·북 사이에 자체 균형에 의한 안정 구조를 만들 가능성이 위축되는 현상이다. 현실적으로 당장은 한국이 미국과 군사동맹을 넘어 연합 방위 체계까지 갖추고 있기 때문에 미국은 거의 자동적으로 전쟁에 개입할 것이다.

한·미 동맹 체제와는 다르지만 1961년의 북·중 동맹조약이 여전히 유효한 가운데 중국은 한반도 무력 충돌이 발생하고 북한이 패배할 상태가 되면 즉각 개입할 태세를 갖추고 있다. 중국이 소위 '조선의 합리적 안보 우려'를 해소하기 위해 나서겠다는 의지를 일관되게 밝히는 배경이다. 여기에 더하여 2024년 북·러가 '포괄적 전략 동반자 관계에 관한 조약'을 체결하여 동맹을 결성했다. 이 협정은 유사시 '자동 개입' 조항까지 포함하고 있다. 결국 한국은 한반도를 덮고 있는 강대국 정치의 구조를 받아들이면서 북한과 공존하는 것이 현실적 선택이다.

한반도에 대한 강대국 정치의 한 단면은 2006년 10월 9일 북한의 1차 핵실험 시에도 여실히 나타났다. 북한은 핵실험을 몇 시간 앞두고 중국 측에 사전 통보했다. 후진타오 주석은 즉시 부시 대통령과 통화하여 위기의 증폭을 막기 위한 상황 관리에 들어갔다. 중국은 그런 다음에야 외교부를 통해 주중 한국대사에게 북측의 통보를 전달했다. 부시 대통령도 후진타오의 연락을 받은 직후 노무현 대통령에게 연락한 것이 아니라, 실제 핵실험이 일어난 후에서야 전화로 대응책을 논의했다.[4] 한반도 문제를 두고 미국과 중국이 한국의 머리 위로 먼저 오가는 이런 광경은 언제든지 재연될 수 있다.

한국이 강대국 정치의 그늘에서 어느 정도 자유로워지려면 일차적으로 남·북 군사력 균형이 이루어져야 한다. 한국이 잠재적 핵 능력을 구축하면서, 미국과의 동맹을 의존형에서 자립형으로 발전시켜야 한다. 대미 안보 의존을 점진적으로 축소하고, 한국군이 자체적으로 방어 능력을 확대시켜 나가야 한다.

특히 일각에서 지적하는 것처럼, 한국군이 미국의 지휘 체계하에 전시展示 중심으로 운용된다는 인상을 주는 소위 ''행정 군대'[5]가 아니라

'무기武器와 사기士氣'가 온전하게 결합된 전투형 강군으로 탈바꿈하는 것이 필요하다. 북한에 비해 우세한 재래 군사 장비를 갖추고 있더라도, 스스로의 힘과 의지로 자신을 지키겠다는 사기가 뒷받침하지 못하면 억지력은 보장되지 않는다. 여기에 더하여 북한과 핵 불균형 상태에 있다는 사실이 사기의 위축으로 연결되면, 국가 안위를 심각하게 우려하지 않을 수 없게 된다.

2024년 대만의 새 정부가 들어와 독립 문제를 두고 중국과 대립각을 세우자 시진핑은 무력에 의한 통일도 불사하겠다는 태도를 보였다. 그런데 대만의 예비역들 중 훈련에 참여하는 비율은 6%에 불과하다. 훈련 여건의 부족에 더하여 많은 청년들이 훈련 참여를 연기하고 있다는 것이다. 대만의 자체 방어 의지에 대해 미국이 우려하는 배경의 하나다. "중국과 대적이 되겠느냐"는 패배 의식에 더하여 경제 발전으로 누리는 풍요를 전쟁으로 포기하지 못하겠다는 안일감 때문으로 분석된다.[6]

한국이 대만의 경우와 같을 수는 없지만, 북한의 핵 위력에 대한 열세 의식과 풍요에의 안주라는 관점에서 생각해볼 여지가 큰 대목이다. 한·미 동맹과 북·중 동맹은 앞으로도 상당 기간에 걸쳐 한반도 안전의 기본축을 구성할 것이다. 그럼에도 안보 자립도 측면을 보자면 한국이 열세다. 모자라는 부분을 보충하면서 '정상적 이웃'으로 공존할 수 있는 안보의 조건을 갖추는 것이 긴요하다.

다시 말하지만, 기원전 6세기 페르시아의 키루스 2세는 "달콤한 과일과 훌륭한 군인이 함께 나는 땅은 없다. 비옥한 곳에서 맛있는 과일에 젖으면 그 땅의 주인이 아니라 남의 하인으로 살 각오도 해야 할 것이다"라고 설파했다.[7] 세계 역사에 있어 시간과 공간을 뛰어넘어 유효한 경고다.

비非공세적 국방 정책

1990년 유럽 재래 군비 감축Conventional Forces in Europe, CFE 협상은 '비공세적 방어Non-Offensive Defense Doctrine, NOD'의 원칙을 바탕으로 타결되었다.* 상대의 공격을 억제하고 방어하는 데는 충분하지만 상대를 공격하여 승리하는 데 충분한 수준의 군사력은 보유하지 않는다는 개념이다. 현대전에서 방어용과 공격용 군비를 구분하기는 어렵다. 하지만 군대 구조, 작전 계획, 무기 체계, 훈련 방식 등 기본 요소가 방어 충분성의 원칙에 따르는지는 어느 정도 식별이 가능하다.

상대보다 절대적으로 우월한 군사력을 유지하면서 '절대 안보'를 추구할 경우, 무한 군비경쟁으로 가게 되고 경쟁이 계속될수록 양측 모두 안전을 보장받지 못하는 '안보 딜레마'에 들어가게 된다. 이런 성찰에서 냉전 시절의 절대 안보 개념에 대한 반작용으로 '상호 안보mutual security' 또는 '공동 안보'의 개념이 발전해왔다.[8]

북한이 남·북 관계를 '교전 상태에 있는 적대적 두 국가 관계'로 선언한 가운데, 한국도 그에 대응하는 정책을 취하면, 남과 북은 '절대 안보'를 추구하면서 지속적 군비경쟁과 안보 딜레마에 빠지게 된다.

한국이 주도하여 한반도에도 상대의 안전을 인정해주면서 나의 안전도 지키는 '상호 안보' 원칙을 적용할 필요가 있다. 일각에서는 북한의 경제력이 결국 군비경쟁을 지탱하기 어려울 것으로 보기도 한다. 그런데 남·북의 군비경쟁은 미·중의 경쟁과 연계되어 있다는 것을 주목해야 한다. 군비경쟁으로 인해 북한이 붕괴되지 않을 만큼은 중국이 뒤를

---

* NOD는 코펜하겐 평화연구소의 묄러Bjoern Moeller가 제시한 개념이다. https://ciaotest.cc.columbia.edu/wps/mobo4/

받쳐준다는 점이다(8장 북한은 붕괴할 것인가?).

가까운 미래에 미·중 경쟁이 과거 미·소 경쟁처럼 일방의 패배로 결말날 것으로 기대하기는 어렵다. 더욱이 트럼프 행정부(2기)의 경우, 표면에 나타난 중국 견제보다는 오히려 미국 자체의 현상 유지를 위한 방편으로 고립주의에 가까운 성향을 띠는 점이 주목된다.

대립과 불신으로 얽혀 있는 남·북 관계의 현주소에 비추어 당장은 '비공세적 방어'와 '상호 안보' 원칙을 적용하기는 어렵다. 무엇보다 북한이 이 원칙에 대해—최소한 표면상으로는—거부와 무시로 일관할 것이다. 그러나 한·미 동맹은 일방적으로 '비공세적 방어' 원칙을 선언한 후, 한국의 재래 군비와 미국의 핵우산을 배경으로 방어 충분성에 입각한 정책과 군사 교리를 운용할 수 있을 것이다. 그다음은 북한의 선택으로 넘겨 두면 된다. 현실적으로 핵무기를 가진 북한을 군사적으로 제압하기도 어렵다.

언젠가 이루어질 수 있는 통일을 염두에 둔다면, '비공세적 방어' 원칙은 남과 북이 필수적으로 지향해야 할 공존의 모델이다. 그렇지 않으면 주변국들이 핵을 위시하여 위협적 수준의 군사력을 갖춘 '통일 한반도'를 수용하기 어려울 것이다. 따라서 미국의 핵우산과 한국의 잠재 핵 능력을 결합하여 '한반도 맞춤형' 핵 균형을 유지하는 경로와 '비공세적 방어' 원칙을 병행하는 것이 필요하다.

하나의 가능한 시나리오로 생각할 때, 어느 시점에 가서 남과 북 사이의 핵 균형이 이루어지면, 한반도에 대한 미국의 핵우산이 제거되는 것을 상정할 수 있다. 이 경우에는 남과 북이 핵 투사 능력이 공히 한반도 전장을 넘지 못하도록 하는 장치를 고안할 필요가 있다. 핵과 재래 군비를 포괄하는 '한반도 군비 통제 체제'를 수립하는 것이다. 나아가 과거 베이징 6자 회담 형태나 냉전 시절 '유럽 안보 협력 회의CSCE'의 모델을 원용하여 한반도와 주변국을 포함한 다자적 장치로도 발전시킬 수 있을 것이다.

냉전 시절 소련 공산당 서기장 흐루쇼프는 "소련이 필요한 만큼의 미사일을 보유하고 있다"고 주장하면서, 군사 역량을 실제 이상으로 부풀렸다. 내부적으로 소비에트 정권의 위상을 강화하는 한편, 대미 협상에서 유리한 위치를 점하기 위한 것이었다. 소련의 허세를 두고 당시 미국의 일부 분석가들은 자신의 약세를 위장하기 위해 "기계에서 소시지를 뽑아내듯이 미사일을 제조하는 것처럼 주장한다"고 풍자했다.

또 소련은 장거리 전략폭격기(M-4)의 보유 규모를 과장하기 위해, 노동절의 군사 퍼레이드에서 몇 대 되지 않은 폭격기를 은밀한 방식으로 반복해서 시범 비행시키기도 했다. 서방에 대해서는 물론 공산권 내에서 소련의 위세를 과시하기 위한 기만전술이었다. 한편, 미국의 공군은 육군이나 해군에 비해 예산을 더 증액시키는 근거로 소련의 부풀린 공군력을 활용했다.[9]

북한은 제도와 기술뿐 아니라 전술에 있어서도 소련의 영향을 받아왔다. 북한의 군사력에 대한 축소 평가는 금물이지만, 최대한 객관적인 평가에 기초하여 대응하는 것이 필요하다. 남과 북의 군비 통제가 가능한 단계를 가정한다면, 냉전 시절 소련의 행동 양식을 참고할 필요도 있다. 흐루쇼프는 그의 회고록에서, 소련이 미국에 비해 뒤처진 타격 능력 때문에 실제는 미국 본토보다는 유럽이나 아시아에 배치된 미국의 핵무기를 겨냥하는 데 집중할 수밖에 없었다고 실토했다.[10]

북한의 장거리 타격 능력은 당시의 소련에 비할 수 없을 정도로 모자란다고 볼 수 있다. 북한은 미국 본토를 겨냥할 핵·미사일을 보유한 것처럼 주장하고 있다. 그러나 북한이 장거리 미사일의 대기권 재진입과 목표물 타격 실험에 성공했다는 주장은 국제적으로 입증되지 않고 있다. 흐루쇼프의 회고와 함께 유추해보면, 현재로서는 북한 핵미사일의 실제 군사용 타격 범위도 한국이나 일본 정도에 그칠 수 있다. '한반도형' 군비 통제에 중점을 두어야 할 중요한 이유의 하나다.

기존 장치와 제도의 운용

휴전선의 정상화

협상을 통해 휴전체제를 평화체제로 바꾸려는 오랜 시도는 북한 핵문제로 인해 좌절되었다. 앞으로 먼 장래까지 합의에 의해 휴전체제를 평화체제로 대체하는 것은 불가능할 것이다. 따라서 남과 북은 명시적인 평화체제가 아니라 사실상의 평화체제로 가는 점진적이고 단계적인 접근이 필요하다.

1단계는, 한국의 일방적 의지와 능력에 기초하여 현 휴전선을 최대한 안정적으로 관리하는 것이다. 2단계는, 남·북 기본 합의서 중 '불가침의 이행과 준수를 위한 부속 합의서'에 규정된 경계선(군사정전협정에 규정한 군사분계선과 지금까지 쌍방이 관할해온 구역)을 정착시키는 것이다. 이를 위해서 북한과의 교신 노력은 지속해야 할 것이다. 3단계는, 일정 기간이 지난 다음 현재의 경계선을 사람의 통행과 물자의 통관을 포함한 보통 국가 간의 국경처럼 관리 형태를 발전시키는 것이다.

북한은 2023년 말 '적대적 두 국가 관계' 선언을 전후하여 휴전선 일대에 지뢰를 추가 매설하면서 전선화戰線化를 강화하고 있다. 앞으로 상당 기간에 걸쳐 2024년 10월 북한이 공개한 군사분계선의 '요새화' 같은 조치를 지속할 것이다. 그러나 한국이 북한 내부 문제에 간섭하지 않고 공존정책을 지속적으로 추진하면, 어느 단계에 가서 북한의 행동도 변하지 않을 수 없고, 시간과 함께 주민 통제와 이동 감시도 이완될 가능성이 커질 것이다.

아울러 남·북 기본 합의서의 부속 합의서에 규정되어 있는 것 중에서 이행 가능성이 있는 조치를 제안해두는 것이 필요하다. '우발 충돌과 확대 방지를 위한 직통전화'와 '분쟁 협의 기구' 설치다. 북한이 응하지 않는 동안에는, 한국이 '위험의 사전 경고' 같은 일방적 비상 교신을 통해 충돌을 방지하려는 의지를 행동으로 축적할 필요가 있다. 물론 북한이 이를 무시하고 도발할 경우 언제든지 행동으로 격퇴할 태세도 보여주고 있어야 한다.

지금까지 남·북 사이의 육상 경계선은 힘의 균형과 서로의 현실적 이익에 의해 유지되어 왔다. 2023년 말 북한이 남·북 관계를 '교전 중인 적대적' 국가 관계로 선언한 것은, 언제든지 현상 변경을 시도할 수 있다는 위협의 과시이자 자기 원칙의 표현이기도 하다. 그럼에도 불구하고 한국이 방어 태세를 유지하고 있는 한, 북한은 휴전선의 현상을 일방적으로 변경하려는 시도를 하기는 어려울 것이다. 실패의 가능성이 높고 그 대가가 클 것이기 때문이다.

다만 서해 5도와 주변 수역에 대해서는 북한이 관할권을 주장하는 말과 행동을 지속할 것이다. 한국은 일단 현상을 유지하는 데 필요한 물리적 태세를 보여주되, 장기적으로는 합의에 의한 관리 방안을 모색해야 할 것이다.

유엔군 사령부

휴전체제를 평화체제로 전환하는 것은 현실적으로 먼 장래의 '가능성 영역'에 있는 일이다. 유엔군 사령부는 '따뜻한 평화'가 구축될 때까지는 휴전을 유지하는 한쪽의 법적 당사자로서 역할을 수행해야 할 것이다. 유엔사의 창설을 결정한 유엔 안전보장이사회 결의는 역사의 우연에 따른 산물이다. 당시 소련이 중화민국(국민당 정부)의 대표권 문제로 안전보장이사회 참석을 거부하고 있지 않았다면, 유엔군 파병의 결의안은 채택되지 않았을 것이다. 마찬가지로 유엔사를 해체하는 결의 역시 또 다른 형태의 역사적 우연이 다가오기 전에는 채택되기 어려울 것이다.

따라서 '차가운 평화'가 지속되는 동안에 한반도 전쟁 위기가 발생하면 유엔사는 일정 범위에서 중요한 기능을 발휘할 수 있다. 1950년 6월 25일 전쟁 발발 후 유엔군 파견과 유엔군 사령부 권한을 결정한 안전보장이사회 결의 83호(6월 27일)와 84호(7월 7일)는 아직 유효하기 때문이다. 아울러 1953년 7월 27일 정전협정 체결일에 맞춰 채택된 '참전 16개국의 공동 정책 선언(워싱턴 선언)'도 안전보장이사회 결의와 함께 정치적 효과를 기대할 수 있다.

물론 한반도에서 무력 충돌이 재발할 경우 당시 참전국들이 그대로 유엔의 깃발 아래 결집할 가능성은 크지 않을 것이다. 설사 법적 측면에서 결집 가능성이 있다고 보더라도, 유엔군의 기능을 재가동하려면 안전보장이사회의 결의가 필요하다는 주장이 대두될 것이다. 이 경우 상임이사국인 중국과 러시아가 거부권을 행사할 것이다.

그럼에도 불구하고 유엔사의 기존 위상은 한·미 상호방위조약에 의한 군사행동을 유엔의 깃발 아래 모일 다른 지원국이 보조하는 데 유익하다. 아울러 일본에 설치된 유엔군 후방사령부의 기능을 통해 주일 미군의 한반도 작전을 용이하게 하는 효과를 기대할 수 있다.

9·19 군사 합의

2018년 남·북 사이에 합의한 소위 '9·19 군사 합의'는 군사적 긴장을 완화하고 상호 신뢰를 구축하려는 의지를 표명한 것으로서 당시로는 상징적 차원의 의미가 있었다. 그러나 이 합의는 북한이 2023년 11월 파기를 선언하고, 이어 한국이 2024년 6월 효력 정지를 선언함으로써 사실상 완전 파기된 상태다. 이 합의는 처음부터 "작은 것이 큰 것 Less is More"이라는 안보 문제 협상의 기본을 충분히 반영하지 못했다.

국가 안보에 관한 문제는 작은 합의에서 시작하여 큰 합의로 향하는 방식을 택해야 이행에 성공할 가능성이 높아진다. 불가능한 최대치보다 실행 가능한 최소치를 택해야 합의의 지속성과 확장성을 기대할 수 있기 때문이다. 이 합의는 공개적으로 표명된 의지와 취지에도 불구하고 한반도 안보의 실상을 실천적으로 반영하지는 못했다. 하지만 한반도의 '차가운 평화/소극적 평화' 상태를 유지하는 과정에서 유사한 합의를 재소환할 가능성을 염두에 두고 평가해볼 필요가 있다.

첫째, 한반도의 안보 구조는 한·미 연합군의 우세한 재래 전력과 이에 대응하는 북한의 핵전력으로 균형을 이루고 있다. 그런데 9·19 합의는 남측의 재래 전력 운용에는 제약을 가하면서 북측의 핵 능력을 제약하는 장치는 없다. 냉전 시절 유럽에서 북대서양조약기구는 소련 측의 바르샤바조약기구에 비해 재래 전력 면에서 열세를 보였다. 북대서양조약기구는 이를 보완하고자 서유럽에 전술핵무기를 배치했다.[11] 군사적 측면에서만 볼 때, 지금 북한의 핵전략은 재래 전력의 열세를 핵무기로 보완하고자 했던 당시 북대서양조약기구의 전략과 같은 패턴을 보이는 것이다. 따라서 9·19 합의를 문자 그대로 준수하면 한반도의 군사적 균형에 중대한 결함을 가져온다. 남측이 우세한 재래 전력은 억제하고, 북한이 우세한 핵전력은 유지되기 때문이다. 물론 남측은 미국이 '공약'하는 핵우산 지원을 받아 균형을 이룰 수 있다고 할 수 있지만, 남과 북의 직접적인 균형과는 분명히 차이가 있다.

둘째, 남과 북의 방어 종심 차이를 균형 있게 반영하지 못하고 있다. 군사분계선에서 서울까지는 40km, 평양까지는 140km이다. 이런 환경에서 군사분계선 부근의 정찰 활동과 군사훈련을 금지하는 것은, 남측의 방어 공간을 불균형적으로 축소함으로써 안보의 허점을 만든다. 다시 말해 이 합의는 상대의 선의에 주로 의존함으로써 불안한 안보 구도를 만든 것이다. 1972년 '7·4 남·북 공동성명' 이래 만들어진 많은 합의들이 사문화된 것은 '선의'가 '행동'으로 이어지지 않았기 때문이다.

셋째, 9·19 군사 합의는 이행에 대한 검증 장치가 없다. 군비 통제 합의를 무의미하게 만드는 결함이다. 이런 합의는 성실하게 이행하는 쪽이 오히려 위험에 처하게 되기 때문에 '상호 신뢰'를 구축하기보다는 '불신 조장'으로 귀착될 가능성이 크다. 그래서 검증 장치가 없는 군비 통제 합의는 이행 단계에 들어가서 좌초되는 경우가 허다하다. 멀리 갈 것 없이 '한반도 비핵화 공동선언'만 봐도 그렇다.

다만 '9·19 군사 합의'는 당장 이행보다는 앞으로 적절한 단계에 가서 재조명하고 그 취지를 살린다는 의미를 부여할 수 있을 것이다. 그에 앞서 우선 한국이 잠재적 핵 능력을 확보하여 남·북이 잠재적 핵 균형을 이루고, 그에 기초하여 현재의 불안정한 휴전 상태를 '정상적 이웃' 사이의 관계에 맞게 발전시키는 것이 필요하다.

북·미 관계 정상화와 평화협정

한반도의 '차가운 평화/소극적 평화'가 '따뜻한 평화/적극적 평화'로 진전되면, 북한은 남과 북이 안정적으로 공존하기 위해서는 '북·미 평화협정'이 체결되어야 한다고 주장할 것이다. 그런데 한국전쟁은 법적으로는 '북한과 미국'이 아니라 '북한과 유엔군'의 전쟁이고, 또 앞으로 평화를 관리할 주체도 사실상 '한국과 북한'이 될 것이다. 따라서 북한의 주장은 법적으로나 현실적으로나 타당성이 없다. 반면에 한반도에서 '적극적 평화'를 구축하기 위해서는 미국과 북한의 '관계 정상화'가 이루어져야 한다.

북한이 미국과의 평화협정 체결을 주장하는 주목적은, 일차적으로는 한반도 문제의 주체는 '조선민주주의인민공화국'과 '미합중국'이라는 명분상의 목적이 있다. 동시에 미국과의 외교 관계를 수립하고, 미국의 대북 제재를 해제하는 데 실질적 목적이 있다. 많은 경우 국가 간 수교 협정에는 전쟁을 끝내는 평화조약에 들어가는 요소들이 포함된다. 상호 주권 존중, 영토 보전, 내정 불간섭, 무력 불사용과 분쟁의 평화적 해결 같은 조항들이다. 따라서 수교 협정이 체결되면 북한은 대내외적으로 '조·미 평화협정'이 체결되었다고 내세울 수도 있을 것이다.

한국이 '정상적 이웃' 정책을 추구하면, 북·미 관계 정상화에 대해 관여할 여지가 축소될 것이다. 기본적으로 제3국 간의 문제이기 때문이다. 그러나 북·미 관계가 정상화되지 않는 것은 한국의 입김보다는 미국 자체가 제시하고 있는 수교의 조건들이 충족되지 않기 때문이다. 핵 비확산 체제 밖에서 핵무기를 제조하면서, 광범위하고 심각한 인권침해를 자행하며, 극도의 폐쇄적 체제를 유지하는 북한 자체의 문제가 관계 정상화를 막고 있는 것이다.

어떤 경우에도 미국으로서는 북한과의 관계 진전에 대해 한국과의 협의를 중시할 것이다. 미국은 한국과 함께 핵 비확산 체제의 유지와 인권 규범의 준수라는 보편적 정책 기준과 더불어, 한반도와 동북아의 안보에 대해 역할과 책임을 함께 지고 있기 때문이다. 이는 한국의 요구에 의한 것이 아니라, 양국 공동의 이익과 서로의 필요에 따라 자연스럽게 진행될 문제다.

미국이 북한과의 협상을 통해 핵과 인권 문제 등 수교의 장애 요인을 제거하거나 극복할 수 있다면, 한국으로서는 이를 적극 환영할 일이다. 한반도의 '적극적 평화' 상태를 조성하는 길과 보완적으로 병행하기 때문이다.

한편, 트럼프 행정부(2기)는 국내 정치적 필요에 따라서는 핵 비확산과 인권 존중을 포함한 기존의 수교 요건들은 물론 한국 자체의 안보를 위한 조건들까지 간과한 채, 대북 수교를 추진할 수도 있다. 그러나 협상의 제스처까지는 몰라도 실제 수교 합의에 도달하려면, 미국으로서는 "불법적인 핵보유국을 용인했다"는 국내외의 비난을 감수해야 한다.

수교로 인해 얻을 이익보다는 치러야 할 대가가 너무 크다. 그럼에도 불구하고 만약 미국이 핵을 보유한 북한과 수교할 단계에 들어가면, 한국은 자체 핵 능력과 작전 통제권을 위시하여 자체 안보 태세의 구축에 들어가야 할 것이다. 미국이 '핵 국가 북한'과 수교함으로써, 한국이 두 개의 핵 세력이 중심이 되는 한반도 안보 구조의 하부 요소로 고착되는 것은 수용할 수 없기 때문이다.

경계선/휴전선의 관리

'휴전선을 정상적인 경계선으로 전환하여 관리할 수 있는가'라는 문제가 있을 수 있다. 현재의 휴전선은 중무장된 경계선으로 작동하고 있다. '정상적 이웃'으로 안정과 공존을 지속하면, 휴전선의 무장 대치가 현 상태보다는 완화될 가능성이 커진다. 남측이 비무장지대 남쪽의 방어 태세는 확고히 하되, 비무장지대 안에서는 실질적 비무장을 선도함으로써 점진적으로 '남침'이니 '북침'이니 하는 위협 인식을 줄여 나갈 수 있다. 이런 과정을 거쳐 입출국이나 세관 업무 등은 보통 국가들 간의 국경 관리와 비슷한 방식으로 발전시키는 것이다.

비무장지대 안에 있는 남측의 대성동은 '자유의 마을'로, 북측의 기정동은 '평화의 마을'로 부르면서 남·북 체제의 전시장으로서 기능해왔다. 대결의 상징을 비무장지대의 한복판에 존치시키면서 휴전선의 비무장화를 주장하는 것은 서로 이치에 맞지 않는 행동이다.

2000년과 2002년에 걸쳐 비무장지대의 일부 구역을 개방하여 대성동-기정동 사이에 '남·북 관리구역'이라는 회랑을 만들었고, 2020년까지 '출입경'의 통로가 되었다. 그 후 다시 불통 상태로 돌아가자 이를 '역사의 퇴행'이라고 부르기도 했다.[12] 그러나 이 짧은 통행의 역사는 무엇보다도 서로를 통일해야 할 대상으로 보는 자세 때문에 막을 내리고 '불통의 원위치'로 돌아갔다. 통일을 내세우지 않으면 비무장지대를 체제 선전의 장으로 활용할 필요도 그만큼 줄어들고, 반면 통행과 교류의 공간으로 전환될 가능성은 커질 것이다.

'서해 5도를 둘러싼 분쟁과 충돌의 위험을 어떻게 관리할 것인가'라는 문제도 제기될 것이다. 당연히 북한은 서해 5도 인접수역의 관할권을 지속적으로 주장하고 한국은 일관되게 거부할 것이다. 그런데 영토분쟁은 한국과 북한 사이에만 있는 문제가 아니라 전 세계의 많은 정상적 관계에 있는 국가들이 안고 있는 문제다. 대화와 협상을 통해 불완전

하나마 충돌 위험을 억제하면서 관리하는 사례를 원용할 수 있을 것이다. 물론 인도와 파키스탄의 카슈미르 분쟁처럼 국지적 무력 충돌로 이어지는 경우도 있지만, 일본과 러시아 사이의 쿠릴열도(북방도서)처럼 눈에 띄는 물리적 충돌 없이 관리되는 사례가 더 많다.

일본의 영토 분쟁 사례를 객관적으로 조명하면서 분쟁 관리 원칙을 제시한 마고사키孫崎 享의 충고는 참고가 된다. ① 서로의 주장을 객관적으로 비교하여 불필요한 마찰을 피한다. ② 제3자를 해결 과정에 개입시킨다. ③ 다각적인 상호 의존 관계를 구축한다. ④ 유엔의 원칙을 전면에 내세운다. ⑤ 군사력을 사용하지 않는다는 원칙을 존중한다. ⑥ 현재 해결하지 못하는 문제는 미해결로 보류하고 대립을 피한다.[13]

남·북이 우선 소극적이나마 공존하는 단계에 들어가게 되면, 서해 5도 문제도 이런 원칙을 원용하면서 장기적 해결의 과제로 관리할 수 있을 것이다.

가치 체계의 차이

1992년 수교 이래 한·중 관계가 걸어온 경로에 남·북 관계를 비추어 볼 필요가 있다. 한국과 중국은 이질적 정치 구조를 위시하여 상이한 가치 체계를 갖고 있으면서도 지난 30년 이상 대립보다는 호혜의 자세로 공존하고 있다. 제한적 범위에서의 인적·물적 교류로 시작해서 지금은 거대한 양자 관계로 확장되었다.

당연히 남·북 관계는 한·중 관계와는 근본적으로 다르다. 그러나 '정상적 이웃'의 관점에서 보면, 하나의 중요한 공통점이 생긴다. 상대를 흡수의 대상이 아니라 공존의 대상으로 간주하기 때문에 교류를 막는 장벽이 낮아진다. '차가운 평화'를 유지하면, 먼저 상호 경계심이 줄어든다. 다음으로 물적 교류에서 시작해서 인적 교류로 확대되고, 이질적 가치 체계의 '공존 경로'와 '접근 경로'가 동시에 진행된다.

동·서독의 경우, 1945년 분단 이후 초기에는 기민당의 아데나워 내각이 힘의 우위에 입각하여 마치 '자석'처럼 동독을 흡수할 수 있다는 통일 정책을 취했다. 그러나 동독이 흡수될 가능성에 대해 극도의 경계심을 보이면서 교류 자체가 이루어지지 못했다. 1969년 사민당의 브란트 내각이 들어와 '동방 정책'에 입각하여 평화적 공존을 지향하자 교류의 물꼬가 열리기 시작했고, 후일 통일의 내외적 환경을 조성하는 중요한 바탕이 되었다.

서독의 기민당과 사민당의 대동독 접근 방법은 상이했지만, 종국적으로는 통일을 전제로 했다는 점에서 기본적 차이가 없었다. 북한 정권은 동독이 결국에 가서 서독으로 흡수되는 경과를 선명하게 목격했다. 따라서 서독에서 실험된 두 정책, 즉 '할슈타인 원칙'이나 '동방 정책'의 어느 경우를 남·북 사이에 적용하더라도 통일을 내세우는 한, 독일의 통일과 같은 길에 들어서기 어렵다.

한국이 '정상적 이웃'을 지향하면서 그에 걸맞은 말과 행동의 일치를 축적하면, 북한도 초기에는 지금의 북·중 관계와 비슷한 수준에서 시작하여 장기적으로는 한·중 관계가 걸어온 길에 적응해갈 가능성이 있다.

경제 수준의 격차

북한 정권은 한국의 '자유롭고 번영하는 사회' 자체를 북한 체제에 대한 위협적 존재로 인식하고 있다. 우월한 한국으로부터 압도당할 것이라는 열등감과 위기의식이 작동하는 것이다. 그래서 교류와 접촉을 경계한다.

'정상적 이웃' 정책은 이런 현상을 완화시키는 효과를 가져올 수 있다. 북한이 스스로 관리할 수 있는 '방식과 속도'에 따라 개혁·개방과 경제 발전을 모색하게 만들 수 있기 때문이다. 한국이 통일을 내세우는 정책을 취하는 상황에서는 북한이 중국이나 베트남 방식의 개혁·개방에 나서기는 어렵다(8장 북한은 붕괴할 것인가?). 따라서 북한이 체제는 유지하면서 점진적 개방을 시도할 수 있다고 판단할 환경을 만들어주는 것이 필요하다. 개방의 속도는 어디까지나 북한 스스로가 판단하는 것이고, 성과의 여부와 소요되는 시간도 어디까지나 북한 몫이다.

중국과 베트남은 1980년대 개혁·개방 과정에서 농민의 영농 의욕 고취와 농업 생산성 향상이 경제 발전의 바탕이 되는 것임을 주목했다. 이들은 농토와 생산물에 대한 농민의 권리와 책임을 인정하기 시작하면서 생활 수준 향상을 시도했고 상당한 효과를 거두었다. 농업 부문이 전체 개혁·개방의 선도 역할을 한 것이다.

북한 정권도 1990년대 중반부터 농업 생산 문제를 주요한 과제로 내세웠다. 김정은 체제에 들어와서는 포전 담당제 같은 농업 개혁도 시도했으나 기대한 성과를 내지 못했다. 중국이나 베트남 수준으로 추진할 경우, 농업 개혁이 가져올 사회·경제적 파급효과를 우려했기 때문이다. 개혁이 체제와 정권 불안정으로 이어지면서 한국으로 흡수될 것이라는 우려를 버리지 못하는 것이다. 개혁·개방을 진척시키지 못하는 주된 배경이다.

같은 맥락에서 북한은 그간 한국이 제안해온 '한반도 평화 경제'나 '남·북 경제공동체' 개념에 대해 방어적 자세를 취해왔다.[14] 따라서 '정상적 이웃'으로 발전하면 북한이 한국에 흡수될 위험이 줄어들면서 농업 분야부터 시작하는 개혁·개방의 경로에 들어설 수 있다. 물론 김정은으로서는 전통적 방식의 경제 발전 단계를 압축해서, 농업을 뛰어넘어 인공지능을 포함한 첨단기술 개발을 통해 도약하려는 욕구를 가질 것이다. 북한 스스로가 선택할 문제다.

남과 북은 정치·경제·사회 제도의 양립성이 결여된 두 체제가 경계선을 맞대고 대립하는 상태에 있다. 약한 쪽에서 볼 때는, 자신을 보호할 안전 관리 장치가 자리를 잡아야 경계를 낮추고 교류를 시작할 수 있다. 남·북 관계에는 마치 매립지에 흙과 자갈을 쏟아부은 후 침전의 시간을 거쳐 땅이 굳어져야 비로소 그 위에 집을 지을 수 있는 것과 같은 이치가 적용된다.

'차가운 평화'와 '따뜻한 평화'의 과정을 거쳐 궁극적 통일을 이루는 것도 같은 원리를 따라야 한다. 그런데 그간 남과 북은 체제의 양립성도 경계를 유지할 안전장치도 준비되지 않은 단계에서, 오직 민족적 시각과 국내 정치적 욕구에 매달려 매립지가 굳어지기도 전에 건물을 세우려 했다. 결과는 건물이 바닥에서부터 침몰되는 장면들을 목도했다. 이런 착오의 반복으로 인해 이제는 건물을 재건하려는 의욕과 기대 자체가 침하된 상태다.

대북 제재와 해제

한반도에서 '차가운 평화'는 북한이 핵을 보유하고 있더라도 힘의 균형에 의한 현상을 안정적으로 유지하는 것을 말한다. 의도적으로 북한의 붕괴를 조장하는 정책을 취하지도 않고, 반대로 북한의 행동에 변화를 유도하기 위해 억지로 인센티브를 제공하지도 않는 것이다. 따라서 북한이 핵을 포기하지 않는 한, 현실적으로 먼 미래까지 유엔 안전보장이사회가 결의한 대북 제재는 지속될 수밖에 없다. 따라서 한국이 순수한 인도적 차원을 넘어선 대북 지원이나 경제협력은 사실상 불가능할 것이다.

이러한 정책은 제2차 세계대전 직후 미국의 대소 정책을 입안한 캐넌이 주창한 '봉쇄정책'의 지혜를 원용하는 것이다. 당시 미국 내에서는 제2의 히틀러로 간주되던 스탈린 치하의 소련을 전쟁이나 다른 직접적 압박을 통해 붕괴시켜야 한다는 주장이 국방부를 중심으로 일고 있었다. 그러나 캐넌을 위시한 소련 전문가들은 '마샬플랜' 같은 유럽 부흥 계획으로 서방의 힘을 '창출'하면서 대응하는 것이 소련을 힘으로 '파괴'하는 것보다 더 합리적이고 효과적인 길이라고 보았다.[15] 소련에게 최소한의 숨 쉴 공간은 남겨 두면서, 장기간에 걸쳐 단호한 자세와 인내심을 함께 동원해 팽창을 지속적으로 봉쇄하는 정책이었다.[16]

지금의 북한을 당시의 소련 상황과 비교할 수는 없다. 그러나 북한의 배후에 중국과 러시아가 버티고 있는 정세를 감안하면, 캐넌이 제시했던 것처럼 장기 전략에 기초한 봉쇄정책은 한국에게 교훈을 준다. 다만 남·북 간 '차가운 평화'는 과거 대소련 봉쇄보다는 '따뜻한 평화'로 나아가기 위한 교류와 협력의 가능성을 더 열어 두는 것을 전제한다.

남과 북이 '차가운 평화' 단계를 넘어 교류 협력하면서 평화체제를 수립하는 '따뜻한 평화'가 실제로 올 수 있을지, 온다면 언제 올지는 상정하기 어렵다. 만약 어느 시점에 가서 세계의 권력 구도가 바뀌어 중국이 미국과 비슷한 가치 체계에서 공존하게 되면 북한도 중국의 체계를 따르지 않을 수 없을 것이다. 상당히 먼 미래의 상황일 수 있지만, 2025년 등장한 트럼프 행정부가 보이는 '세력권 국제 질서' 구축과 '권위주의'

행태도 변수가 될 수 있다.

　이 단계에서는 핵을 가진 북한이 중국에게 감내하기 어려운 부담이 될 것이므로 북한도 핵이 없는 상태에서 남과 북의 공존을 시도하게 될 것이다. 이는 한반도에 '따뜻한 평화'가 도래하고, 통일의 길에 들어서는 것을 의미한다. 대북 제재는 당연히 이런 정세 변화에 따라 조정될 것이다. 그러나 북한이 '핵·경제 병진'을 유지하는 한, 제재는 유지될 수밖에 없다.

　북한과 외교 관계를 수립하고 있는 국가들－중국과 베트남 등 공산주의 체제 국가들을 포함해서－대부분이 유엔의 대북 제재에 동참하는 것처럼, 남·북이 '정상적 이웃' 관계를 유지하더라도 대북 제재에는 참여할 수밖에 없다.

12
'정상적 이웃', 주변국 관계는 어떻게 되는가?

> 세상을 보지 않는 사람의 세계관만큼
> 위험한 세계관도 없다.
> -알렉산더 폰 훔볼트-

　미·일·중·러를 위시한 주변국들은 남·북을 '정상적 이웃'으로 간주하는 한국의 정책이 자국의 이익에 미치는 영향을 저울질할 것이다. 기본적으로 이들은 한국의 정책에 대해 개입하거나 왈가왈부할 성격이 아니라고 판단할 것이다.

　국가별로 정도의 차이가 나기는 하겠지만, 전반적으로는 이 정책이 한반도의 실제 상태를 그대로 수용함으로써 지역의 안정에 도움이 된다고 볼 것이다. 아울러 그들은 대한반도 정책을 현재보다는 더 유연하게 펼칠 수 있다는 점에서 부정적 측면보다는 긍정적 측면을 더 주목할 것이다.

미국의 시각과 한·미 관계

긍정적 시각

　미국은 대한반도 정책을 추진할 때 항상 중국을 의식한다. 무엇보다 한국을 중국 견제에 활용하면서도, 직접적이든 간접적이든 중국과의 무력 충돌을 야기하지 않는 상황을 원한다. 그런데 한국이 통일을 내세우고 있으면, 미국과 중국이 무력 충돌을 포함한 한반도 문제의 직접 개입을 유발시킬 가능성이 높을 수밖에 없다. 이런 관점에서 미국은 한국의 정책 변화가 자국의 이익에 부합한다고 볼 것이다.

1950년 9월 28일 유엔군이 서울을 수복한 후 38선을 넘어 북진하고자 할 즈음, 중국은 베이징 주재 인도 대사를 통해 북진에 반대한다는 의사를 미국에 전달했다. 만약 미국이 북진을 강행하면 중국도 그에 대응하는 행동을 취할 것이라는 경고도 함께 보냈다. 미국 국무부의 정책실장 캐넌은 당시 워싱턴의 내부 논쟁에서, 전쟁 발발 이전 상태인 38선의 원상을 회복하고 그 선에서 전쟁을 끝낼 것을 주장했다. 그는 미국이 중국이나 소련의 턱밑까지 밀어붙이기보다는 숨을 쉴 수 있을 만큼의 공간을 두고 봉쇄해야 한다는 논리를 전개했다고 회고록에서 밝혔다.[1]

논쟁은 있었지만 결국 미국은 중국의 경고를 무시하고 1950년 10월 압록강까지 진격했다. 미군 주도의 유엔군이 한반도 전역을 장악하는 것이 임박해지자 중국이 참전했다. 결국 북한이 시도했던 '무력에 의한 통일'도 유엔군이 시도한 '반격에 의한 통일'도 좌절되었다.

한반도와 주변의 사정을 직시한 아이젠하워 미국 대통령은 1953년 한국전쟁 정전협정이 서명되기 직전 한반도를 스위스나 스웨덴같이 중립화할 것을 제시했다. 배경은 미국이 한반도에서 안보 지원 부담을 지지 않기 위한 것이었다.

당시 미국의 국가 안보 회의 문서(NSC 157/1)는 '미국과 동맹을 맺은 상태의 통일한국은 불가능하지만, 한국의 실체를 상당 부분 유지한 상태에서 중립화된 통일한국은 가능하다'고 판단했다. 이 판단의 앞부분은 현실을 냉정하게 직시한 것이고, 뒷부분은 현실적으로 불가능한 것이었다. 한국전쟁 후 미국은 중국의 참여가 없는 한, 한반도 문제의 해결은 불가능하다는 판단을 해왔다.

캐넌이 '38선 원상회복' 논리를 전개한 지 64년이 지난 후, 키신저 전 미국 국무장관은 "한국전쟁 자체는 '비긴 전쟁'으로 끝났지만, 결과적으로 미국이 벌이는 전쟁에서 '승전'을 목표로 삼는 것을 구체적으로 포기한 첫 사례가 되었고, 그 후에 다가올 세계정세의 전조가 되었다"고 분석했다.[2] 그의 진단처럼, 미국은 그 후 전쟁의 현장에서 한국전쟁처럼 비기거나 베트남전쟁처럼 패배하는 좌절을 겪었다. 이런 역사의 시발점이 된 한반도에서 미국이 다시 '승전'을 목표로 하는 전략을 추구할 것으로 전망하기는 어렵다.

한국전쟁 당시 캐넌이 전개한 논리는 지금도 미국의 대중 정책에서 유효하다. 지금 미국의 대중 정책은 한마디로 '관리된 전략적 경쟁 managed strategic competition'에 기초하고 있다. 미국은 중국의 턱밑까지 영향력을 구축하겠다는 것이 아니라, 중국이 아시아에서 패권적 지위를 차지하는 것을 저지하는 데 목표를 두고 있다. 소위 '반중국 연합 전선'을 구축하고 있는 것도 그 일환이다.

이런 관점에서 볼 때, 워싱턴에 어떤 행정부가 들어오더라도 한반도의 '정상적 이웃' 관계가 미국의 전략적 이익에 부합한다고 볼 것이다. 트럼프 행정부(2기)는 다시 중국을 하나의 하늘을 지고 같이 살 수 없다는 '불구대천'의 경쟁자로 보고 있다. 그러나 정책의 지향점을 제시하는 차원을 넘어 중국을 압도하는 것을 실천적 목표로 삼기는 어려울 것이다.

Tip 24 ▶

미국의 한반도 군사행동 자제

　미국이 한반도에서 전면적인 군사력의 개입을 회피하면서 현상을 유지하려는 자세는 과거 발생한 사건들에 대응하는 과정에서 잘 나타난다. 한국전쟁에서는 소련의 개입 가능성을 우려해서 만주 폭격을 자제했고, 결국 지구전을 거쳐 1953년 '비긴 전쟁'으로 끝냈다.

　그 후 1968년의 푸에블로호 피랍과 1·21 공비 침투, 1983년의 미얀마 아웅산 테러 행위, 1999년과 2002년 1·2차 연평해전, 2010년의 천안함 폭침과 연평도 포격 등 한반도 정세를 뒤흔든 사태가 발생할 때마다 한국이 한반도의 현상을 붕괴시킬 정도로 대응하지 않도록 한국의 행동을 억제했고, 미국 스스로도 강력한 대응을 자제했다.

　심지어 1976년 세계적으로 미국의 위신에 금이 갈 정도로 미군 장교 두 명이 처참하게 살해된 판문점 '도끼만행' 사건의 경우에도 미국은 군사력 시위를 통해 체면을 유지하는 선에서 마무리 지었다.

　근래에는 북한의 핵 개발을 저지하려는 외교적 노력이 실패하자, 미국이 공중 폭격 등의 방법으로 북한 핵 시설을 '외과 수술식'으로 제거해야 한다는 주장들이 수시로 등장했다. 그러나 한 번도 실행 계획으로 발전되지는 못했다. 예를 들어 1994년 북한 핵 위기 발생 시 영변의 핵 시설에 폭격설이 나왔지만 실행되지 못했다.

　반면에 이스라엘의 경우, 1981년과 2007년 두 차례에 걸쳐 이라크와 시리아의 핵 시설을 공중 폭격으로 제거했다. 이스라엘은 중동에서의 확전을 피하려는 미국의 의사를 거부하면서 군사작전을 전개할 수 있는 자체 역량이 있고, 미국 내에서 그런 행동에 대한 정치적 지지를 동원할 영향력도 갖고 있다. 또 중동에서의 전쟁이 발발하더라도 한반도에서와 같이 강대국 간 전면전으로 비화될 가능성이 낮은 점도 작용한다. 한국의 경우와는 크게 다르다.

한국은 휴전선에 근접한 서울의 취약한 방어 환경, 작전 통제의 권한과 능력 부재, 그리고 북한의 핵 능력이라는 복합적인 제약을 갖고 있다. 중국과의 군사적 충돌로 연결될 행동을 억제하는 미국의 의지를 거역할 형편이 되지 못한다. 결국 한반도와 동북아의 현상을 유지하려는 미국의 전략이 상당한 미래까지 상수로 작용하는 것이다.

한국전쟁 이후 미국은 한반도 문제에 대해 "한국민의 의지에 따라 평화적으로 통일되는 것을 지지한다"는 정도의 원칙적 입장을 반복해왔다. 그러다 2009년 6월 한국과의 '미래공동비전선언'에서 '비핵화되고, 민주적이며, 시장경제에 입각한 통일 한반도'라는 구체적인 통일 형태를 제시했다. 한국 주도의 통일을 지지한다는 의미를 명시적으로 담은 것이다. 그 배경에는 한국의 위상 변화가 작용했다.

1953년 10월 한·미 상호방위조약이 체결된 이래 한국은 미국의 세계 전략상 불가피한 '부담'이 되어 왔다. 그러나 지난 70년 동안 한국은 정치·경제·군사적 측면의 '자산'으로 성장했다. 이런 한국이 통일 상태이든 분단 상태이든 미·중 사이의 중립 구역으로 이동하는 것은 동아시아는 물론 세계 전략상 중요한 손실이 될 것이기 때문이다.

이런 '선언적' 의미에서 통일을 지지하는 정책과는 별개로 미국은 미·중 관계를 위시한 세계질서의 지각변동이 일어나지 않는 한, 한반도의 통일은 어려울 것으로 전망한다. 미국의 대한국 정책을 비판적 시각에서 보는 국내의 일각에서는, 미국이 의도적으로 한반도의 분단을 지속하고 미군을 주둔시키면서 서태평양에서 미국의 이익을 지키는 보루로 삼는다고 보기도 한다.

그러나 미국에게는 한반도 분단을 유지하는 정책 이외의 선택지가 없다. 아이젠하워의 '중립 통일론' 이후, 미국이 공식적으로 제시한 정책이나 역대 대통령 또는 국무장관의 회고록에 한반도 통일을 위한 전략을 구체적으로 검토한 흔적을 찾아보기 어렵다. 미국이 이런 자세를 취하는 데는 통일을 이룰 실제 가능성이 없기 때문만이 아니라, 통일이 실제 필요한지에 대한 고려도 작용한다. 결국 미국은 한국을 방어하는 수준을 넘어 북한을 정복하거나 정권을 바꾸어야 할 실질적 이해관계를 갖고 있지 않다고 본다.[3]

이런 배경에서 미국은 그간 북한 핵 문제가 해결되거나 안정적으로 관리될 장치가 마련되면, 북한과의 관계 개선을 통해 한반도의 현상을 유지하면서 동북아에서 자국의 위상을 올리려 했다. 한반도 방위의 부담은 축소하고 주한 미군의 기능을 미국의 세계 전략, 특히 부상하는 중국에 대한 억제에 맞게 개편하면서, 미국의 전반적 이익을 증진하는 데 유리하기 때문이다. '해외의 미군 주둔은 해당 지역에서 정치적 영향력을 증대시키면서 경제적 기회의 확대를 가져온다'는 논리에 부합하는 것이다.

그러나 예측 가능한 장래에 북한 핵 문제 해결이 사실상 불가능하게 되었다. 트럼프 행정부(2기)도 해외에서 직면할 위험을 줄이고, 방위 공약의 부담을 낮추면서, 군사 비용을 축소하는 전략을 안보 정책의 중추로 삼고자 한다.[4] 이런 상황에서 한국이 당장 통일을 내세우기보다는 북한과 '정상적 이웃'으로서 '차가운 평화'를 지향하는 것은 미국의 이익에도 부합한다고 볼 것이다.

신중한 시각

한편, 미국은 한국의 정책 전환이 기존의 '익숙한' 한·미 관계에 '불편한' 변화를 초래할 가능성도 유의할 것이다.

첫째, 워싱턴은 한국을 다루는 여러 정책 수단의 하나로 '평양 카드'를 사용해왔다. 한국의 보수 정부는 미국에 대해 대북 '강경 정책'을, 진보 정부는 '화해 정책'을 각각 요구하면서 미국에게 매달리는 형국이었다. 그런데 한국이 '정상적 이웃' 정책을 취할 경우, 미국의 대북 정책에 매달릴 동기가 줄어들게 되고, 그만큼 한국에 대한 미국의 정책 수단이나 지렛대도 미묘한 영향을 받을 가능성이 있다.

Tip 25 ▶

워싱턴의 카드, 서울의 카드

북한은 한반도 문제에 대해 한국을 배제한 상태에서 미국과 협상하기 위해 벼랑 끝 전술을 펴는 데 능숙하다. 미국도 편의에 따라 북한의 전술을 적절히 수용하는 데 익숙해 있다.

1994년 제네바에서 북한의 핵 문제를 두고 미국과 북한이 마주 앉았다. 한반도의 미래가 걸린 협상이 열리는 동안 한국은 회담장 밖에서 기다리다가 사후에나 협상의 경과를 미국으로부터 들어야 했다. 2019년 판문점에서 드럼프와 김정은이 '자유의 집' 안에서 회담하는 동안 한국 대통령은 다시 문밖의 처지가 되었다. 많은 사례들의 일부다.

이런 광경은 북한의 요구에 의한 것이기도 하지만, 미국도 이를 수용했기에 일어나는 것이다. 한국과 북한이 각각 유엔 회원국이라는 원칙에 기초하여 정책을 취한다는 미국의 입장도 그 배경 중의 하나다.

다소 예외적인 사례로 2005년 베이징 6자 회담에서 9·19 공동성명의 합의 과정을 들 수 있다. 북·미 양자 회담이 아니라 6자 간의 다자 회담이라는 기본구도도 있었지만, 당시 주인 의식에 입각한 한국의 자세가 작용했다. 한국은 자신의 참여 없이 이루어지는 한반도 문제에 대한 북·미 사이의 어떤 합의도 수용할 수 없다는 입장을 분명히 했다. 외교가에서 흔히 동원되는 '나 없이 내 문제를 결정하지 말라Nothing about me without me!'는 원칙을 견지한 것이다.

1999년 한국은 미수교국인 쿠바와 관계 정상화를 염두에 두고 대화를 시도했다. 당시 미국은 쿠바의 자세 변화를 위한 압력 동원 차원에서 동맹국들이 쿠바와 기존 관계를 개선하거나 새로 외교 관계를 수립하는 것을 반대하고 있었다. 그러나 실제로는 거의 모든 국가들이 쿠바와 외교 관계를 갖고 있었다. 한국도 유엔에서 다수 의견이었던 '대쿠바 금수 해제 결의안'에 찬성하면서 분위기가 개선되는 중이었다.

한국은 쿠바와의 외교 관계 수립에 대해 미국의 사전 양해를 구하고자 했다. 당시 외교부 북미국장이던 필자가 미국의 대북 정책을 총괄하던 셔먼 Wendy Sherman 국무부 자문관에게 이를 거론하자, 그는 "그렇다면 미국도 한국의 입장과 관계없이 북한과 관계를 설정하겠다"며 북한 카드를 꺼냈다. 미국이 한국을 다루는 데 있어 북한이라는 '아킬레스건'을 사용한 것이다.

이런 배경과 함께 당시의 수교 노력은 성사되지 못했다. 미국의 견제 외에도 쿠바 자체가 북한과의 기존 유대 관계에 대한 부담 때문에 소극적인 입장을 취했기 때문이었다. 미국은 2015년 오바마 행정부에서 쿠바와 수교했으나, 2019년 트럼프 행정부(1기)에서 다시 테러 지원국 명단에 포함시키면서 관계가 악화되었다. 이런 고비마다 한국의 대쿠바 정책은 제약을 받았다. 2024년 미국과 쿠바의 관계가 개선된 것을 배경으로 하여 한국도 쿠바와 수교했다.

미국이 한국에 대해 북한 카드를 쓰거나, 북한이 한국에 대해 미국 카드를 쓰려는 경우는 앞으로도 언제든지 재연될 수 있다. 그런데 '정상적 이웃' 정책은 이런 카드 게임의 효과를 반감시킬 것이다. 미국에 대해 "당신들의 판단에 따라 대북 정책을 취할 수는 있다. 그러나 그 결과로 한국이 져야 할 부담을 수용할지 여부는 전적으로 한국의 재량 사항이다"라는 입장을 견지하기에 유리한 환경이 되는 것이다.

또 실제에 있어서도 미국이 한국과의 관계를 우회해서 북한과 거래할 실익을 찾기는 어렵다. 세계 10위권의 경제력을 가진 한국은 미국과 가치 체계를 공유한다. 그리고 해외 최대의 미국 군사시설을 제공하면서, 미국의 대중 전략에 있어 전초기지 역할을 하고 있다. 미국으로서는 대북 관계의 '개선'이든 '억제'이든, 기본적으로 한·미 동맹을 공고히 유지하는 가운데 진행시키는 것이 자국의 이익에 부합한다고 판단할 것이다.

미국은 한국과의 관계를 소홀히 하면서까지, NPT 체제 밖에서 핵을 개발하고 있고 최악의 인권 탄압국이며 한국 경제 규모의 약 1/60[5] 정도인 북한과 거래할 실익이 없다.

그간 한국의 진보 정부는 미국에게 유연한 대북 정책을, 보수 정부는 강경 정책을 주문하면서 그에 따른 대가를 치러 왔다. '정상적 이웃' 정책은 국내의 정파적 대립을 완화시키는 동시에, 미국이 한국의 의사에 반하는 대북 정책을 취할 개연성도 낮출 것이다.

둘째, 중장기에 걸쳐 한국의 대미 안보 의존도가 축소되는 데에 수반되는 문제다. 미국은 공식적은 아니나 실질적으로 북한을 핵보유국으로 간주하고 있다.[6] 이런 가운데 한국은 북한과 '정상적 이웃'으로의 공존 정책을 추진하는 과정에서 최소한 잠재적 핵 능력을 보유하고자 할 것이다.

미국은 지금까지 정치·군사·경제 문제 등 다방면에 걸친 요구에 한국이 미온적 반응을 보일 경우, 미국의 안보 지원은 그냥 이루어지는 것이 아니라는 신호를 보내곤 했다. 무기 구매의 경우, 한국이 무기 체계에 있어 미국과 '상호운용성interoperability'을 유지하는 것은 '동맹과 불가분의 관계an integral part of the alliance'에 있다면서 미국산의 구매를 종용하기도 한다.

한국 무기 시장에서 미국의 경쟁 상대는 주로 유럽 국가들이다. 그런데 이들의 무기는 이미 NATO의 군사작전에서 미국 무기와 상호운용성을 입증하고 있다. 그럼에도 불구하고 미국은 상호운용성 문제를 자주 내세운다. 한국의 절대적인 대미 안보 의존을 배경으로 논리를 넘어선 영향력을 행사하는 것이다.[7] 트럼프 행정부(2기)에 들어서 동맹국들의 국방 예산 증액을 강조하는 배경에는 동맹국 방위에 소요되는 미국의 비용 축소와 미국 무기의 수출 확대라는 두 마리의 새를 염두에 두고 있는 것이다.

미국은 세계적 패권을 유지하기 위해 적대적 경쟁국에 대한 기술력과 경제력의 우위 확보를 '국가 안보' 차원에서 다룬다. '안보'라는 명분을 내세워 동맹국의 대중 기술협력에 있어 수위 조절을 요구한다. 대중 무역과 투자의 비중이 높은 한국은 미국의 우선적 압력 대상이다. 한국의 반응을 두고, "봐라, 한국도 그렇게 하고 있지 않으냐"며 다른 동맹국을 설득하는 데 활용하는 것이다. 이런 한국에서 자율적인 목소리가 나기 시작하면, 미국으로서는 일본을 포함한 다른 동맹국들에 대한 영향력 행사에 부정적으로 작용할 가능성을 우려할 것이다.

미국의 대외 안보 지원은 정치·경제적으로 그에 상응하는 효과로 연결된다. 미군의 해외 주둔 비용이라는 부담을 강조하기도 하지만, 그만큼 정치적 영향력과 경제적 기회를 확보한다. 특히 주한 미군은 북한의 도발을 억제하는 효과를 넘어, 중국의 팽창과 러시아의 태평양 진출에 대응하는 최전선의 견제 역할을 담당한다.

또한, 핵무기를 포함하여 일본이 적정 수준 이상의 군비를 증강시키는 것을 억제하는 동시에, 세계에서 가장 역동적인 지역인 동아시아에서 미국의 정치적 위상과 경제적 실리를 증진시킨다는 방대한 연관 효과를 갖고 있다. 이런 현상에서 "미국의 군사력은 적국보다 동맹국이 더 무게를 느끼게 만든다"는 말이 나오는 것이다.[8] 트럼프 행정부(2기)의 초기에 나오는 주둔군 감축 발언들에도 불구하고, 결국은 이런 효과를 쉽게 외면하기는 어려울 것이다.

근래 미국은 일본의 군비 증강이 잠재적으로 미국의 영향력에 미칠 부정적 영향보다는 중국 견제라는 당면 목표에 미칠 긍정적 효과가 더 크다고 판단한다. 그래서 제2차 세계대전에서 미국을 공격한 일본에게 군사 역량의 증대를 장려하고 있다. 미국은 일본 군사력의 이러한 양면성을 비교 형량하면서 적정 수위에서 군비를 확대하도록 관리하고자 한다. 미국이 기존의 미·일 군사 협력에 한국을 적극 가담시키려는 배경에는, 중국 견제망을 강화하는 동시에 일본의 군사력을 적정 수준에서 관리하는 차원에서도 미·일·한 삼각 체제가 도움이 된다는 점도 작용할 것이다.

셋째, 강대국 정치의 관점에서 볼 때, 미국으로서는 중국의 주변 지역 정세가 복잡하게 전개되고, 중국이 이를 관리하는 데 국력을 집중해야 하는 상황이 바람직하다. 그래야 세계의 다른 지역에서 중국과의 경쟁에 유리해지기 때문이다.[9] 그런데 중국의 문지방에 자리 잡은 한국이 대북 관계를 '정상적 이웃'으로 전환하여 한반도의 정세를 안정시키는 효과를 가져오면, 그만큼 중국이 다른 지역에 국력을 전개할 여력이 커질 수 있다.

Tip 26 ▶

미국의 무게
'카키 협상'

2022년 5월 미국의 바이든 대통령이 방한하여, 한·미 양국이 안보와 경제 분야에서 동맹의 미래를 확대해야 한다는 다짐을 했다. 그는 도착하자마자 5월 22일 삼성전자와 현대자동차를 방문하여 반도체, 전기차, 배터리 공장의 미국 투자를 약속받았다.

그러나 미국은 그해 9월 인플레이션 감축법Inflation Reduction Act과 반도체 지원법Chips Act을 통과시키는데, 이 법은 한국의 전기차와 반도체가 초기에 미국 제품에 비해 보조금과 세제에 있어 불리한 위치에 서는 것으로 간주되었다. 한국의 조야는 당연히 미국의 조치에 불만을 표출하면서 시정을 요구했다. (물론 이마저도 트럼프 행정부(2기)에 들어와 더 나빠지고 있다. 보조금 축소나 외국 투자 기업의 지분을 사실상 국유화하는 것 같은 일방적인 움직임까지 나오고 있다.)

그런데 같은 달 열린 한·미 외교·국방 차관 회의에서 양측은 한국에 대해 미국 핵우산의 운용을 위한 협의를 활성화하기로 합의했다. 동시에 북한의 핵 위협에 단호히 대응하겠다는 의지의 표시로 미국의 전략폭격기를 한국에 전개하면서, 그 장면을 언론에 공개했다.

이런 일련의 연출 뒤에는 "미국이 한국의 안보에 절대 필요한 핵우산을 씌워주고 있으니, 한국은 좀 불리한 조건이라도 미국 경제의 부양을 위해 투자하라!"는 암묵적 신호도 들어 있는 것이다. 당시 미국이 안보 지원을 시각적으로 과시하자, 한국 여론에서 미국의 한국 기업에 대한 차별 대우를 불평하는 목소리가 줄어들었다.

이보다 훨씬 이전인 2010년 11월 연평도 포격 사건으로 인해 남·북이 일촉즉발의 긴장 상태에 돌입했다. 이즈음 한·미 자유무역협정FTA은 2007년에 이미 협상을 끝내고 발효에 필요한 양국의 국내 절차만 남은 상태였다. 그런데 미국은 협정의 핵심 조항인 한국 자동차의 미국 시장 진출에 관한 조항을 미국에 유리하게 수정(픽업트럭에 대한 25% 관세 철폐를 2012년에서 2021년으로 연기)할 것을 요구했다. 한국은 마지못해 미국의 요구를 수용하는 개정에 합의했다.

그런데 이 협정은 2017년 북한의 장거리 미사일 시험으로 조성된 소위 '화염과 분노fire and fury'의 한반도 위기 국면에서 미국에게 더 유리하도록 다시 개정되었다. 미국 자동차 시장의 20% 이상을 점유하는 픽업트럭에 대한 관세 철폐의 시기를 2021년에서 다시 2041년으로 연기함으로써 사실상 미국 시장 진출이 불가하게 된 것이다. 서해상에서 북한과 포격전을 벌이고 있거나, 미국이 북한의 핵 시설을 폭격할 것이라는 위기 국면에서 자유무역협정을 미국에 유리하도록 개정하자는 요구를 거부하기는 어려웠던 것이다.

통계적으로 보면, 어느 국가든 외국과 전쟁 중이거나 전쟁이 임박한 상황에서 선거를 치르게 되면 집권당에게 유리한 결과를 가져온다. 이를 황갈색

> 의 군복 색깔에 빗대어 '카키 선거khaki election'라고 부른다.
> 　이런 현상은 형태를 바꾸어 한·미 협상에서도 유사하게 나타난다. 한국과 미국 사이에는 무기 구매를 위시한 안보 또는 무역에 관한 크고 작은 협상들이 끝없이 진행된다. 이 중에는 한반도의 안보 위기가 실제 고조되거나 또는 위험성이 부각되는 시점에 중요한 타결이 이루어지는 사례들이 자주 있다. '카키 협상'이라 부를 수 있다.

넷째, '정상적 이웃' 정책은 불가피하게 남·북 핵 균형을 위한 한국의 핵 역량 강화를 필요로 한다. 미국은, 한국이 일본 수준의 잠재 핵 역량을 갖추는 것도 동아시아의 핵 확산으로 이어질 것으로 보고 우려할 것이다.

대북 정책 조율

한국이 '정상적 이웃' 정책을 펴면 미국과 대북 정책을 조율하는 데 있어 탄력성이 커지고, 미국 역시 유연한 한반도 정책을 취할 여지가 생길 것이다.

첫째, 미국은 지금까지 대북 정책을 한국과 사전 협의하거나 간혹 사후 통보 형식으로 조율하고 있다. 기본적으로 미국은 핵 비확산과 인권 같은 보편적 기준을 중시하고, 한국은 남·북 관계에 초점을 맞추어 협의한다. 이 과정에서 양국 사이에 크고 작은 마찰이 생기는 것은 불가피하다. 그런데 한국이 '정상적 이웃' 정책을 취하면 한·미 간 입장 차이와 마찰 가능성이 줄어든다. 미국이 NPT 체제에 입각한 핵 확산 방지와 인권이라는 보편적 가치의 증진이라는 '원칙'에 입각한 대북 정책을 추진하는데, 한국이 굳이 북한 맞춤형으로 "제재를 부과하자" 또는 "해제하자" 같은 요청을 할 필요가 줄어들기 때문이다.

둘째, 미국의 대북 지원을 포함한 경제 관계도 세계무역기구의 규범, 세계은행IBRD의 개도국 지원 지침, 그리고 미국 자체의 개발원조 정책에 따라 이루어질 것이다. 한국이 미국에게 대북 지원을 요청 또는 만류하거나, 별도의 기준을 적용하자고 요청하지 않아도 된다. 한국과 미국의 무역정책이나 개도국 지원 기준이 대부분 합치하므로 양국의 북한에 대한 지원이나 경제 관계도 기본 방향이 아니라 미세한 조율 정도가 될 것이다. 트럼프 행정부(2기)가 인권을 포함한 보편적 가치를 등한시하는 외교정책을 취하고, 개발원조를 담당하는 국제개발처USAID를 사실상 폐쇄시켰다. 그러나 트럼프 이후에 등장할 행정부가 어느 정도는 전통적인 가치의 노선에 근접하는 외교정책으로 회귀할 가능성이 있다.

셋째, 핵과 인권 문제에 추가하여 한반도를 둘러싼 한·미 동맹과 북·중 동맹의 대립으로 인해 미국이 대북 정책을 변화시키는 데는 일정한 한계가 있다. 역설적이지만 한반도의 전쟁 방지와 동북아 지역 안정을 위한 '주한 미군의 역할'과 북한에 대한 '중국의 후견 역할'이 한편으로는 대립하면서도 다른 한편으로는 보합하는 관계를 형성하고 있다. 먼 장래까지 한·미 동맹과 북·중 동맹이 각각 유지되고, 양 동맹이 서로의 존재를 인정하는 상태가 지속될 전망이다. 남과 북이 '정상적 이웃'으로 발전하면 양 동맹의 대립 완화에도 긍정적으로 작용하면서, 한·미 간 대북 정책 조율을 위한 전반적 환경도 개선될 것이다.

미국의 대북 정책에 있어 핵심은 외교 관계 수립 문제다. 미국은 지난 100여 년 동안 6차례에 걸쳐 적대 관계에 있던 국가와 외교 관계를 복원 또는 수교한 기록을 갖고 있다. 모든 경우 기본적으로 대외 관계의 전략적 고려에서 나온 조치였다.

(1) 1933년 러시아와 복교(나치 독일을 견제)
(2) 1951년 일본과 복교(공산 세력 팽창 저지, 샌프란시스코 강화조약)
(3) 1955년 서독과 수교(소련 치하의 동독 정부 수립 대응)
(4) 1974년 동독과 수교(서독의 동방 정책과 보조, 동유럽의 개방 추진)
(5) 1979년 중국과 수교(미·소 냉전 시기에 중·소 분쟁 활용)
(6) 1995년 베트남과 수교(대중 견제, 베트남의 도이모이 개혁 장려)

그런데 북한의 경우는 핵을 포기하지 않는 한, 미국이 지금까지 외교 전략상 카드로 동원한 수교의 어느 범주에도 해당할 가능성이 낮다.

Tip 27 ▶

강대국 정치의 속성

강대국은 자국의 변방에 안정적인 완충 지역을 확보하려는 속성을 갖고 있다. 반대로 상대 강대국의 변방이 불안정한 상태에 있는 것이 세력 경쟁에 유리하다고 본다. 한국전쟁 당시 중국이 막대한 희생을 감수하고 미군의 38선 이북 진출을 거부한 것이나, 2014년 크림반도 병합부터 시작된 우크라이나 전쟁에서 러시아가 NATO의 동진을 거부한 행동은 이를 단적으로 말해준다.

미국은 대서양과 태평양이라는 천혜의 거대한 완충지대를 갖고 있다. 그러나 1962년 쿠바 미사일 사태가 발생하자 미국의 문지방인 카리브해가 소련의 영향 아래 들어갈 위기에 처했다. 미국은 이를 저지하기 위해 최악의 경우 핵전쟁까지 포함한 모든 수단을 동원할 태세를 취했다.

당시 소련이 쿠바에 미사일을 배치하고 이를 다시 철수하는 과정에서 소련과 미국이 보인 행태는 강대국 정치의 전형적인 모습이다. 당초 쿠바의 카스트로Fidel Castro는 소련의 미사일 배치를 원치 않았지만 흐루쇼프의 압박에 못 이겨 배치를 수용했다. 그러나 흐루쇼프는 자국의 문턱인 터키(현 튀르키예)에 배치되어 있던 미국 핵미사일을 철수하는 조건으로 쿠바 배치 미사일을 교환 철수하기로 케네디와 합의했다.

이 과정에서 쿠바의 의사는 도외시되었다. 카스트로는 소련의 결정에 경악했고, 소련 미사일 기지의 주변에 쿠바 군대를 배치하면서까지 철수를 저지하려 했다. 당혹한 소련은 미코얀Anastas Mikoyan 최고회의 의장을 쿠바로 보내 카스트로를 직접 설득한 후에야 미사일 철수를 개시할 수 있었다.[10] 터키 역시 NATO 동맹국인 미국이 등 뒤에서 적국인 소련과 거래하면서 자국에 배치된 미국 지상 발사 미사일(Jupiter)을 철수하려는 것을 반대했다. 미국은 지상 발사 대신에 해상 발사 미사일(Polaris)을 순환 배치하는 것으로 터키를 사후적으로 설득했다.

중국의 시각과 한·중 관계

긍정적 시각

중국의 한반도 정책에 있어 핵심 원칙은 평화와 안정, 대화와 협상, 비핵화, 자주적 해결이다. 여기서 비핵화는 '조선 반도 비핵화'이고, '자주적 해결'은 외세 개입의 배제를 말한다. 지금의 외세는 주로 미국을 의

미하지만, 원론적으로는 일본이나 러시아를 포함한 모든 주변 세력을 지칭하는 것이고, 이들이 개입하지 않으면 중국도 당연히 개입하지 않는다는 것을 의미한다.

중국은 남과 북이 '정상적 이웃'으로 발전하면 지역의 평화와 안정을 도모하고, 한국의 대미 의존을 줄임으로써 한반도에 대한 외세의 개입을 축소시킨다고 볼 것이다. 아울러 중장기적으로 남·북·중 삼각 공생관계를 가능하게 함으로써 동북아에서 중국의 주도적 역할을 강화시키는 환경에 기여할 것으로 볼 수 있다.

마오쩌둥은 중·일 전쟁 중 1938년 5월 발표한 '지구전론持久戰論'에서 "당장 상대를 제압할 수 없으면, 힘을 키우면서 상대가 약세를 보일 때까지 기다려라!"고 강조했다.[11]

지구전은 중국이 미국과의 경쟁에서도 취하고 있는 기본 전략이다. 특히 시진핑은 미국의 국력이 자본주의 체제의 결함으로 인해 '지속적이고 불가역적이며 구조적인 하강'에 접어들었다고 보고 있다. 따라서 미국과의 직접 충돌을 피하면서 가능한 모든 수단을 동원하여 안정적인 관계를 유지하고 있으면, 결국 경제력과 군사력은 물론 체제와 이념에 있어서도 중국이 미국보다 우위에 선다는 믿음을 갖고 있다.[12] 트럼프 행정부(2기)에서 나타나고 있는 미국의 혼란과 그 귀추는 '시진핑의 믿음'에 대한 판정의 기준이 될 것이다.

지구전 전략은 중국의 중원에 가장 근접한 한반도에 대해서도 우선적으로 적용된다. 지금은 한반도 문제에 공세적 자세로 나오기보다는 미국의 세력이 약화되고, 남·북 관계를 포함한 동북아 정세가 중국에 유리하게 전개되는 시기를 기다리는 것이 지구전의 교범에 부합한다고 본다. 미국의 힘이 동북아에서 쇠퇴할 때까지 현상을 유지하고 있으면, 어느 시기에 가서는 한반도가 자연스레 중국의 영향권에 들어온다고 전망하는 것이다. 이런 관점에서 볼 때, 트럼프 행정부(2기)가 세계질서를 '세력권 정치'에 바탕을 두려는 경향에 대해 한국으로서는 중대한 경각심을 가져야 한다. 미국과 중국의 첨예한 세력권 경쟁이 먼 장래까지 한반도에서 균형을 유지한다고 전망하기 어렵기 때문이다.

중국은 미국의 세력이 위축될 때까지는 "조선 반도는 원래 중국 땅이었다"는 식의 역사적 배경을 주장하는 한편, 한국의 대중 경제 의존도 심화, 한국에 대한 '조용한 침투', 문화적 공감대 형성 같은 연성 정책을 병행하고자 한다. 근래에 들어 중국은 한국에 대해 '전략적 자주와 경제적 번영'을 함께 추구해야 할 것이라는 메시지를 보내고 있는 것도 같은 맥락에서 나온다. 미국에 밀착하지 않는 자주적 자세를 취해야 중국과의 경제 교류를 통한 번영도 가능하다는 '압박과 유혹'의 신호이기도 하다.

그러나 시진핑이 2017년 주변국 외교의 기본으로 내세운 '친성혜용親誠惠容'이 사드 사태에서처럼 실천보다는 선전에 그치는 양상을 보이는 것을 주목하지 않을 수 없다. 무엇보다도 중국 자체의 체제 안보와 경제 역량의 상향 곡선이 지속될지도 불확실하다.

중국은, 기본적으로 동아시아에서 오랜 역사에 걸쳐 중국이 쌓아온 영향권을 미국이 잠식하고 있다고 본다. 이 지역에 미국의 세력권을 구축하고, 이를 유지하기 위해 동맹망을 강화한다는 것이다. 따라서 미국 동맹망의 약화가 우선 과제다. 2003년 북한발 핵 위기를 해결하기 위해 개최된 6자 회담에 중국은 처음에는 소극적이었으나 점차 적극적인 자세로 나섰다. 특히 이 회담의 진척을 위해 중국은 한국과 서로의 입장을 조율하는 데 성의를 기울였다. 그 배경에는 무엇보다도 북한의 핵 위협이 가시적으로 해소되면 한·미 동맹의 이완과 함께 아시아에서 미국의 위상에 영향을 줄 것이라는 기대도 있었다. 이는 필자의 현장 관찰일 뿐 아니라 미국 학계의 평가이기도 하다.[13] 당시 실제로 한국과 중국 사이의 조율이 6자 회담을 진전시키는 중요 동력이 되었다.

한편, 미국은 회담의 진전과 함께 중국이 동북아 외교 무대의 주역으로 등장하자, 2008년부터 회담에 소극적 자세를 취하기 시작했다.[14] 이런 관점에서 보면, 중국으로서는 장기적으로 한국의 '정상적 이웃' 정책이 동북아 정세의 안정과 한·미 동맹의 이완 효과를 가져오고, 지역 정세를 주도적으로 관리하는 데 유리하다고 볼 것이다.

중국은 14개의 이웃과 육상 국경을 접하고 있다. 이들의 대부분은 중국보다 국민소득의 수준이 낮고 활성화된 민주 시장경제 체제와는 거리가 멀다. 중국 공산당 내부에서는 이런 주변 여건과는 구별되는 한국의 활력 있는 민주 개방 사회가 중국의 국경에 바로 맞닿게 될 경우, 체제에 대해 부정적 영향을 미칠 것으로 보는 경향이 있다.[15]

가상적 상황이지만 만약 한국이 통일을 주도하면, 중국은 1,300km에 달하는 국경을 접하면서 우월한 경제 수준과 개방성을 갖춘 한국이 중국 주민의 의식에 민감한 영향을 미칠 가능성도 우려할 것이다. 중국으로서는 한반도의 현상 유지가 상당 기간 이런 가상의 정치적 위험에 대한 안전장치도 된다고 볼 것이다.

다른 한 측면은, 한반도에서 무력 충돌을 국지화하는 문제다. 역사적 관점에서 보면, 한국전쟁을 기점으로 동아시아에서 전쟁이 주변으로 확대되지 않고, 일정 지역으로 국한되는 패턴을 보이기 시작했다. 그 후 베트남전쟁도 동남아 전체로 확산되지 않았다. 중국은 남·북 사이의 무력 충돌 자체를 원치 않을 뿐 아니라, 미·중이 개입하는 전쟁으로 인화되거나 지역적으로 전선이 확대되는 것을 더욱 피하고자 한다. 남과 북의 '정상적 이웃' 관계는 설사 안정이 붕괴되거나 충돌이 발생하더라도 한반도에 국한되도록 통제하는 데 도움이 된다고 볼 수 있다.

중국은 서태평양 지역에서 미국과의 무력 충돌로 인화될 위험이 지속되는 지역, 즉 대만해협, 남중국해, 댜오위다오/센카쿠 열도, 그리고 황해 건너의 한반도라는 4개 지역의 정세에 항상 초미의 경계 태세를 갖추고 있다. 중국으로서는 만약 이 중 어느 곳에서 미국과의 군사 충돌에서 승리를 거두지 못하면, 시진핑 체제는 물론 공산당 지배 자체에 치명적 타격을 가져올 것이다.[16]

특히 그중 유일하게 한반도에서는 이미 미국과 직접 무력 충돌한 역사를 갖고 있다. 남과 북의 '정상적 이웃' 관계로 미국과 중국의 무력 개입 가능성이 낮아지는 것은 환영할 일일 것이다.

Tip 28 ▶

중국에 대한 희망적 사고
친미와 친중

중국은 한반도에 대한 정책을 일관되게 유지하고 있다. 그럼에도 한국은 정권마다 중국의 입장을 국내 정치의 필요에 따라 편리하게 해석하는 경향이 있다. 그런 사정을 이용하여 중국은 한국의 정권이 희망적 사고를 갖게 하고, 한국이 중국의 이익에 맞는 정책을 취하도록 유도한다.

박근혜 대통령은 2016년 중국의 전승 기념일에 시진핑 주석과 함께 천안문 망루에 올랐다. 당시 한국 정부는 한국이 원하는 방식으로 북한 핵 문제가 해결되도록 중국이 도울 것이라는 기대를 가졌다. 문재인 대통령은 2019년 한국과 중국의 '운명 공동체'를 거론하면서 한국과 중국이 한배에 타고 있는 듯한 착각을 불러왔다. 수많은 사례들의 일부에 불과하다.

2019년 4월 플로리다 미·중 정상회담에서 시진핑 주석이 "조선 반도는 역사상 중국의 일부였다"고 말했다. 트럼프 대통령이 공개적으로 인용하면서 알려졌다. 중국의 최고 지도자가 근래에 와서 국제 무대에서 언급한 것이어서 주목을 받았지만, 실제로는 긴 역사에 걸쳐 주장해온 중국의 입장을 그대로 반복한 것이다. 대표적인 예로 서기 598년 수나라의 양제, 그리고 645년 당나라의 태종은 모두 한반도를 침공할 때 "고구려는 원래 중국의 경역境域이다"라는 명분을 내세웠다. 이런 줄기찬 주장이 바뀐 적은 없다.[17]

한편, 시진핑의 주장에 대해 동맹국인 미국의 대통령이 마치 별로 상관없는 나라의 이야기처럼 그냥 듣기만 하고, "그러더라"는 식으로 전하는 것은 시진핑의 발언만큼 가당치 않은 것이었다. 트럼프라는 인물의 특이한 처사라고 치부할 수도 있다. 하지만 흔히 회자되는 '가쓰라–태프트 밀약'이나 '애치슨 라인'은 차치하고라도, 한반도 분단 과정과 아이젠하워의 한반도 중립안 등 20세기 초 이래 미국이 가져온 한반도에 대한 '인식'과 실제로 보여온 '행동'들을 반추해보면, 트럼프의 태도가 전적으로 특이한 경우라고만 하기는 어렵다.

근래 한반도 문제에 대한 중국의 전술적 자세가 변하고 있는 모습은 한국 전쟁에 대한 중국의 선전 동향에서 잘 나타난다. 중국은 1990년대에는 소위 '항미원조의 전쟁'에 대해 비교적 침묵했다. 당시 진행 중이던 미국과의 관계 개선에 미칠 부정적 영향을 의식한 것이다. 2010년대에는 소위 '순망치한'의 시각에서 조명했다. 입술이 없어지면 이가 시린 만큼 중국 자체의 안전을 위해 취한 정당한 전쟁이었음을 부각하고자 한 것이다. 그러나 2020년대에 와서는 '미국에 대한 중국의 승리'를 상징하는 전쟁으로 자리매김하기 시작했다. 한반도에서 중국의 역할과 위상을 '위대한 중화민족의 부흥' 과정에 투영시키는 것이다.

한국과 중국은 서로에 대한 역사적 기억과 상호 인식에 있어 엇갈리고 있다. 한국에게 중국은 공산당 1당 체제, 한국전쟁 참전과 통일을 방해한 세력, 개혁·개방과 경제 발전, 한국의 최대 수출 시장, 그리고 G2 국가로의 부상이라는 근래의 기억이 주로 자리 잡고 있다.

반면에 중국에게 한국은 경제 발전, 개방 민주 사회, 미국과의 동맹으로 중국 포위에 가담하는 국가라는 근래의 기억과 함께 가장 마지막까지 중국의 조공 체계에 속하고 있었다는 이전의 기억이 복합적으로 자리 잡고 있다. 한국은 과거에 대한 중국의 집단적 기억을 수용하기 어렵다. 그러나 중국의 기억 자체도 변하기는 어려울 것이다.

역사적으로 한반도의 집권 세력은, 고려의 초기처럼 중국의 왕조가 분열 상태에 있을 때는 상대적 자율성을 가질 수 있었다. 반면에 중국에 명·청이라는 통일왕조가 유지되었을 때는 조선처럼 제후국의 처지가 되었다.[18] 1949년 공산당의 집권 이후 중국은 통일왕조 시대의 세력 구도를 회복했다. 21세기에 들어와서는 경제 부상과 함께 조공 체계와 중화사상에 입각했던 과거의 세계관이 새로운 형태로 부활하는 현상을 보이고 있다.

한국 내에서는 정치적 반대 세력들이 상대편의 미국이나 중국에 대한 자세를 비판하는 수단으로 '사대주의'를 동원한다. 그런데 중화사상과 사대주의를 현대적으로 해석할 필요가 있다. '사대'라는 개념은 조선시대의 지식인들이, 주자학에서 말하는 '예의'라는 시대의 보편적 가치에 기초한 중하 문명을 숭상하는 자세였다. 그렇지만 중국의 한족漢族 왕조 자체에 대한 추종은 아니었다. 따라서 중국의 왕조가 당시의 보편적 가치를 저버릴 때는 중국과 결별하려 했다. 대신 조선에서 시대의 보편적 가치와 문화적 진리를 지키겠다는 것이 소위 '조선 중화주의'였다. 힘이 세다고 해서 따르는 것이 아니라 '가치 지향적' 시각에서 중국을 대한 것이었다.[19]

물론 예의를 주로 숭상했던 주자학이 전적으로 옳다고만 할 수는 없다. 하지만 자신이 스스로 어떤 가치를 추구하는지에 대한 줏대가 있었고, 이를 지키고자 했던 것이다. 이런 역사를 21세기에 대입해보면, 한국은 중국과 크게 다른 가치 체계에 속하고 있다. 공산당 1당 지배, 독재 체제, 소수민족 문제를 포함한 인권 탄압, 주변국을 위압하는 자세 등으로 인해 중국이 설사 더욱 '굴기'한다 하더라도 한국과 기본적인 가치 체계를 공유할 가능성은 희박하다. 그래서 과거의 조공 체계를 연상시킬 우려가 있는 소위 '공동 운명체'는 바람직하지도 않고 현실과도 동떨어진 개념으로 간주된다.

미국에 대한 '사대' 논쟁도 같은 시각에서 볼 필요가 있다. 미국은 한국을 망국의 벼랑에서 구해낸 역사와 함께 자유, 인권, 시장경제를 위시한 가치 체계를 폭넓게 공유하고 있다. 그래서 국민 다수가 친미적인 것은 자연스럽다. 하지만 미국은 바이든 행정부에서 이미 스스로가 주창해온 자유 개방 무역과 핵확산 방지 같은 국제 규범을 선별적이고 자의적 방식으로 적용했다. "합의는 준수되어야 한다Pacta Sund Servanda"는 국제법의 핵심 기본 원칙을 벗어나면서, 한국과도 한·미 자유무역협정 같은 양자 합의를 일탈하는 사례가 반복된다.

트럼프 행정부(2기)의 등장 이후 일방적인 합의 위반은 예외가 아니라 일상이 되었다. 그럼에도 불구하고 한국이 처한 환경은 대미 관계를 우선적으로 중시하면서 대중 관계도 중시할 것을 요청한다. 그런데 이들과의 우호 관계에 있어 '양적 차이'를 '질적 차이'로 인식하여 '친구와 적'으로 구분하면서, '친미' 또는 '친중' 노선으로 양분하려는 경향이 있다. 패권 세력들은 자국 중심의 세력 구축을 위해 대상 국가들을 '친구와 적'으로 분류할 수 있다. 그러나 한국의 위치에서는 국내 정쟁의 한 방편으로 상대를 친미·반중 또는 친

> 중·반미로 낙인하면 국가 전체의 운신을 속박하게 된다.

한국은 지경학적으로 중국에 가장 크게 노출된 국가 중 하나다. 중국은 공산당 체제의 존립에 최우선을 두는 정치 구조를 갖고 있다. 게다가 현대판 조공 질서로의 복귀 욕구, 주변국에 대한 완력 외교, 북한 후원 등으로 인해 한국과는 가치 체계에 있어 구조적으로 마찰한다. 그럼에도 불구하고 중국을 보는 시각에 있어 한국은 미국, 일본, 호주 등과 차이가 있다.

이는 NATO 내에서 회원국별로 러시아를 대하는 태도에 차이가 있는 것과 비슷하다. 예를 들어 푸틴 치하의 러시아가 우크라이나를 침공하자 영국과 폴란드는 미국과 밀착하여 최전선에서 러시아와 정면 대결하고자 했다. 반면에 독일과 프랑스는 NATO의 단합된 대응을 강조하면서도 최소한 러시아의 숨통은 어느 정도 열어 두려고 했다. 러시아를 보는 시각의 질적 차이가 아니라 양적인 차이가 나는 것이다. 중국을 보는 한국의 자세는 유럽에서 나타나는 두 가지 유형의 중간 정도가 맞을 것이다.

신중한 시각

한편, 남·북의 '정상적 이웃' 관계는, 중국이 결코 타협할 수 없는 '하나의 중국' 원칙과 상충할 가능성을 염두에 둘 것이다. 물론 '정상적 이웃' 관계는 본질적으로 안정과 공존이 과정을 거쳐 역시의 순리에 따라 통일로 간다는 점에서 중국의 대만 문제 접근 방식과 기본적으로 다르지 않다. 중국도 양안 관계에 있어 외세의 관여가 없는 가운데 일방적인 현상 변경을 시도하지 않고 평화적 통합으로 간다는 원칙을 추구하기 때문이다. 그럼에도 불구하고 한반도에서 '정상적 이웃' 관계가 양안 관계에 던지는 상징성을 가볍게 받아들이기는 어려울 것이다.

아울러 중국은 한국의 '정상적 이웃' 정책이 핵 능력 보유 의지와 결합되어 '조선 반도 비핵화'와는 멀어진다고 볼 것이다. 어차피 중국이 한반도 비핵화를 실현 가능한 목표로 삼는다는 설득력 있는 징후는 없다. 하지만 한반도에서 핵 확산 기류가 대만의 핵 보유 시도로 이어질 가능성을 우려할 것이다. 대만은 1964년 중국의 핵실험 직후인 1965년부터 핵 개발을 추진했고 1988년 일단 중지했으나, 언제든지 개발을 재개할 태세가 되어 있는 것으로 평가되고 있다.

또 다른 측면은 중국의 태평양 진출에 미치는 영향일 것이다. 중국은 '중국몽'을 실현하기 위해서는 서쪽으로는 '일대일로' 전략을 펴는 동시에, 동쪽으로는 태평양으로 진출해야 하는 지정학적 필요성을 안고 있다. 해양 진출이 제한된 국가는 진정한 대국이 될 수 없기 때문이다. 그래서 중국은 그들이 부르는 북해(황해) 방면의 한반도, 동해(동중국해) 방면의 대만과 오키나와(일본), 남해(남중국해) 방면의 베트남과 필리핀 등의 문턱을 넘어서야 하는 과제를 안고 있다.[20] 당장은 대만해협과 남중국해를 내해로 굳히는 작업에 치중하는 한편, 서해와 동중국해도 내해화하는 작업을 추진 중이다.

한국과는 1992년 수교 후 30여 년에 걸쳐 경제 관계가 기하급수적으로 확대되고, 이에 따라 인적·물적 교류도 증폭되었다. 정치적으로도 박근혜 정부와 문재인 정부 시기에 특별히 가까워지기도 했다. 그러나 2016년 한국의 사드 배치 결정을 둘러싸고 중국이 한국 기업을 제재한 데 이어, 홍콩 민주화운동 억압, 그리고 시진핑의 일인 독재 체제 구축

등으로 인해 중국에 대한 한국민의 여론이 크게 악화되었다. 그간 한국민들이 중국에 대해 내부적으로 느껴온 이질감이 증폭되어 표출된 것이다. 2024년 조사에 의하면, 18~39세 연령대의 86.2%가 중국에 대해 부정적인 인식을 보일 정도다.[21]

그럼에도 불구하고 중국으로서는 한국을 배척한 상태에서는 태평양 진출이라는 전략적 필요를 충족시킬 수 없다. 이런 관점에서 볼 때, 중국은 한국의 '정상적 이웃' 정책이 중국에게 상반된 영향을 줄 것으로 판단할 것이다. 장기적으로는 한국의 전략적 자율성이 커지면서 중국의 태평양 진출에 유리할 수 있다. 그러나 중단기적으로는 대북 억지를 견지하는 한국의 태세로 한·미·일 안보 협력이 깊어지면서 대중 견제망이 더 강화될 수 있다.

중국은 한국을 최대한 미국으로부터 이완시켜 종국적으로 중립화하려는 전략을 갖고 있다. 그러나 북한의 집요한 핵무장 정책이 한국을 미국에 더 밀착하게 만듦으로써 중국이 전략적 이익을 획득하기가 어렵게 되었다.[22] 북한의 핵 포기가 사실상 불가능하다는 관점에서 보면, 중국은 한국의 '정상적 이웃' 정책이 미칠 영향을 신중한 시각에서 볼 가능성이 있다.

'항미원조'와 중국의 안보관

중국은 국가 간에 동맹을 체결하면 서로의 주권에 영향을 줄 수 있다는 이유에서 타국과 동맹을 체결하지 않는다는 원칙을 갖고 있다. 그런데 유일한 예외로 북한과만 동맹을 맺고 있다. 이 사실 하나만으로도 북·중 관계의 특수성을 말해준다. 중국이 북한의 핵무기 보유가 지역 정세에 미치는 악영향에도 불구하고 이보다는 북한 체제의 붕괴를 더 위험한 것으로 보는 것도 같은 맥락이다.

1992년 한·중 수교 협상 시 한국은 중국의 한국전쟁 참전에 대한 유감 표명을 요구했으나, 중국은 "중국 국경 지대의 위험에 대처하기 위한 것이었으며, 양국 관계의 정상화와는 무관하다"는 입장을 표명하고, 한국 측이 이를 언론에 공개하는 데 동의하는 선에서 타협했다. 그런데 2010년 당시 국가 부주석이던 시진핑은 한국전쟁 발발 60주년 행사에서 "항미원조의 전쟁은 정의로운 전쟁이다"라는 성격 규정을 내렸다. 수교 당시의 수세적이었던 입장을 공세적 언어로 단호하게 표현한 것이다.

수교 당시 노태우 정부가 정권 말기의 '성과 거양'에 집착하여 중국의 한국전쟁 참여에 대한 한국의 입장을 제대로 관철시키지 못했다는 일각의 비판도 있다.[23] 중국은 1950년 6월 개시된 '북한의 전쟁'과 그해 10월 중공군의 압록강 도강으로 시작된 '중국의 전쟁'을 구분한다. 한국으로서는 불법 남침으로 민족적 비극을 일으키고 민족 통일의 바탕을 초토화시킨 북한을 역사적으로 응징해야 한다. 동시에 이를 지원한 중국의 책임도 의당 물어야 한다. 반면에 중국은 1950년 10월 이후 '중국의 전쟁'은 '국경 지대의 위험에 대처한다'는 국가 안보의 원칙을 지킨 것이라고 주장한다. 한국전쟁 참전에 대한 중국의 입장은 앞으로도 변하지 않을 것이다.

역대 중국의 왕조가 붕괴의 길에 들어설 때는 주로 세 가지 요인이 작용했다. 농민의 저항으로 인한 민란民亂 궁정 쿠데타나 군벌의 반란叛亂 그리고 외세의 침략으로 인한 외란外亂이 주된 유형들이다. 이 중 외란은 주로 한반도와 중국의 동북을 통해 중원으로 전개되었다. 거란과 몽골이 각각 고려를 침공하고 이어서 중국의 후진後晉과 남송南宋을 붕괴시켰다. 일본은 조선을 먼저 침략하여 명나라와 전쟁을 벌였고, '항왜원조의 전쟁'으로 국력이 쇠퇴하기 시작한 명나라는 안팎의 도전에 시달리다 반세기 후 멸망했다. 청나라는 한반도에서 벌어진 일본과의 전쟁에서 패함으로써 멸망의 길에 들어섰다. 이에 앞서 원나라는 한반도를 통한 일본 원정에 실패한 후 왕조 쇠퇴의 길에 들어섰고, 수와 당은 고구려와 벌인 전쟁의 여파로 왕조 붕괴의 길에 들어섰다.

이처럼 한반도의 변고는 중국의 중원을 포함한 동아시아의 질서 변화를 가져왔다. 무엇보다도 긴 역사의 선상에서 보면, 중국은 1949년 중화인민공화국 탄생 이전의 1천 년에 걸쳐 요·금·원·청에 이르기까지 한반도와 밀접한 위치에 있는 동북 지역에서 발원한 세력이 중원을 좌우했다. 명나라 276년만이 예외였다. 그 이후에도 근래에 와서 신생 중국이 미국과 충돌한 한국전쟁에서 백만 명에 달하는 사상자와 막대한 경제적 피해를 입었다. 중국의 안보에 미치는 한반도의 무게를 말해준다.

중국이 임진왜란 참전을 '항왜抗倭원조援朝' 전쟁, 한국전쟁 참전을 '항미抗美원조援朝' 전쟁으로 부르는 것이 중국의 한반도에 대한 안보관을 그대로 반영하는 것이다. 핵심 개념은 조선을 도왔다는 '원조'가 아니라 일본과 미국에 대항했다는 '항왜'와 '항미'에 있다. 임진왜란에 명군의 참전 명분이었던 소위 '순망치한론'은 한국전쟁에서도 그대로 적용되었다. 중국에 통일국가가 존재하는 한, 중국의 명운에 결정적 영향을 미치는 한반도에 대한 인식은 지속될 것이다.

북한이 중국의 유일한 동맹국인 것처럼, 그 반대편의 한국은 미국이 아시아 대륙에서 유일하게 군사 교두보를 구축하고 있는 곳이다. 중국은 미국의 대륙 교두보가 고착화되고, 한·미·일 군사동맹이 구축되는 현상을 민감하게 주시하지 않을 수 없다. 중국의 대한반도 정책은 항상 그 너머에 있는 일본에도 초점을 맞춘다. 남과 북이 '정상적 이웃'으로 발전하면 북한과 일본의 관계도 개선될 여지가 넓어진다. 이런 관점에서 중국은 한반도에 대한 일본의 입김이 다시 불어올 수 있다는 점도 유의할 것이다.

한편, 중국은 남과 북의 공존 과정에서 한국이 자체 핵 능력을 보유하고자 할 가능성을 경계할 것이다. 남과 북의 자체 핵 균형이 가져올 영향도 중요하지만, 일본과 대만의 핵무기 보유 의지를 자극하는 것을 크게 중시할 것이다. 물론 한국이 NPT 체제 내에서의 핵연료 주기를 갖추면서, 핵무기를 개발하지 않는 잠재적 핵 능력을 구비하는 것을 명시적으로 반대하기에는 명분이 약하다.

이 점을 감안하여, 중국으로서는 한국의 평화적 핵 능력 확대를 거부하기 위해 먼저 나서기를 원치 않는다. 그보다는 미국이 한국과의 양자적 수단, 즉 주한 미군, 원자력 협력 협정, 그 외의 다양한 정치적·경제적 영향력을 통해 억제할 것으로 기대한다. 실제 중국 당국자들은 사석에서 한국의 자체 핵 능력 문제가 거론되면, "미국이 가만 있겠느냐"면서도 정면 토론은 피하려 한다. '북한의 핵 포기'가 아니면 '남·북 핵 균형'이 필요하다는 한국의 주장에 대해 중국이 논리적으로 대응하기가 불편한 것이다.

한편, 중국의 일각에는 한국이 '자체 핵 역량'을 갖추면 이에 수반하여 미국으로부터의 '전략적 자율성'이 확대되고, 중국의 대한반도 정책에 유리하게 작용할 수 있다는 시각도 있다.[24] 중국은, 미국과 일본의 중국 포위망인 '인·태 전략'의 미결 부분이었던 '미·일·한' 군사 협력에 한국이 가담하는 것을 민감하게 보고 있다. 이런 관점에서 한국의 자율성 확대가 3국 군사 협력을 이완시킬 가능성을 주목할 것이다.

중화사상, 실리 외교

2010년 7월 하노이에서 열린 아세안 외교장관 회의에서 당시 중국 외교부장 양제츠杨洁篪는 "중국은 대국이고, 다른 나라는 소국이다. 이것이 현실이다"라고 거침없이 말했다. 회의장에 있던 외교장관들은 중국이 드디어 '도광양회'(자신을 드러내지 않고 때를 기다리며 힘을 기른다)의 가면을 벗어 던진다고 생각했다.[25] 필자는 그로부터 2년 전인 2008년 초까지 외교장관으로서 양제츠와 여러 문제를 논의했다. 그때는 비교적 온건한 자세를 보이던 인물이 그사이에 그렇게 바뀔 수 있을까 하고 고개를 갸우뚱했다. 그런데 바뀐 것은 양제츠라는 인물이 아니라 중국 자체의 위상과 태도였다.

2008년 9월 시작된 뉴욕발 금융위기로 미국의 경제와 세계적 위상이 크게 흔들린 반면, 중국은 소위 '굴기'의 시기에 들어갔다. 2010년은 근래 중국의 어떤 지도자보다도 중화민족주의 성향이 강한 시진핑이 차기 당서기장 겸 국가주석으로 가도록 결정된 시기였다. 양제츠는 차기 지도자의 지도 이념을 선행 학습하는 자세에서 동아시아 패권국으로서 중국의 위상을 선언한 것으로 보였다. 그는 시진핑이 국가주석이 된 2013년 국무위원으로 승진했다. 중국 자체의 주변국에 대한 이런 시각은 앞으로 먼 장래까지 이어 갈 것이다.

지금 중국의 젊은 세대는 '굴욕과 회생'의 근대사를 교육받으며 성장하고 있다. 미국이나 일본과의 정면 대립에서 물러서는 모습을 보이는 것은 중국의 지도자에게는 정치적 위험을 초래한다. 제1차 세계대전의 전후 처리를 결정한 1919년 베르사유 조약은 중국의 이익을 외면했다.

패전국 독일이 조차하고 있던 칭다오가 중국으로 반환되지 않고 일본으로 넘어간 것이다. 중국 공산당은 이 조약을 반대하면서 '반제국 민족주의'를 외친 '5·4 운동'에 뿌리를 두고 탄생했다. 중국 지도부가 공산당의 역사적 근원에 역행하면서 민족주의 성향을 억제할 것으로 기대하기는 어렵다.

이처럼 이념적 성향에 경도된 가운데서도 중국은 실리 추구에 누구보다도 능하다. 예를 들어 중국은 이스라엘의 팔레스타인 정책을 강력하게 공개 비난하는 데 앞장서고 있다. 그러나 한편에서는 첨단기술 협력을 겨냥하여 이스라엘에 대규모로 투자하고 있다. 네탄야후Benjamin Netanyahu 이스라엘 총리의 한 측근이 전하는 바에 의하면, 2013년 중국 지도부가 이스라엘 측과 7시간에 걸쳐 양국 협력을 논의할 기회가 있었다. 그런데 중국이 대외적으로 그렇게 강조해온 팔레스타인 문제에 대해서는 단 20초를 할애했다고 한다.

국가의 존립을 미국의 지원에 주로 의존해온 이스라엘, 미국과 전면적 대립 관계에 있는 중국이 국제정치나 안보 문제에 대한 입장의 차이를 넘어 경제적 실익을 위해 접근하는 것이다. 미국은 세계 어느 나라보다도 실리 추구에 능한 이 두 나라의 관계를 지속적으로 견제하려 한다.[26]

한국이 이처럼 실리에 능한 중국과 수교한 이후 30여 년에 걸쳐 양국 관계가 급속히 진전된 데 대해 미국이 견제하는 것도 비슷한 양상이다. 남과 북이 '정상적 이웃'으로 가면, 한국과 중국은 지금보다 더 실리를 추구하는 길로 갈 수 있다. 당연히 미국의 견제도 그만큼 커질 것이다.

중국은 2002년 '동북 3성 진흥계획'을 수립하여 '장길도(창춘-지린-투먼) 선도구역 개발 프로젝트'를 시작했다. 이 계획은 한국과 일본 등 역내 국가의 협력을 필요로 하지만, 주로 북한 핵 문제와 남·북 갈등으로 인해 부진한 상태다. 장기적 관점에서 볼 때, 남·북이 '정상적 이웃'으로 진전되면 역내 국가들의 참여가 상대적으로 용이해짐으로써 중국이 중시하는 동북 지역 개발 전략에도 유리하게 작용할 것으로 기대할 수 있다.

Tip 29 ▶

코끼리와 용, 그리고 한국

한국은 '힘들어하는 코끼리'와 '체질상 한계가 있는 용' 사이에 놓여 있다. 거대한 국가 부채를 짊어지고 있는 미국은 경제를 살리기 위해 자기가 주창한 자유무역 규범을 스스로 무시하면서 'America First'와 'Buy America'를 외치고 있다. 한·미 자유무역협정의 '내국인 대우 조항'(2조)에도 불구하고 '인플레이션 감축법'을 만들어 미국 기업과 한국 기업을 차별한다.

동맹국들의 참전을 독려하던 아프간에서 일방적으로 철수하는가 하면, 동맹국 프랑스가 호주와 맺은 재래식 잠수함 계약을 등 뒤에서 파기시키면서 무기급 우라늄을 탑재하는 잠수함을 호주에 판매하기로 합의했다. 소위 'AUKUS'로 불리는 이 합의는 NPT 체제와 NATO의 결속에도 해를 끼친다는 비판을 무시했다. 미국의 군수산업 육성과 중국 견제 효과를 염두에 두고 일방적으로 추진한 것이다. 여기까지는 바이든 행정부의 노선이었다.

그런데 2025년 등장한 트럼프 행정부(2기)는 기존의 국제적 합의를 대부분 무시함으로써 국제 질서의 '수호 국가'에서 '파괴 국가'로 전환하고 있다. 바이든 행정부가 '장갑'을 끼고 기존 질서를 변경시켰다면, 트럼프는 '맨주먹'

으로 붕괴시키는 것이다.

그간 푸틴의 우크라이나 침공과 시진핑의 권위주의적 행태를 배경으로 미국은 동맹의 결속이라는 반사이익을 얻었다. 그러나 트럼프 행정부(2기)의 등장으로 국제사회에서 미국의 지도력은 바닥으로 추락하고 있다. 이러한 배경에는 무엇보다도 미국의 유권자들이 갈수록 내부 지향적 성향을 보이는 가운데, 연방정부를 수시로 마비시킬 정도로 대립하는 미국 정치의 분열 현상이 자리 잡고 있다. 게이츠 전 미국 국방장관은, 트럼프(1기)의 등장 이전에 이미 미국이 세계 문제에 집중할 여력은 고갈되고 있었다고 지적했다.[27]

한편, 중국은 자유, 창의, 다양성을 향한 인간의 기본적 욕구를 억제하고 있다. '사회주의 시장경제'라는 반어법적 체제로 국가를 운영하면서 장기적으로 미국과의 패권 경쟁에 이길 수 있다고 믿는다. 최소한 중국 공산당은 그렇게 주장한다. 그 배경에는 중화사상에 대한 집착과 함께 자본주의 체제가 자체 모순으로 무너질 것이라는 기대가 결합하고 있다. 그러나 공산당 일당 독재를 넘어 시진핑 일인 체제의 위험 지경에 들어간 중국이 체질적 한계에 봉착할 가능성은 도처에 나타나고 있다.

중국이 이미 경제 발전의 정점을 거쳐 하향 국면에 접어들었다는 '중국 정점론'은 상당한 근거를 제시하고 있다. 성장을 이끌어 온 5대 요소가 모두 악화되고 있다는 분석이다. 생산적인 인구 구조, 개혁 지향적인 정치 지도력, 능률적인 관료 조직, 우호적인 국제 환경, 풍부한 자원 공급의 분야가 쇠퇴하는 것으로 나타나고 있다는 것이다.

중요한 것은, 경계론자의 전망처럼 중국이 국력의 정점 구간에 있는 동안 대만을 무력으로 통일하고자 할 위험이 있다는 점이다. 만약 대만이 국제법상의 독립을 추구하고 미국이 이를 후원하는 상황이 되면, 중국은 통일을 명분으로 내세워 대만을 침공할 가능성이 높아진다는 것이 우려의 요체다. 대만의 독립은 중국 공산당의 존립 자체를 흔들 위험이 크기 때문에 최후의 선택으로 무력을 동원할 것이라는 예측이다.[28]

무엇보다도 중국은 어떤 형태로든 19세기까지 유지해온 동아시아 조공 체계 시절의 위상을 부활시키려 하고, 그 의지의 표상인 '중국몽'을 버리지 않을 것이다. 이런 관점에서 볼 때, 중국은 동아시아에서 안정을 파괴할 수 있는 '수정주의' 세력이라는 비판은 일정한 근거가 있다. 그러나 한편으로는 21세기의 중국은 자신의 진로를 자유무역, 다자주의, 주권 존중의 원칙에 기초하고 있다. 한국과 공유할 수 있는 원칙들이기도 하다. 따라서 한국의 대중 관계는 "잘 지내기는 하지만 같아지지는 않는다"는 화이부동和而不同의 자세로 공존하는 것이 선택 가능한 길이다.

스스로가 만든 세계질서에서 이탈하고 있는 미국, 그리고 한국과는 너무 다른 가치 체계를 유지하는 중국, 한반도에 대한 이들의 원심력은 먼 장래까지 작용할 것이다. 한국이 처해 있는 이런 압도적인 환경은 둘 사이에 선택을 강요한다. 이런 미국과 중국 사이에 굳이 선택해야 한다면, 자유와 인권에 기초한 민주주의적 가치를 택하는 것이 국리민복에 부합할 것이다.

그러나 국가 경영의 가장 중요한 덕목은 나라가 양단 간의 선택을 강요받지 않도록 진로의 여지를 관리하는 것이다. 한국처럼 미국의 동맹국인 프랑스나 독일은, 중국을 국제 질서의 틀 속에서 경쟁하면서 종국적으로 자기의 질서를 수립하려는 세력으로 간주한다. 따라서 이들은 미국이 중국을 전면적으로 압박하는 정책은 '마찰성'과 '비생산성'이 너무 크다면서 그대로는 합류할 수 없다는 입장을 취한다.[29]

한국은 독일이니 프랑스가 처한 안보 환경보다는 훨씬 각박하다. 그러나 한국이 남·북의 사이에 '정상적 이웃' 정책을 취하면, 자율의 범위를 넓힘으로써 국가의 안위와 번영을 위한 대외 환경을 개선할 수 있을 것이다.

일본의 시각과 한·일 관계

한반도에 대한 영향력

근세 이후 일본은 한반도가 대륙의 지배 세력하에 들어가는 것을 거부해왔다. 그래서 힘과 기회가 있을 때마다 한반도 내부의 세력균형에 관여하고 외부 세력의 한반도 진출을 저지하고자 했다. 근세에 와서는 1885년 일본이 동북아의 세력균형에 대해 청나라와 합의한 텐진조약과 그 이후의 행동이 잘 말해준다. 청일전쟁 당시 일본 외무대신이었던 무츠陸奥 宗光는 텐진조약에서부터 1894년 청일전쟁에 이르기까지 10년에 걸쳐 한반도를 두고 벌이는 전쟁 전야의 위기 상황에 대해 "서로 다른 양극兩極의 전기를 띠고 있는 두 개의 구름이 정면으로 맞부딪히고 있었다"고 회고했다.[30]

무츠의 회고처럼, 일본은 한반도를 대륙과 해양 세력 사이에 벌어지는 충돌의 상습적 현장으로 간주한다. 지리적으로나 역사적으로 볼 때, 일본도 중국만큼 자국의 안보를 위해 한반도 정세의 안정을 원하는 것은 당연하다. 이런 필요에 따라 제2차 세계대전 후 일본의 대한반도 정책은 현상의 유지에 중점을 두어 왔다.

1965년 한·일 국교 정상화 이후 일본은 전후 외교 안보의 위상 회복이라는 큰 틀의 일환으로 대북 정책을 추진했다. 이 과정에서 우선 미국과 협의하고, 그다음에는 한국과 조율하는 모습을 보여 왔다. 물론 남·북 관계의 특수성을 감안하여 한국의 입장을 배려한다는 측면이 있다. 그보다는 어떤 형태로든 자국의 관여 없이는 한반도의 현상이 변경되는 것을 예방하기 위해 미국 및 한국과의 조율에 무게를 둔다. 아울러 일본은 자국의 대북 정책을 일·한 관계에서의 유용한 지렛대로 활용하고자 한다.

1969년 사토 일본 총리는 닉슨 미국 대통령과의 공동성명에서 "한국의 안보는 일본 자체의 안보를 위해 필수적이다"라는 데 합의하면서 한반도 문제에 대한 발언권의 교두보를 만들고자 했다.

1990년 8월 노태우 대통령이 샌프란시스코에서 고르바초프 소련 당 서기장과 회동하여 한·소 수교 문제를 논의했다. 이에 뒤질세라 일본은 바로 그다음 달 특사(가네마루 신金丸 信)를 평양에 파견하여 식민 지배에 대한 보상금과 함께 일·북 수교 문제를 논의했다. 당시 북한은, 일본과 수교하면 '조선 반도의 영구 분단'을 조장한다는 이유로 반대하고 있던 중이었다. 북한으로서는 '하나의 조선'이라는 표면적 명분도 있었지만, 식민 지배의 배상금을 올리기 위한 전술도 복합적으로 작용한 것으로 보였다. 한편, 한국은 일본이 북한에 보상금을 제공하면 핵무기를 포함한 군사력 증강에 사용될 것이라는 이유에서 반대했다.[31]

또 1996년 김영삼 정부의 제안으로 남·북·미·중 4자 사이의 한반도 평화 회담이 추진되자, 일본은 자국도 참여해야 한다고 주장하면서 미국의 동조를 얻기 위해 외교력을 집중했다. 자국이 참여하지 못한 4자 회담이 1997년 실제 개시된 이후도 일본은 집요하게 매달렸다. 1998년 9월에도 일본의 오부치小渕恵三 총리는 뉴욕에서 클린턴 미국 대통령에게, '4자 회담'이 아니라 일본과 러시아가 참석하는 '6자 회담'으로 가야 한다고 주장했다. 역사적으로나 지리적으로 한반도의 평화와 안정 구조에 대해 목소리를 낼 권리가 있다는 것이었다.

그러나 한국으로서는 한반도 분단의 원인을 만든 일본이 한반도 평화 회담의 '지분'을 요구하는 것은 결코 받아들일 수 없는 일이었다. 당시 한국 정부의 강력한 반대를 미국도 수용함에 따라 일본이 제외된 4자

회담이 진행되었다. 그러나 일본은 미국도 내심으로는 일본의 입장을 수긍했던 것으로 분석했다.³²

1997~1999년 사이 6차례에 걸쳐 제네바에서 남·북·미·중 4자 회담이 열리자 일본의 정부는 물론 언론까지 심한 좌절감을 표출했다. 일본의 안보에 직결되는 한반도의 장래를 논의하는 자리에 참석하지 못하는 것을 받아들일 수 없다는 것이었다. 당시 제네바의 회담 현장에는 참가국인 남·북·미·중의 어느 나라보다도 더 큰 규모의 일본 기자단이 취재 경쟁을 벌였다. 일본은 이때부터 절치부심했다. 마침 2002년 베이징에서 북한 핵 문제에 대한 4자 회담 움직임이 다시 대두되자 일본은 미국을 통해 자국의 참석을 줄기차게 설득했다. 결과적으로 러시아를 포함하는 6자 회담으로 귀착되었다.

한반도 문제의 논의에 참여하려는 일본의 절박한 행동은 고이즈미小泉純一郎 총리의 2002년과 2004년에 걸친 두 차례의 방북에서도 나타난다. 당시는 북한의 핵 개발을 둘러싸고 미국의 부시 행정부가 '선제공격'을 운운할 정도로 미국의 대북 정책은 강경하고, 남·북 관계는 높은 긴장 상태에 있었다. 그래서 일본 고이즈미 총리의 방북을 두고 시기적으로 부적절하다는 비판이 미국과 한국은 물론 일본에서도 대두되었다. 그러나 고이즈미는, 한반도를 둘러싼 정세 변화에서 뒤처질 수 있다는 우려에서 '일본인 납치 문제' 해결을 표면에 내세워 두 차례에 걸쳐 김정일과의 회담을 강행했다.³³

4자 회담이 2003년 6자 회담으로 옮겨 간 것은 당시 일본의 집요한 대미 설득도 있었지만, 북핵 위기가 고조된 상태여서 한국 정부가 미국의 종용에 단호하게 대응하지 못한 사정도 작용했다. 미국이 한반도 문제에 대한 일본의 관여를 수용하거나 때로는 권장하는 배경에는 핵 협상이 타결될 경우, 필연적으로 포함될 대북 경제 지원에 일본의 재원을 투입시키려는 계산도 작용한다. 미국의 행정부로서는 자체의 재정 부담을 축소하겠다는 현실적 고려가 우선이다. 그래야 미국 의회가 협상의 결과를 수용하도록 설득할 수 있기 때문이다. 이는 1994년 제네바 합의에 따라 북한에 제공할 경수로 비용의 대부분을 한국과 일본이 부담하도록 한 사례에서도 나타난다.

이런 지정학적 배경과 역사에 비추어 볼 때, 일본으로서는 남·북이 '정상적 이웃'으로 발전하면 남과 북을 공식적으로 나누어 관리하면서 적절한 수준의 영향력을 행사하는 데 유리하다고 볼 것이다. 이 경우 한국은, 북·일 관계 개선에 수반될 경제 지원을 포함한 일본의 대북 정책에 관여할 명분이 약화될 것이다. 하지만 일본은 스스로의 안보를 위해 북한에 제공하는 물자와 현금 등의 지원이 핵 개발 등 군사력 증강에 사용되지 않도록 정책을 조절하지 않을 수 없을 것이다.

따라서 일본의 대북 지원이 한국의 안보 이익과 충돌하는 형태로 제공될 가능성은 크지 않을 것으로 볼 수 있다. 한국으로서는 북한을 역내 안보 우려를 해소하기 위한 관리 대상으로, 그리고 장기적으로는 지역 협력의 대상으로 간주하면서 일본과 대북 정책을 조율할 수 있을 것이다.

한·미·일 군사 협력

일본이 주창한 '인도 태평양' 개념은 미·일 동맹의 핵심 기반이 되었다.[34] 이 개념에 기초한 소위 '인·태 전략'은 미국과 일본은 물론 한국 등 역내 국가들이 추구해온 기존의 '아시아 태평양' 개념에 기초한 전략을 사실상 대체하게 된 것이다. 일본은 남·북이 당장의 통일 관계가 아니라 '정상적 이웃' 관계로 정립되면 인·태 전략에 부합하는 것으로 볼 것이다. 한반도를 '한국-해양, 북한-대륙' 구도로 분할함으로써 중국을 견제하는 경계선이 분명해질 뿐만 아니라, 핵무장한 북한을 억지하는 한국의 태세 유지로 한·미·일 군사 협력 구도도 강화하는 효과를 가져오기 때문이다.

한·미·일 군사 협력은 일본에 특별한 의미가 있다. 중국 견제라는 일차적 목표 외에도 부차적으로 양자 차원에서 한국과의 관계를 관리하는 데 중요한 의미가 있기 때문이다. 첫째, 한·미·일 3국의 아시아 정책은, 한국의 경우 북한에 중점을 두는 데 비해 미국과 일본은 중국과 러시아에 중점을 둔다. 한·미·일 협력 구도가 강화되면, 한국은 불가피하게 일본과 미국이 함께 주도하는 대중·대러 전략에 맞추게 된다. 둘째, 한국군은 미군의 작전 통제를 받는 '종적' 관계에 있지만, 일본군은 독자적 위치에서 미군과 공동으로 작전을 전개하는 '횡적' 관계에 있다. 이런 기본구도에서 한·미·일이 함께 군사 협력을 펼치면, 한국군은 사실상 미군과 일본군의 '주니어 파트너'가 될 소지가 크다.

일본의 대외 정책은 아베 총리 시절부터 민족주의 기류가 강화되고 이를 배경으로 군비 강화의 길에 들어섰다. 아베는 2014년 스위스의 '다보스 포럼'을 위시한 여러 공개석상에서 중국이 "힘과 강압으로 현상을 변경하려는 세력"이라고 공개 비판했다. 대만과 센카쿠 열도 문제를 지칭한 입장 표명이지만, 그의 발언은 '공격적 태도로 평화를 주창'하는 모순적 접근이라는 비판을 받았다.[35] 한국의 입장에서는 이런 일본과 함께 '한·미·일 협력' 구도를 유지하면서 중국과도 공존해야 하는 과제를 안고 있다.

강력한 한국의 등장

한편, 일본은 남·북의 '정상적 이웃' 관계가 장기적으로 일본의 한반도 정책에 부정적 영향을 가져올 가능성도 주시할 것이다. 한국이 미국으로부터의 전략적 자율이 증대됨으로써, 중국을 견제하는 한·미·일 안보 협력을 이완시킬 수도 있다. 아울러 한·중 관계가 유연해지면 중국의 한반도에 대한 영향력이 커지고, 이에 따라 동북아 질서에서 일본의 위치가 불안정해질 것으로 전망할 수도 있다.

물론 일본은 한·중 관계에 내재하는 핵심적인 제약, 즉 기본적 가치체계의 상충, 중국의 조공 체계 회귀 성향, 그리고 무엇보다 한국의 중국에 대한 역사적 경계심 등으로 인해 양국의 접근에는 한계가 있다고도 볼 것이다.

또 일본은 한국의 정책 전환과 함께 일본 수준의 핵 잠재 능력을 확보하고자 하는 데 대한 경계심을 가질 것이다. 아무리 한·미·일 안보 협력이 강화된다고 하더라도 한국과 일본 사이에는 긴 역사를 통해 쌓인 앙금이 쉽게 사라지기 어렵다. 이런 상태에서 과학기술을 포함하여 전반적 국력에 있어 북한과는 차원이 다른 수준에 있는 한국이 일본에 버금가는 잠재적 핵 능력을 구축하는 것은 환영하기 어렵다.

하나의 사례로, 프랑스와 독일은 제2차 세계대전 후 엘리제 조약을 위시하여 역사 화해의 큰 진전을 이루었다. 정치·군사적으로도 유럽공동체와 북대서양조약기구에 공동의 일원이 되었다. 그럼에도 불구하고 프랑스는 독일과는 핵 능력에 있어 차등을 두어야 한다는 입장을 고수한다.[36]

핵 능력에 있어 한·일 간의 차등은 프랑스·독일 간의 차등과는 정면으로 반대되는 모순적인 상태에 있다. 제2차 세계대전 전범국이었던 일본이 최고 수준의 잠재적 핵 능력을 갖춘 반면, 식민 피해국인 한국은 우라늄 농축과 재처리의 권능 자체를 제약받고 있다. 이런 모순적 실상에도 불구하고 일본은 핵 능력에 있어 한국과 차이를 두고 싶어 할 것이다. 아울러 일본으로서는 한국의 외교적 자율성이 증대되고 잠재적 핵 역량이 강화되면, 동북아의 핵 군비경쟁으로 연결될 가능성도 우려할 것이다.

역사 화해 문제

일본이 안고 있는 가장 큰 약점 중 하나는, 제2차 세계대전 기간 중은 물론 그 이전에 한국과 중국을 위시한 주변국에 대해 자행한 과오를 스스로 정화catharsis하는 과정을 거치지 못한 점이다. 한마디로 주변국들과 과거를 적극적으로 청산하지 못하고 있는 것이다. 일본은, 수천 년의 역사에서 제2차 세계대전의 시기는 극히 짧은 시간이라고 주장하면서 자신의 과오를 조명하는 것을 의도적으로 소홀히 하는 경향이 있다. 반면에 자국이 입은 원자폭탄의 피해를 중점적으로 부각시키고자 한다.《총, 균, 쇠》의 저자 다이아몬드는 일본의 이러한 자세는 자신의 약점을 더 굳히고 스스로의 미래를 옭아매는 것이라고 지적한다.[37]

1963년 프랑스의 드골 대통령과 서독의 아데나워 총리가 체결한 '프랑스·독일의 화해와 협력에 관한 조약'(일명 '엘리제 조약')을 한·일 관계의 모델로 제시하는 경우도 있다. 양국이 정치적 의지로 몇 세기에 걸친 대립과 앙금에 종지부를 찍음으로써 역사의 진전을 만든 사례로 보는 것이다.

그러나 프랑스·독일 관계는 역사적 배경에 있어 한·일 관계와는 본질적인 차이가 있다. 프랑스와 독일은 서로 간에 나폴레옹전쟁

(1803~1815년)과 프로이센-프랑스전쟁(1870~1871년)은 물론, 두 차례의 세계대전을 거치면서 가해와 피해, 승전과 패전을 서로 교환한 기록을 갖고 있다. 반면에 한·일 관계의 역사는 일방적 굴욕과 고통으로 점철되어 있다. 조약문서 하나로 청산하기는 어려울 만큼 정서적 앙금이 누적되어 있다. 1951년 샌프란시스코 강화조약 체결 이후 열린 한·일 국교 정상화 회담 이래 양국이 과거 역사를 넘어 미래로 가고자 경주한 노력보다 더 진솔하고 지속적인 대화와 치유의 과정이 필요할 것이다.

한국의 정책 변경은 일본으로 하여금 지금보다 더 명시적으로 한국과 북한을 분리한 대한반도 정책을 취하게 할 것이다. 이로 인해 일본이 과거의 과오를 자체적으로 정화하고 이웃과의 과거를 청산할 필요를 덜 느낄 가능성이 있다.

그런 가운데서도 만약 일본이 한반도와의 관계를 새로운 각도에서 조명하고, 과거사 문제를 외교 차원의 정리를 넘어 진솔한 반성 국면으로 가져간다면, 한반도는 물론 아시아 전체를 위해서도 바람직할 것이다. 반대로 한국의 정책 변화를 기화로 스스로를 오히려 과거에 더 묶이게 하는 길로 간다면, 다이아몬드의 지적처럼 일본은 세계적으로는 물론 아시아에서도 자신의 역할과 위상을 확립할 기회를 놓치게 될 것이다.

근래 북한의 핵 능력 증강, 미·중 대립 격화, 우크라이나 전쟁이라는 국제 정세를 배경으로 한국은 외교적 자율성이 제약되는 상황이다. 이런 와중에 강제징용 등 한·일 과거사 문제들을 시간에 쫓기면서 처리하는 것은 미래의 위험을 내포하게 된다. 언제든지 다시 불거질 수 있는 잠재적 인화성을 품은 채 봉합되는 형국이 될 수 있기 때문이다. 부수적 효과이지만, 한국이 남·북 사이를 '정상적 이웃' 관계로 전환하면, 미국을 위시한 대외 관계에서 자율성을 올림으로써 한·일 관계에서도 지금보다는 여유 있는 자세로 접근할 수 있을 것이다.

한편, 2025년 트럼프 행정부(2기)가 등장하면서 가속되는 무질서의 세계에서 한·일 관계는 지금과는 다른 비중을 갖는다. 양국은 동쪽과 서쪽에서 미국과 중국의 무게를 동시에 감당해야 하는 동병상련의 처지에 놓이고 있다.

이런 환경을 견뎌 내려면 한국과 일본이 일단은 역사적 갈등을 옆으로 밀어 두고 '전략적 협력'을 전개해야 한다. 서로의 불만과 갈등을 넘어 더 큰 차원의 국가이익을 위해 타협하고 협력하는 자세가 필요하다. 양국이 안보와 경제를 포함하여 대미·대중 전략을 두고 협력을 지속하다 보면, 역사적 앙금도 세월과 함께 묽어질 것이다.

러시아의 시각과 한·러 관계

유라시아 국가

러시아는 1991년 냉전 종식 후 '유럽과의 공존'을 통해 과거에 누렸던 영광의 위상을 회복하고자 했다. 그러나 70년에 걸친 공산 체제의 어두운 유산에 더하여 서방이 취한 NATO의 동진이라는 지정학의 장벽에 부딪혔다. 이런 내외의 환경을 마주한 러시아는 유럽과 아시아에 걸친 '유라시아 국가'라는 특유의 정체성을 부각시키면서, 유럽과의 공존과 함께 아시아적 요소를 강조하고 있다.[38]

러시아는 1990년 9월 한국과 수교함으로써 사실상 남과 북의 '정상적 관계'로 가는 문을 여는 데 앞장섰다. 유라시아 국가로서 아시아로 진출하려는 의지가 작용했던 것이다. 이에 앞서 1988년 11월 10일 공산당 정치국 회의에서 고르바초프 서기장이 '신사고'를 강조하면서 한국과의 수교를 위한 정지 작업을 했다.

'노태우-고르바초프'의 샌프란시스코 회동 직전인 1990년 9월 북한 외무상 김영남은 소련의 셰바르드나제 외상과의 회담에서 "만약 소련이 한국과 수교한다면 북한은 1961년 체결한 북·소 동맹조약과 비핵 약속을 동시에 파기하겠다"고 경고했다.[39] 그럼에도 불구하고 러시아는 한국과의 수교를 강행했다. 유라시아 국가로서 동진 정책을 추진하고, 그 핵심 요소인 극동 지역의 개발에 대한 애착을 보여주는 한 단면이다.

그러나 근래 형성되고 있는 신냉전 질서에서 러시아가 당초 의도한 유라시아 정책이 진척되기는 어려울 것이다. 특히 러시아의 한반도 정책은 2022년 우크라이나 침공 이후 한국-미국-우크라이나로 간접 연결되는 무기 공급 체인과 북한-러시아 사이의 군사 협력 문제로 한국과 갈등을 겪고 있다. 한국이 참여하는 한·미·일 군사 협력과 러시아가 가담하는 러·중·북 연대 구도 속에서 대립하는 상황이다.

게다가 2024년 6월 푸틴이 북한을 방문하여 김정은과 '포괄적 전략 동반자 관계에 관한 조약'에 서명함으로써 두 나라가 다시 군사동맹을 맺었다. 이를 배경으로 우주 항공 분야를 포함한 러시아의 첨단 군사기술이 북한으로 이전될 가능성이 짙어지고, 북한이 러시아에 파병까지 함으로써 러시아와 한국의 관계는 어두운 터널에 들어갔다. 가까운 장래에 한국과 러시아가 이전의 우호 협력 관계를 회복하기는 어려울 것이다.

한편, 장기적 관점에서 볼 때, 남과 북이 '정상적 이웃'으로 발전되면 러시아의 동진 정책에도 유리할 것이다. 러시아의 가스 공급망과 철도가 한반도로 연결됨으로써 극동 지역의 개발을 촉진할 가능성이 있기 때문이다. 물론 우크라이나 전쟁으로 위상이 추락한 푸틴 체제하의 러시아로서는 먼 이야기일 것이다. 그럼에도 불구하고 유라시아 대륙의 중심 국가라는 정체성과 이에 걸맞은 위상을 추구하는 러시아인들 다수의 염원은 푸틴 정권을 넘어 멀리 오래 갈 것이다.

'반反푸틴'과 '반反러시아'

남과 북이 '정상적 이웃'으로 발전하면 한반도에서 펼칠 러시아의 역할이 커질 수 있다. 러시아로서는 동아시아에서 중국, 미국, 일본과의 경쟁에서 자신의 위치를 확보하는 데 유리한 요소다. 우크라이나 전쟁과 푸틴 이후의 어느 시점에 가서는 러시아가 정상적인 국제 관계의 궤도에 들어설 것이다. 그때는 남·북의 '정상적 이웃' 관계를 적극적으로 활용할 가능성이 높다.

이런 관점에 비추어 볼 때, 우크라이나 전쟁과 근래의 러·북 밀착을 둘러싸고 한국이 '반푸틴'을 넘어 '반러시아'로까지 인식될 자세를 취하지는 않도록 유의할 필요가 있다. 그렇지 않을 경우 러시아는 상당한 미래에도 한국이 지향하는 한반도의 '따뜻한 평화' 구축은 물론, 그 이전의 '차가운 평화' 상태를 유지하는 과정에서도 장애 요인으로 작용할 수 있다.

2003~2008년 베이징에서 개최된 북핵 6자 회담에서 러시아는 두드러지지는 않았지만, 민감한 대목에서 다른 나라가 채울 수 없는 빈 공간을 담당하는 역할을 했다. 북한의 입장이나 핵 능력에 대해, 다른 참가국에 비해 상대적으로 객관적인 해석과 평가를 내리고 절충적인 시각을 제시하는 경우들이 있었다. 이런 잠재적 역할과 위상을 가진 러시아와의 관계는, 앞으로 긴 시간을 두고 전개될 한반도의 평화 구축과 통일의 환경을 조성하는 데 있어 한국이 활용해야 할 외교 자산이 될 수 있다.

미국 내부에서는 2010년 이후 미국이 저지른 최대의 지정학적 실수는 "러시아가 중국의 품으로 들어가도록 내버려 둔 것"이라는 지적이 있다.[40] 그 결과 미국은 유라시아 대륙의 동서에 걸친 두 개의 전선, 즉 유럽에서는 우크라이나 전쟁에서 러시아를, 동아시아에서는 대만해협에서 중국을 상대로 봉쇄 전략을 펼쳐야 하는 부담을 안고 있다는 것이다. 미국으로서는 언젠가는 중국과 러시아를 갈라놓아 미·중·러의 관계를 재균형rebalancing시킨다는 전략적 사고를 바탕에 깔고 있어야 한다. 트럼프 행정부(2기)가 우크라이나 전쟁 종전과 대러시아 관계 개선에 우선순위를 두는 주요 배경이기도 하다.

남·북의 '정상적 이웃' 관계가 '한·미·일-북·중·러' 대립 전선을 더 굳게 만들 것이라는 부정적 시각이 있을 수 있다. 그러나 뒤집어 보면 기존의 통일을 앞세운 정책이 남과 북 사이의 대립과 충돌 위험을 고조시킴으로써 대립 전선을 상대적으로 더 악화시킬 소지가 크다. 반대로 '정상적 이웃' 정책은 한반도 내부의 긴장을 완화시킴으로써 강대국들이 한반도를 무대로 충돌할 가능성을 축소시키는 효과를 가져올 것이다.

| 에필로그 |

설탕 발린 화약통

지금 한국은 단군 이래 최고의 번영을 누리면서 풍요와 혼란이 공존하고 있다. 동네에 잔치가 열렸다고 해서 모두가 흥에 빠져서도 안 되고, 또 불이 났다고 주민 전부가 물동이를 들고 뛰어서도 안 된다. 누군가는 뒷산에 올라 망을 보고 있어야 한다. 한국은 과거 어느 때보다 크고 복잡한 나라가 되었기에 망을 보는 눈들도 그만큼 명민해야 한다.

일반 국민들은 선출된 정권의 국가 운영 능력에 나라의 안위를 맡겨둔다. 유권자들은 정권이 '배부르고 등 따습게' 해주는 일, 즉 경제와 안보를 제대로 챙겨주지 못한다고 판단하면, 선거를 통해 권력을 교체한다. 민주국가의 작동 원리다. 경제는 그날그날 피부로 느낄 수 있다. 그러나 안보는 그 실상을 체감하는 속도가 느리다. 국민이 나라의 안전이 위험하다고 느끼면서 정부를 바꾸겠다고 판단할 때는 이미 늦은 시점이다.

한국은 지구상의 많은 민주국가들과 사뭇 다르다. 세계에서 손꼽히는 전쟁 위험 지역이다. 5년마다 새로 들어오는 정부는 단기에 성과를 내야 할 국정 과제들은 물론, 이전 정권과 정산해야 할 정치적 계산에 매달린다. 이런 와중에 주로 이념을 배경으로 하여 외교 안보 정책을 일단 바꾸고 본다.

국가의 안보 정책은 '긴박감'을 느끼게 하는 것이 아니라 '안정감'을 제공해야 한다. 그런데 역대 정부는 국민들이 놀이공원의 바이킹을 타고 있는 것처럼 느낄 정도로 어지러운 정책의 변화를 시도한 경우가 다반사였다.

한국은 나라의 안위를 절대적으로 미국에 의존하고 있다. 그런 미국의 대외 정책이 과거처럼 붙박이 기둥이 아니라 건설 현장의 거푸집처럼 가변성이 높아지고 있다. 미국이 건국 후 유례를 찾을 수 없을 정도로 내부의 분열 상태에 빠지면서 대내외 정책도 요동치기 때문이다. 트럼프 행정부(2기)의 등장은 이런 혼돈을 가중시키고 있다. 여기에다 한국의 외교 안보 정책까지 무게중심과 지속성을 잃어가면 나라의 앞길에 대한 불안과 불확실성은 증폭될 수밖에 없다.

한국 바깥의 관찰자들이 한국인에 대해 흔히 하는 말이 있다. "스스로에 대해 두 가지를 잘 모른다. 얼마나 잘사는지와 얼마나 위험한 곳에 살고 있는지를 모른다"는 것이다. 그런데 근래에 와서 많은 사람들이 '얼마나 잘살고 있는지'는 어느 정도 인지하는 것으로 보인다. 그러나 '얼마나 위험한 곳인지'에 대한 인식은 더 희박해지고 있다. 트럼프 행정부(2기)가 등장한 이후에도 마치 '설탕 발린 화약통 sugar-coated tinderbox'을 입에 물고 달콤한 맛을 즐기면서 어디까지 깨물어야 화약이 터질지를 시험이라도 하는 것 같다.

70년 이상 지속된 실존적 안보 위기 속에서, 한국 정치의 양대 진영은 안보의 위기를 정치 도구화하는 데 익숙해졌다. 보수는 위기의 등장을 부각시킴으로써, 진보는 위기의 해소에 대한 희망을 부각시킴으로써 득표에 활용하고 있다. 그 가운데 있는 국민들은 자신이 살고 있는 나라의 안보 환경에 대해 무감각, 피로감, 무력감이라는 세 가지 징후를 보인다. 불안을 아예 느끼지 못하거나, 알면서도 너무 오래되어 지쳤거나, 아니면 불안을 해소할 힘이 없으니 이대로 즐기면서 그냥 살아보자는 체념 상태에 있는 것이다.

우리는 안보 위기, 분단, 그리고 통일 문제가 나오면 으레 주변 강대국들을 비판한다. 일본의 강점, 미·소의 한반도 분단 관리, 북한의 전쟁 도발과 중·소의 지원 같은 역사를 등장시켜 그들의 책임을 추궁한다. 다분히 책임 회피적인 자세다.

앞에서 언급했던 이야기를 다시 하자면, 제1차 세계대전 후 독일 국민은 국토의 상실과 전비 배상의 고통에 시달렸다. 국민의 불만을 기화로 정권을 장악한 나치는 국가를 제2차 세계대전으로 몰고 갔다가 패망했다. 이번에는 제1차 세계대전 패전 시보다 더 강한 징벌을 받아 국토가 네 조각으로 나뉘어 미·영·불·소의 주권적 관할하에 들어갔다. 승전국들에 대한 불만과 비난이 고조되고, 정치적 대립과 사회적 혼란이 온 나라를 덮쳤다. 이때 아데나워 총리가 의회에서 던진 얼음 같은 한마디가 대립과 혼란을 잠재우는 계기가 되었다.

"전쟁에서 진 게 누구냐?"

독일 국민 스스로에게 던지는 반문이었다.[1] 자책과 자강의 의식을 일깨우는 표본이 된 이 반문은 그로부터 40년 후에 이룬 통일의 초석이 되었다.

아데나워의 세계관은 '긴 시간'과 '먼 거리'를 넘어 오늘날의 한국에게 깊은 의미를 던진다. 한국은 독일처럼 패전국도 아니고 징벌을 받아야 할 도덕적 책임을 질 나라도 아니다. 그러나 국권을 상실하고 국토가 분단된 것에 대해 나라 밖의 그 누구에게 책임을 묻거나 비난을 던지는 것으로는 미래를 만들 수 없다.

"나라를 잃은 게 누구냐? 분단을 당한 게 누구냐?"라고 스스로에게 반문하는 것이 국가의 기풍을 세우고 언젠가 도래할 통일의 기회를 붙잡을 수 있는 길로 가는 출발점이다.

한반도 분단이 고착된 배경에는 한국과 북한, 그리고 미국과 중국이라는 네 개의 세력이 주로 작용해왔다. 북한만이라면 몰라도 한반도를 넘어 세계의 권력 구도를 두고 쟁패하는 미국과 중국은 우리가 바꿀 수 있는 대상이 아니다.

우리가 바꿀 수 없는 조건들이 우리가 원하는 방향으로 바뀔 것이라는 전제하에 설계하는 통일의 비전은 정책의 바탕이 될 수 없다. 그럼에도 우리는 목표에 도달할 수단은 없으면서 희망을 신념으로 승화시킨 통일을 내걸어 왔다. 열정과 환상의 결합은 실패를 가져온다. 이성보다는 신념으로 짜인 정책은 통일의 가능성을 고갈시키고 국가 미래를 위한 기회의 상실을 초래한다.

맞는 길을 혼자 가는 것보다는 틀린 길이라도 함께 가는 것이 편하다. 통일 정책도 다분히 이런 사고에 젖어 수십 년이 흘러왔다. 통일을 내세우면 민족과 국가를 위하는 자세로 간주되고, 반대로 기존 정책의 현실적 타당성에 문제를 제기하면 반민족적으로 매도될 위험에 처한다.

평균적인 한국인이 바라는 미래의 자아상은 '통일된 한반도에서 평화와 번영을 누리며 자유롭게 사는 모습'일 것이다. 초강대국은 자아상을 구현하기 위해 이상주의나 현실주의를 탄력적으로 선택하면서 행동반경을 넓힌다. 한반도 통일에 필수 불가결의 공간을 차지하는 미국과 중국이 그렇다. 그러나 한국에게는 그런 선택의 여지가 없다. 현실주의적 시각에서 통일이라는 이상을 우선은 선반에 올려 두고 국가 발전을 위한 선택의 여지를 확대해야 한다.

국가정책의 전략적 자율성을 확대하는 것만이 주변국들의 세력 싸움에 나라의 운명을 맡기는 것을 거부하고, '적대적 두 국가'를 선언한 북한의 반민족적 독재 권력이 분단을 응고시키는 것도 허용하지 않는 길이다.

이 글에서 나는 한반도 안팎의 현실을 냉정하게 인정하는 바탕 위에서 '차가운 평화'를 거쳐 '따뜻한 평화'로 가는 공존 양식을 설정하고, 우리가 바라는 자아상에 도달하기 위한 경로를 제시하고자 했다. 한국의 미래를 위한 '공감의 창'을 조금이라도 넓힐 수 있기를 바란다.

| 감사의 말 |

공직을 떠나 비교적 자유로운 위치에서 국내외의 많은 학자, 전현직 관료, 언론인들과 대화하고 토론했다. 이들이 제시하는 다양한 의견들은 소중한 지혜로 축적되어서 나의 불완전한 시각에 균형을 잡아주었고, 때로는 불확실한 생각에 자신감을 불어넣어 주기도 했다.

원고를 쓰기 시작하면서 몇 분들에게 특별히 도움을 받았다. 유광석 전 주싱가포르 대사와 조희용 전 주캐나다 대사는 원고의 구성과 빈 곳에 대해 알찬 충고를 아끼지 않았다. 서울대학교 통일평화연구원의 장용석 박사는 개념들의 아귀를 맞추면서 많은 정성을 쏟았다. 경남대학교의 이병철 교수는 특히 핵 비확산의 세밀한 사실관계를 바로 잡았고, 국회 도서관의 박소혜 박사는 많은 도서와 자료를 챙겨주었다.

'생각의창' 김병우 대표와 편집진이 수정을 거듭한 원고를 차분히 책 속에 담았고, 고승철 소설가는 출간을 위해 폭넓은 도움을 주었다. 탈고의 시간까지 긴 날들을 지켜보면서 고비마다 격려해준 가족은 언제나 큰 힘이었다. 모든 분들에게 깊이 감사드리면서 이 한 권의 책으로 인사를 전한다.

2025년 10월, 남산자락 書友齋에서

| 주석 |

1 국가 안보와 통일 정책, 이대로 가도 되는가?

1 "Henry Kissinger explains how to avoid world war three", *Economist*, 2023. 5. 17.

2. Lawrence Freedman, *Command, The Politics of Military Operations from Korea to Ukraine* (Oxford Univ. Press, 2022), p.514

3. Emma Ashford, "In Praise of Lesser Evils", *Foreign Affairs*, 2022 September/October

4. 〈국사관 논총 제75집〉, p.205

5. Margaret Macmillan, *Paris 1919* (Random House, 2001), XXX

6. Hal Brands & Michael Beckley, *Danger Zone: The Coming Conflict with China* (W.W. Norton & Company, 2022), pp.22-23

7. 통일연구원, 〈통일 의식 조사〉, 2024.

8. Toby Dalton & Ankit Panda, "US. Policy Should Reflects Its Own Quiet Acceptance of a Nuclear North Korea", *Carnegie Endowment of International Peace*, 2022. 11. 15.

9. David Ignatius, "North Korea is lining up with Russia and China",

Washington Post, 2022. 11. 8.

10. Michael Green, *Line of Advantage* (Columbia Univ Press, 2022), p.181

11. 손열,《개념전쟁》(동아시아 연구원, 2023), p.249, 275, 313

12. Michael Doyle, *Cold Peace: Avoiding the New Cold War* (Liveright, 2023), p.16

13. 토마스 셸링,《갈등의 전략》, 이경남 옮김 (한국경제신문), pp.21-22

14. Charles de Gaulle, *The Complete War Memoirs* (Caroll & Graf Publishers, 1998), p.81

2 미국은 어디까지 한국을 보호해줄 것인가?

1. Thomas J. Wright, *All Measures Short of War* (Yale Univ. Press, 2017), p.95

2. Charles Kupchan, "The Deep Roots of Trump's Isolationism", *Foreign Affairs*, 2024. 9. 9.

3. Michael Mandelbaum, *A Frugal Superpower: America's Global Leadership in a Cash-Stripped Era* (PublicAffairs, 2011), p.47

4. Andrew J. Bacevich, "The Reckoning That Wasn't", *Foreign Affairs*, 2023 March/April

5. Charles A. Kupchan, *Isolationism: A History of America's Efforts to Shield Itself from the World* (Oxtord Univ. Press, 2020), pp.12-28, 359

6. Stephen Walt, "The End of American Era", *National Interest*, 2011 November/December

7. John Mearsheimer and Stephen Walt, "The Case of Offshore Balancing:

A Superior US Grand Strategy", *Foreign Affairs*, 2016 July/August

8. Lawrence Freedman, "The Age of Forever Wars", *Foreign Affairs*, 2025. 4. 14.
9. Charles Kupchan, "The Deep Roots of Trump's Isolationism", *Foreign Affairs*, 2024. 9. 9.
10. "Pentagon Memo on China", *Washington Post*, 2025. 3. 29.
11. Fareed Zakaria, "The Self-Doubting Superpower", *Foreign Affairs*, 2024 January/February
12. Elbridge A. Colby, *The Strategy of Denial: American Defense in an Age of Great Power Conflict* (Yale, 2021), p.38, 44
13. Max Hastings, *The Korean War* (Simon & Schuster, 1987), pp.54-59
14. Charles A. Kupchan, *Isolationism: A History of America's Efforts to Shield Itself from the World* (Oxford Univ. Press, 2020), Preface xii
15. "Why half of America is cheering for chaos", *Washington Post*, 2025. 2. 24.
16. Richard Haass, "The Dangerous Decade", *Foreign Affairs*, 2022 September/October
17. 헨리 키신저, 《리더십》, 서민종 옮김 (민음사), p.77
18. Robert Kagan, "A Free World If You Can Keep it", *Foreign Affairs*, 2023 January/February
19. "Taiwan is readying citizens for a Chinese invasion", *Washington Post*, 2024. 8. 3.
20. Richard Haass, "The Dangerous Decade", *Foreign Affairs*, 2022 September/October

21. Brad Roberts, "Decoupling of Vulnerability on the US and Allies", *Stimson Center*, 2020. 11.
22. Eliot Cohen, "The Return of Statecraft", *Foreign Affairs*, 2022 May/June
23. "Fit for a King?", *Washington Post*, 2025. 2. 23.
24. Niall Ferguson, *The War of the World* (Penguin Books, 2006), p.597
25. John Newhouse, *War and Peace in the Nuclear Age* (Knopf, 1989), pp.88-89
26. Robert Kagan, "The Price of Hegemony", *Foreign Affairs*, 2022 May/June
27. Eliot A. Cohen, "The Return of Statecraft", *Foreign Affairs*, 2022 May/June
28. "Eyeing China, Biden official floats a new 'Washington consensus'", *Washington Post*, 2023. 5. 1.
29. Reshoring Institute, *Reshoring Initiative 2024 Annual Report*
30. Stephen M. Walt, *The Hell of Good Intentions* (Farrar, Straus and Giroux, 2018), p.133
31. Henry Kissinger, *World Order* (Penguin Press, 2014), p.293
32. Lawrence Freedman, *Command, The Politics of Military Operations from Korea to Ukraine* (Oxford Univ. Press), p.17
33. Tim Marshall, *Prisoners of Geography* (Scribner, 2015), p.2
34. DOD, *2022 China Military Power Report*
35. Andrew F. Krepinevich, "The New Nuclear Age", *Foreign Affairs*, 2022 May/June

36. "An Epic Shift in Japan's Defense Posture", *Washington Post*, 2024. 4. 7.
37. Max Boot, "In the U.S.-China competition, the real existential danger is nuclear war", *Washington Post*, 2023. 4. 17.
38. Niall Feguson, "How to Win the New Cold War?", *Foreign Affairs*, 2025 January/February
39. Aaron L. Friedberg, *A Contest for Supremacy: China, America, and the Struggle for Mastery in Asia* (Norton, 2011), p.275
40. Yan Xuetong, "Becoming Strong", *Foreign Affairs*, 2021 July/August
41. Lawrence Freedman, "The Age of Forever War", *Foreign Affairs*, 2025 May/June
42. Aaron L. Friedberg, *A Contest for Supremacy: China, America, and the Struggle for Mastery in Asia* (Norton, 2011), p.106
43. Robert D. Blackwill and Philip Zelikow, "The United States, China, and Taiwan: A Strategy to Prevent War", *Council on Foreign Relations*, 2021. 2.

3 한국의 안보에 최후의 안전장치는 있는가?

1. Andrea Kendall-Taylor and Richard Fontain, "The Axis of Upheaval", *Foreign Affairs*, 2024 May/June
2. Bilahari Kausikan, "Aukus submarine deal signals new Indo-Pacific balance of power", *The Straits Times*, 2021. 9. 22.

3. Matthew Fuhrmann, *INFLUENCE WITHOUT ARMS* (Cambridge Univ. Press, 2024), p.74

4. Thomas J. Wright, *All Measures Short of War* (Yale Univ. Press, 2017), p.170

5. Thomas C. Schelling, *Arms and Influence* (Yale Univ. Press, 2008), p.302

6. Paul Bracken, *The Second Nuclear Age: Strategy, Danger, and New Power Politics* (St. Martins Press, 2013), p.60

7. Mark S. Bell & Fabian K. Hoffmann, "Europe's Nuclear Trilemma", *Foreign Affairs*, 2025. 3. 31.

8. "Europe Needs Its Own Nukes", *Politico*, 2025. 4. 8.

9. Paul Bracken, *The Second Nuclear Age: Strategy, Danger, and New Power Politics* (St. Martins Press, 2013), p.124

10. Elbridge A. Colby, *The Strategy of Denial: American Defense in an Age of Great Power Conflict* (Yale, 2021), p.263

11. Paul Bracken, *The Second Nuclear Age: Strategy, Danger, and New Power Politics* (St. Martins Press, 2013), p.164
    & "What is India's 'Cold Start' military doctrine?", *Economist*, 2017. 1. 31.

12. https://web.archive.org/web/20150322032729/http://ibnlive.in.com/news/wikileaks-indias-cold-start-mix-of-myth-reality/136261-53.html

13. 외교부 홈페이지, 한·미 정상 공동성명, 2024 7 12

14. Brad Roberts, "Living with A Nuclear-Arming North Korea", *Stimson Center*, 2020. 11. 4.

15. "Preventing, Nuclear Proliferation and Reassuring America's Allies", *The Chicago Council on Global Affairs*, 2021. 2. 10.
16. Brad Roberts, "Living with A Nuclear-Arming North Korea", *Stimson Center*, 2020. 11. 4.
17. Peace Research Institute Frankfurt, *PRIF Report,* pp.10-20
18. Justin Logan & Joshua Shifrinson, "A Post-American Europe", *Foreign Affairs*, 2024. 8. 9.
19. John Newhouse, *War and Peace in the Nuclear Age* (Knopf, 1989), p.5, 74
20. Edited by Urlich Kuehn, *Germany and Nuclear Weapon in the 21st Century, Atomic Zeitenwende?* (Routledge Global Security Studies, 2024), p.105, 308
21. "Europe Needs Its Own Nukes", *Politico,* 2025. 4. 8.
22. Edited by Urlich Kuehn, *Germany and Nuclear Weapon in the 21st Century, Atomic Zeitenwende?* (Routledge Global Security Studies, 2024), p.305
23. Aaron L. Friedberg, *A Contest for Supremacy: China, America, and the Struggle for Mastery in Asia* (Norton, 2011), p.137
24. Stephen Hadley et al., *Hand-Off: The Foreign Policy George W. Bush Passed to Barack Obama* (Brookings Institution Press, 2023), p.333
25. 송민순,《빙하는 움직인다》(창비, 2016), p.64
26. Elbridge A. Colby, *The Strategy of Denial: American Defense in an Age of Great Power Conflict* (Yale, 2021), p.265

4 자립형 동맹으로 갈 수 있는가?

1. Robert E. Kelly and Paul Poast, "The Allies Are Alright", *Foreign Affairs*, 2022 March/April
2. "Germany's Merz vows to build Europe's strongest army", *Politico*, 2025. 5. 14.
3. 송민순, 《빙하는 움직인다》 (창비, 2016), p.482
4. Herodotus, *The Histories* (Penguin Classics), pp.468-476
5. Richard Armitage & Joseph S. Nye, *The U.S.-Japan Alliance in 2004* (CSIS, 2024. 4.), p.4
6. Richard Dawkins, *The Selfish Gene* (Oxford Univ. Press), p.67
7. Herodotus, *The Histories* (Penguin Classics), p.603
8. Charles de Gaulle, *The Complete War Memoirs* (Caroll & Graf Publishers), p.81
9. "Cold War never ended, says Angela Merkel", *Telegraph*, 2022. 12. 8.
10. Barton Gellmann, *Contending with Kennan: Toward a Philosophy of American Power* (Praeger), pp.126-27
11. 송민순, 《빙하는 움직인다》 (창비, 2016), p.365
12. https://www.defensepriorities.org/in-the-media/restrainers-propose-slashing-us-troop-numbers-in-south-korea-okinawa/

5 한반도 비핵화는 실제 가능한가?

1. Paul Bracken, *The Second Nuclear Age: Strategy, Danger, and New*

Power Politics (St. Martins Press, 2013), p.282

2. John Bolton, *The Room Where It Happened* (Simon & Schuster, 2020), p.328

3. Stephen Hadley et al., *Hand-Off: The Foreign Policy George W. Bush Passed to Barack Obama* (Brookings Institution Press, 2023), p.401

4. Stephen Hadley et al., *Hand-Off: The Foreign Policy George W. Bush Passed to Barack Obama* (Brookings Institution Press, 2023), pp.307-323

5. Aaron L. Friedberg, *A Contest for Supremacy: China, America, and the Struggle for Mastery in Asia* (Norton, 2011), p.96

6. Michael Doyle, *Cold Peace: Avoiding the New Cold War* (Liveright, 2023), pp.53-60

7. https://www.crisisgroup.org/asia/north-east-asia/korean-peninsula/shades-red-china-s-debate-over-north-korea

8. Henry Kissinger, *On China* (The Penguin Press, 2011), p.496

9. Jonn Newhouse, *War and Peace in the Nuclear Age* (Knopf, 1989), p.13

10. Jonn Newhouse, *War and Peace in the Nuclear Age* (Knopf, 1989), p.14

11. Robert Jervis, *Perception and Misperception in International Politics* (Princeton, NJ, 1976). *The Oxford Companion to Politics of the World*, edited by Joel Krieger (Oxford, 1992), p.820 재인용

12. 송민순, '종전 선언, 외투 벗는다고 봄이 오는 건 아니다', 중앙일보, 2020. 10. 27.

13. 김대중,《김대중 자서전 2》(삼인, 2010), p.290
14. Thomas Schelling, *Arms and Influence* (Yale Univ. Press, Veritas Paperback Edition, 2020), pp.69-91
15. Anna Fifield, *The Great Successor: The Secret Rise and Rule of Kim Jung Un* (John Murray Publishers, 2019), p.188, 223
16. Nicholas Mulder, *The Economic Weapon: The Rise of Sanctions as a Tool of Modern War* (Yale Univ. Press, 2022), pp.3-4
17. Nicholas Mulder, *The Economic Weapon: The Rise of Sanctions as a Tool of Modern War* (Yale Univ. Press, 2022), pp.295-296
18. Michael Mandelbaum, *Frugal Superpower* (Publicaffairs, 2010), pp.29-34
19. 서울대학교 통일평화연구원, 〈김정은 집권 10년—북한 주민 의식조사〉, 2023, p.187
20. 존 캠프너,《독일은 왜 잘하는가》, 박세연 옮김 (열린책들, 2020), p.131
21. Paul Bracken, *The Second Nuclear Age: Strategy, Danger, and New Power Politics* (St. Martins Press, 2013), p.193
22. Stephen Hadley et al., *Hand-Off: The Foreign Policy George W. Bush Passed to Barack Obama* (Brookings Institution Press, 2023), p.324

6 한국의 핵 능력은 어디까지 갈 수 있는가?

1. Jennifer Lind & Daryl P.Glass, "Should South Korea build its own nuclear bomb?", *Washington Post*, 2021. 10. 7.
2. Ramon P. Pardo, "South Korea Could Get Away with the Bomb",

Foreign Policy, 2023. 3. 16.

3. Matthew Fuhrmann, *INFLUENCE WITHOUT ARMS* (Cambridge Univ. Press, 2024), p.73
4. Paul Bracken, *The Second Nuclear Age: Strategy, Danger, and New Power Politics* (St. Martins Press, 2013), p.230
5. https://ec.europa.eu/commission/presscorner/detail/en/ip_25_793
6. Matthew Fuhrmann, *INFLUENCE WITHOUT ARMS* (Cambridge Univ. Press, 2024), p.10
7. "Merkel, After Discordant G-7 Meeting", *New York Times*, 2017. 5. 28.
8. "Nuclear Weapon and German Interest", *PRIF Report*, No. 55/2000
9. "Nuclear Logic Fails", *The Japan Times*, 2006. 10. 19.
10. Nuclear Threat Initiative Report 2020
11. Yuri Kase, "The Costs and Benefits of Japan's Nuclearization: An Insight into the 1968/70 Internal Report", *The Nonproliferation Review*, 2001 Summer
12. Richard J. Samuels, *Rich Nation Strong Army* (Cornell Univ. Press, 1994), p.187
13. "Nuclear Logic Fails", *The Japan Times*, 2006 October 19
14. 송민순,《빙하는 움직인다》(창비, 2016), p.164
15. "Will Ukraine invasion push Japan to go nuclear?", *BBC*, 2022. 3. 25.
16. Michael Green, *Line of Advantage* (Columbia Univ. Press), p.209
17. Harald Müller, "Nuclear Weapons and German Interests: An Attempt at Redefinition", Translation: Margaret Clarke, *PRIF Report*,

2000, No. 55

18. Middlebury Institute of International Studies at Monterey 2019. 7 보고서 & 2020 IAEA 국별 보고서(https://nonproliteration.org/civilian-heu-germany/)

19. Edited by Urlich Kuehn, *Germany and Nuclear Weapon in the 21st Century, Atomic Zeitenwende?* (Routledge Global Security Studies, 2024), p.308

20. EU White Paper for European Defence-Readiness 2030, 2025. 3. 19.

21. 최형섭,《불이 꺼지지 않는 연구소》(조선일보사), pp.132-133

22. Don Oberdorfer, *The Two Koreas* (Addison-Wesely, 1997), pp.68-73

23. John Newhouse, *War and Peace in the Nuclear Age* (Knopf), p.271

24. John Newhouse, *War and Peace in the Nuclear Age* (Knopf), p.273

25. 송민순,《빙하는 움직인다》(창비, 2016), p.439

26. Vipin Narang, *Seeking the Bomb, Strategies of Nuclear Proliferation* (Princeton Univ. Press, 2022), pp.297-299

27. 송민순,《빙하는 움직인다》(창비, 2016), p.29

28. Don Oberdorfer, *The Two Koreas* (Addison-Wesely, 1997), pp.70-72

29. 송민순,《빙하는 움직인다》(창비, 2016), pp.32-33

30. 송민순,《빙하는 움직인다》(창비, 2016), p.236

31. John Newhouse, *War and Peace in the Nuclear Age* (Knopf), pp.133-134

32. Thomas Schelling, *Arms and Influence* (Yale Univ. Press, Veritas paperback edition, 2020), p.74

33. Bonnie S. Glaser, Jessica Chen Weiss, Thomas J. Christensen, "Taiwan

and the True Sources of Deterrence", *Foreign Affairs*, 2024 January/February

34. John Newhouse, *War and Peace in the Nuclear Age* (Knopf), pp.72-73
35. "Kashmir: Why India and Pakistan fight over it", *BBC*, 2025. 5. 24.
36. Mearsheimer, *The Tragedy of Great Power Politics* (Norton, 2014), p.398
37. Thomas Schelling, *Arms and Influence* (Yale Univ. Press, Veritas paperback edition, 2020), pp.288-289
38. John Newhouse, *War and Peace in the Nuclear Age* (Knopf), p.12, 13, 98
39. John Newhouse, *War and Peace in the Nuclear Age* (Knopf), p.270
40. Condoleezza Rice, *No Greater Honor: A Memoir of My Years in Washington* (Crown, 2011), pp.436-440
41. Paul Bracken, *The Second Nuclear Age: Strategy, Danger, and New Power Politics* (St. Martins Press, 2013), p.2, 19, 93-97
42. Richard Haass, "The Dangerous Decade", *Foreign Affairs*, 2022 September/October
43. "After U.S. and Israel Strikes", *ABC News*, 2025. 7. 3.
44. Paul Bracken, *The Second Nuclear Age: Strategy, Danger, and New Power Politics* (St. Martins Press, 2013), pp.43-47, 238
45. Paul Bracken, *The Second Nuclear Age: Strategy, Danger, and New Power Politics* (St. Martins Press, 2013), pp.240-241
46. Vipin Narang, *Seeking the Bomb, Strategies of Nuclear*

Proliferation (Princeton Univ. Press, 2022), pp.21-26, 225

47. Vipin Narang, *Seeking the Bomb, Strategies of Nuclear Proliferation,* (Princeton Univ. Press, 2022), p.293

48. Vipin Narang, *Seeking the Bomb, Strategies of Nuclear Proliferation* (Princeton Univ. Press, 2022) p.298

49. Peter Hayes, Chung-in Moon, "A Nuclear South Korea?", *Global Asia*, 2023. 3.

50. Elbridge A. Colby, *The Strategy of Denial: American Defense in an Age of Great Power Conflict* (Yale, 2021), p.266

51. Elbridge A. Colby, *The Strategy of Denial: American Defense in an Age of Great Power Conflict* (Yale, 2021), p.281

52. '한·미 원자력 협정 전면 개정', 2015년 4월 22일 정부 관계부처 합동 보도자료

53. Matthew Fuhrmann, *INFLUENCE WITHOUT ARMS* (Cambridge Univ. Press, 2024), p.75

54. https:www.energy.gov/articles/energy-department-announces-first-pilot-project-advanced-nuclear-fuel-lines

55. "U.S. Revives Talks with Saudi Arabia", *New York Times*, 2025. 4. 3.

56. 송민순, 《빙하는 움직인다》(창비, 2016), p.498

57. Jenna Bednar and Mariano-Florentino Cuellar, "The Fractured Superpower", *Foreign Affairs*, 2022 September/October

58. Richard Haass, "The Dangerous Decade", *Foreign Affairs*, 2022 September/October

59. Brad Roberts, "Living with A Nuclear-Arming North Korea",

Stimson Center, 2020. 11. 4.

7 통일은 가까운 장래에 가능한가?

1. 《카이스트, 미래를 여는 명강의》 (푸른지식, 2015), pp.219-220
2. https://mindfulambition.net/woop/
3. Scott A. Snyder, *South Korea at the Crossroads* (Columbia Univ. Press, 2018), p.240
4. 최장집, 〈신포도와 남북한 평화공존의 비전〉, 네이버 에세이, 2022. 11. 30.
5. 강미현, 《비스마르크 평전》 (에코리브르, 2010), p.146
6. Jared Diamond, *Upheaval: Turning Points for Nations in Crisis* (Little, Brown and Company, 2019), pp.434-435
7. Niall Ferguson, *The War of the World* (Penguin Books, 2006), p.590
8. 신복룡, 《해방정국의 풍경》 (중앙북스, 2024), p.7
9. 신복룡, 《해방정국의 풍경》 (중앙북스, 2024), p.69-70
10. Kevin Rudd, "The World According to Xi Jinping", *Foreign Affairs*, 2022 November/December
11. Hal Brands & Michael Beckley, *Danger Zone: The Coming Conflict with China* (W.W. Norton & Company, 2022), p.147
12. 키신저, 《리더십》, 서종민 옮김 (민음사), p.523
13. George F. Kennan, *Memoirs 1950-1963* (Pantheon Books, 1972), pp.23-38
14. Henry Kissinger, *World Order* (Penguin Press, 2014), p.288-295
15. Henry Kissinger, *World Order* (Penguin Press, 2014), p.183

16. Andrew J. Bacevich, "The Reckoning That Wasn't", *Foreign Affairs*, 2023 March/April,
17. Elbridge A. Colby, *The Strategy of Denial: American Defense in an Age of Great Power Conflict* (Yale, 2021), p.217
18. Cater Malkasian, "The Korean Model" & Samuel Charap, "An Unwinnable War", *Foreign Affairs*, 2023 July/August
19. Thomas J. Wright, *All Measures Short of War* (Yale Univ. Press, 2017), p.211
20. Matt Pottinger and Mike Gallagher, "No Substitute for Victory", *Foreign Affairs*, 2024 May/June
21. Atlantic Council, *The Longer Telegram 2021*, p.7
22. Michael Doyle, *Cold Peace: Avoiding the New Cold War* (Liveright, 2023), p.3
23. Michael Doyle, *Cold Peace: Avoiding the New Cold War* (Liveright, 2023), p.39
24. Atlantic Council, *The Longer Telegram 2021*, p.11
25. Sebastian Rosato, *Intentions in Great Power politics, Uncertainty and Roots of Conflict* (Yale, 2021), pp.236-237
26. Aaron L. Friedberg, *A Contest for Supremacy: China, America, and the Struggle for Mastery in Asia* (Norton, 2011), pp.3-35
27. Atlantic Council, *The Longer Telegram 2021*, p.6
28. Aaron L. Friedberg, *A Contest for Supremacy: China, America, and the Struggle for Mastery in Asia* (Norton, 2011), p.158
29. Elbridge A. Colby, *The Strategy of Denial: American Defense in*

an Age of Great Power Conflict (Yale, 2021), pp.111-112
30. Hal Brands & Michael Beckley, *Danger Zone: The Coming Conflict with China* (W.W. Norton & Company, 2022), *p.216*
31. Don Oberdorfer, *The Two Koreas* (Addison-Wesely, 1997), p.193
32. 박소혜, 박사학위 논문, 〈북한의 통일개념 연구〉, 북한 대학원 대학교, 2020
33. 송민순,《빙하는 움직인다》(창비, 2016), p.406
34. John Newhouse, *War and Peace in the Nuclear Age* (Knopf), p.13
35. Jude Blanchette, "Xi's Gamble", *Foreign Affairs*, 2021 July/August

8 북한은 붕괴할 것인가?

1. Don Oberdorfer, *The Two Koreas* (Addison-Wesely, 1997), p.345
2. Robert I. Rotberg, "Failed States, Collapsed States, Weak States", *Brookings*, 2016. 7.
3. 《카이스트, 미래를 여는 명강의》(푸른지식, 2015), pp.224-225
4. 서울대학교 통일평화연구원, 〈김정은 집권 10년—북한 주민 의식 조사〉, 2023, pp.166-167
5. 서울대학교 통일평화연구원, 〈북한 주민 의식 조사〉, 2020, pp.220-240
6. 서울대학교 통일평화연구원, 〈통일 의식 조사〉, 2023, p.122
7. 존 캠프너,《독일은 왜 잘하는가》, 박세연 옮김 (열린책들, 2020), pp.131-132
8. 김병로,《북한, 조선으로 다시 읽다》(서울대학교 출판문화원, 2016), pp.110-113
9. Odd Ann Westad, *Empire and Righteous Nation: 600 years of*

China-Korea Relations (Belknap Harvard, 2021), p.164

10. Yoichi Funabashi, *Alliance Adrift* (Council on Foreign Relations Book, 1999), p.86

11. Paul Bracken, *The Second Nuclear Age: Strategy, Danger, and New Power Politics* (St. Martins Press, 2013), pp.43-47, 238, 277

12. Hamish Macrae, *The World in 2020* (Harvard Business School Press), p.256

13. George Friedman, *The Next 100 Years* (Anchor Books), p.143

14. Anna Fifield, *The Great Successor: The Secret Rise and Rule of Kim Jung Un* (John Murray Publishers, 2019), pp.127-128

15. "Kim Jung Un's Latest Gift to Russia is Migrant Workers", *Wall Street Journal*, 2025. 5. 5.

16. Ruediger Frank, "The New North Korea", *38 North*, 2025. 4. 22.

17. Hal Brands & Michael Beckley, *Danger Zone: The Coming Conflict with China* (W.W. Norton & Company, 2022), p.141

9 평화와 통일의 정책은 왜 성공하지 못했는가?

1. Richard Haass, "The Trouble With Allies", *Foreign Affairs*, 2024 Septmber/October
2. Don Oberdorfer, *The Two Koreas* (Addison-Wesely, 1997), p.196
3. Don Oberdorfer, *The Two Koreas* (Addison-Wesely, 1997), p.245
4. Don Oberdorfer, *The Two Koreas* (Addison-Wesely, 1997), p.248
5. 조희용, 《중화민국 리포트》(도서출판 선인), p.187

6. Stephen Hadley et al., *Hand-Off: The Foreign Policy George W. Bush Passed to Barack Obama* (Brookings Institution Press, 2023), p.303
7. "One Voice Against North Korea", *Washington Times*, 2005. 6. 10. & Curt Weldon 하원의원의 의회 발언, 2005. 1. 8.
8. 송민순,《빙하는 움직인다》(창비, 2016), pp.236-304
9. Stephen Hadley et al., *Hand-Off: The Foreign Policy George W. Bush Passed to Barack Obama* (Brookings Institution Press, 2023)
10. Paul Bracken, *The Second Nuclear Age: Strategy, Danger, and New Power Politics* (St. Martins Press, 2013), pp.43-47, 238
11. https://data.worldbank.org/indicator/MS.MIL.XPND.GD.ZS?-loc-ations=GB-FR
12. "What Does Kim Jung Un Want?" *New York Times*, 2018. 4. 21.
13. Stephen M. Walt, *The Hell of Good Intentions* (Farrar, Straus and Giraux, 2018), p.252
14. Jessica Mathew, "Present at the Re-creation", *Foreign Affairs*, 2021 March/April
15. Alexander Cooley and Daniel H. Nexon, "The Real Crisis of Global Order", *Foreign Affairs*, 2022 January/February

10 '좋은 담장과 좋은 이웃'으로 살면 어떤가?

1. John Newhouse, *War and Peace in the Nuclear Age* (Knopf), p.381
2. John Newhouse, *War and Peace in the Nuclear Age* (Knopf), p.13
3. Aaron L. Friedberg, *A Contest for Supremacy: China, America, and*

the Struggle for Mastery in Asia (Norton, 2011), p.88, 101 & Atlantic Council, The Longer Telegram 2021, p.15

4. Niall Ferguson, "Kissinger and the True Meaning of Detente", Foreign Affairs, 2024 March/April

5. Michael Beckley, "Delusion of Detente", Foreign Affairs, 2023 September/October

6. Richard Haass, "The Dangerous Decade", Foreign Affairs, 2022 September/October

7. Timothy Snyder, "Ukraine Holds the Future", Foreign Affairs, September/October

8. Mearsheimer, The Tragedy of Great Power Politics (Norton, 2014), p.401

9. 최대석, 〈북한 이탈주민 정책연구의 동향과 과제〉, 국제정치 논총, 제51집 1호, 2011.

10. 최장집, 〈최장집 강연문〉, 동아시아 미래재단, 2023. 4. 17.

11. 김병로,《북한, 조선으로 다시 읽다》(서울대학교 출판문화원), p.322

12. 김병로,《북한, 조선으로 다시 읽다》(서울대학교 출판문화원), p.337

13. https://www.chinausfocus.com/peace-security/strategic-realignments-in-asia-south-korea-and-the-new-quad

14. Robert Gilpin, War and Changes in World Politics (Cambridge Univ Press, 1981), p.236

15. 서울대학교 국가미래전략연구원, 〈강대국 외교 구상—한국 주도 동심원 전략〉, 2023.

16. Gideon Rachman, Easternization, War and Peace in the Asian

Century (Penguin Random House UK, 2016), p.123

17. Francois Jullien, *A Treatise on Efficacy: Between Western and Chinese Thinking* (Univ. of Hawaii Press), p.38 (Aaron Friedberg, *A Contest for Supremacy*, p.123 재인용)

18. Stephen Peter Rosen, Thomas G. Mahnken ed., "Competitive Strategies: Theoretical Foundations, Limitations, and Extensions", in *Competitive Strategies for the 21st Century*, (Stanford Univ. Press, 2012), p.12 (Thomas J. Wright, All Measure Short of War, p.190, 재인용)

19. Anna Fifield, *The Great Successor: The Secret Rise and Rule of Kim Jung Un* (John Murray Publishers, 2019). p.59, 99

20. 김영수, 〈남·북은 서로 얼마나 알고 있나〉, 《05 북한학 연구회 연구 총서》, '통일논쟁', p.160

21. 김영수, 〈남·북은 서로 얼마나 알고 있나〉, 《05 북한학 연구회 연구 총서》, '통일논쟁', p.173

22. 박종철, 〈남남 갈등과 통일 담론의 지평〉, 《05 북한학 연구회 연구 총서》, '통일논쟁', p.72

23. 서울대학교 통일평화연구원, 〈통일 의식 조사〉, 2024, p.32

24. Odd Ann Westad, *Empire and Righteous Nation: 600 years of China-Korea Relations* (Belknap Harvard, 2021), p.164

25. 장용석, 〈중국의 부상에 대한 김정은 정권의 헤징 전략〉, 《01 북한학 연구회 연구 총서》, '김정은 시대의 정치와 외교'

26. 송민순, 《빙하는 움직인다》 (창비, 2016), pp.446-454

27. https://nkfootprints.info/

28. 서울대학교 통일평화연구원, 〈김정은 집권 10년—북한 주민 의식 조사〉,

2022.

29. 김병로,《북한, 조선으로 다시 읽다》(서울대학교 출판문화원, 2016), pp.297-303

30. 통일부, https://unikorea.go.kr/unikorea/business/NKDefectorsPolicy/status/lately/

11 남·북 공존의 장애는 극복할 수 있는가?

1. Lawrence Freedman, *The Future of War* (PublicAffairs, 2017), p.99

2. Charles Kupchan, *How Enemies Become Friends: The Sources of Stable Peace* (Princeton Univ. Press, 2010), pp.389-414

3. 통일연구원, 〈통일 의식 조사〉, 2024.

4. 송민순,《빙하는 움직인다》(창비, 2016), p.293

5. 이일우, '전시용 행정 군대'에서 벗어나 '전투형 강군'이 되는 길, 한국일보, 2023. 2. 22.

6. "Taiwan is readying citizens for a Chinese invasion", *Washington Post*, 2024. 8. 3.

7. Herodotus, *The Histories* (Penguin Classics), p.603

8. 한용섭,《한반도 평화와 군비 통제》(박영사, 2005), pp.125-128

9. John Newhouse, *War and Peace in the Nuclear Age* (Knopf), pp.110-122

10. Edited by Strobe Talbot, *Khrushchev Remembers: The Last Testament* (Little, Brown and Company, 1970), p.411

11. Keir A. Lieber and Dayrl G. Press, "The Return of Nuclear

Escalation", *Foreign Affairs*, 2023 November/December

12. 한모니까, 《DMZ의 역사》 (돌베개, 2023), P.506

13. 마고사키 우케루, 《일본의 영토 분쟁》(독도·센카쿠·북방영토), 김충식 해제, 양기호 옮김 (메디치 미디어, 2012), pp.232-240

14. Scott A. Snyder, "Why North Korea Might Reject Yoon Suk-yeol's Audacious Initiative", *Council on Foreign Relations*, 2022. 8. 18.

15. George F. Kennan, *Memoirs 1950-1963* (Pantheon), p.90

16. "X Article", *Foreign Affairs*, 1947. 7.

12 '정상적 이웃', 주변국 관계는 어떻게 되는가?

1. George F. Kennan, *Memoirs 1950-1963* (Pantheon), pp.23-38

2. Henry Kissinger, *World Order* (Penguin Press, 2014), p.294

3. Elbridge A. Colby, *The Strategy of Denial: American Defense in an Age of Great Power Conflict* (Yale, 2021), p.263

4. Elbridge A. Colby, *The Strategy of Denial: American Defense in an Age of Great Power Conflict* (Yale, 2021), p.44

5. 한국은행, 2023년 북한 경제성장률 추정 결과, 2024.

6. 미국 국가정보국의 연례 위협 보고서—Annual Threat Assessment 2025, p.26

7. 송민순, 《빙하는 움직인다》 (창비, 2016), p.499

8. Lawrence Freedman, "Military Power and Political Influence", *International Affairs* 77:4, 1998.

9. Stephen M. Walt, *The Hell of Good Intentions* (Farrar, Straus and

Giraux, 2018), p.269

10. Edited by Strobe Talbot, *Khrushchev Remembers: The Last Testament* (Little, Brown and Company, 1970), p.511
11. 마오쩌둥,《마오쩌둥 주요 문선》, 이등연 옮김 (학고방, 2017), p.85
12. Kevin Rudd, "Short of War", *Foreign Affairs*, 2021 March/April
13. Friedberg, *A Contest for Supremacy*, p.163, 176
14. 송민순,《빙하는 움직인다》(창비, 2016), pp.128-130
15. Odd Ann Westad, *Empire and Righteous Nation: 600 years of China-Korea Relations* (Belknap Harvard,2021), p.166
16. Atlantic Council, *The Longer Telegram 2021*, p.66
17. 백영서·정상기 편,《내일을 읽는 한·중 관계사》, 백영서 (알에이치코리아 2016), p.36
18. 백영서·정상기 편,《내일을 읽는 한·중 관계사》, 이익주 (알에이치코리아 2016), pp.118-120
19. 백영서·정상기 편,《내일을 읽는 한·중 관계사》, 우경섭 (알에이치코리아 2016), pp.187-193
20. Aaron L. Friedberg, *A Contest for Supremacy: China, America, and the Struggle for Mastery in Asia* (Norton, 2011), pp.228-232
21. 동북아역사재단 여론조사, '2030세대가 생각하는 한·일, 한·중 관계와 역사 문제', 2024. 8.
22. Thomas J. Wright, *All Measures Short of War* (Yale Univ. Press, 2017), p.95
23. 백영서·정상기 편,《내일을 읽는 한·중 관계사》, 정상기·강준영 (알에이치코리아 2016), p.259

24. Liu Haisheng, Chen Zishuai, Chen Kang, "China's Role in Shaping South Korea's Nuclear Choice", *Global Times*, 2023. 1. 4.
25. Gideon Rachman, *Easternization, War and Peace in the Asian Century* (Penguin Random House UK, 2016), p.51
26. Gideon Rachman, *Easternization, War and Peace in the Asian Century* (Penguin Random House UK, 2016), p.159
27. Robert Gates, "The Dysfunctional Superpower", *Foreign Affairs*, 2023 November/December
28. Hal Brands & Michael Beckley, *Danger Zone: The Coming Conflict with China* (W.W. Norton & Company, 2022)
29. Michael Doyle, *Cold Peace: Avoiding the New Cold War* (Liveright, 2023), p.42
30. 무쓰 무네미쓰, 《건건록蹇蹇錄 1929》, 김승일 옮김 (범우사, 1993), p.49
31. Don Oberdorfer, *The Two Koreas* (Addison-Wesely, 1997), p.220
32. Yoichi Funabashi, *Alliance Adrift* (Council on Foreign Relations Book, 1999), pp.84-85
33. Seung-young Kim, "Japanese Diplomacy towards Korea in Multipolarity", *Cambridge Review of International Affairs*, 2007. 5. 22.
34. Michael Green, *Line of Advantage* (Columbia Univ Press), p.180
35. Gideon Rachman, *Easternization, War and Peace in the Asian Century* (Penguin Random House UK, 2016), p.88
36. John Newhouse, *War and Peace in the Nuclear Age* (Knopf), pp.133-134
37. Jared Diamond, *Upheaval: Turning Points for Nations in Crisis*

(Little, Brown and Company, 2019), pp.314-316

38. Gideon Rachman, *Easternization, War and Peace in the Asian Century* (Penguin Random House UK, 2016), p.14

39. Don Oberdorfer, *The Two Koreas* (Addison-Wesely, 1997), p.216

40. Atlantic Council, *The Longer Telegram 2021*, p.63

에필로그

1. 헨리 키신저,《리더십》, 서민종 옮김 (민음사), p.523

| 찾아보기 |

| ㄱ

가능성의 영역 71, 88, 199
가상적 시나리오 184
가스라이팅 186, 316
가쓰라태프트 밀약 380
가토 164
갈퉁 31
감성적 열망 322
강대국 외교 315
강대국 정치 58, 65, 75, 132, 226, 340, 370, 374~375
강력한 일본 167
강릉 잠수함 침투 42
강석주 282, 326
개념전쟁 39
개입주의 52
개혁·개방 130, 151, 256, 261~263, 277, 280, 355~356, 381
건강한 이웃 243
건식 재처리 199
검은 백조 127, 185
게으른 자의 외교 수단 151

게이츠 125, 392
겔론 119
결정적 2% 287
경수로 원자력발전소 152, 280
경쟁력 있는 전략 35, 317
경제개발협력기구 324
경제무기 149, 153
경제제재 70, 89, 106~107, 149~151, 153~154, 182
고객정치 328
고난의 행군 149, 253~254, 265
고농축우라늄 87, 165, 193, 197, 282
고르디우스의 매듭 291, 294
고르바초프 304, 395, 402~403
고립주의 15, 49~52, 61, 184~185, 193, 343
고순도 저농축우라늄 202
고이즈미 396
곡간보다 쓸 곳이 많은 모순 51
골세프스키 308
공동 방위 체계 19
공동선 123
공동 안보 342

공산주의와 세습 독재 241
공적개발협력 324
공존 경로 354
공존 양식 26, 410
공존과 억제 305~306
공중봉쇄 89
공포와 분개 58
과도한 고립 53
과오의 역사 99
관리된 전략적 경쟁 361
관세전쟁 54, 66, 76, 95, 233
광범위한 개입 53
교전국 관계 21, 99, 145
교전 상태 41~42, 249~250, 303, 323, 342
교차 수교 274~275, 277~279
구단선 17
9·19 공동성명 6, 132, 145, 281~285, 366
9·19 군사 합의 348~349
9·11 테러 282~283
구체적 규범 322
국가 내부의 평화 336
국가 사이의 평화 336
국가의 야망 321
국가 정체성 308, 321
국공 내전 17
구반 견제하 289~290
국제개발처 373
국제원자력기구 168, 196
국제위기그룹 135

국제주의 50, 61
국지적 안정 189
군비경쟁 104, 206, 256, 263, 342, 400
군사동맹 20, 37, 55, 64, 115, 137, 139, 230, 339, 387, 403
군사봉쇄 100
군사분계선 345, 349
군사위원회 회의 114
군사 작전권 23
군축 협상 60, 83, 97, 104
굴기 389
굴욕과 회생 389
궁정 반란 258
권위주의 15, 22, 37, 74, 79, 84, 135, 145, 223, 232, 244, 309, 357, 392
권위주의 연결망 135
규칙 기반 54, 67
그린 165
금융제재 152, 284
금지선 66, 230, 286
기계장치로 내려온 신 292
긴장 완화 306
길핀 33, 313
김계관 326
김대중 143, 203
김여정 144~145, 249
김영남 403
김용순 143
김일성 137~138, 154, 218, 250, 253,

257~258, 260, 273, 276, 318
김정은 21~22, 41~42 105, 131, 134, 138, 145, 147, 152, 168, 184, 206, 215, 239, 242, 248~250, 256, 259~260, 264~269, 287~288, 291~299, 303~304, 310, 318, 323, 355, 365, 403
김정일 143, 152, 247, 288, 297, 329, 396
김평일 247

|ㄴ|

NATO 16, 52, 54, 65, 67, 72, 74~76, 89, 94~97, 118, 125, 162, 166, 172, 188, 208, 224, 230, 233, 338, 368, 374~375, 383, 391, 402
NATO 무임승차론 162
NATO의 유럽화 76, 89
나폴레옹전쟁 400
남·북 경제공동체 355
남·북 관리구역 352
남·북 교차승인 274
남·북 불가침선언 276
낮은 단계의 연방제 273
내각책임제 27
냉전 구도의 해체 43
냉전의 이완 44
냉전의 종식 43
넌·워너 수정안 127
네덜란드 98, 159, 162, 195, 202
네오콘 285

네탄야후 390
노멘클라투라 153
노무현 117, 164, 175, 283, 285, 297, 328, 340
노태우 214, 238, 274~275, 386, 395, 403
No First Use 189
농축과 재처리 포기 조항 198
농축우라늄 200
뉴욕발 금융위기 15, 37, 133, 389
느슨한 국가연합 273
닉슨 87, 335~336, 395
닉슨 독트린 127

|ㄷ|

다가오는 일본과의 전쟁 167
다가올 100년 267
다국적 핵 혼합군 95
다보스 포럼 398
다이빙궤 339
다이아몬드 217, 400~401
다자주의 313, 393
다투는 경쟁 대상 44
단거리 요격체계 102
단거리 핵미사일 73, 123
담장 고치기 303
대국주의 325
대량 살상 무기 70, 204
대량 보복 36

대륙간탄도탄 73, 135, 254, 290
대륙 세력 37
대리전쟁 43, 306
대립하는 안보 338
대만해협 17, 53, 77~78, 81, 185, 245, 379, 384, 405
대북 제재 해제 22, 42, 123, 147
대외 공약 52, 54
대중국 봉쇄 232
대체 우산 26
대쿠바 금수 해제 결의안 366
대포동 1호 290
댜오위다오/센카쿠 열도 77, 80, 379
WOOP 214~215, 316
덩샤오핑 80, 223, 235~236, 262
데탕트 272, 305~306, 336
데탕트 2.0 306
도광양회 235~236, 389
도끼만행 362
도보다리 31
도요토미 히데요시 227
도이모이 262, 374
도킨스 122~123
독립적 지휘 체계 122
독일의 핵 비무장 99
동맹국 18, 48, 51~53, 55, 60~62, 66~67, 84, 86, 94, 107, 111~113, 141, 160~161, 167, 189, 195, 204~205, 208, 219, 298, 312, 314, 366, 368~369, 375, 380, 387, 391, 393
동맹 규합 81
동맹의 양날 66
동방 정책 354, 374
동북공정 333
동북아와 세계의 정치 조감도 32
동승서강 223
동심원 전략 315
동아시아 전략 구상 115~116
동아태 소위원회 159
동질성의 회복 319
두 개의 국가 247~249, 311, 314
'두 개'의 전혀 다른 국가 26
두 개의 조선 247, 311
드골 47, 49, 124, 400
드론 203~204
따뜻한 평화 24~25, 31, 37, 41~44, 112, 272, 274, 281, 286, 291, 305~306, 324, 336, 347, 350, 356~358, 404, 410

|ㄹ|

러시아의 영광 65, 309
럼스펠드 169
레닌 218
레이건 83~84, 87
레이크 260
롬니 159, 161
루마니아 65, 74

루스벨트 62
리더십 56, 57
리자오싱 326
리틀보이 200
리프만 갭 15, 69, 114
립 밴 윙클 31~32
링거 293

|ㅁ|

마고사키의 충고 353
마샬 72
마샬플랜 357
마오쩌둥 17, 80, 223, 227, 376
마크 트웨인 76
만주 64, 71, 74, 179, 362
맞춤형 대북 정책 278
맥레이 267
맥아더 71~72, 74, 226~227
맥킨리 62
먼로주의 15
멀더 153~154
멀린 339
메가라 150
메르츠 89, 112, 161
메르켈 125, 158, 162
모기장 개방론 262
모디 315
모라지 182

몰타 42, 273
무기武器와 사기士氣 126
무기화되지 않은 핵무기 체계 113, 114, 161, 162, 337
무라카미 165
무력에 의한 통일 341, 360
무샤라프 178
무솔리니 7
무시와 관여 193
무인비행기 203
무츠 394
무화과 잎사귀 42
문재인 143, 238, 242, 294~296, 299, 379, 384
뮐러 162
미국 우선주의 6, 14~16, 50, 207, 244
미국의 패권 167
미국의 피보호국 122, 124
미국 주도의 세계질서 15, 34, 47, 139
미군 감축 카드 47
미래공동비전선언 363
美分裂國 56
미사일 방어국 102
미사일 방어체계 101~106, 108
미·소 냉전 16, 34, 51, 95, 101, 141, 164, 182, 216, 232, 237, 374
미얀마 아웅산 테러 362
미·영·호 잠수함 거래 52
미·중 신냉전 34

미코얀 375
美合衆國 56
민간 원자력 협력 174
민족 공동체 31, 312, 322
민족 대단결론 310
민족의 지도 32
민족주의 세대 223
민족주의적 통일 방안 310
믿을 만한 하수인 162
밀레니얼 세대 35

| ㅂ |

바르샤바조약기구 338, 348
바이든 15~16, 18, 51, 53~54, 58, 66~67, 92, 94, 134, 161, 208, 233, 248, 370, 382, 391
Buy America 391
박근혜 104, 238, 286, 379, 384
박의춘 247, 311
박정희 169, 206, 273
반격에 의한 통일 360
반도체 지원법 51, 67
반인도적인 피해 151
반전·반핵 운동 107
반접근/지역 거부 77, 100
반제국 민족주의 390
반중국 연합 전선 361
발사기지 73

발사의 왼쪽 90
방어중심 105
방위비 분담 4, 45~47, 51, 245
방코델타아시아 284
백 년의 굴욕 16
베르사유 조약 150~151, 389
베를린 57, 181
베이징 6자 회담 5, 132, 155, 253, 261, 274, 281, 285, 344, 366
베이커 171
베트남전쟁 79, 361, 378
변영태 33~35
별개 국가 247, 250
보스 외교 300
보통 국가 136, 345, 352
보험가입국 172
보험제공자 172
볼모 위협 290
봉쇄·관여 병행 305
봉쇄정책 226, 237, 357
부다페스트 양해각서 59
부시 46, 51, 65, 74, 87, 117, 125, 129, 132, 134, 156~157, 164~165, 208, 280~283, 287~288, 340, 396
부토 170
북극성 146
북대서양조약기구 16, 338, 348~349, 399
북·미 핵 균형 98
북·중·러 연대망 20

북한 붕괴론 253~254, 297
북한의 게임 317
북한의 전쟁 386, 408
북한의 핵 포기 106, 132, 138, 149, 156, 238, 281, 291, 296, 385, 388
북한 핵 21, 24~25, 38~39, 100, 105, 107, 129, 133~135, 147, 171~172, 175~176, 186, 219, 229, 245, 277, 283, 285, 288, 293, 297, 318, 335, 362
북한 핵 문제 25, 44, 105, 123, 125, 129, 131, 133~134, 136~137, 143, 146, 156, 193, 229, 238, 274, 283, 285~287, 291, 293, 311, 337, 345, 364, 379, 391, 396
북한 핵 문제 해결 5, 33, 134, 145, 238, 253, 281, 297, 364
북한 핵의 인질 122
북핵 6자 회담 37, 326, 404
분권형 대통령제 27
불통의 원위치 352
붕괴의 씨앗 231
붕괴의 씨앗들 270
브라질 84, 98, 152, 158~159, 171, 195, 206, 244
브란트 217
브래들리 71
브레즈네프 335~336
비공세적 방어 343
비긴 전쟁 226, 229, 361~362
비무장지대 352

비스마르크 216~217
비재래적 방식 44
비전투 요원 후송 작전 계획 84
비준 동의 296, 298~299
비핵 개방 3000 286
비핵과 통일 99
비핵국가 21, 60, 97, 148, 159~163, 165~166, 185, 192, 286, 289
비핵 상태 87
비호형 190
빈곤 없는 세계 60
빌헬름 217

|ㅅ|

4국 안보 대화 54
사대주의 381
사드 101~108, 245, 377, 384
사실상의 국경선 228
사용 후 핵연료 164, 166, 169, 199
사우디아라비아 84, 202
사토 164, 395
사회주의 시장경제 232~233, 235, 270, 392
살계경후 243~245
살라미스 해전 119
삼각 핵 균형 73
3중의 속박 36, 38, 41
3차 세계대전 64, 72~73, 79

3축 체계 90~92

삼투작용 308

상대적 승리 45

상대적 이득 45

상부구조 120

상원 동의 173

상호 간섭 41

상호 안보 24, 342~343

상호 양보 239

상호 협박 239

상호확증파괴 62, 64, 101

샌프란시스코 강화조약 374, 401

생사가 걸린 위협 74

생존의 강 260

생존적 필요 325

서반구 세력권 17

서베를린 89, 127

서태평양 방어 전략 19

서해 5도 89, 346, 352~353

선언적 언어 36

선제공격 36, 90~91

선제 사용 178

설득과 위압 17

설리번 67, 233

성공의 역사 4, 99

성공의 포로 335

세계무역기구 52, 54, 373

세계보건기구 54

세계 비핵화 138

세계은행 373

세계적 경합국 84

세력권 국제 질서 50, 357

세력권 정치 16, 59, 313, 377

세습 독재 37, 42, 241, 255, 261, 303, 309~310

세 트랙 40

셔먼 366

셰바르드나제 403

셸링 45, 176~177

소극적 평화 25, 31, 35, 42~44, 112, 177, 180, 304, 324, 348, 350

소다자주의 313

SOFA 45~46

소형원자로 202

손익 관계 67

손해 보는 거래 131

숄츠 98

수에즈 운하 88

수정주의 35, 235, 393

순망치한론 387

슐레진저 169

스나이더 169, 171

스웨덴 76, 360

스탈린 7, 223, 357

스파르타 119, 124

스페인 50, 213

시나이반도 88

시라규스 119~120

시민 민족주의 309~310

시진핑 17, 22, 34~35, 58, 100, 104, 108, 136, 154, 179, 223, 236~238, 251, 253, 265, 293~294, 309, 325, 341, 376~377, 379~380, 384, 386, 389, 392

시카고 국제 문제 협의회 63

신고립주의 53

신기루 31, 291

신냉전 34~35, 135, 215, 232, 306, 403

신념의 비약 253~254

신뢰 구축 176~177

신사고 402

신워싱턴 합의 67

신의 한 수 292, 294

신전략무기감축협상 145

신화와 현실의 결합 92

실천적 행동 36

싱가포르 북·미 정상회담 291

쌀 지원 회담 246

쌍궤병행 294

쌍둥이 장애 67

| ㅇ |

아널드 캔터 143

아데나워 56~57, 225, 354, 400, 408

아랍의 봄 318

아르헨티나 158, 171, 206

America First 49~50, 53, 55, 391

America First Committee(AFC) 50

아베 38, 308

아베의 유산 165

아소 타로 163~164

아시아 태평양 38~39, 54, 127, 193, 397

아시아 태평양 경제 협력체 39

아시아판 NATO 95~96

아시아판 핵 기획 그룹 95

아시아 회귀 18, 237

IAEA 165, 201, 277

아이젠하워 64~65, 125, 127, 360, 364, 380

아테네 119, 124, 150

아프간 철군 52

아프리카 148, 183, 264, 273, 276

안보 딜레마 187, 342

안보 우산 23, 47~48, 68, 89, 105, 122

안보 취약 61

안전 담보 250~251

안전보장 139~142, 250~251

안전보장이사회 55, 60, 135, 146, 152, 155, 158, 167, 190, 195, 287, 347, 357

안정적 긴장 306

압박과 유혹 377

애치슨 64

애치슨 라인 380

야누코비치 74

양제츠 389

억제력의 딜레마 63

억제와 보장 176~177
언어도단 33~34
에스토니아 65
AUKUS 58, 173, 391
NCG 67
NPT 61, 113, 158, 163, 165, 173, 182, 191, 194, 196~197, 199, 206, 367, 372, 388, 391
엘리제 조약 399~400
여우와 신 포도 215
역사 왜곡 333~334
역사의 굴곡 137
역사의 퇴행 352
역사적 전환점 98
역외 균형 18
역외 균형자 53
역외 균형자 역할론 52
역逆키신저 전략 20
연계되는 경제 338
연립내각 27, 216
연립정권 27
연평도 포격 339, 362, 371
연합 방위 체계 121~122, 339
연합 협정 74
열전 42~43, 91, 149, 183
열전·냉전 42
영원한 전쟁 52
영원한 차이 175
영토 분쟁 107, 327, 352~353

예비장치 201
예측 가능한 장래 35, 219, 308, 337, 364
ODA 324
오바마 51, 58~59, 65, 87, 104, 125, 134, 156, 193, 208, 237, 287~288, 295, 366
오부치 395
5·4 운동 390
오펜하이머 59, 177
온전한 휴전 43~44
완전한 별개 국가 303
완전한 한반도 비핵화 36, 134, 174, 296
완전한 핵연료 주기 163, 174
외교 안보 인계서 129, 156, 283, 288
외교의 한계 126
외교의 힘 126
외세 개입 없는 조선 반도 142
외팅겐 214, 316
우라늄 농축 98, 113, 159, 163~165, 167~168, 171, 173~174, 194~195, 197~198, 200, 202, 284, 287, 297, 400
우라늄 농축 회사 98
우발이론 218
우크라이나 전쟁 37, 53, 65, 68~69, 74~76, 79, 88, 95, 98, 112, 120, 135, 145, 148, 155, 159, 180~181, 187, 208, 228, 244, 251, 266, 272, 326, 401, 403~405
우호적 핵 확산 192~194
운명 공동체 238, 380
운전대 82, 118

울분 장애　154, 257

워싱턴 합의　67

원 샷 딜　292

원자력 협력 협정　93, 163~164, 173, 182, 194, 197~198, 202, 280, 298, 388

위대한 중화민족의 부흥　35, 37, 381

위고　6

위성 발사용 로켓　287

위험 축소　306

위협과 강요　188

위협과 괴롭힘　38

위협을 통한 승리　244, 293

유라시아 국가　402~403

유럽공동체　399

유럽 안보 협력 회의　336, 344

유럽 억제 장치　166

유럽 재래 군비 감축　342

유럽 재무장 계획　161

유럽형 핵 확산　166

유럽형 확장 억제　166

유로마이단 혁명　74

유리병 속 두 마리의 전갈　101

유엔군　43, 55, 75, 118, 181, 225~226, 229, 347~348, 350, 360

유엔 회원국　41, 314, 322, 366

6자 회담　6, 132~133, 135, 175, 241, 247, 280, 282~284, 286, 311, 339, 377~378, 395~396

윤달 합의　287

윤석열　66~67, 92, 197, 205

으름장 전술　297

은닉형　190~191

의존형 동맹　112

2급 비핵국가　160~161

이기적 유전자　122

이념의 그늘　135

2등급 핵보유국　90

2등 시민　256~257, 268

이란　21, 53, 84, 91, 131, 135, 158, 186, 195, 200, 245, 263

이스라엘　44, 69, 88, 158, 172, 183, 190, 195, 202, 362, 390

이승만　33, 54, 218

이웨왈라　54

2위의 위치　223

2·13 합의　247, 281~282, 285

이질성의 공존　319

이집트　44, 88

2차 북핵 위기　284

2020년의 세계　267

2+4 합의　197

인계철선　127

인공지능　26, 202, 356

인도 태평양　38~39, 54, 139, 198, 305, 397

인도 태평양 전략　38~39, 121

인도 태평양 지역　18, 54, 121

인민 봉기　257

인종 민족주의　309~310

인지전 107

인·태 전략 388, 397~398

인플레이션 감축법 51, 67, 370, 391

1급 비핵국가 160~161

일대일로 384

1등급 핵보유국 90

1·21 공비 침투 362

잃어버린 시간을 찾아서 307

임시 국방 전략 지침 18, 53

| ㅈ |

자립형 동맹 111~112, 114

자살적 민족주의 65

자위대 115, 120~122

자유의 마을 352

자유의 집 365

자유주의 37, 235, 244

자율성 23, 167, 317, 381, 400~401

자주와 의존의 딜레마 325

자체 핵 보유 205, 338

작전 통제권 114~120, 186, 351

잘못된 목표 151

잘못된 시기 71~72

잘못된 장소 71~72

잘못된 적 71~72

잘못된 전쟁 71

잘 지내야 할 상대 148

잠재적 핵 능력 25~26, 41, 85, 117, 162, 173, 190~192, 196~197, 201, 338, 340, 349, 368, 388, 399~400

잠재 핵 역량 전략 318

장거리 전략폭격기 344

장거리 탄도미사일 36

장성택 260

장쩌민 223

재래 무기 60~61, 70, 90, 159, 187

재래 무기·핵무기 통합전략 161

재래 전력 23, 86, 93, 178, 184, 337, 348~349

재래·핵 군비 통합 117

저농축우라늄 166, 201~202

저우언라이 227

적극적 사고를 위한 재고 214

적극적 평화 24, 31, 37, 41~44, 112, 131, 272~274, 324, 350~351

적대적 두 국가 21, 99, 124, 215, 242, 246~247, 304, 342, 345, 410

전략무기 56, 73, 93, 101

전략적 경쟁자 305

전략적 모호성 86

전략적 무관심 248

전략적 반항 193

전략적 안정 189

전략적 유연성 80~81

전략적 인내 134, 287, 290, 295

전략적 자율성 38, 312~313, 385, 388, 410

전략적 파트너십 헌장 74

전략적 필요 164, 325, 385
전략적 협력 20, 37, 182, 402
전략파 135~136
전략핵잠수함 139
전면적 열전 43
전방 국가 77
전술핵무기 96~100, 159, 178, 348
전술핵 배치 96~100, 205
전승 기념일 379
전쟁과 평화 42, 150
전쟁 중인 교전국 관계 21, 145
전통 동맹파 135~136
전환기정의워킹그룹 330
전환점 166
절대 안보 342
절약하는 초강대국 15
절약해야 하는 강대국 51
접근 경로 354
정상적 관계 336
정상적 이웃 40, 243, 245, 303~304, 307, 310, 314~322, 324~325, 327, 330~334, 337, 341, 349~350, 352, 354~355, 358~359, 361, 364~368, 370, 372~373, 376, 378~379, 383~385, 388, 390~391, 393, 397~399, 401, 403~405
정전협정 140, 347, 360
정점 26, 263, 392
정치 경제적 자원 52
정치적 화폐 89

정치 회담 33
제네바 4자 회담 5, 260
제2의 장치 166
제2차 세계대전 13~15, 19, 50, 56, 61, 66, 87~88, 99, 121, 125, 127, 151, 160, 164~166, 175~177, 180~181, 192, 208, 216~218, 225~226, 228, 233~234, 237, 270, 278, 289, 357, 369, 394, 399~400, 408
제2 한국전쟁 63, 88
제1 도련선 17
제1차 세계대전 33~34, 50, 150, 217, 228, 236, 303, 313, 389, 408
조명받지 못하는 국가 313
조선민족제일주의 309
조선 반도 비핵화 138~139, 295, 375, 384
조약 동맹국 63
조용한 침투 377
종적 330, 398
종파사건 260
좋은 담장 303, 319
좋은 이웃 303, 319
주민의 봉기 255, 257
주한 미군 용인 의사 143
준수할 의지 83~84
줄리엥 316
중거리 요격체계 102
중국 공산당 34, 224, 231, 261, 378, 390, 392~393

중국몽 17, 34, 223, 237, 384, 393
중국의 전쟁 386
중국 정점론 222, 230
중·단거리 핵미사일 36
중립 통일론 364
중화민족주의 16~17, 389
지구전 17~18, 79, 376
지대함 미사일 77
지상 발사 미사일 375
지상 타격용 토마호크 미사일 76
지역 핵 균형 178, 183, 190
지정학의 포로 72
지정학적 강점 39
질주형 190
집단지도체제 261~262, 268

첸치천 275, 277
초민족주의 309
촉매 효과 179
총체적 안전 140
총풍 사건 297
최종 상태 230, 306, 316
최형섭 171
최호중 171
최후의 예비장치 191
추악한 일본인 167
축소주의자 87
출입경 352
치명적 실수 227
친성혜용 377
7·4 남·북 공동성명 239, 246, 272, 349

| ㅊ |

차가운 전쟁 44
차가운 평화 25, 35, 41~45, 108, 112, 180, 224, 232, 304, 306, 324, 335~338, 347~348, 350, 354, 356~357, 364, 404, 410
차갑지만 평화로운 상태 44
채찍과 당근 153
천안함 피격 42
청일전쟁 394
체질상 한계가 있는 용 391
체코 104

| ㅋ |

카다피 21
카리브해 50, 374
카슈미르 분쟁 353
카슈미르의 무력 충돌 316
카스트로 375
카키 선거 372
카키 협상 370, 372
카터 87, 127
캐넌 125, 237, 270, 357, 360~361
캠벨 139, 198
캠프 데이비드 공동성명 38-39, 59

찾아보기 • 451

커먼웰스 연설 134
케네디 87, 375
케인스 6, 32
켈리 282
콜드스타트 91~92
쿠릴열도 353
쿠바 75, 181, 366~367, 374~375
쿱찬 51, 336
QUAD 54, 58~59
크로퍼드 회담 132
크림반도 병합 58, 69, 374
클레망소 33~34, 272
클린턴 39, 46, 65, 132, 203, 242, 260, 280~282, 395
클린턴 지우기 282
키루스 2세 124, 335, 341
키신저 20, 31~32, 56~57, 137, 170, 227, 274, 338, 361
키신저의 데탕트 306
킬 체인 90

|ㅌ|

탄탈로스 142
탈냉전 332
탈북 314, 330, 332~333
탈북민 256~257, 311~312, 330
탕자쉬안 103
테러와의 전쟁 173, 182
톈진조약 394
톱다운 293
통미봉남 24, 242, 300
통일 대박 267, 286
통일독일 221, 230
통일 없는 통일 정책 99
통일연구원 35, 320, 337
통합작전 사령부 121~122
트라키아 124
트럼프 6, 13~17, 36~38, 50~54, 58~59, 66, 68, 76, 78, 86~87, 111, 114, 127, 131, 134, 145, 148, 152, 162, 165~166, 190, 193, 205, 208, 233~234, 236, 242, 244~245, 248~249, 272, 293~295, 297~299, 380, 391~392
트럼프 라운드 54
트럼프의 미국 16, 20, 22
트럼프 행정부 18, 43, 66, 231, 233, 248, 291, 357
트럼프 행정부(1기) 6, 134, 190, 366
트럼프 행정부(2기) 13, 15, 17, 50~51, 53~54, 56, 59, 62, 66~69, 85, 87, 89, 94, 96~98, 107, 112, 114, 123, 127, 141, 151, 161, 167, 185, 190, 193~194, 202, 205, 222, 232~233, 239, 244, 248, 271, 296, 299, 305, 313, 343, 351, 364, 368~370, 373, 376~377, 382, 391~392, 402, 405, 407
트럼프 현상 14~15, 233

트럼피즘 50~51, 244
트루먼 54~55, 64~65, 71~72, 177, 226~227
특별 조치 협정 5, 46

|ㅍ|

파괴하려는 적 44
파리기후협약 54
파월 178
파이필드 268
파키스탄 90~92, 101, 152, 158, 169~172, 178, 180, 182~183, 195, 315~316, 353
팍스 아메리카나 15
판문점 정상 선언 296
88 서울 올림픽 45, 250, 310~311
패권 세력 42, 382
퍼싱-2 107
페르시아 119~120, 124, 341
페르시아 전쟁 120, 124
페리 프로세스 5
평등주의 50
평양 남·북 정상회담 291
평창 올림픽 147
평화의 과정 34
평화외 마을 352
평화협정 34, 44, 132, 140, 350
포괄적 전략 동반자 관계 135
포괄적 전략 동반사 관계에 관한 조약 340, 403
포괄적 행동 계획 195
포전 담당제 355
폴란드 65, 104, 247, 383
폼페이오 134
푸에블로호 피랍 362
푸틴 22, 65, 74, 125, 155, 309, 383, 392, 403~404
프랑크푸르트 평화연구소 162
프로스트 303
프로이센-프랑스전쟁 180, 401
프루스트 303, 307
프리드먼 267
플로리다 58, 380
플루토늄 167~169, 194, 197, 199~200, 281~282
피루스의 승리 76
픽업트럭 371
핀란드 76, 128, 159
필리핀 18, 50, 62, 78, 121, 247, 311, 384

|ㅎ|

하나의 국가 170, 237, 247, 308
하나의 전구 19
하나의 조선 246, 249~250, 395
하나의 한국 314
하노이 딜 131, 145, 297~298
하노이 북미 정상회담 37, 291, 297

하부구조 19, 98, 120
하스 208
하향 국면 51, 392
한국의 게임 317~319
한국전쟁 12, 20, 33~34, 42~43, 54, 64, 71~72, 75, 95, 115, 127, 137, 140, 143, 149, 152, 154, 179, 181, 218, 224~228, 231, 251, 260, 272, 289, 296, 309~310, 317, 339, 350, 360~361, 363, 374, 378, 381, 386~387
한국 패싱 24
한국형 미사일 방어체계 90
한·미 미사일양해각서 5, 203
한·미 상호방위조약 80, 197, 347, 363
한·미·일 안보 협력 19~20, 120, 385, 399
한·미 자유무역협정 371, 382, 391
한·미 주둔군 지위 협정 45
한반도 비핵화 5~7, 31~32, 36~37, 39~40, 129, 131, 138~139, 146, 175, 239, 295, 384
한반도 비핵화 공동선언 129, 138, 197~198, 253, 276, 349
한반도에너지개발기구 281
한반도의 현상 307, 362, 364, 378, 394
한반도 중립안 127, 380
한반도 평화 경제 355
한반도 핵 균형 25, 48, 168
한승주 277
한·일 국교 정상화 394, 401

한·중 임시조치구역 18
할슈타인 원칙 354
합리적 안보 우려 136, 179~180, 253, 325
합의의 골격 299
합의할 의지 83
항미원조 260, 380, 385~386
항왜원조 119, 259, 387
해들리 117
해상 발사 미사일 375
해양 세력 37, 167, 394
해자 140
핵·경제 병진 22, 149, 153, 249, 263~264, 289, 311, 318, 358
핵 공유 67, 96~97, 100, 208
핵 괴롭힘 148
핵 균형 87, 90, 92, 98, 101, 112, 115, 177~179, 181, 183, 187~189, 194, 337, 343, 349, 372, 388
핵 기획 그룹 92, 94~97
핵 능력 21, 23, 40, 48, 56, 60, 63~64, 69, 73, 77, 86, 93~94, 98~99, 103, 113, 117, 125~126, 158~161, 163, 167~168, 171, 174~175, 191~192, 195, 201, 204, 264, 316, 348, 351, 363, 384, 388, 399~401, 404
핵 단추 96~97
핵 독점에 대한 환상 177
핵 돌파 시간 113
핵무기 없는 세계 60, 138

핵무기와 외교 57
핵무기의 비확산에 관한 조약 60
핵 무력 완성 168, 268
핵 무력 정책법 145
핵무장 국가 21, 56, 192, 214
핵무장 용인론 190
핵물리학의 요람 98
핵보유국 5, 22, 36~37, 42, 59~61, 63, 71, 86, 88, 97, 139, 145~146, 148~149, 158, 160~162, 166, 172~174, 178, 181, 183, 187, 189, 192, 196, 268, 286, 289, 295~296, 351, 368
핵 보험가입자 172, 192
핵 불균형 90, 98, 341
핵 불사용 178
핵 사용 분리 94
핵 사용 원칙 145
핵 선제 불사용 189
핵 시대 21, 88, 98, 177, 181, 183
핵 억제 정책 기본 원칙 145
핵 없는 세계 59, 287
핵 없는 평화공존 294
핵연료개발공단 169
핵연료 주기 94, 113~114, 163~164, 171, 173~176, 194~195, 198, 205, 337, 388
핵우산 23, 25~26, 30, 49, 53, 56~57, 60, 62, 64, 67, 69~70, 73~74, 78, 82~86, 89, 92~96, 99, 112~114, 117, 125, 137, 140, 144, 160~161, 164~165, 172, 176, 187, 191~193, 196, 201, 207, 264, 337, 343, 349, 371, 388
핵 위기관리 36
핵 위협 23, 36~37, 47, 60, 63, 90, 95~96, 101, 104, 113~114, 116, 159, 172, 179~180, 183, 189, 193, 196, 201, 205, 249, 295, 315, 337, 371, 377
핵의 경제 효과 187
핵의 시대적 전환점 175
핵의 전환점 99
핵잠수함 87, 92, 173
핵전쟁 55, 57, 63, 72~73, 75, 78, 90~91, 94, 147, 178~179, 181, 185, 188~189, 208, 288, 375
핵 태세 145
핵 태세 보고서 36, 63, 86
핵 협의 그룹 66, 92~94, 113
핵 혼합군 95
핵확산금지조약 152, 182, 194, 197, 280, 337
핵 확산 방지 123, 130, 173, 372, 382
핵 확산 저항성 199
행정 군대 340
헤그세스 53
헤로도토스 119, 124
헤징 전략 244
현상 관리 135
현실주의자 33, 217
현재적 핵 능력 85

형사재판 관할권 46~47

호주 18, 58, 87, 162, 173, 193, 383, 391

홉스적 세계질서 22

화성-14/15호 168

화염과 분노 371

화이부동 393

화전민 방식 68

화학무기 66, 70, 150

확대된 핵 균형 101

확장 억제 59~63, 70, 73, 86, 93, 96, 99, 113, 144, 164, 166, 193

확장주의자 87

황금 기준 194

후세인 21

후진타오 132, 223, 340

휴전의 정착 43

흐루쇼프 344~345, 375

흡수통일 23, 154, 248, 257, 275, 278, 326

흰색의 백조 128

히틀러 7, 217, 357

힘들어하는 코끼리 391

힘에 기반 54

힘의 균형 13, 25, 41, 84, 222~223, 225, 228, 305, 346

힘의 승패 306

힘의 지배 13

좋은 담장 좋은 이웃

1판 1쇄 2025년 10월 30일
1판 2쇄 2025년 11월 28일

지은이 송민순
펴낸이 김병우
펴낸곳 생각의창
주소 주소 서울 서대문구 거북골로 120, 204-1202
등록 2020년 4월 1일 제2020-000044호

전화   031)947-8505
팩스   031)947-8506
이메일 saengchang@naver.com

ISBN 979-11-93748-09-1 (03340)

ⓒ 송민순, 2025

· 잘못 만들어진 책은 구입하신 서점에서 바꾸어드립니다.
· 책값은 표지 뒷면에 표시되어 있습니다.
· 이 책은 저작권법에 의해 보호를 받는 저작물이므로 무단 전재와 복제를 금합니다.